Der rastlose Mensch

Antje Flade

Der rastlose Mensch

Konzepte und Erkenntnisse
der Mobilitätspsychologie

Unter Mitarbeit von Paul Brieler,
Rainer Guski, Klaus-Peter Kalwitzki
und Maria Limbourg

Mit einem Vorwort von Andreas Knie

Springer VS

Dr. Antje Flade
Hamburg, Deutschland

ISBN 978-3-531-18503-3 ISBN 978-3-531-19086-0 (eBook)
DOI 10.1007/978-3-531-19086-0

Die Deutsche Nationalbibliothek verzeichnet diese Publikation in der Deutschen Nationalbibliografie; detaillierte bibliografische Daten sind im Internet über http://dnb.d-nb.de abrufbar.

Springer VS
© Springer Fachmedien Wiesbaden 2013
Das Werk einschließlich aller seiner Teile ist urheberrechtlich geschützt. Jede Verwertung, die nicht ausdrücklich vom Urheberrechtsgesetz zugelassen ist, bedarf der vorherigen Zustimmung des Verlags. Das gilt insbesondere für Vervielfältigungen, Bearbeitungen, Übersetzungen, Mikroverfilmungen und die Einspeicherung und Verarbeitung in elektronischen Systemen.

Die Wiedergabe von Gebrauchsnamen, Handelsnamen, Warenbezeichnungen usw. in diesem Werk berechtigt auch ohne besondere Kennzeichnung nicht zu der Annahme, dass solche Namen im Sinne der Warenzeichen- und Markenschutz-Gesetzgebung als frei zu betrachten wären und daher von jedermann benutzt werden dürften.

Gedruckt auf säurefreiem und chlorfrei gebleichtem Papier

Springer VS ist eine Marke von Springer DE. Springer DE ist Teil der Fachverlagsgruppe Springer Science+Business Media.
www.springer-vs.de

Was bewegt uns? Ein Vorwort

Träumen wir oder erleben wir wirklich einen Paradigmenwechsel im Verkehr? Verliert das eigene Auto tatsächlich an Bedeutung? Kann man sich den Bedeutungswandel etwa ähnlich gravierend und dauerhaft vorstellen wie der Einstellungswandel beim Fleischkonsum oder beim Zigarettenrauchen? Haben die Appelle der vielen Bundesverkehrsminister, doch besser das Auto mal stehen zu lassen und stattdessen Busse und Bahnen oder gar das Rad zu nehmen, wirklich gefruchtet?

Es scheint auf den ersten Blick so zu sein. Geht man heute durch Metropolen wie Paris, London oder New York, fällt tatsächlich die stark gewachsene Zahl von Fahrrad fahrenden Menschen auf. In Berlin bilden sich sommertags ganze Pulks von Radlern auf den Straßen und verunsichern in ihren Massenauftritten die Autofahrer.

Ist es wirklich wahr, dass Automobilhersteller, die bislang mit dem Verkauf großer und schwerer Fahrzeuge Erfolg hatten, ins Car Sharing Geschäft eingestiegen sind und sich jetzt mit dem gemeinschaftlichen Teilen von Autos beschäftigen? Haben die führenden deutschen Autokonzerne tatsächlich erklärt, sie arbeiten an Mobilitätskonzepten für Metropolen, und haben diese Firmen die ersten Anwendungen für das Smartphone entwickelt, die eine bessere Nutzung von U- und S-Bahnen ermöglichen? Und stimmt es wirklich, dass diese Autohersteller mit der Deutschen Bahn über die Möglichkeit verhandeln, selbst auch Fahrkarten für Fern- und Nahverkehrszüge zu verkaufen? Ist der einem Naturgesetz gleichende ewige Anstieg der Verkehrsleistungen des motorisierten Individualverkehrs tatsächlich seit mehr als fünf Jahren stagnierend und das, obwohl zwischenzeitlich die Konjunktur wieder angesprungen ist? Und ist es den Verbünden und Unternehmen des öffentlichen Verkehrs trotz systematischer Kundenunfreundlichkeit wirklich gelungen, den Anteil am Verkehrsmarkt nicht weiter sinken, sondern ein klein bisschen ansteigen zu lassen? Überlegen sich heutzutage junge Menschen auch auf dem Lande wirklich, überhaupt den Führerschein zu machen und verspüren diese Menschen erst recht kein Interesse am Erwerb von eigenen Automobilen? Stimmen die Statistiken, die behaupten, dass sich der Motorisierungsgrad von Jugendlichen bis 29 innerhalb der letzten zehn Jahre halbiert hat und dass das Durchschnittsalter eines Neuwagenkäufers im gehobenen Marktsegment auf 55 Jahre angewachsen ist?

Und dann gewinnt plötzlich der Gedanke der Vernetzung überall an Popularität, alle Verkehrsmittelanbieter wollen sich immer und überall verbinden. Das bis vor wenigen Jahren nur Eingeweihten bekannte Wort der „Intermodalität" wird zu einem Marketingschlagwort bei Automobilunternehmen wie bei öffentlichen Verkehrsunternehmen. Diesen Trend in der Verkehrsmittelnutzung könnte man als „Nutzen statt Besitzen" definieren, ein Slogan, der vom damaligen Daimler-Benz Konzern schon Mitte der 1990er Jahre erfunden wurde, genauso wie der komfortable „Sitzplatzkilometer", der bereits ein Denken über den eigenen Gerätepark andeuten sollte.

Aber wie stabil sind diese Trends und bleiben sie ein europäisches Phänomen? Der Absatz von teuren und verbrauchsstarken Automobilen ist weltweit keineswegs zurückgegangen, nur die Zielmärkte haben sich verschoben. Russland und China sind für BMW und Mercedes jetzt die größten Einzelmärkte. In den USA gehen die Zulassungszahlen der Sprit fressenden SUV nach der Wirtschaftskrise 2008 wieder steil nach oben. Und was ist mit den Jugendlichen, wenn sie älter werden, und was, wenn sie Kinder bekommen, Häuser bauen und an den Rand der Stadt ziehen? Man könnte es ihnen nicht verdenken. Der Staat eröffnet seinen Bürgern nirgendwo so umfangreiche Steuererleichterungen wie beim Bau des Eigenheims sowie der intensiven Nutzung des eigenen Pkws: Ein entfernungsintensiver Lebensstil ist politisch weiterhin gewollt! Vom Rückgang des Flächenverbrauches ist daher bisher nicht die Rede gewesen und von Wanderungsbewegungen vom Land zurück in die Stadt liest man einstweilen nur im Feuilleton der Zeitungen.

Dabei wäre es so wichtig zu wissen, ob wir eine wirkliche Verhaltensänderung vor uns haben. Denn der Verkehr wird in den nächsten Jahren zum Lackmustest politischer Gestaltungskraft. In Deutschland steht die Frage der Energiewende, also der Umstellung von fossilen auf erneuerbaren Energien, im Mittelpunkt der öffentlichen Diskurse. Heftig wird über Partei- und Fachgrenzen hinaus gestritten, ob und wie eine Absenkung der Klimagase zu bewerkstelligen ist, und das mit Abstand größte zu lösende Problem ist der Verkehr. Dessen Anteil wird laut Prognose weiter steigen, doch eine Energiewende ist ohne eine entsprechende „Verkehrswende" nicht zu machen.

Aber wie könnte diese denn aussehen? Bei der Suche nach Antworten wird klar, warum das Thema im politischen Diskurs bislang völlig ausgespart wird: Es gibt derzeit keine Antworten! Wie kann man das Grundrecht auf Bewegung achten und wahren und dabei ökologische Zielmarken definieren? Moderne Gesellschaften waren und sind immer bewegungsintensive Veranstaltungen. Das Versprechen auf soziale Teilhabe gilt als ein demokratisches Basisgut, das ohne Verkehr schwerlich zu haben ist. Die gewünschte Durchlässigkeit der Gesellschaft, die soziale Mobilität, ist bislang nicht ohne räumliche Mobilität zu erreichen gewesen. Wie kann aber eine demokratische und offene Gesellschaft so organisiert werden, dass Teilhabe in einer nachhaltigen Weise gelingt?

Bei der Suche wird offenkundig, dass es bei der Entwicklung notwendiger Strategien schon bei den Wissensgrundlagen mangelt. Sind die eingangs beschriebenen Verhaltensänderungen in ihren Wirkungen überhaupt für die Energie- und Verkehrswende relevant und vor allen Dingen: Sind diese von Dauer? Kann man den Einstellungs- und Verhaltensänderungen wirklich trauen? Werden sich die Verkehrsleistungen zurück entwickeln? Wie werden die Möglichkeitsräume zukünftig gestaltet? Können Biographien heute wieder kompakter im Raum gelebt werden oder treiben uns die digitalen Medien noch weiter in die Ferne? Was passiert beispielsweise bei der Nutzung von elektrischen Autos, die bald überall fahren sollen? Die Automobilhersteller klagen, dass die Reichweite im Vergleich zu konventionellen Fahrzeugen viel zu gering sei und dass daher keine Akzeptanz zu erwarten ist. Wie aber werden die Fahrzeuge tatsächlich genutzt? Ist es nicht denkbar, dass man sich Lebensmodelle vorstellen kann, die an die Möglichkeiten des technischen Gerätes angepasst sind? Die Rennreiselimousine, das mit Verbrennungsmotor angetriebene Fahrzeug, hat sich ja als „Raumexplosionsmaschine" entpuppt; nicht die Eisenbahn, sondern das Auto hat den Raum getötet und uns zu einem nahezu grenzenlosen Lebensstil verführt. Kann diese Entwicklung nicht durch die Nutzung von Elektroautos in umgekehrter Weise gelingen: das E-Fahrzeug als eine Art „Raumimplosionsmaschine"?

Bei der Analyse fangen die Probleme schon bei der Datenlage an. Wie oft und mit welchem Verkehrsmittel bewegen wir uns eigentlich wirklich? Das offizielle Standardwerk „Verkehr in Zahlen" entwickelt seine Berechnungen auf der Basis grober Schätzungen, die kaum mit den Grundsätzen guter Wissenschaft vereinbar sind; genaue Erhebungen wie „Mobilität in Deutschland" werden aus Kostengründen selten und methodisch unzureichend erhoben. Es gibt sicherlich Erkenntnisse, die auf recht gutem empirischen Fundament stehen: Wir legen seit den 1950er Jahren immer größere Entfernungen zurück, wobei die Zahl der täglichen Wege nur leicht gestiegen ist. Die immer wieder in der Literatur zu findende Behauptung, dass es sich dabei immer und überall um drei Wege und eine Stunde Zeitaufwand täglich handelt, lässt sich aber nicht belegen. Die Massenverkehrsmittel haben gegenüber dem Automobil deutlich an Attraktivität verloren, man kann auch behaupten, dass die Verkehrsleistungen mit dem Einkommen zusammenhängen: Je höher das Einkommen, desto größer die zurückgelegten Entfernungen.

Aber jetzt im Zeichen der Energie- und Verkehrswende verblassen diese Ergebnisse mehr und mehr und haben längst Patina angesetzt. Sind diese Ergebnisse noch zeitgemäß und ausreichend differenziert? Sind die Ergebnisse der akademischen Forschung überhaupt politikrelevant? Die große politische Frage lautet, ob und wie wir das Versprechen demokratischer Gesellschaften mit einem bisher hohen Maß an physischer Beweglichkeit dauerhaft mit den Notwendigkeiten einer drastischen Absenkung der Emissionen gewährleisten können. Dabei geht es nicht nur um die Achtung der Gesetze der Nachhaltigkeit, sondern auch um die Wahrung des sozialen Konsenses. Wie funktionieren moderne Gesellschaften, wenn der Ressourcenverbrauch drastisch steigt? Wie lassen sich die drohenden Exklusionen und Erosionen der politischen Stabilität dann in den Griff bekommen? Man ist dann auch bei den Grundlagen der Mobilitätsforschung angekommen: Was bewegt uns wirklich? Gibt es so etwas wie eine anthropologische Konstante oder sind wir doch Opfer von technischen Verführungskünsten? Was ist für eine offene Gesellschaftsordnung tatsächlich nötig? Wie groß ist der Raumbedarf der Moderne? In der Gestaltung des Verkehrs wird sich daher die Zukunftsfähigkeit der Gesellschaften zeigen.

Gemessen an diesen doch nicht ganz unwichtigen Fragen ist die zuständige akademische Forschungslandschaft nicht wirklich gut ausgestattet. Die Zahl der ingenieur- und wirtschaftswissenschaftlichen Verkehrslehrstühle wird immer kleiner, in der Soziologie hat sich das Thema Verkehr nicht wirklich etablieren können und in der in Deutschland sehr üppig ausgestatteten außeruniversitären Forschungslandschaft bzw. der Ressortforschungseinrichtungen nimmt das Thema Verkehrsverhalten nur eine Randposition ein. Forschungsprogramme seitens der DFG oder der Bundesministerien zum Thema Mobilität und Verkehr sind rar oder in erster Linie auf technische Fragen konzentriert. Es ist daher gut zu wissen, dass die Psychologie als eine der wenigen Disziplinen sich der Themen weiterhin annimmt und dabei auf einen profunden Bestand an Erkenntnissen zurückgreifen kann. Das ist gut so, und zu einer Reihe der angesprochenen Fragen wird man in den Texten Lösungen finden. Aber das vorliegende Buch erinnert auch daran, wie wichtig weitere Untersuchungen sind und wie wichtig ein Ausbau und eine Konsolidierung des Forschungsfeldes Mobilität und Verkehr über die Psychologie hinaus notwendig ist und das mehr denn je! Hoffen und wünschen wir uns, dass auch mit diesem Buch dazu ein Beitrag gelingt.

Andreas Knie

Inhalt

Was bewegt uns? Ein Vorwort 5

1 **Einleitung** 13

2 **Grundlagen** 17
2.1 Mobilität 17
2.2 Verkehr 19
2.3 Gegenüberstellung Mobilität und Verkehr 21
    2.3.1 Individuelle und Aggregat-Ebene 21
    2.3.2 Mobilität als Teil einer Handlung 22
    2.3.3 Mobilitäts- und Verkehrsbegriffe 24
2.4 Verkehrs- und Mobilitätspsychologie 27

3 **Wahrnehmung und Bewegung** 31
3.1 Bewegung als Voraussetzung von Wahrnehmung 32
3.2 Umweltwahrnehmung 35
    3.2.1 Tiefenwahrnehmung 35
    3.2.2 Die Umwelt als Wahrnehmungsgegenstand 37
    3.2.3 Affordanz 38
    3.2.4 Bewegungswahrnehmung 39
    3.2.5 Umweltwahrnehmung bei unterschiedlichen
          Geschwindigkeiten 41
    3.2.6 Wahrnehmung und Kognition 42
    3.2.7 Emotionale Bewertungen 44
    3.2.8 Zeitwahrnehmung 46
3.3 Kognitive Karten 47
3.4 Mobilitätssymbolik 52

4	**Bewegungsformen**	57
4.1	Gehen	58
4.2	Einsatz von Rädern	60
4.3	Autofahren	62
4.4	Nutzung öffentlicher Verkehrsmittel	64
4.5	Fliegen	67
5	**Mobilitätsmotive**	69
5.1	Umwelterkundung	71
5.2	Mobilitätsanforderungen	73
	5.2.1 Arbeitswege	73
	5.2.2 Aufgaben in der Familie	76
5.3	Ortsungebundenheit	77
5.4	Extramotive	80
	5.4.1 Kontrolle	81
	5.4.2 Sensation Seeking	84
	5.4.3 Bewegung und Fitness	86
	5.4.4 Selbstdarstellung und soziale Bedürfnisse	88
5.5	Zielkategorien der Verkehrsmittelnutzung	91
6	**Person- und Umweltmerkmale als Einflussfaktoren**	97
6.1	Demografische Merkmale	98
	6.1.1 Geschlecht	98
	6.1.2 Einkommen	101
6.2	Fahrstile und Persönlichkeitsmerkmale	103
6.3	Umweltmerkmale	106
	6.3.1 Einflüsse der Umwelt auf das Mobilitätsverhalten	106
	Exkurs: Musikhören beim Autofahren	111
	6.3.2 Einflüsse der Verkehrsumwelt auf das Erleben der Bewohner	114
7	**Lebensphase und Mobilität**	117
7.1	Mobilität im Kindes- und Jugendalter	120
	7.1.1 Bewegungsräume von Kindern	120
	7.1.2 Mobilitätsverhalten und Einstellungen zur Mobilität bei Kindern und Jugendlichen	124
7.2	Residenzielle Mobilität	131
7.3	Ältere Menschen im Verkehr (Maria Limbourg)	132
	7.3.1 Bestandsaufnahme zur Leistungsfähigkeit im Alter	133
	7.3.2 Verbesserung der Mobilitätsbedingungen	136

Inhalt 11

8	Negative Folgen des Verkehrs	145
8.1	Unsicherheit	149
	8.1.1 Unsicherheit im Straßenverkehr	151
	Exkurs: Junge Menschen verunglücken im Straßenverkehr (Maria Limbourg)	153
	8.1.2 Unsicherheit im öffentlichen Verkehr	158
8.2	Verkehrslärm (Rainer Guski)	162
	8.2.1 Wie entstehen Verkehrsgeräusche?	163
	8.2.2 Wie werden Geräusche zu Lärm?	165
	8.2.3 Kurzfristige Lärmwirkungen	167
	8.2.4 Langfristige Lärmwirkungen	168
8.3	Einschränkung des Lebensraums	172

9	Lösungsansätze	177
9.1	Mobilität und Verkehr besser verstehen	181
	9.1.1 Einstellungen	184
	Exkurs: Lernen durch Feedback	186
	9.1.2 Das soziale Milieu – die anderen als Normgeber	188
	9.1.3 Handlungsmöglichkeiten durch Verhaltensangebote und Anreize	189
9.2	Mobilitätserziehung von Kindern und Jugendlichen (Maria Limbourg)	191
	9.2.1 Vorschulische Mobilitätserziehung	193
	9.2.2 Schulische Mobilitätserziehung	196
9.3	Verkehrspsychologische Interventionen (Klaus Peter Kalwitzki und Paul Brieler)	204
	9.3.1 Historischer Abriss	207
	9.3.2 Verkehrspsychologische Angebote und Beispiele verkehrspsychologischer Tätigkeit	210
	9.3.3 Anerkennung, Kontrolle und Wirksamkeit verkehrspsychologischer Interventionen	220
	9.3.4 Perspektiven der Verkehrspsychologie	221
9.4	Gestaltung der Umwelt	223
	9.4.1 Verringerung der Fahrgeschwindigkeit	224
	9.4.2 Erhöhung der Attraktivität alternativer Bewegungsformen	228
	9.4.3 Umweltästhetik und Erholung	232
	9.4.4 Stärkung der Ortsverbundenheit	235
9.5	Erhöhung der Effizienz des Verkehrs	236
9.6	Veränderungen räumlicher Strukturen?	239

9.7 Schutz der Umwelt und Erhalt der Gesundheit 241
    9.7.1 Förderung von Umweltbewusstsein
          und Mobilitätskompetenz 242
    Exkurs: die Lernsoftware „Beiki" 244
    9.7.2 Weniger Lärm – Maßnahmen zum Schutz
          gegen Verkehrslärm (Rainer Guski) 246
    9.7.3 Neue Verkehrsangebote und
          umweltverträgliche Mobilität 249

10 Ausblick 255

Literaturverzeichnis 263
Sachwortregister 285
Mitwirkende 289

Einleitung 1

Die Entwicklung der Industriegesellschaften, der internationalen wirtschaftlichen Verflechtungen und des weltweiten Tourismus hätte ohne Ausweitung der Fortbewegungsmöglichkeiten des Menschen nicht stattfinden können. Neue Techniken und Investitionen in die Verkehrsinfrastruktur haben den individuellen Erlebnis- und Handlungsraum der Menschen in einem Ausmaß erweitert, den man noch vor hundert Jahren als ferne Utopie abgetan hätte. Diese Erweiterung wurde lange Zeit uneingeschränkt positiv bewertet. Sie bescherte den Menschen nicht nur einen Zuwachs an Wissen, sondern auch an Wohlergehen und Lebensqualität. Viel Verkehr war ein Ausdruck von Wohlstand und florierender Wirtschaft. Die negativen Begleiterscheinungen dieser Entwicklung in Richtung einer mobilen Gesellschaft sind inzwischen jedoch kaum mehr zu übersehen. Um diese Ambivalenz aufzulösen, kam man auf die Idee, Mobilität und Verkehr zu entkoppeln (Hautzinger et al., 1997; Knie, 2007). Das Positive soll erhalten bleiben, das Negative reduziert werden. Konkret: Die individuelle Mobilität soll nicht infrage gestellt werden, der Mensch soll in seinen Bewegungsmöglichkeiten und seinem Bewegungsdrang nicht eingeschränkt werden. Die unerwünschten Folgen, die das haben könnte, sollen jedoch spürbar verringert werden.

Schwierig ist es indessen, diese plausible Idee zu realisieren, da das Entkoppeln auf Grenzen stößt. Der Stau ist hierfür ein Beispiel. Er führt die negativen Folgen einer ungebremsten individuellen Mobilität vor Augen. Wenn viele Menschen am gleichen Ort zur gleichen Zeit diese Freiheit, ungebremst mobil zu sein, für sich beanspruchen, kommt es zum Stillstand.

Eine nicht unberechtigte Frage ist deshalb, warum die individuelle Mobilität nicht ebenfalls beschränkt werden sollte, um solche gegenseitigen, letztlich unsozialen Blockaden und eine emotional negativ erlebte Beengtheit zu verhindern. Doch abgesehen davon, dass sich in einer demokratischen Gesellschaft eine Begrenzung der individuellen Bewegungsfreiheit politisch nur schwer durchsetzen ließe[1], gibt es noch tiefgreifendere, psychologische Gründe, die gegen eine solche Begrenzung sprechen. Um sich zu einem lebensfähigen Individuum entwickeln und um leben und überleben zu können, ist der Mensch auf Informationen aus der Umwelt angewiesen, und um sich zu informieren, muss er sich bewegen. Seinen Wissens*durst* und Erlebnis*hunger* kann er nur befriedigen, indem er sich in seiner Umwelt umtut. Außerdem können Dinge und Umwelten nur „wahr" genommen werden, wenn sie von mehreren Seiten betrachtet werden. Auf dem Prüfstand steht also nicht die Mobilität als solche; die Frage ist vielmehr, in welcher Weise die Fortbewegung erfolgt. Denn nicht alle Fortbewegungsarten sind sozial- und umweltverträglich. Sozialunverträglich bedeutet, andere in ihrer Mobilität einzuengen und zu gefährden, umweltunverträglich bedeutet Luftverschmutzung, Lärm, Flächen- und Energieverbrauch sowie ästhetische Einbußen. Groß dimensionierte Verkehrsanlagen wirken hässlich.

Die vielfältigen Themen der Mobilitätspsychologie werden im Folgenden in zehn Kapiteln behandelt. Im Anschluss an die Einleitung werden im zweiten Kapitel die Grundbegriffe „Mobilität" und „Verkehr" erläutert, die Mobilitätspsychologie wird charakterisiert und die Beziehung zur Verkehrspsychologie erläutert.

Im dritten Kapitel wird dargestellt, dass der Mensch seine Wahrnehmungsfähigkeit nur entwickeln kann, wenn er sich bewegt. Ohne Standortwechsel könnte er die Umwelt nicht wahrnehmen.

Im vierten Kapitel werden die verschiedenen Arten räumlicher Fortbewegung betrachtet. Zu unterscheiden ist zwischen Fortbewegungen, die auf der eigenen Körperkraft beruhen, und solchen, bei denen entweder externe natürliche Kräfte genutzt werden wie beim Reiten und Segeln oder Kräfte wie der Verbrennungsmotor.

Im fünften Kapitel wird die grundsätzliche Frage untersucht, aus welchen Gründen Menschen überhaupt mobil und warum sie es in einer bestimmten Art und Weise sind: Die Analyse zeigt, dass es keinesfalls allein Transportbedürfnisse, sondern diverse andere Motive sind.

Im sechsten Kapitel werden sowohl Persönlichkeitseigenschaften als auch Umweltmerkmale als Einflussfaktoren der Mobilität untersucht. Dem Thema „Ablenkung" wird am Beispiel des Musikhörens während des Autofahrens in einem Exkurs nachgegangen.

Im siebten Kapitel wird der Einfluss des Lebensalters unter die Lupe genommen. Bereits Kleinkinder sind in der Lage, schneller voran zu kommen als es mit den eigenen Füßen möglich wäre, wenn man ihnen ein Laufrad oder einen Roller zur Verfügung stellt. Erwachsene haben zwar vergleichsweise viele Möglichkeiten

---

[1] Welchen hohen gesellschaftlichen Stellenwert Freiheit hat, zeigt sich auch daran, dass der Entzug der Freiheit als schwere Strafe gilt.

mobil zu sein, sie sind andererseits auch diejenigen, die hohen Mobilitätsanforderungen genügen müssen. Mit dem Alter verringern sich zwar die Mobilitätsanforderungen, zugleich nimmt aber auch die Beweglichkeit ab.

Im achten Kapitel werden verschiedene negative Auswirkungen: die Beeinträchtigung der Sicherheit, der Verkehrslärm und der Verlust an Lebens- und Bewegungsraum, näher untersucht.

Die verschiedenen Lösungsansätze, um den Verkehr umwelt-, sozial- und individuell verträglicher zu machen, die im neunten Kapitel vorgestellt werden, orientieren sich an den Themenfeldern, wie sie bei der Konkretisierung des verkehrspolitischen Leitbilds formuliert wurden: Mobilität und Verkehr besser verstehen, Verkehrssicherheit verbessern, Effizienz des Verkehrssystems erhöhen, Verkehr reduzierende Strukturen fördern und Umwelt und Ressourcen schonen.

Das zehnte Kapitel enthält ein abschließendes Resümee mitsamt einem Ausblick. Die Anpassungsfähigkeit des Menschen auf der einen Seite und der gesellschaftliche Wandel einschließlich der Entwicklung der Technik werden zweifelsohne zu neuen Leitbildern und Mobilitätsformen führen. Was heute noch als Rastlosigkeit erscheint, könnte künftig der Normalzustand sein.

Mobilität ist ein Thema, mit dem sich viele Fachrichtungen befassen, deren Ansätze, Vorgehensweisen und Perspektiven unterschiedlich sind, was beispielhaft im „Handbuch Verkehrspolitik" (Schöller et al., 2007) zutage tritt. Stadt- und Verkehrsplaner haben Orte und Umwelten im Blick, sie gehen von räum-

Abbildung 1.1 Umweltpsychologisches Grundmodell

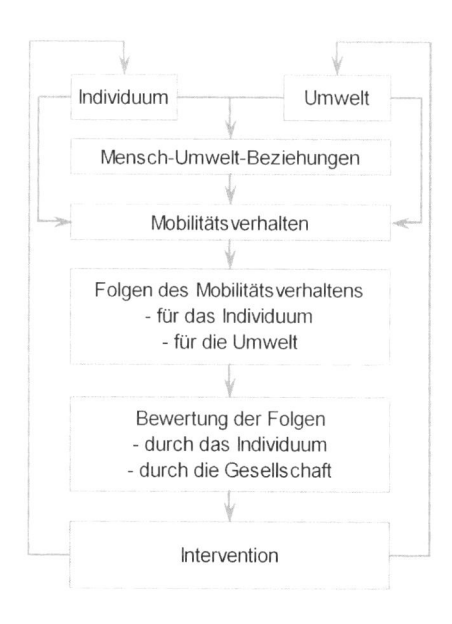

Individuum — Umwelt
↓
Mensch-Umwelt-Beziehungen
↓
Mobilitätsverhalten
↓
Folgen des Mobilitätsverhaltens
- für das Individuum
- für die Umwelt
↓
Bewertung der Folgen
- durch das Individuum
- durch die Gesellschaft
↓
Intervention

lichen Einheiten wie Straßen, Plätzen, Stadtteilen, Liniennetzen und Haltestellen aus. Psychologen untersuchen innerpsychische Prozesse und individuelles Verhalten. Planer orientieren sich an Richtwerten, Verordnungen und Gesetzen, Psychologen schöpfen ihr Wissen aus empirischen Untersuchungen. Unterschiedliche Untersuchungs- bzw. Planungseinheiten, eine unterschiedliche Fachsprache und unterschiedliche Herangehensweisen an eine Fragestellung erschweren die interdisziplinäre Kommunikation und Zusammenarbeit, die jedoch angesichts der Komplexität des Problems zwingend erforderlich ist. In dem vorliegenden Buch erfolgt der Einstieg von der Psychologie her. In Abb. 1.1 ist das umweltpsychologische Grundraster dargestellt, in dem sich die Themen der Mobilitätspsychologie verorten lassen.

Grundlage der Mobilitätspsychologie sind psychologische Konzepte und Theorien und die darauf basierende empirische Forschung. Im vorliegenden Buch wurde dementsprechend verfahren. Die Aussagen stützen sich auf Veröffentlichungen im Bereich Mobilität und Verkehr und auf die Ergebnisse empirischer Forschung. Häufig wurde auf englischsprachige Publikationen zurückgegriffen. Die englischen Fachbegriffe wurden beibehalten, wenn deren Verwendung bereits allgemein üblich ist oder es noch keine konsensfähige Übersetzung dafür gibt.

Grundlagen 2

2.1 Mobilität

Beweglichkeit ist eine Eigenschaft von Lebewesen. Sich fortbewegen zu können, gehört zum Lebendigsein. Damit öffnet sich ein Bedeutungshorizont, der über die räumliche Fortbewegung weit hinausreicht. Im weiteren Sinne wird Mobilität als Persönlichkeitseigenschaft verstanden, wobei Mobilität Beweglichkeit, Flexibilität und Offenheit für neue Erfahrungen bedeutet. Soziale Mobilität bezeichnet das Phänomen des sozialen Auf- oder Abstiegs. Dieses Buch widmet sich weder der geistigen noch der sozialen Mobilität, sondern ausschließlich den räumlichen Fortbewegungen, dem Unterwegs sein in der physischen Umwelt. Räumliche Mobilität ist eine der vielen Formen der Umweltaneignung (Graumann, 1996). Durch das Unterwegssein eignet sich der Mensch seine Umwelt an, sie kann dadurch für ihn persönlich bedeutsam werden.

Räumliche Mobilität lässt sich unterschiedlich definieren und quantifizieren: Ein Mensch ist mobil,

- der viele Kilometer hinter sich bringt
- der viele Wege zurück legt.

Die Zahl der zurückgelegten Kilometer wird als Mobilitätsleistung bezeichnet, die Zahl der Wege als Mobilitätsrate (siehe Tab. 2.1). Beides sind plausible Maße, um das Ausmaß der räumlichen Mobilität zu beschreiben. Bei dem Leistungsmaß wird nicht berücksichtigt, wie viele Ziele ein Mensch aufsucht. Aufschlussreicher erscheint deshalb die Mobilitätsrate zu sein, bei der statt der Zahl der Kilometer die Zahl der Wege gezählt wird, wobei dann allerdings die Information über die Wegelängen verloren geht. Für die Verwendung der Mobilitätsrate als Indikator der Beweglichkeit spricht, dass ein Mensch, der viele Wege zurücklegt, eher vielfältigere Erfahrungen macht und Unterschiedliches zu sehen bekommt als derjenige, der nur auf ein einzelnes, aber weiter entferntes Ziel zusteuert.

Beide Maße stellen ausschließlich die manifeste Mobilität in Rechnung. Es wird nicht bedacht, dass ein Mensch auch dann mobil ist, wenn er viele Wege zurücklegen *könnte*. Diese potentielle Mobilität drückt sich zum einen in der körperlichen Leistungsfähigkeit, zum anderen in der Verfügbarkeit über Verkehrsmittel aus. Ein kräftiger Mensch, der mühelos lange Strecken zu Fuß, mit Skates oder dem Fahrrad zurücklegen kann, ist von seiner körperlichen Verfassung her mobiler als ein Mensch, der schwach und gebrechlich ist. Ein in seiner körperlichen Motorik eingeschränkter Mensch kann dennoch mobil sein, wenn es eine Rampe neben der Treppe gibt, über die er im Rollstuhl sitzend sein Ziel erreichen kann. Mangelnde körperliche Beweglichkeit kann auch durch Verkehrsmittel kompensiert werden. So ist ein Mensch, der über ein Auto verfügen kann oder eine Bushaltestelle in Hausnähe hat, mobiler als ein Mensch ohne Zugriff auf motorisierte Verkehrsmittel.

Die individuelle Mobilität ist somit ein Produkt aus Person- und Umweltmerkmalen, sie ist kein Persönlichkeits- und auch kein Umwelt-, sondern ein „Interrelationsmerkmal" (Kaminski, 1988). Wie beweglich der Mensch ist, hängt also nicht nur von ihm selbst, sondern immer auch von den Umweltbedingungen ab. Kutter (2001) hat diese Bedingungen, nämlich die räumlichen Strukturen und

Abbildung 2.1 Unbeweglichkeit durch Mobilität (eigenes Foto)

Verkehrsangebote, als „sachstrukturelle Determination" bezeichnet. Die Entfernungen zu alltäglich wichtigen Zielorten (Arbeitsplatz, Schule, Kindergarten, Läden und Dienstleistungen) sowie das Wege- und Straßennetz und das öffentliche Verkehrsangebot sind Komponenten dieser sachstrukturellen Determination.

Es sind jedoch nicht nur die *physischen* Umweltbedingungen, welche die Mobilität bestimmen, es kann auch eine hohe *soziale* Dichte sein. Gerade im Stillstand eines Staus kommt die Mobilität eindrucksvoll zum Ausdruck, denn Ursache des Staus ist die individuelle Mobilität vieler Menschen.

Das Alltagsleben wird geprägt durch „zirkuläre" Mobilität. Die Bezeichnung „Zirkularität" rührt daher, dass Ausgangs- und Endpunkt der Mobilität identisch sind. Meistens ist es die Wohnung, von der aus man sich auf den Weg macht und zu der man meistens noch am gleichen Tag wieder zurückkehrt.

Weniger alltäglich und einschneidender ist die „residenzielle" Mobilität, bei der „die Residenz" verlegt bzw. der Wohnort gewechselt wird. In diesem Fall ist nicht nur der Mensch, sondern das gesamte Mensch-Umwelt-System in Bewegung. Residenzielle Mobilität ist in erster Linie eine Wohnentscheidung (Flade, 2006). Diese hat jedoch Auswirkungen auf die Mobilität, weil durch die Wahl des Wohnstandorts die Entfernungen zu den Zielorten fixiert werden. Wer aufs Land zieht, muss mit größeren Entfernungen rechnen (Scheiner, 2007).

Typisch für einen mobilen Menschen ist, dass er viele Kilometer und/oder viele Wege zurücklegt. Die Gründe für dieses überdurchschnittlich hohe Ausmaß an räumlicher Fortbewegung sind individuell unterschiedlich. Es können Erfordernisse sein, es kann Desinteresse an örtlichen und nachbarlichen Bindungen sein, es kann das Bedürfnis nach neuen Erfahrungen und Anregungen oder auch die Flucht vor alltäglicher Monotonie sein. Es sind sowohl Pull- als auch Push-Faktoren, die räumliche Mobilität fördern. „Push" meint das Streben, an einen anderen Ort zu gelangen, weil man den Ort, an dem man gerade ist, als dysfunktional und emotional negativ erlebt, wohingegen „Pull" bedeutet, dass man sich zu einem besser nutzbaren und angenehmen Ort hingezogen fühlt. Beide Dynamiken sind mit Mobilität verbunden.

2.2 Verkehr

Verkehr ist die Gesamtheit der individuellen Fortbewegungen an einem Ort zu einem Zeitpunkt (Kruse & Graumann, 1978). Etwas umfassender und zugleich spezifizierter ist die folgende Definition: „Verkehr ist all das, was sich auf den Straßen, den Meeren und in der Luft an Verkehrsmitteln bewegt sowie – unter der etwas widersprüchlichen Bezeichnung „ruhender Verkehr" – in und entlang der Verkehrswege bzw. Terminals ruht" (Molt, 1992, S. 72).

Abbildung 2.2 Parkplatz außer Betrieb (eigenes Foto)

Die Bezeichnung „ruhender" Verkehr klingt paradox, denn ein Kennzeichen des Verkehrs ist schließlich die Bewegung. Ruhender Verkehr sind im öffentlichen Straßenraum, auf speziellen Parkplätzen, Parkhäusern und Tiefgaragen geparkte Fahrzeuge. Sind die Plätze knapp oder nicht nutzbar (vgl. Abb. 2.2), entsteht ein besonderer Verkehr: der „Suchverkehr", bei dem der Abstellplatz zum Zwischenziel wird.

Verkehrsräume sind nicht festumrissen, sie können von unterschiedlicher Art und Größenordnung sein, es kann ein Straßenabschnitt, eine Kreuzung oder das Straßen- und Wegenetz in einer Stadt oder im Land sein. Verkehrserhebungen wie „Mobilität in Deutschland 2008" beziehen sich auf das gesamte Land (Infas & DLR, 2010).

Das Zusammentreffen vieler Menschen, die sich mit unterschiedlicher Geschwindigkeit und in unterschiedliche Richtungen fortbewegen, erfordert Koordination und Organisation. Verkehr ist organisierte Fortbewegung, die nach bestimmten Regeln erfolgt. Dazu gehört auch die Bindung an eine extra dafür geschaffene Verkehrinfrastruktur. Dass sich ein Mensch seinen Weg im Gelände selbst bahnt, ist die Ausnahme. Auch in der freien Landschaft trifft er meistens auf vorgebahnte Wege mitsamt Wegweiser, was nicht nur die Orientierung erleichtert, sondern zugleich auch die Landschaft schützen soll.

Abbildung 2.3 Wegweiser in der Landschaft (eigenes Foto)

Der Straßenverkehr ist eine Teilmenge des gesamten Verkehrs, dem Insgesamt aller Fortbewegungen, die in organisierter Form sowohl motorisiert als auch nichtmotorisiert im öffentlichen Straßenraum stattfinden. Der andere große Bereich ist neben dem Straßenverkehr der öffentliche Verkehr (ÖV) mit Bus und Bahn[2].

2.3 Gegenüberstellung Mobilität und Verkehr

2.3.1 Individuelle und Aggregat-Ebene

Der Begriff Mobilität bezieht sich auf den einzelnen Menschen, der Begriff Verkehr umfasst alle Menschen, die zu einer bestimmten Zeitpunkt an einem be-

---

2 Als öffentlicher Personennahverkehr (ÖPNV) werden Busse und Bahnen bezeichnet, die Fahrgäste befördern, von denen die Mehrheit nicht weiter als 50 km fährt oder nicht länger als eine Stunde unterwegs ist (vgl. Statistisches Bundesamt et al., 2011, S. 309). Entfernungen, die darüber hinaus gehen, sowie länger dauernde Fahrten werden der Rubrik Fernverkehr zugeordnet. Zum öffentlichen Personennahverkehr zählen Verkehre im Stadt-, Vorort- oder Regionalverkehr. Im Folgenden wird die entfernungsneutrale Bezeichnung ÖV verwendet, sofern nicht explizit der Nahverkehr gemeint ist.

stimmten Ort unterwegs sind. Der Verkehr setzt sich aus vielen Einzelbewegungen zusammen, dennoch ist Verkehr mehr als nur deren Addition. Er bildet eine neue Ganzheit mit einer eigenen Dynamik, die rückwirkend wiederum die Einzelbewegungen beeinflusst. Er ist ein überindividuelles Gebilde, das nicht mehr durch den einzelnen Menschen beeinflusst werden kann (Molt, 1992).

Die Psychologie ist individuumszentriert, sie ist ideografisch ausgerichtet und an individuellen Unterschieden interessiert. Verkehrs- und Stadtplaner benötigen jedoch nomothetische, d. h. zusammenfassende, vom Einzelfall abstrahierende Aussagen[3]. Häufigkeitsverteilungen, Prozentzahlen und Mittelwerte sind solche gewünschten Darstellungen. Zusammenfassungen gehen immer mit einer Anonymisierung einher. Der einzelne Mensch wird im ÖV zum „Beförderungsfall" (Statistisches Bundesamt et al., 2011) oder „Verkehrsteilnehmer", d. h. in jedem Fall zum „Menschen ohne Eigenschaften". Bollnow (1963) hat diese Anonymisierung anschaulich beschrieben: „Es ist von vorneherein ein überindividueller und neutraler Raum, der Raum des Verkehrs. Das Straßennetz bildet das Adernsystem, durch das der Verkehr pulsiert. Der Einzelne wird, wenn er sich der Straße überlässt, mitgenommen von diesem Verkehr. Er geht in ihm auf. Zu Hause war er vielleicht ein Individuum, auf der Straße aber wird er anonym" (S. 102).

Eine hoch komprimierte Darstellung ist der Modal Split, der die Anteile der verschiedenen Fortbewegungsarten wiedergibt. Je nach der Bezugsgröße, auf deren Grundlage die Anteile gebildet werden, ergibt sich ein anderes Bild der Häufigkeit einer Fortbewegungsart (vgl. Abb. 2.4). Eine weitere komprimierte Darstellung ist die Kategorisierung nach Wegezwecken. Die vielfältigen individuellen Handlungsabsichten werden auf wenige Kategorien von Wegezwecken reduziert. Ausgewiesen werden vor allem die Wege zum Arbeitsplatz, zur Ausbildungsstätte und zu Einkaufsorten. Es ist keine Frage, dass sich die Zielorte innerhalb einer Kategorie voneinander unterscheiden, so dass es trotz gleicher Kategorie individuell unterschiedliche Zielorte sind.

2.3.2 Mobilität als Teil einer Handlung

Eine Handlung ist die kleinste psychologisch relevante Einheit willentlich gesteuerter Tätigkeiten (Hacker, 1999). Sie ist zeitlich in sich geschlossen, auf ein Ziel gerichtet, inhaltlich und zeitlich gegliedert. Handlungen haben Ziele und Motive, man kann sie nur verstehen und erklären, wenn man die zugrunde liegende Motivation kennt. Verhalten ist der äußerlich sichtbare Teil einer Handlung.

---

3   idios = eigen; graphein = beschreiben; nomos =Gesetz; thesis = aufbauen

Mit der Analyse von Handlungen treten automatisch Motivations-, Wahrnehmungs-, Denk- und Entscheidungsprozesse auf den Plan. Mit der Handlung soll etwas bewirkt werden. Das gelingt umso besser, je geeigneter der Ausführungsplan ist, d. h. der vorwegnehmende Entwurf der auszuführenden Schritte. Die Menschen möchten meistens ohne Zeit- und Kostenaufwand und möglichst komfortabel einen bestimmten Ort erreichen (Gorr, 1997). Der Ausführungsplan, der diese Vorgaben berücksichtigt, umfasst die Wahl der Verkehrsmittel, die Entscheidung für eine bestimmte Route und zeitliche Festlegungen.

Fortbewegungen sind Bestandteile individueller Handlungen. Sie gehören zum unsichtbaren kognitiven Ausführungsplan, der auch die Entscheidung enthält, in welcher Weise und auf welcher Route man sich den Zielorten nähern will.

Die Herauslösung des einzelnen Elements der Fortbewegung aus dem Zusammenhang der psychologischen Einheit der Handlung ist für planerische Zwecke sinnvoll, um auf der Aggregatebene des Verkehrs einen Überblick über die Häufigkeit der Fortbewegungsarten in Verkehrsräumen zu bekommen.

Wenn individuelle Handlungsziele zu überindividuellen Wegezweck-Kategorien zusammengefasst werden, gehen Informationen über Motive und Absichten verloren. Verhalten lässt sich jedoch kaum verstehen und erklären, wenn die Motive und Ziele außer Acht bleiben. Aussagen wie: „60 bis 70 % aller Wege sind nicht länger als drei Kilometer", suggerieren, dass ein erheblicher Anteil der Wege mit dem Fahrrad oder auch zu Fuß zurückgelegt werden könnte, also ein beträchtliches Potenzial für die Nutzung nichtmotorisierter Verkehrsmittel besteht. Dabei wird aber nicht berücksichtigt, dass diese vergleichsweise kurzen Wege Teile von Handlungen sind, zu denen Radfahren oder Zufußgehen möglicherweise nicht passen. Ein Kleinkind wird z. B. im Auto transportiert oder es sind mehrere Wege unter einen Hut zu bringen, was in der verfügbaren Zeit nur mit einem schnellen Verkehrsmittel möglich ist.

Bleibt der Handlungsplan außer Acht, lässt sich im Grunde nicht beurteilen, warum eine Maßnahme erfolgreich oder nicht erfolgreich ist. Dies sei an einem Beispiel erläutert: Ein bestimmter Abschnitt einer Straße soll zu einem Platz umgestaltet werden, weil sich zu beiden Seiten Schulen befinden, die zu einem größeren Bildungszentrum erweitert werden sollen. Im Planungsentwurf sind an einigen Stellen Sitzbänke vorgesehen, die dem neuen Platz den Charakter einer Verkehrsstraße nehmen und ihm eine vermehrte Aufenthaltsqualität verleihen sollen. Inwieweit indessen jemand von den Bänken Gebrauch machen wird, hängt von den Absichten und Zielen der Menschen ab, die hier vorbei kommen oder zu tun haben. Sie werden die Sitzbänke nur dann nutzen, wenn es zu ihrer geplanten Handlung passt. Sie werden sich nicht für die schönen Sitzbänke interessieren, wenn ein Verweilen an diesem Ort nicht im Handlungsablauf vorgesehen ist. Die mangelnde Nutzung des neuen Angebots muss also nicht den Grund haben, dass die Bänke nicht ansprechend gestaltet sind, sondern es kann auch sein, dass ein Aufenthalt auf diesem Platz für die meisten Menschen nicht im Ausführungsplan enthalten ist. Psychologisch gesehen macht es wenig Sinn, aus einer Außenposition heraus zwischen Haupt- und Nebenaktivitäten zu unterscheiden, z. B. der Hauptaktivität Arbeit und anderen vor- oder nach gelagerten Nebenaktivitäten wie Kind zur Schule bringen und Einkaufen (Infas & DLR, 2010). Die Begleitung des Kindes zu dessen Zielorten und das Einkaufen in diesen und jenen Läden sind aus individueller Sicht eingeplante Elemente in dem übergreifenden ganzheitlichen Ausführungsplan und keine Nebenaktivitäten.

2.3.3 Mobilitäts- und Verkehrsbegriffe

Verkehrsbegriffe beziehen sich auf Räume, deren Größenordnung variieren kann. Es können Straßenabschnitte, Kreuzungsbereiche, Plätze und Stadtteile sein.

Von einem Weg wird gesprochen, wenn sich eine Person außer Haus von einem Ort zu einem anderen Ort bewegt. Hin- und Rückweg werden als zwei Wege gezählt. Erfolgt auf dem Weg zu einem Ziel der Umstieg zwischen verschiedenen Verkehrsmitteln, so bleibt es weiterhin ein Weg. Bei einer Wegekette werden verschiedene Zielorte angesteuert, bevor die Person an den Ursprungsort zurückkehrt. Von einer Reise ist die Rede, wenn eine auswärtige Übernachtung anfällt. Die Zahl der verfügbaren Sitzplatzkilometer (ASK = Available Seat Kilometers) ist eine Kennzahl im kommerziellen Personentransport. Sie spiegelt die Leistungsmöglichkeit eines Transportunternehmens wider.

Die gängigen Fachbegriffe sind in Tab. 2.1 aufgeführt. Eine wichtige Kenngröße ist die Mobilitätsquote, d. h. der Anteil der Personen, die mindestens einmal pro Tag das Haus verlassen. Eine Mobilitätsquote von 90 % bedeutet, dass an einem Tag 90 % der Wohnbevölkerung im Laufe des Tages im Verkehrsraum präsent ist; die Auswärtigen werden nicht mitgerechnet. Das Verkehrsaufkommen und die Verkehrsleistung sind wichtige Kenngrößen zur Beschreibung des Gesamtvolumens im Personenverkehr. Die Beförderungsleistung wird in der Maßeinheit Personenkilometer (Pkm) gemessen und durch Multiplikation der Zahl der in einem Verkehrsmittel beförderten Personen mit den von ihnen zurückgelegten Kilometern errechnet (Statistisches Bundesamt et al., 2011). Fahren z. B. in einem Bus 20 Personen eine Strecke von 30 km, wird damit eine Beförderungsleistung von 600 Pkm erbracht. Würden nur zwei Personen mitfahren, wären es nur 60 km.

Der Begriff „Mobilität" löst positive Assoziationen aus. Mobil sein bedeutet lebendig, interessiert, aufgeschlossen, fortschrittlich, dynamisch, erfolgreich und

Tabelle 2.1 Mobilitäts- und Verkehrsbegriffe (Limbourg et al., 2000, S. 14)

Begriffe	Definition
Mobilitätsquote	Prozentanteil derjenigen, die an einem Tag mindestens einmal das Haus verlassen
Mobilitätsrate = Aufkommensmobilität = Wegeaufkommen	Zahl der Wege pro Person pro Zeiteinheit
Aufwandsmobilität = Wegeaufwand = Mobilitätsleistung	Wegelänge pro Person pro Zeiteinheit
Mobilitätszeitbudget = Verkehrsbeteiligungsdauer	die für die Wege bzw. Fahrten benötigte Zeit pro Person
Verkehrsaufkommen	Summe der Personenwege pro Gebietseinheit
Verkehrsleistung = Verkehrsaufwand	Summe der Personenkilometer pro Gebietseinheit
Fahrzeugdichte	Anzahl von Fahrzeugen bezogen auf einen bestimmten Streckenabschnitt zu einem bestimmten Zeitpunkt

jung sein. Dagegen ist der Begriff „Verkehr" häufig negativ konnotiert (Scheiner, 2007). Durch Verwendung des positiv besetzten Begriffs Mobilität lässt sich die problematische Entwicklung des Verkehrs gesellschaftlich legitimieren (Kutter, 2001). Anstelle von Verkehr wird von Mobilität gesprochen. So wurde z. B. in früheren Jahren die bundesweite repräsentative Bevölkerungsbefragung im Auftrage des Bundesverkehrsministerium „Kontiv" (= kontinuierliche Erhebungen zum Verkehrsverhalten) genannt, seit 2002 lautet die Bezeichnung „MiD" (= Mobilität in Deutschland). Das Wort „Verkehrsverhalten" verschwand, es wurde durch den Begriff „Mobilität" ersetzt.

Ein weiteres Beispiel, wie durch Begriffe positive Assoziationen erzeugt werden können, ist der Begriff „Reisen". Der Nicht-Fachmann verbindet damit interessante, nicht alltägliche Erfahrungen und zugleich auch noch Freiheit, Freizeit und Unbeschwertheit. In der Verkehrsplanung und -statistik meint Reisen nichts weiter, als dass beim Unterwegssein eine auswärtige Übernachtung anfällt.

Dass das Verkehrsaufkommen und die Verkehrsleistung immer noch zunehmen, zeigen Vergleiche, die sich anhand der repräsentativen Daten der Erhebungen „Mobilität in Deutschland" (MiD) durchführen lassen. In der MiD 2002 betrug das Verkehrsaufkommen 272 Millionen Wege pro Tag, in der MiD 2008 waren es 281 Millionen, 2002 lag die Verkehrsleistung bei 3044 Millionen Pkm, 2008 bei 3214 Pkm (Infas & DLR, 2010).

Tabelle 2.2 Mobilitätsdaten 2002 und 2008 (Infas & DLR, 2010, S. 21)*

Kenngrößen	2002	2008
Anteil mobiler Personen in %	85	89
Wege pro Person und Tag	3,3	3,5
Strecke pro Person und Tag in km	39	41
Unterwegszeit pro Person (h:min)	1:20	1:20

* Die Grundgesamtheit in der MiD umfasst die Wohnbevölkerung der Bundesrepublik Deutschland im Alter ab Null Jahren. Gezählt werden die an einem Stichtag mit dem Hauptverkehrsmittel zurückgelegten Wege.

Die Mobilitätsquote der Wohnbevölkerung in Deutschland liegt bei knapp 90 %. Die Durchschnittsperson legt pro Tag 3,5 Wege in einer Stunde und 20 Minuten zurück, ihre täglich im Mittel zurückgelegte Strecke ist 41 km lang. Diese Werte sind vergleichsweise stabil, wie der Vergleich der Zahlen von 2008 und 2002 zeigt (vgl. Tab. 2.2).

Eine für die Verkehrsplanung und Verkehrspolitik wichtige Kenngröße ist der *Modal Split*. Er bezeichnet die Aufteilung des Verkehrsaufkommens bzw. der Verkehrsleistung nach der Verkehrsart. Wie aus Abb. 2.4 hervorgeht, kann der Modal Split unterschiedlich gebildet werden. Ebenfalls zu sehen ist, dass er über die Jahre hinweg bemerkenswert stabil ist, denn verglichen mit den Zahlen im Jahr 2002 haben sich die Prozentanteile 2008 kaum verändert.

Die relative Häufigkeit der Verkehrsarten erscheint je nach Bezugsgröße in einem anderen Licht. Bezugsgröße kann die Zahl der Wege oder die Zahl der zurückgelegten Kilometer pro Tag sein. Legt man die Wege als Bezugsgröße zugrunde, ergibt sich ein hoher Anteil an Fußwegen (23 %) und ein rund halb so großer Anteil an Radwegen (10 %). Das Gegenteil ist der Fall, wenn die Zahl der Kilometer zugrunde gelegt wird. Hier beträgt der Anteil an Fuß- und Radwegen nur jeweils 3 %.

Je nach der Bezugsgröße kann man einer Fortbewegungsart mehr oder weniger Bedeutsamkeit verleihen. Wenn Mobilität mit der Anzahl der zurückgelegten Kilometer gleichgesetzt wird, rangiert der motorisierte Verkehr mit großem Abstand an der Spitze. Der nichtmotorisierte Verkehr schrumpft in diesem Fall auf einen eher unbedeutend erscheinenden Anteil zusammen.

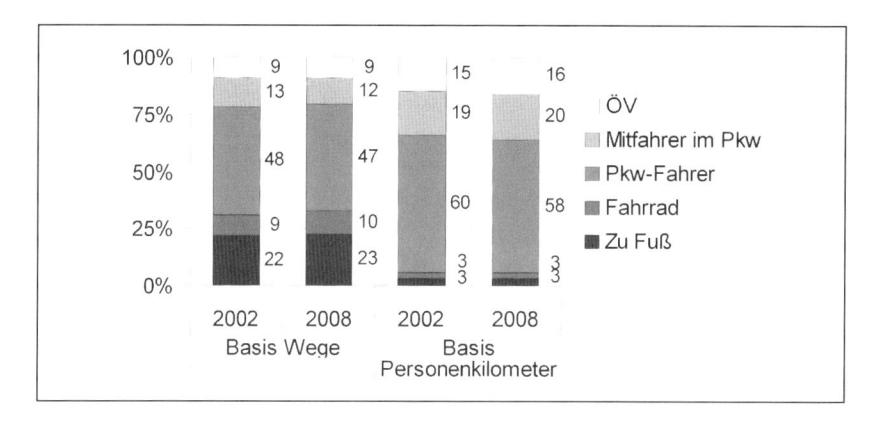

Abbildung 2.4 Modal Split (Infas & DLR, 2010, S. 21; eigene Grafik)

Im Modal Split werden nicht nur Handlungen zerlegt, indem die darin stattfindenden Wege herausgefiltert werden, auch die Kombinationen verschiedener Fortbewegungsmodalitäten werden zerteilt. Vor allem der Anteil der Fußwege wird unterschätzt, wenn nur das Hauptverkehrsmittel registriert wird. So gilt dasjenige Verkehrsmittel als Hauptverkehrsmittel, mit dem die längste Teilstrecke zurückgelegt wird (Infas & DLR, 2010). Die vergleichsweise kurzen Fußwege zur Haltestelle des ÖV entfallen in der Verkehrsstatistik, nur der ÖV wird als das Hauptverkehrsmittel registriert.

Der Modal Split bildet das individuelle Mobilitätsverhalten nicht zutreffend ab, denn Menschen verhalten sich meistens multi- und intermodal (Franke, 2004), indem sie verschiedene Arten von Verkehrsmitteln nutzen und koordinieren. Kombinationen wie walk & ride, bike & ride, park & ride usw. werden im Modal Split jedoch nicht dargestellt.

2.4 Verkehrs- und Mobilitätspsychologie

Nach Ansicht von Häcker (2003) kommt in dem Begriff „Mobilitätspsychologie" lediglich ein Perspektivenwechsel zum Ausdruck, indem nunmehr dem Zweck, den Zielen und den Bedingungen von Transportvorgängen größere Aufmerksamkeit zuteil wird. Dies ist jedoch nur einer unter mehreren Aspekten, wie im Folgenden gezeigt werden soll.

Verkehrsverhalten ist das Verhalten in Verkehrsräumen. Fortbewegungen außerhalb von Verkehrsräumen sind kein *Verkehrs*verhalten, die eingesetzten Mittel keine *Verkehrs*mittel. Im Unterschied dazu umfasst Mobilitätsverhalten auch Fortbewegungen in Umwelten, die keine öffentlichen Verkehrsräume sind. Zwei Beispiele mögen dies veranschaulichen:

- Ein Gebäude, in dem ein Mensch die Treppe hinauf steigt, den Fahrstuhl benutzt oder einen Flur entlang schreitet, ist kein öffentlicher Verkehrsraum, Treppensteigen, die Nutzung des Fahrstuhls und das Gehen im Flur sind demzufolge kein Verkehrs-, sondern Mobilitätsverhalten.
- Für den Mountainbike-Fahrer, der außerhalb des Straßen- und Wegenetzes quer Feld ein unterwegs ist, ist das Fahrrad ein Sportgerät und kein Sportgerät, das er außerhalb des Verkehrsraums nutzt.

Die Mobilitätspsychologie erstreckt sich somit auch auf Umwelten, die keinen Verkehrszwecken dienen, darunter Innenräume. Von der Wohnfläche, der Gestaltung des Hauses und des Außenraums hängt es ab, über wie viel Bewegungsraum Menschen in ihrer Wohnumwelt verfügen können. Hier gibt es Berührpunkte zwischen Mobilitäts- und Wohnpsychologie (Flade, 2006).

Das Verhalten im Straßenverkehr ist der Forschungs- und Tätigkeitsbereich der aus der Arbeits- und Ingenieurpsychologie hervorgegangenen Verkehrspsychologie. Das Aufgabenfeld der Verkehrspsychologen sind Untersuchungen der Fahreignung und die Veränderung unangepassten Fahrverhaltens. Über diese verkehrspsychologischen Aktivitäten wird in Kap. 9.3 ausführlicher berichtet.

Grundlage der Mobilitätspsychologie ist die Umweltpsychologie, deren Analyseeinheit nicht der einzelne Mensch und auch nicht nur die Mensch-Fahrzeug-Beziehung, sondern die über das Fahrzeug hinausreichende Mensch-Umwelt-Beziehung ist. Mensch und Umwelt sind ein System, dessen Systemkomponenten sich wechselseitig beeinflussen (Bell et al., 1996, 2001; Gifford, 2007; Hellbrück & Kals, 2012). Die Umwelt beeinflusst den Menschen, aber auch der Mensch wirkt auf die Umwelt ein. Ein einfaches Beispiel ist der Trampelpfad, der durch die Einwirkung der Menschen entstanden ist und der in der Folge als physische Umwelt die Routenwahl beeinflusst.

Auf den Punkt gebracht:

- Die Mobilitätspsychologie beruht auf der Umweltpsychologie, Grundlage der Verkehrspsychologie ist die Arbeits- und Ingenieurpsychologie.
- Die Mobilitätspsychologie befasst sich mit Umwelten aller Art, in denen sich Menschen bewegen, also nicht nur mit öffentlichen Verkehrsumwelten, in denen die individuellen Fortbewegungen koordiniert, geregelt und organisiert werden.

Die Mobilitätspsychologie erhellt die „black box", nämlich die nicht direkt beobachtbaren innerpsychischen Prozesse. Erst dadurch wird das Mobilitätsverhalten erklärbar und die Voraussetzung für die Konzeption und Entwicklung effektiver Strategien und Maßnahmen erfüllt, um die negativen Folgen des Verkehrs zu verringern.

Die Mobilitätspsychologie hat sich inzwischen, wie es Gehlert und Dziekan (2011) einschätzen, zu einem Schwerpunktthema innerhalb der Umweltpsychologie entwickelt, wobei die aktuellen Themen nach Ansicht der Autorinnen multimodales Verkehrsverhalten, Nutzung von Elektrofahrzeugen, Evaluation verkehrlicher Maßnahmen sowie die Wahrnehmung und Bewertung verschiedener Arten räumlicher Fortbewegung sind.

Zusammenfassend ist festzuhalten: Kennzeichnend für die Mobilitätspsychologie ist, dass sie von einem systemischen Ansatz ausgeht und das Bewegungsverhalten des Menschen in Abhängigkeit von den Umweltbedingungen analysiert, dass sie nicht nur Verkehrsumwelten im Blick hat, sondern sämtliche Umwelten, in denen Menschen leben und sich bewegen, und dass sie zur Erklärung des Verhaltens auf innerpsychische Prozesse Bezug nimmt. Die Mobilitätspsychologie ist im Begriff, sich – wie bereits die Umweltschutzpsychologie (vgl. Hellbrück & Kals, 2012) – zu einem wichtigen Teilbereich der Umweltpsychologie zu entwickeln.

Wahrnehmung und Bewegung 3

Fortbewegungen finden immer im Raum statt. Voraussetzung ist deshalb, dass der Raum richtig wahrgenommen wird. Auf der Netzhaut des Auges erscheint die Umwelt jedoch als *zwei*dimensionales Bild. Dennoch werden *drei*dimensionale Räume gesehen. Die Wahrnehmung von Räumen ist so bedeutsam für die räumliche Mobilität, dass diesem Thema ein eigenes Kapitel gewidmet wurde.

Die physische Umwelt ist die Quelle der Signale, sie liefert Informationen, die von den Sinnesorganen aufgenommen werden. Diese Informationen werden – wie das Wort *Wahr*nehmung besagt – für „wahr" gehalten (vgl. Guski, 1996). Wahrnehmen ist sowohl der Prozess als auch das Ergebnis der Aufnahme von Informationen aus der Umwelt. In Abb. 3.1 ist der Vorgang in schematisierter Form dargestellt: Informationen aus der Umwelt werden im Gehirn verarbeitet und interpretiert. Je nach dem Ergebnis wird in dieser oder jener Weise gehandelt.

Die Informationsverarbeitung umfasst außer der Verarbeitung sensorischer Eindrücke auch das Entschlüsseln von Zeichen. Bei manchen Zeichen liegt die

Abbildung 3.1 Modell der Wahrnehmung (Guski, 1996, S. 13)

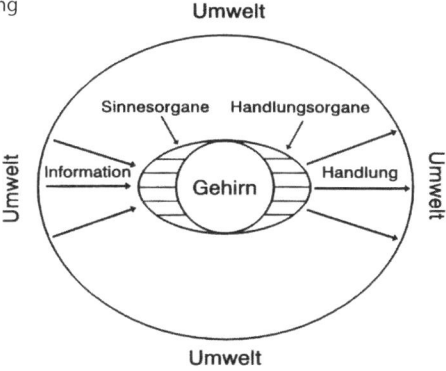

Bedeutung auf der Hand, z. B. bei einem Stopp-Schild, bei anderen, etwa dem Zebrastreifen, muss man lernen, was sie bedeuten. Verkehrszeichen wurden zur Regelung des Verkehrs ersonnen. Darüber hinaus gibt es vielerlei Mobilitätssymbole, in denen sich die soziale und gesellschaftliche Bedeutung der räumlichen Fortbewegung widerspiegelt. Dieses Thema wird in Kap. 3.4 vertieft.

3.1 Bewegung als Voraussetzung von Wahrnehmung

Im Moment der Fortbewegung macht der Mensch die Erfahrung, dass die Umwelt dreidimensional ist. Wie Kruse (1996) es formuliert hat, wird die Umwelt, die man kennt, erst durch Bewegungen im Raum konstituiert. Die Fähigkeit, „wahr" zu nehmen, ist nicht zur Gänze angeboren, sondern muss entwickelt werden. Dies geschieht durch aktives Handeln, das Bewegung einschließt. Die Wahrnehmung ist von Anfang an von der Bewegung beeinflusst, wie auch diese von der Wahrnehmung beeinflusst wird. Die Koordinierung des Sehens und Greifens beginnt bereits zwischen dem vierten und sechsten Lebensmonat in der Phase der sensumotorische Intelligenz, die sich über die ersten zwei Lebensjahre erstreckt. Die Bezeichnung „sensumotorisch" bringt zum Ausdruck, dass sich die Mensch-Umwelt-Beziehung in dieser frühen Lebensphase weitgehend auf der Ebene von Wahrnehmung und Bewegung abspielt. Es ist eine Vorform der Intelligenz insofern, als diese noch an die unmittelbare Aufeinanderfolge und Koordination von Wahrnehmungen und Bewegungen gebunden ist.

Bewegung und taktile Rückmeldungen sind Voraussetzung für die Entwicklung der Wahrnehmungsfähigkeit. Anschaulich empirisch belegt wurde dies durch Experimente mit Vorrichtungen, die das Netzhautbild verändern, z. B. durch Brillen, die ein spiegelbildliches oder verzerrtes Abbild auf der Netzhaut erzeugen. Der amerikanische Psychologe George Stratton führte schon Ende des 19. Jahrhunderts solche Versuche durch. Er ersann verschiedene derartige Vorrichtungen, um die Netzhautbilder zu verändern. Versuchsperson war er selbst. Weitere Verzerr-Brillen-Versuche wurden, wie Gregory (2001) ausführlich schildert, Mitte der 1950er Jahre von Ivo Kohler in Innsbruck durchgeführt. Die Ergebnisse dieser Experimente sind ein Nachweis für die Anpassungsfähigkeit der menschlichen Wahrnehmung an veränderte Umweltbedingungen, zugleich zeigen sie, dass aktives Bewegen eine Voraussetzung ist, um solche Anpassungen zustande zu bringen. Außer dem Ausmaß und der Art der Verzerrung war in den Verzerr-Brillen-Versuchen die eigenständige Bewegung entscheidend dafür, wie rasch die Umwelt wieder richtig aussah, so dass man sich wieder problemlos darin fortbewegen konnte.

Einige Jahre später verwendete Eleanor Gibson eine spezielle Apparatur, die visuelle Klippe (visual cliff), um die Wahrnehmungsfähigkeit von Säuglingen, die

Abbildung 3.2 Apparatur der visuellen Klippe (Walk & Gibson, 1961, S. 8)

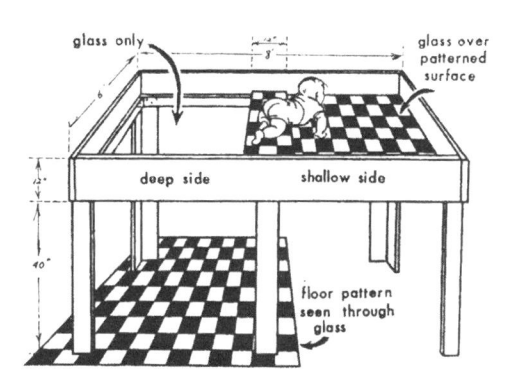

bereits krabbeln können, zu untersuchen. Wie aus Abb. 3.2 zu entnehmen ist, besteht die Apparatur aus einer horizontalen 2-teiligen Tischplatte, deren eine Hälfte durchsichtig ist. Darunter befindet sich ein etwa ein Meter tiefer gelegener Boden mit gleicher Musterung wie auf der oberen Hälfte der Tischplatte. Die optische Information besteht in einer abrupten, auf Tiefe hindeutenden Änderung der Bodentextur, so dass sich für das auf dieser Platte krabbelnde Kind in der Mitte scheinbar ein Abgrund auftut. Dass es diesen Abgrund erkennt, ist daran abzulesen, dass es vermeidet, auf die durchsichtige Platte zu krabbeln (Walk & Gibson, 1961).

Dass die Fähigkeit, einen solchen scheinbaren Abgrund wahrzunehmen, erworben werden muss, haben Held und Hein (1963) in ihrem bekannten „Kätzchen-Experiment" nachgewiesen. Ihre Versuchsanordnung sah folgendermaßen aus: Jeweils ein Paar 8 bis 12 Wochen alter Kätzchen, die von Beginn ihres Lebens an zusammen mit dem Muttertier in völliger Dunkelheit lebten, wurden täglich

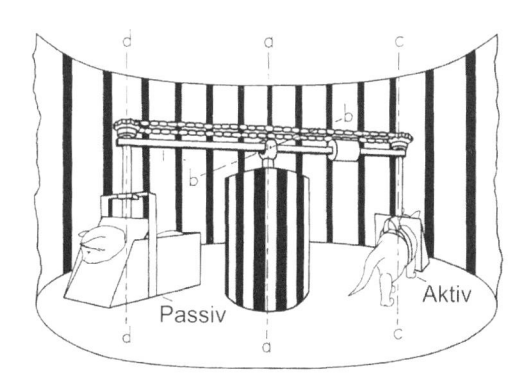

Abbildung 3.3 Apparatur im Experiment von Held und Hein (1963, S. 873)

drei Stunden in ein Karussell gesetzt, wobei das eine Kätzchen des Paars der aktiven (A), das andere der passiven Gruppe (P) zugeordnet wurde.
Nach einer festgelegten Dauer in dem Karussell wurde die Wahrnehmungsfähigkeit getestet. Die Tiere der Gruppe A zeigten in allen drei Tests das erwartete Verhalten, nicht jedoch diejenigen in der Gruppe P. Die Ergebnisse waren:

- Die Tiere in der Gruppe A streckten die Pfote vor, um einen Zusammenstoß mit einem Gegenstand zu vermeiden.
- Sie blinzelten, wenn sich ihrem Auge plötzlich ein Gegenstand näherte.
- Sie vermieden in allen Versuchen den scheinbaren Abgrund der visuellen Klippe.

Die Tiere der Gruppe P konnten sich nach den Versuchen wieder frei und im Hellen bewegen. Nach 48 Stunden unter normalen Bedingungen hatten sie den gleichen Stand wie die Tiere der Gruppe A erreicht. Die Krabbelkinder bei Walk und Gibson wuchsen im Hellen auf, so dass sie ständig die Gelegenheit hatten, beim Herumkrabbeln und Hantieren mit Sachen ihre Wahrnehmungsfähigkeit zu entwickeln und zu verbessern. Deshalb stürzten sie auch nicht in den scheinbaren Abgrund der visuellen Klippe. Ähnlich haben Menschen vielfältige Gelegenheiten, ihre Welt zu erfahren, auch wenn sie sich weniger bewegen als andere.

Das Experiment von Held und Hein ist nicht weit von den philosophischen Überlegungen Virilios, des Begründers der „Dromologie"[4], entfernt. Dies zeigen die folgenden Äußerungen: „Erst die Mobilität des Körpers führt der Wahrnehmung jenen Reichtum zu, der für die Ich-Bildung unabdingbar ist. [...]. Der Verlust kinetischer und taktiler Eindrücke, von Geruchseindrücken, wie sie die direkte Fortbewegung noch lieferte, lässt sich nicht durch eine vermittelte, eine Medienperzeption, durch das Vorbeiziehen der Bilder an der Windschutzscheibe des Autos, auf der Kinoleinwand oder gar dem kleinen Fernsehbildschirm ersetzen" (Virilio 1978, S. 38 f.).

Die empirischen Ergebnisse und die weiterführenden Überlegungen liefern gewichtige Argumente, die aktive körperlich erfahrbare Mobilität keinesfalls einzuschränken. Ein bloßes Bewegt werden, bei dem die Bilder an der Windschutzscheibe vorbei ziehen, ist kein vollwertiger Ersatz dafür.

---

4 Dromologie (dromos = Rennbahn; logos = Wissenschaft) ist ein Paradigma zur Untersuchung gesellschaftlicher Verhältnisse bezogen auf deren Verhältnis zur Geschwindigkeit. Virilio hat betont, dass Geschwindigkeit mit Herrschaft und Macht korreliert.

3.2 Umweltwahrnehmung

Auch wenn der Mensch still steht, bewirken die Augenbewegungen, dass unterschiedliche Rezeptoren der Netzhaut stimuliert werden. Voraussetzung einer solchen Stimulation ist jedoch, dass das Wahrnehmungsfeld keine kontur- und strukturlose Fläche sondern inhomogen ist, so dass unterschiedliche Reize auf die Rezeptoren treffen (Guski, 1996). In der alltäglichen Umwelt ist das Wahrnehmungsfeld stets inhomogen, es enthält Konturen, Texturen, Farben und Kontraste.

3.2.1 Tiefenwahrnehmung

Obwohl die Bilder auf der Netzhaut zweidimensional sind, wird die Umwelt als dreidimensionaler Raum wahrgenommen. Information über die dreidimensionale Welt liefern verschiedene Tiefenkriterien wie die lineare und atmosphärische Perspektive, Verdeckungen, Texturen und die Bewegungsparallaxe. Die lineare Perspektive besagt, dass parallele Linien mit zunehmender Entfernung zu konvergieren scheinen. Nähern sich die Linien nur allmählich, entsteht der Eindruck, dass sich der Raum weit in die Ferne hinein erstreckt. Die atmosphärische Perspektive bezeichnet das Phänomen, dass Dinge und Objekte umso verschwommener und unklarer erscheinen und sich umso weniger deutlich als Figur vom Hintergrund abheben, je weiter weg sie vom Betrachter sind. Was verschwommener ist, erscheint als weiter weg. Das erklärt z. B. auch den Effekt, dass Dünen, denen man sich vom Strand her kommend nähert, im Nebel sehr groß wirken. Die Verschwommenheit der Eindrücke suggeriert Entfernungen, wo in Wirklichkeit keine sind. In einer visuell reizarmen Landschaft werden akustische Reize wichtiger, die anstelle optischer Merkzeichen verstärkt zur Orientierung heran gezogen werden. Wenn man im Nebel am Strand nichts mehr sieht, achtet man umso stärker auf die Meeresbrandung, die einen Anhaltspunkt liefert, in welcher Richtung man sich bewegt.

Geräusche haben für den Fußgänger Orientierungsfunktion, der Autofahrer ist davon abgeschirmt und deshalb auch verstärkt auf optische Reize angewiesen.

Wichtige Tiefenkriterien sind Verdeckung und Textur (vgl. Abb. 3.4). Ein Gegenstand, der durch einen anderen verdeckt wird, muss zwangsläufig weiter entfernt sein als derjenige, der verdeckt. Bodentexturen enthalten als Informationsquellen die horizontalen und vertikalen Abstände zwischen den Texturelementen sowie fiktive perspektivische Linien.

Für die Wahrnehmung von Räumlichkeit und für Distanzschätzungen sind solche Informationen wichtig. Mit den Kriterien der Verdeckung und der Bodentextur wird auch in der Kunst ein Raumeindruck erzeugt. Die Gestalt in Abb. 3.5

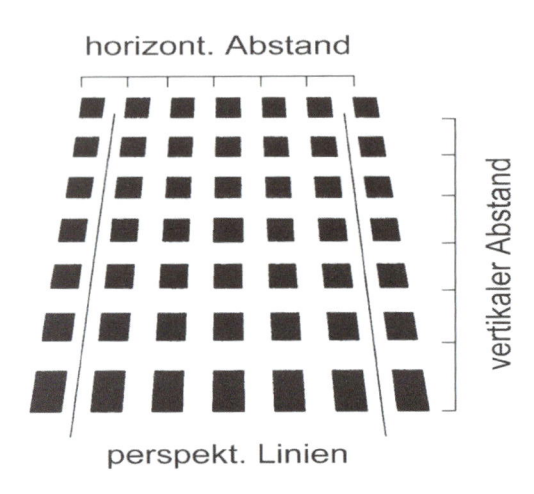

Abbildung 3.4 Bodentextur (Guski, 1996, S. 64)

Abbildung 3.5 Räumliche Tiefe durch Bodenmuster und Verdeckung (mit freundlicher Genehmigung von Ingrid Lill)

scheint im Begriff zu sein, in die weite Welt hinaus zu gehen. Verstärken lässt sich der Raumeindruck noch durch Türen und Fenster oder sonstige Öffnungen, welche die Orientierung erleichtern.

Die Bewegungsparallaxe bezeichnet das Phänomen, dass entfernte Objekte länger im Sichtfeld eines sich bewegenden Menschen bleiben als Objekte in seiner Nähe. Die Bäume am Straßenrand sieht der Autofahrer nur einen kurzen Moment lang, wohingegen die Bäume in der Ferne lange in seinem Blickfeld bleiben. Das Abbild weiter entfernter Objekte auf der Netzhaut verändert sich nur relativ langsam. Für den wahrnehmenden Menschen am weitesten entfernt sind die Gestirne am Himmel. „Wenn wir beim Autofahren den Mond oder die Sterne beobachten, bewegen sie sich scheinbar recht langsam mit uns. [...]. Der Mond bleibt nicht hinter uns zurück, weil er so weit entfernt ist, dass sich seine Winkelposition nicht ändert" (Gregory, 2001, S. 149).

3.2.2 Die Umwelt als Wahrnehmungsgegenstand

Die Grundlagen der Wahrnehmung werden in psychologischen Experimenten erforscht, in denen man Versuchspersonen von einem festen Standort aus auf bestimmte abgegrenzte Wahrnehmungsobjekte blicken lässt und die Reaktionen darauf erfasst und analysiert. Das ist zweifellos eine künstliche Situation, denn außerhalb des Forschungslabors gibt es keine isolierten, sondern immer nur in einer Umwelt befindliche Objekte, und es gibt dort keine Versuchspersonen, die ihre Welt, nämlich die Reizvorlagen, allein von einem Punkt aus sehen, wobei „Störbedingungen" durch die experimentelle Anordnung ausgeschaltet werden. Die alltägliche Umwelt ist reich an solchen unkontrollierten Bedingungen, die mehr oder weniger das Erleben und Verhalten beeinflussen. Außerhalb des Forschungslabors erkundet der Mensch nicht nur die Gegenstände in seiner Umgebung, sondern die Umgebung selbst (Gifford, 2007, S. 23).

Im Unterschied zu einem Objekt ist die Umwelt etwas Umgebendes, das der Mensch nur wahrnehmen kann, wenn er Standorte und Blickwinkel wechselt. Auch für das einzelne Objekt mag gelten, dass der Betrachter ein paar Schritte machen muss, um es von allen Seiten zu sehen, doch im Vergleich zur Umwelterkundung fallen diese wenigen Schritte kaum ins Gewicht. Um eine Umgebung annähernd erfassen zu können, sind vergleichsweise viele Schritte erforderlich[5].

---

5 Guski (1996) hat den konkret sichtbaren Bereich, der einen Menschen direkt umgibt, als Umgebung bezeichnet, der Begriff „Umwelt" umfasst dagegen alle möglichen Umgebungen, in denen sich ein Lebewesen aufhalten kann (S. 6).

Charakteristisch für die Umweltwahrnehmung sind folgende Merkmale (Ittelson, 1976; 1978): Umwelten

- sind im Unterschied zu Objekten zeitlich und räumlich unbegrenzt
- liefern über alle Sinne Informationen
- enthalten periphere und zentrale Informationen
- liefern weitaus mehr Informationen, als der Mensch verarbeiten kann
- werden durch Handeln definiert und durch Handlungen erfahren
- besitzen Bedeutungen für den Betrachter
- können nicht mit einem Blick erfasst werden; nur ein Mensch, der sich fortbewegt, kann sie erschließen.

Hier tritt die enge wechselseitige Beziehung zwischen Mensch und Umwelt deutlich zutage: Zum einen kann sich die Wahrnehmungsfähigkeit nicht ohne Bewegung des Menschen entwickeln, zum anderen setzt die Wahrnehmung der Umwelt Bewegung voraus. Wie Virilio (1978) gemeint hatte, hinterlassen Bilder, die lediglich an einem vorüber ziehen, keinen tiefgreifenden Eindruck. Diesen bekommt man erst durch ein aktives Fortbewegen in der Umwelt.

3.2.3 Affordanz

Die ökologische Wahrnehmungstheorie, die von Gibson begründet wurde, untersucht Wahrnehmungsprozesse in wirklichen Umwelten. Hier treffen Reizmuster und Gestalten auf die Sinnesorgane und keine einzelnen Reize. Der Mensch ist auch nicht nur eine auf Reizdarbietungen reagierende Versuchsperson, sondern er handelt aktiv, in dem er die für ihn wichtigen Informationen aus der Umgebung aufspürt. In der ökologischen Wahrnehmungstheorie ist Wahrnehmen ein Entdecken der für ein Lebewesen relevanten Informationen anstelle eines passiven Empfangens von Sinneseindrücken. Wahrnehmen heißt, aus der Umwelt Informationen zu entnehmen, die nützlich und wichtig sind oder sein könnten, die etwas aussagen darüber, welche Möglichkeiten die Umwelt für bestimmte Aktivitäten bietet und welche nicht. Dazu gehört das Abschätzen, inwieweit Handlungsabsichten realisiert werden können. Der Begriff, der die Kompatibilität von Handlung und Umwelt beschreibt und die funktionale Nützlichkeit von Dingen und Umgebungen in Bezug auf bestimmte Tätigkeiten und Handlungen zum Ausdruck bringt, ist Affordanz (Guski, 1996). So müssen die Umweltbedingungen passend sein, um sich in einer bestimmten Weise fortbewegen zu können. Eine schmale Straße ist für schnelles Fahren ungeeignet; ein unebener holperiger Weg besitzt keine funktionale Nützlichkeit für einen Radfahrer.

Radwege sind funktional nützlich, wenn sie ein sicheres und komfortables Radfahren gestatten, was wegen der transversalen und longitudinalen Eigenbewegungen der Radfahrer eine bestimmte Mindest-Fahrbahnbreite voraussetzt. Reicht die Breite nicht aus, fühlen sich Radfahrer unsicher und können nicht entspannt fahren (Heine & Guski, 1994). Dabei spielt auch die Art des Randes eine Rolle. Fällt das Gelände neben dem Weg steil ab oder führt unmittelbar neben dem Weg ein Kanal entlang, fühlt sich der Radfahrer bei einer Radwegbreite, die normalerweise ausreichen würde, nicht komfortabel.

Ähnlich werden schmale Fahrbahnen von Autofahrern als für höhere Geschwindigkeiten ungeeignet wahrgenommen. Dies zeigt die Untersuchung von Herberg (1994). Versuchspersonen wurden im Fahrsimulator Bilder von Straßenszenen dargeboten, die sich hinsichtlich ihrer Übersichtlichkeit und Komplexität unterschieden. Wichtige Einflussfaktoren der Fahrgeschwindigkeit waren die wahrgenommene Straßen- und Fahrbahnbreite, die erlebte Übersichtlichkeit der Straßenszene, die Verkehrsdichte, parkende Autos am Straßenrand und anwesende Menschen. Hohe Verkehrsdichten, viele Menschen im Verkehrsraum und parkende Autos haben einen Geschwindigkeit reduzierenden Effekt. Je breiter die Straße wirkt, umso schneller wird gefahren. Die Möglichkeit, mit einer bestimmten Geschwindigkeit zu fahren, wird indessen nicht von allen Menschen in gleicher Weise wahrgenommen. Dies war in der Untersuchung von Herberg daran zu erkennen, dass Autofahrer, die zum schnellen Fahren neigen, die Straße als breiter beurteilten und die Szenerie als übersichtlicher wahrnahmen als langsamere Fahrer. Trotz dieser Varianz lassen sich jedoch aussagekräftige Mittelwerte ausmachen.

3.2.4 Bewegungswahrnehmung

Ereignisse sind in der Zeit ablaufende Veränderungen an Wahrnehmungsgegenständen (Guski, 1996). Ein Auto, das sich nähert, oder eine Bahn, die abfährt, ist nach dieser Definition ein Ereignis. Die Fähigkeit, solche in der Zeit ablaufenden Veränderungen wahrzunehmen, ist für den Menschen lebenswichtig. Objekte, die sich bewegen, sind im Allgemeinen gefahrenträchtiger als etwas Unbewegtes. Man muss ihnen deshalb mehr Aufmerksamkeit entgegen bringen. Von einem parkenden Auto geht direkt keine Gefahr aus. Allerdings kann es dennoch die Verkehrssicherheit beeinträchtigen, wenn es nämlich ein Sichthindernis ist und bewirkt, dass ein Autofahrer nicht mehr rechtzeitig bremsen kann, wenn jemand plötzlich hervortritt.

Bewegungen können auf unterschiedliche Weise wahrgenommen werden. Gregory (2001) sprach von zwei unterschiedlichen visuellen Systemen, dem Bild-

Netzhaut und dem Auge-Kopf-System. Im einen Fall ruft das Bild eines bewegten Objekts, das über die Netzhaut wandert, Bewegungssignale hervor, im anderen Fall entsteht der Eindruck von Bewegung, wenn man den Kopf dreht und das Auge dem sich bewegenden Objekt folgt.

Dass der Mensch unterscheiden kann, ob er sich selbst bewegt oder ob sich etwas außerhalb von ihm bewegt, verdankt er der verfügbaren Hintergrundinformation. Wenn er sich selbst nicht bewegt, während er ein sich bewegendes Objekt sieht, verschiebt sich dessen Position relativ zum stationär bleibenden Hintergrund. Bewegt er sich selbst, verändert sich auch der Hintergrund.

Wer im Zug sitzend aus dem Fenster blickt und dabei einen Zug auf dem Gleis nebenan sieht, der sich in Bewegung zu setzen scheint, ist sich nicht sicher, ob es nicht der eigene Zug ist, der sich in Gang setzt. Dieses Phänomen wurde als „Eisenbahneffekt" bezeichnet (Guski, 1996). Der aus dem Zug Blickende kann erst mit Bestimmtheit sagen, welcher Zug sich bewegt, wenn das Wahrnehmungsfeld außerhalb des Fensterrahmens fest mit dem Boden verbundene Objekte enthält, die ihm Informationen liefern. Er ist unsicher, solange er keine festen Bezugspunkte in seinem Blickfeld hat, z. B. den Bahnsteig oder ein Gebäude.

In der realen Umwelt befinden sich Objekte nicht in einem leeren Raum, sondern sie sind Teile in einem größeren strukturierten und Informationen enthaltenden Ganzen. Eine wichtige Information, um die Objekte zutreffend wahrnehmen zu können, liefert die Textur des Bodens (Gibson, 1979). Hängen die Objekte buchstäblich in der Luft, fehlt eine wichtige Information. Ohne diese werden gleich große Objekte als unterschiedlich groß wahrgenommen (vgl. Abb. 3.6).

Abbildung 3.6 Bedeutung des Bodens und der Bodentextur für die Größenkonstanz von Objekten (Guski, 1996, S. 47)

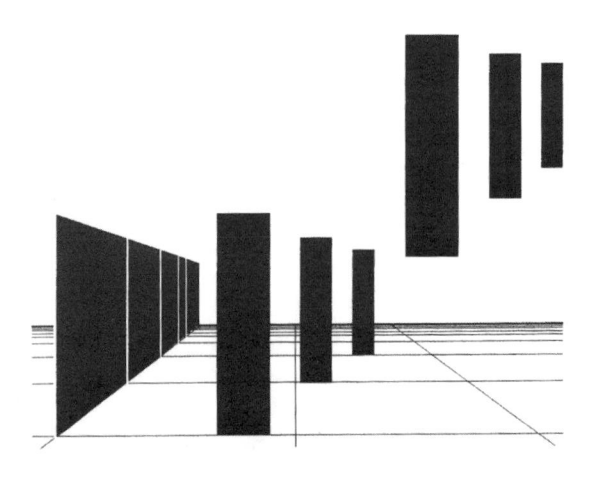

3.2.5 Umweltwahrnehmung bei unterschiedlichen Geschwindigkeiten

Je nach der gewählten Route und der Geschwindigkeit der Fortbewegung variieren Menge und Art der aufgenommenen Informationen, was zu unterschiedlichen Eindrücken von der Umwelt führt. Je höher die Geschwindigkeit ist, umso weniger können kleinteilige Elemente erfasst werden. So werden bei hohen Geschwindigkeiten nicht mehr einzelne Häuser und deren Fassaden, sondern nur noch schemenhafte Häuserblöcke gesehen. Für den Fußgänger ist ein langer Fußgängertunnel oder eine Straße mit gleichförmiger Bebauung reizarm, für den Autofahrer gilt eine andere Größenordnung. Details wie z. B. die Schmuckkacheln im 1911 in Betrieb genommenen alten Elbtunnel nimmt er im Unterschied zum Fußgänger nicht wahr. Durch den neuen Elbtunnel, der 1975 eröffnet wurde, gehen keine Fußgänger mehr hindurch. Es gibt darin keine Schmuckkacheln mehr. Die Autofahrer würden sie ohnehin nicht wahrnehmen können.

Beim Zufußgehen ist eine gelassene, kontemplative Betrachtung der Umgebung möglich, die das Erkennen von Details einschließt. Die sensorische Stimulation ist intensiver, weil mehrere Sinnesmodalitäten beteiligt sind. Man sieht nicht nur, sondern nimmt zusätzlich Geräusche und Gerüche wahr, und man spürt, während man geht, den eigenen Körper.

Je höher die Geschwindigkeit, umso stärker wird die Ausrichtung nach vorn, von Bollnow (1963) als „Zug nach vorn" bezeichnet. So gibt es beim Autofahren nur eine Bewegungsrichtung. Das einzig sinnvolle Verhalten ist, nach vorn und immer nach vorn zu fahren, bis man am Ziel angelangt ist. Vorher aufhören oder rückwärts fahren heißt, den Sinn des Weges aufheben. Kurzes Rasten hebt den Sinn nicht auf. Der Zug nach vorn geht mit einem Verlust der Breitendimension einher, d. h. Informationen am Straßenrand werden nicht aufgenommen. Der Blickwinkel verengt sich. Parsons et al. (1998) haben den Zug nach vorn als „perceptual narrowing" bezeichnet. „With increasing demand (e. g. greater speed, increased traffic) the physical range of fixations narrows and the length of fixations increases" (Parsons et al., 1998, S. 115). D. h. je schneller sich ein Autofahrer fortbewegt, umso stärker ist die Einengung des Blickwinkels. Was am Rande liegt, gerät aus seinem Gesichtsfeld. Wenn es erforderlich ist, auf die Geschehnisse jenseits des Straßenrands zu achten, muss er langsamer fahren, was den Zug nach vorn verringert.

3.2.6 Wahrnehmung und Kognition

Umweltwahrnehmung ist zu einem wesentlichen Teil Umweltkognition, denn um die sequentiellen Informationen bei wechselnden Standorten zu sammeln, zu integrieren und zu speichern, ist eine über den Moment der Informationsaufnahme hinausreichende mentale Aktivität erforderlich. Wahrnehmungen sind unmittelbar und gegenwärtig. Sie sind immer an Informationen aus der Umwelt gebunden. Kognition, d. h. Erkennen, spielt dabei immer eine Rolle, denn sonst könnten nur die auf die Sinnesorgane treffenden Reize oder Reizsequenzen, nicht aber Objekte und Ereignisse wahrgenommen werden. „Unter Kognition versteht man den geistigen Prozess, welcher der Aufmerksamkeitssteuerung und der Enkodierung von sensorischen Eindrücken in vorhandene Wissensstrukturen dient" (Hellbrück & Kals, 2012, S. 27). Gifford (2007) trennt Wahrnehmungs- und kognitive Prozesse voneinander, indem er das „initial gathering of information" als Charakteristikum der Wahrnehmung herausstellt. Denkprozesse laufen ohne eine solche sensorische Anfangsphase ab. Umwelt*wahrnehmung* „includes the ways and means by which we collect information through all our senses", Umwelt*kognition* definiert Gifford als „the manner in which we process, store, and recall information about the locations and arrangements of places" (Gifford, 2007, S. 23).

Von der Menge an Informationen, welche die Umwelt enthält, können die Sinnesorgane des Menschen nur einen Teil aufnehmen. Die jeweilige Auswahl ist individuell unterschiedlich. Das bedeutet zum einen, dass objektive und wahrgenommene Umwelt nicht identisch sind, und zum anderen, dass Menschen ihre Umwelt unterschiedlich erleben. Die ökologische Wahrnehmungstheorie geht davon aus, dass die Auswahl so erfolgt, dass der Mensch die für ihn nützlichen Informationen heraus filtert (Gibson, 1979). Er macht das unwillkürlich und auch dann, wenn die Instruktion im wahrnehmungspsychologischen Experiment konträr dazu ist.

Dies sei am Beispiel der bekannten Müller-Lyer'schen Figur in Abb. 3.7 demonstriert. In dem wahrnehmungspsychologischen Experiment werden die Ver-

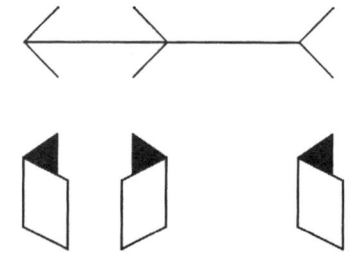

Abbildung 3.7 Müller-Lyer'sche Figur (Guski, 1996, S. 231)

Umweltwahrnehmung 43

Abbildung 3.8 Die Müller-Lyer'sche Figur als Informationsträger (Gregory, 2001, S. 270 f.)

suchspersonen angewiesen, die Länge der beiden Linien zu vergleichen. Dass sie sich offensichtlich nicht daran halten, sondern die Gesamtfigur mit den Fortsätzen am Ende beurteilen, geht aus dem scheinbaren Fehlurteil hervor. Der Eindruck, dass die beiden Linien unterschiedlich lang sind, stellt sich sofort ein. Es ist von einer Täuschung die Rede, was zutreffen würde, wenn tatsächlich nur die Linien verglichen würden.

Die Linie mit den nach außen gerichteten Spitzen könnte die innere Ecke eines Raums sein, die vom Betrachter weiter entfernt ist, die Linie mit den nach innen gerichteten Spitzen die äußere Ecke eines Gebäudes, die sich näher beim Betrachter befindet (vgl. Abb. 3.8). Es ist die Gesamtfigur, die Informationen auch für die Interpretation der Teile liefert.

Die Spitzen am Ende der Linien suggerieren Tiefe, wobei diejenigen Teile der Figur bzw. des Gebäudes, die weiter entfernt vom Betrachter sind, dem Bild

Abbildung 3.9 Ponzo-Figur (eigene Darstellung)

auf der Netzhaut entsprechend eigentlich kleiner sein müssten. In der Ponzo-Figur, auch als „Schienentäuschung" bezeichnet, kommt dies zum Ausdruck (vgl. Abb. 3.9). Das scheinbar weiter weg befindliche obere Rechteck wirkt größer.

Im wirklichen Leben werden Fehlwahrnehmungen durch den Wechsel des Standorts korrigiert, d. h. dadurch, dass sich die wahrnehmende Person bewegt. In den Verzerr-Brillen-Versuchen wurde dies überzeugend nachgewiesen.

3.2.7 Emotionale Bewertungen

Umwelten, Ereignisse und Handlungen werden nicht nur erkannt und zugeordnet, sondern sie werden auch gefühlsmäßig erlebt. Sie sind mehr oder weniger angenehm und anregend. Emotionale Bewertungen sind primäre Reaktionen, die unmittelbar und unwillkürlich erfolgen. Die Bedeutung solcher gefühlsmäßigen Eindrücke für das Handeln liegt darin, dass sich der Mensch Umwelten und Ereignissen zuwendet, die er als lustvoll und anregend erfährt. „Anregend" bedeutet dabei weder übermäßig erregend und schrill noch reizarm und monoton. Umwelten und Situationen, die Unlust hervorrufen und die entweder zu Reiz überflutend oder zu reizarm sind, werden gemieden, der Mensch wendet sich davon ab

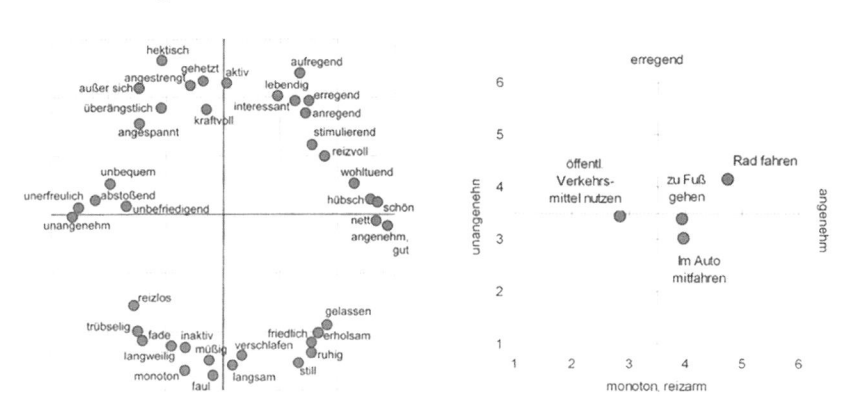

Abbildung 3.10 Gefühlsmäßige Bewertungen von Umwelten und Fortbewegungsarten (Russell & Snodgrass, 1987, S. 250; Flade, 2000, S. 59)

(Mehrabian & Russell, 1974). Ähnlich werden Fortbewegungsarten nicht nur kognitiv, sondern auch gefühlsmäßig bewertet. Wenn der Mensch frei wählen kann, wird er sich für die Fortbewegungsart entscheiden, die er als angenehm erlebt. Wer Radfahren emotional positiv erlebt, wird es auch praktizieren.

Das Spektrum der erlebten Gefühle und der emotionalen Bewertung von Umwelten, Ereignissen und Aktivitäten lässt sich mit zwei Dimensionen und zwar Lust – Unlust und Erregung – Entspannung hinreichend treffend charakterisieren (Russell & Snodgrass, 1987). Dieses zweidimensionale Schema ermöglicht es, das gefühlsmäßige Erleben von Umwelten und Fortbewegungsarten zu beschreiben und zu vergleichen (vgl. Abb. 3.10).

Ein solcher Vergleich wurde in einer Untersuchung angestellt, in der Schüler und Schülerinnen im Alter zwischen 11 und 14 Jahren Auskunft darüber gaben, wie sie die verschiedenen Fortbewegungsarten erleben. Die Aufgabe war, die Gefühle beim vorgestellten Zufußgehen, Radfahren, bei der Nutzung des ÖV und beim Mitfahren im Auto in eigenen Worten zu beschreiben (Flade, 2000). Beispiele für solche Beschreibungen sind:

- zum Zufußgehen: Man kann alles in Ruhe ansehen, Erinnerungen an Schönes
- zum Radfahren: erfrischend, Wind im Gesicht, Gefühl von Freiheit, man hat Bewegung, frische Luft, schnell, fühle mich wohl, frei, gefällt mir sehr, toll, gesund, macht Spaß
- zum Mitfahren im Auto: Zeit und Muße, die Landschaft zu betrachten, Musik zu hören und entspannen; man hat Zeit, die Landschaft zu genießen

- zur Nutzung öffentlicher Verkehrsmittel: eng, zu voll, heiß, langweilig, unwohl, nicht so anstrengend, gefällt mir weniger, unbequem.

Die Aussagen wurden von Beurteilern kodiert, indem diese den Beschreibungen Skalenwerte auf den Dimension Lust-Unlust und Erregung- Entspannung zuordneten. Ein Skalenwert von 1 kennzeichnete ein maximales Unlustgefühl bzw. maximale Entspannung, ein Skalenwert von 6 drückte maximale Lust bzw. maximale Erregung aus. Diese Extremwerte werden bei keiner Fortbewegungsart erreicht. Das Radfahren ist jedoch lustvoller als das Zufußgehen und das Mitfahren im Auto.

Die Fortbewegungsarten wurden von den Schülern signifikant unterschiedlich bewertet. Während das Radfahren als angenehm und anregend erlebt wird, ist die Nutzung des ÖV aus der Sicht der Schüler deutlich unangenehmer[6]. Mädchen und Jungen unterscheiden sich in ihren gefühlsmäßigen Bewertungen nicht.

Die Gefühle, die mit bestimmten Fortbewegungsarten einhergehen, sind entscheidend für die Verkehrsmittelwahl. Wer in der Lage ist zu wählen, entscheidet sich für das Verkehrsmittel, das den größeren Lustgewinn verspricht und das am wenigsten langweilig, aber auch nicht extrem aufregend ist.

3.2.8 Zeitwahrnehmung

Die Geschwindigkeit ist das Verhältnis von Wegstrecke und benötigter Zeit, um diese Strecke hinter sich zu bringen. Aus der Schätzung der Zeit, die ein Mensch für einen Weg zu benötigen meint, lässt sich auf die vermutete Schnelligkeit einer Fortbewegungsart schließen. Dass die für erforderlich gehaltene Zeit in bestimmten Fällen überschätzt wird, haben Brüderl und Preisendörfer (1995) in ihrer Untersuchung nachgewiesen, in der sie zwei Gruppen von Erwerbstätigen fragten, wie viel Zeit sie für den Weg von der Wohnung zur Arbeitsstelle benötigen. Die eine Gruppe bestand aus Autofahrern, die andere aus Nutzern des Münchner Verkehrsverbunds (MVV). Ermittelt wurden sowohl die tatsächlichen Zeiten als auch die für das jeweils andere Verkehrsmittel geschätzten Zeiten. Als Ergebnis dieser Untersuchung sind die Mittelwerte der tatsächlichen und der geschätzten Zeiten in Abb. 3.11 angegeben.

Autofahrer überschätzen demnach die Zeit bei weitem, die sie mit dem ÖV bräuchten, d. h. sie halten ihn für sehr viel langsamer als er objektiv ist. Sie haben

---

6   Die Schüler erleben den ÖV vor allem in Situationen vor und nach der Schule, d. h. bei einem hohen Fahrgastaufkommen im Schülerverkehr, das als Crowding erfahren wird und was zu dem negativen Urteil beitragen dürfte.

Abbildung 3.11 Tatsächliche und von Autofahrern und ÖV-Nutzern geschätzte Wegezeiten von der Wohnung zur Arbeitsstelle (Brüderl & Preisendörfer, 1995; eigene Grafik)

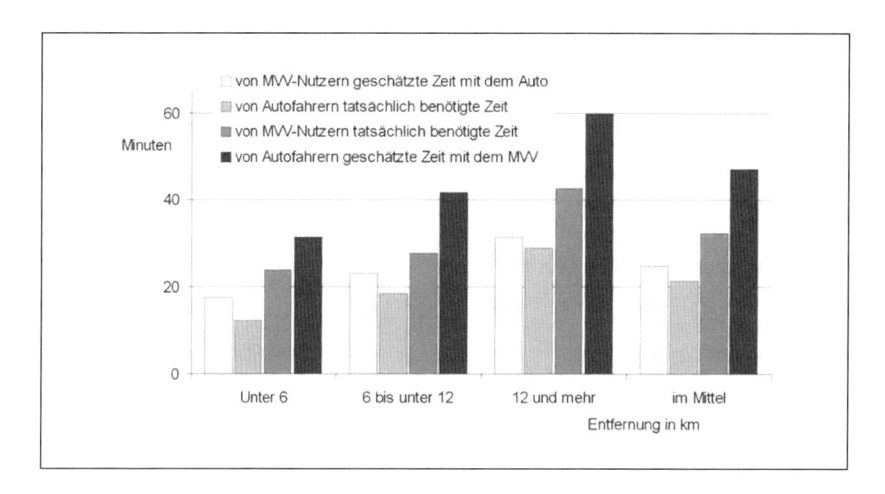

damit ein Argument zur Hand, warum sie das Auto nutzen. Im Unterschied dazu schätzen die ÖV-Nutzer die Zeit, die sie für den Weg mit dem Auto veranschlagen, realistischer ein. Sie schätzen sie zwar als kürzer ein als die mit dem ÖV tatsächlich benötigte Zeit, doch der Unterschied ist deutlich geringer. Es sind die subjektiven Vorstellungen über den Zeitaufwand, welche die Verkehrsmittelnutzung beeinflussen. Die Vorstellungen sind so, dass sie das jeweilige Verhalten bekräftigen. Die ÖV-Nutzer sehen den Zeitvorteil, den die Autonutzung haben würde, nicht als so groß an, dass sich ein Wechsel weg vom ÖV hin zum Auto lohnen würde.

3.3 Kognitive Karten

Menschen legen in ihrem Alltag viele Wege zurück, wenn sie ihre Ziele ansteuern, einkaufen gehen, zur Arbeit fahren und, um sich zu erholen, den Stadtpark oder die freie Natur aufsuchen. Um das zielstrebig und ohne Irrwege und auch ohne Stadtpläne und Landkarten zu können, benötigen sie ein internes Bild ihrer Umwelt. Dieses mentale Bild ist die kognitive Karte. „A cognitive map is a mental construct which we use to understand and know the environment" (Kitchin, 1994, S. 2).

Zwischen kognitiver Kartierung und Mobilität bestehen enge Zusammenhänge:

- Kognitive Karten werden durch Bewegung im Raum erworben.
- Bei der kognitiven Kartierung werden Elemente der Verkehrsinfrastruktur (Wege und Straßen) verwendet.
- Kognitive Karten ermöglichen räumliche Orientierung und zielgerichtete Fortbewegung.

Die kognitive Karte ist das Ergebnis der Aufnahme, Kodierung und Speicherung von Informationen über die geografische Umwelt. Gespeichert werden Informationen über räumliche Einheiten, z. B. Plätze, Parks und Stadtteile, über Wegenetze und Straßen sowie Routenpläne (travel plans) (Gärling, Böök & Lindberg, 1984).

Routenpläne können aus einfachen Reihenfolgen bestehen, die sich bei einer bestimmten Fortbewegungsart ergeben. Die kognitive Karte ist entsprechend komplex, wenn die Routen je nach Verkehrsmittel unterschiedlich verlaufen.

Lynch (1960) hat zwischen fünf Kategorien von Elementen unterschieden, die bei der Herstellung kognitiver Karte verwendet werden. Bei den räumlichen Einheiten, einem der Punkte in der Unterteilung von Gärling, Böök und Lindberg (1984), wird stark differenziert. Die in Abb. 3.12 veranschaulichten Lynch'schen Elemente sind:

- Merkzeichen (Landmarks), z. B. unverwechselbare markante Gebäude, Denkmäler, Brunnen
- zentrale Plätze und Knotenpunkte (nodes), z. B. Straßenkreuzungen, Bahnhöfe, Marktplätze
- abgegrenzte Gebiete (districts), z. B. Stadtteile, räumliche Bereiche mit spezifischem Charakter
- Begrenzungen (edges), z. B. Böschungen, Flussufer, Hecken, Stadtmauern
- Wege (paths), z. B. Pfade, Gehwege, Radwege, Straßen, Autobahnen.

Bei Lynch sind die Schlüsselelemente objektive Umweltmerkmale, die eindeutig zugeordnet werden können Ein näherer Blick zeigt jedoch, dass sie individuell unterschiedlich kategorisiert werden können, z. B. gehören für Autofahrer Straßen in die Kategorie „paths", für Kinder können es „edges" sein. Oder ein Kiosk vor der Schule ist für die Schüler ein Merkzeichen (vgl. Abb. 3.13), für andere ist er ein sich nicht hervor hebender unwichtiger Ort.

Eine Umwelt ist lesbar, wenn es leicht fällt, die einzelnen Bestandteile zu einer zusammenhängenden kognitiven Karte zu verbinden. Die Lesbarkeit hängt nicht allein von den vorhandenen Elementen ab, sondern auch von der Art und Weise, wie sie erlebt werden. Unterschiedliche Aktivitäten, Routen und Fortbewegungsarten können sich so in unterschiedlichen kognitiven Karten niederschlagen.

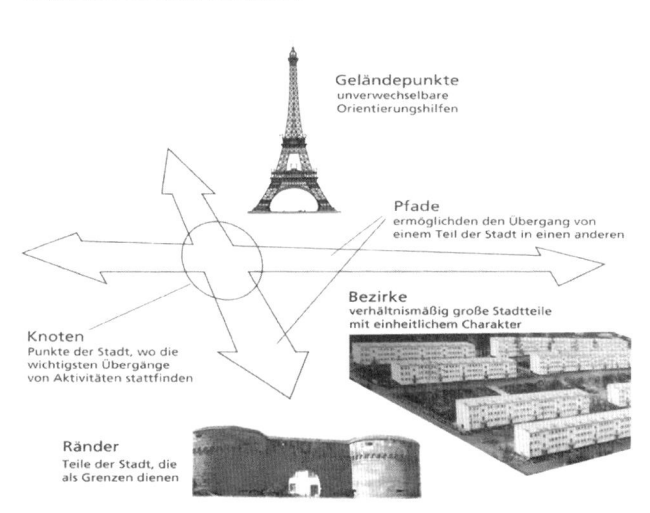

Abbildung 3.12 Schlüsselelemente kognitiver Karten (Flade, 2008, S. 93; nach Bell et al., 1996, S. 82)

Welche Elemente jeweils für die kognitive Kartierung verwendet werden, hängt, abgesehen von persönlichen Interessen und Absichten, von räumlichen Strukturen und Umweltmerkmalen ab. Von besonderem Interesse sind dabei Landmarks, die sich wegen ihrer Einzigartigkeit hervor heben. Landmarks tragen darüber hinaus zum Anregungsgehalt von Umgebungen bei.

Dass kognitive Karten je nach räumlicher Struktur unterschiedlich ausfallen, haben Francescato und Mebane (1973) in ihrem Vergleich der mentalen Abbildungen von Rom und Mailand festgestellt. In Rom sind es vor allem einzigartige Bauwerke, in Mailand Straßen und Plätze, die als Strukturelemente dienen.

Es ergeben sich so auf der Grundlage der vorhandenen räumlichen Strukturen und der gebauten Umwelt unterschiedliche Typen, z. B. sequentielle Karten, in denen die Wege und Straßen das dominierende Element sind, oder strukturelle Karten, in denen Landmarks wie z. B. besondere Bauwerke und schöne Brunnen eine große Rolle spielen (Appleyard, 1970).

Anders als geografische sind kognitive Karten skizzenhaft, unvollständig und verzerrt. Typische Diskrepanzen zwischen geografischer Realität und mentaler Abbildung sind Begradigungen, Parallelisierungen und Verwandlungen nichtrechtwinkliger Weg Kreuzungen in rechtwinklige (Appleyard, 1970; Lynch, 1960).

Ein Beispiel für eine sequentielle Karte ist der in Abb. 3.13 dargestellte Schulweg eines Jugendlichen. Der Radweg ist das dominierende Element. Zwischen

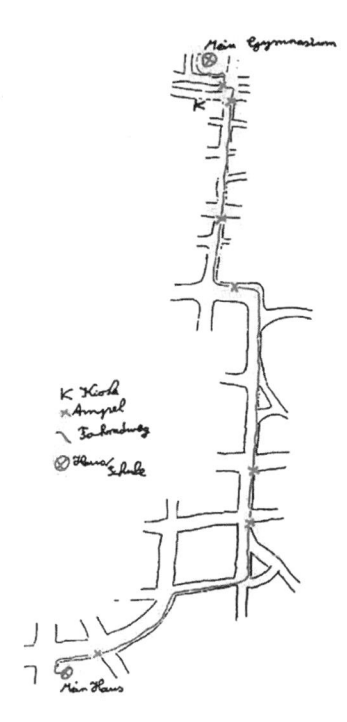

Abbildung 3.13 Kognitive Karte des Schulwegs eines Jugendlichen (eigenes Archiv)

Wohnung und Schule gibt es für den Jugendlichen nur einen markanten Punkt, nämlich den Kiosk in der Nähe der Schule.

In den Routenplänen ist gespeichert, auf welchen Wegen man von einem Ort zu einem anderen kommt. Der Vorteil eines solchen Plans ist, dass nicht jedes Mal überlegt werden muss, welchen Weg man einschlägt. Man kann seine Aufmerksamkeit auf anderes richten, z. B. auf das Verkehrsgeschehen ringsum oder auf das Gespräch, das man gerade mit einem Mitfahrer oder einer begleitenden Person führt.

Umwelten liefern weitaus mehr Informationen, als der Mensch verarbeiten kann und zum Handeln benötigt. Auch mit einer vereinfachten und gegenüber der Realität verzerrten kognitiven Karte kann er sich ausreichend orientieren. Welche Elemente ausgewählt werden, hängt davon ab, was für ihn nützlich und wichtig ist und wie und wo er unterwegs ist. Nach Hellbrück und Kals (2012) erfolgt die Informationsselektion nach dem Prinzip der Sparsamkeit: Orten und Umweltbereichen, die für einen Menschen nicht so wichtig sind, wird keine Aufmerksamkeit zuteil, das Gedächtnis wird nicht mit subjektiv unwichtigen Informationen überfrachtet.

Inweweit zusammenhängende räumliche Strukturen und nicht nur einzelne Wege kognitiv repräsentiert sind, tritt zutage, wenn ein Weg, den man gewöhnlich zurückgelegt, blockiert ist. Wenn es der betreffenden Person nicht schwerfällt, sich umzuorientieren und eine andere Route einzuschlagen, besitzt sie Konfigurationswissen (survey knowledge). Verfügt sie lediglich über „path knowledge", d. h. kennt sie nur diesen einen Weg, wird ihr mangelndes Strukturwissen offenkundig (vgl. Bell et al., 1996, S. 93).

Wie wichtig die Art der Fortbewegung für das Wegewissen ist, hat Appleyard (1970) in Ciudad Guayana/Venezuela durch Vergleich der kognitiven Karten von zwei Gruppen festgestellt: denjenigen, die immer mit dem Auto fahren, und denen, die stets die öffentlichen Busse nutzen. Es zeigte sich, dass 80 % der ÖV-Nutzer nicht in der Lage waren, eine kohärente Karte des Straßennetzes zu zeichnen. Den Autofahrern bereitete diese Aufgabe keine Schwierigkeiten. Wer transportiert wird, kommt auch ohne eine mentale Karte der Umgebung aus, nicht jedoch ein Mensch, der eigenständig mobil ist und dabei hier und da auf Hindernisse oder Umleitungen treffen kann, so dass er auf andere Routen ausweichen muss.

Die weniger tauglichen kognitiven Karten bei ÖV-Nutzern in einer Stadt in Venezuela erinnern an das Ergebnis des Experiments von Held und Hein (1963), dass passive Versuchstiere, die zwar ihre Umwelt sehen können, während sie gefahren werden, im Unterschied zu denjenigen, die sich aktiv bewegen, keine vergleichbare Wahrnehmungsfähigkeit entwickeln (vgl. Kap. 3.1). Andererseits sind ÖV-Nutzer nicht nur passiv Bewegte, lediglich der Umweltausschnitt, der mit dem ÖV durchquert wird, bleibt relativ unerschlossen.

Räumliche Strukturen müssen keineswegs schlicht und einfach sein, um gelernt und verstanden zu werden. Komplexe Strukturen und unübersichtliche Wegenetze sind nur dann, wenn die Umgebung noch nicht vertraut ist, ein Problem, wie O'Neill (1992) in einem Computer-Simulations-Experiment heraus gefunden hat. Auch hoch komplexe räumliche Strukturen, wie man sie in orientalischen Städten findet, in denen verwinkelte Wege und Sackgassen typisch sind, werden gelernt. Problematischer für die mentale räumliche Strukturierung ist eher eine übergroße Einfachheit der gebauten Umwelt und das Fehlen von Landmarks.

Die kognitive Karte eines Menschen enthält sein räumliches Wissen. Von diesem Wissen hängt es ab, welche Angebote er aufgreift und wie sich sein Alltagsleben gestaltet. Simon et al. (1992) haben zeigen können, dass die Nutzung vorhandener Serviceangebote und das Ausmaß nachbarlicher Kontakte bei älteren Menschen davon abhängt, inwieweit sie über eine ausreichende kognitive Karte ihrer Umgebung verfügen. Denkbar ist z. B., dass nach einem Umzug in ein Altenheim keine kognitive Karte mehr aufgebaut wird, was zu weiteren Einschränkungen des Aktionsraums führen kann.

Umwelten sind unterschiedlich komplex, sie unterscheiden sich darin, wie leicht man sich in ihnen zurecht findet und wie lange man braucht, um eine kognitive Karte aufzubauen. Orientierungshilfen wie Hinweise und Wegweiser sowohl in Außenräumen als auch in großen Gebäuden sind mögliche Lösungen. Die Orientierung kann durch drei Arten räumlicher Information erleichtert werden (Dogu & Erkip, 2000):

- architektonische Information durch einen deutlich erkennbaren Eingang und ein offenes, den Überblick erleichterndes Atrium im Eingangsbereich
- graphische Information in Form von Piktogramme und „Sie sind hier" Karten
- verbale Information durch anwesendes Auskunftspersonal, Informationstafeln, Wegweiser und Hinweisschilder.

Orientierungswissen liefern zweifellos auch Stadtpläne und Landkarten (Dogu & Erkip, 2000). Solche sekundären Quellen haben den Vorteil, dass die räumliche Struktur sofort ersichtlich ist. Im Unterschied dazu sind direkte Erfahrungen sinnlich und bildhaft. Die wirkliche Umwelt ist im Vergleich zur Stadtplan-Umwelt allein schon durch die darin enthaltenen Landmarks sensorisch stimulierend und kognitiv anregend, sie bringt, aus verschiedenen Blickwinkeln betrachtet, immer wieder Neues zum Vorschein.

3.4 Mobilitätssymbolik

Anstelle von Reizen und Reizmustern nehmen Menschen Gegenstände und Umwelten wahr, deren funktionale Nützlichkeit mehr oder weniger „ins Auge springt". Bereits Kleinkinder sehen Gegenständen an, wozu man sie gebrauchen kann. Sie erkennen sofort, was es mit dem Laufrad oder Bobby-Car auf sich hat, um diese sogleich in Gebrauch zu nehmen und sich mit diesen neuen Formen der Fortbewegung auf den Weg zu machen.

Im Unterschied dazu sind Symbole Zeichen, die auf etwas verweisen. Wahrgenommen werden nicht nur Dinge, deren Nützlichkeit sofort erkannt wird, sondern auch Zeichen, die einer Deutung bedürfen. Das Verstehen der durch sie vermittelten Botschaften ist ein Entschlüsseln. Buchstaben, Noten, Piktogramme und Verkehrsschilder sind Beispiele für Zeichen mit genauen Bedeutungen, andere Zeichen verweisen auf Ideen und Vorstellungen, z. B. das Rad auf die Idee der ewigen Wiederkehr, das Wirbelrad auf das rasende Verstreichen der Zeit, Flügel auf das mühelose Überbrücken weiter Entfernungen. Die geflügelten Schuhe, die der griechische Gott Hermes trägt, sind Zeichen seiner Schnelligkeit. Ein mit Flügeln ausgestattetes Pferd hat mehr Kraft als ein normales Pferd. Es kann sich in

Abbildung 3.14 Geflügeltes Pferd auf einer Auto-Karosserie (eigenes Foto) und Sleipnir (Ausschnitt aus einem im Swedish Museum of National Antiquities in Stockholm befindlichen Bildstein)

die Lüfte erheben und dadurch mit noch höherer Geschwindigkeit davon brausen. Ein solches Symbol auf der Karosserie eines Autos unterstreicht dessen Leistungsfähigkeit. Anstelle von Flügeln hat Sleipnir, das Pferd des nordischen Gottes Odin, acht Beine (vgl. Abb. 3.14). Diese Verdopplung ist ein Zeichen für dessen außerordentlich hohe Schnelligkeit.

Mit dem Erkennen des Prinzips des Auftriebs, dass Schiffe infolge des von ihnen verdrängten Wasser schwimmen, und der Nutzung dieser Erkenntnis beim Bau von Schiffen, wurden Flüsse und Meere nicht nur überbrückbar, sondern auch zu Verkehrswegen. Das Schiff ist ein Symbol für vielerlei: für eine florierende Wirtschaft (vgl. Abb. 3.15), aber auch für Heimatlosigkeit. So wie ein Tor den Übergang in eine jenseitige Welt symbolisieren kann, so ist das Schiff das Verkehrsmittel, das in die andere Welt befördert. Das Bild eines Schiffes, das durch gewaltige Eisschollen zum Kentern gebracht und zerstört wurde, lässt sich mit

Abbildung 3.15 Das Schiff als Wohlstandssymbol (eigenes Foto)

dem Wissen über die Lebenssituation des Künstlers als Ausdruck gescheiterter Hoffnungen deuten[7].

Pferd und Schiff sind nach Ansicht des Philosophen Virilio (1978; 1980) die beiden Archetypen von „Fahrzeugen", die es dem Menschen ermöglicht haben, seinen Aktionsradius erheblich zu erweitern. Wer die schnelleren Pferde und Schiffe hatte, war den anderen überlegen, hatte Macht, er konnte fremdes Territorium in Besitz nehmen. Geschichtliche Ereignisse wie Völkerwanderungen, Überfälle und Eroberungen wären ohne Pferde und Schiffe nicht möglich gewesen (Virilio, 1980). Die Quelle von Macht und Reichtum waren stets Schnelligkeit und das Vermögen, viele Menschen und große Gütermengen transportieren zu können. So sind die auf den mittelalterlichen Bildsteinen auf der Ostseeinsel Gotland dargestellten Pferde und Schiffe Machtsymbole. Die Bildsteine sind in einer Zeit entstanden, als der Handel zwischen den Hansestädten florierte.

Heute können die Automarke und die Form des Autos Zeichen sein, die auf Eigenschaften des Halters schließen lassen. Fahren Menschen in unterschiedlichen Lebensphasen überproportional oft bestimmte Autotypen, kann der Autotyp zu einem Zeichen für eine bestimmte Lebensphase werden (vgl. Abb. 5.7, S. 89).

Nicht nur auf das Alter, sondern auch auf das Geschlecht wird mit dem Autotyp verwiesen. Dabei ist es vor allem die Automarke, die ein bestimmtes Image hat. Laut Statistik des Kraftfahrtbundesamts entfielen 2010 rund 36 % der neuzugelassenen Pkw auf Frauen. Beim Ferrari lag der Anteil der Halterinnen bei nur 9 %. Das macht den Ferrari zu einem geeigneten Symbol für männliche Automobilität.

Auch die Form eines Fahrzeugs kann ein Zeichen sein. Das in Abb. 3.16 unten links dargestellte Zeichen beruht auf dem Kindchenschema, einer Kontur, die

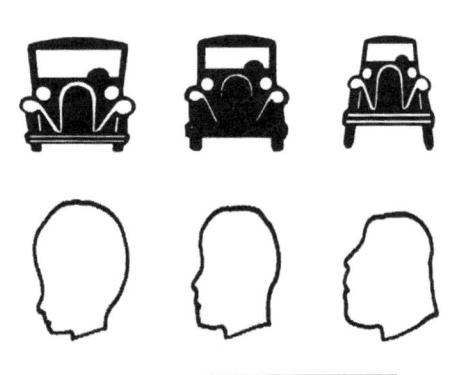

Abbildung 3.16 Formen als Zeichen für Alter (Guski, 1996, S. 204 f.)

---

7 Vgl. die Ballade vom Fliegenden Holländer, der ohne Heimat auf dem Meer herumirrt; das Bild „Das Eismeer" von Caspar David Friedrich zeigt ein von Eisblöcken zerstörtes Schiff.

Hinwendungs- und Fürsorgeverhalten auslöst. Das Kindchen hat bestimmte Proportionen, es sieht niedlich und jung aus, man wendet sich ihm unmittelbar zu. Überträgt man dieses Schema auf die Gestaltung von Fahrzeugen, lässt sich der Eindruck eines „jungen" Autos erzeugen. Das dem Kindchen-Schema entsprechend geformte Auto auf der linken Seite macht einen „jugendlichen" Eindruck. Dagegen sieht das Auto auf der rechten Seite in Abb. 3.16 „alt" aus.

Schnelle Verkehrsmittel symbolisieren Stärke und Effizienz. Das schnelle Auto, das schnelle Fahrrad, der schnelle Zug, der mit über 300 km/h dahin braust, das schnelle Flugzeug, das über 1000 km/h zurücklegt, und das schnelle Rennpferd, das ein Vermögen kostet, haben ein hohes Prestige. Aus diesem Grund sind Geschwindigkeitsbegrenzungen problematisch, indem sie etwas abwerten, was eigentlich hoch bewertet wird.

Ein weiteres wichtiges Mobilitätssymbol sind Brücken. Sie gehören nicht nur zur Verkehrsinfrastruktur, sie sind zugleich auch Symbole für das Überbrücken von Abgründen bis hin zur Überwindung gegensätzlicher Positionen. Insbesondere über dem Wasser schwebende Seilbrücken senden die Botschaft aus, dass alles machbar ist und die Mobilität einschränkende Hindernisse mühelos überbrückt werden können.

Abbildung 3.17   Seilbrücke
(eigenes Foto)

Bewegungsformen 4

Die Zeit um 1900 wird heute als Aufbruch in die Moderne gesehen. Sichtbar wurde dieser Aufbruch auch durch den Einsatz neuer Transportmittel wie Straßenbahn, Fahrrad und Automobil. Die Eisenbahn im 19. Jahrhundert hatte in erster Linie dem Transport von Gütern gedient. Im 20. Jahrhundert wurden die Menschen selbst mobil. Die Begeisterung für die gesteigerte Geschwindigkeit, die das Auto ermöglichte, war allgemein, doch man war sich auch darüber im Klaren, dass sich diese neuen Möglichkeiten auf das Erleben und die Befindlichkeit des Menschen auswirken werden. So hieß es, wie Fack (1999) recherchiert hat, in einer Sonderausgabe zur Ersten Automobilausstellung in München im Jahr 1913: „Unsere Zeit hat ihren Pulsschlag beschleunigt und unser Geschlecht lebt in einem anderen Tempo. Es ist ausgeschlossen, dass der Rhythmus, den die moderne Technik gebracht hat, ohne Einfluss auf unser Gemüt und unsere Denkweise bliebe" (Fack, 1999, S. 33). In der weit verbreiteten Nervosität sah man eine Zivilisationskrankheit, die man auf die neuen Lebensumstände zurückführte.

Wichtige Merkmale, um das Mobilitätsverhaltens zu charakterisieren, sind die Art der eingesetzten Mittel und die Geschwindigkeit der Fortbewegung. Die Mittel, die dem Menschen ermöglichten, schneller als mit den eigenen Füßen voran zu kommen, hat er selbst entdeckt und weiterentwickelt. Das Reittier war das erste natürliche Mittel, um größere Entfernungen schneller zu überwinden. Vor allem das Pferd diente als Trag-, Reit- und Zugtier. In Legenden und Märchen gibt es noch andere ungewöhnliche Reittiere wie Wildgänse oder Delphine[8].

---

8 Nils Holgersson reist auf dem Rücken des Gänserich Martin durch Schweden, vgl. Selma Lagerlöf: „Wunderbare Reise des kleinen Nils Holgersson mit den Wildgänsen". In einer Erzählung von Plinius wird von einer Freundschaft zwischen einem Delphin und einem Jungen berichtet; der Delphin trug den Jungen jeden Tag auf die andere Seite der Bucht.

4.1 Gehen

Das Gehen ist – von der kurzen Phase des Krabbelns im ersten Lebensjahr abgesehen – die phylogenetisch und ontogenetisch früheste Fortbewegungsart. Der Mensch kann sich jederzeit in Gang setzen, er braucht zum Gehen keinen Verkehrsraum. Er geht in Innen- und Außenräumen zu Fuß. Er nutzt dabei seine eigenen Kräfte, wobei er, je nachdem ob er gemütlich schlendert oder rennt, unterschiedlich viel Kraft aufwendet. Er kann seine Laufgeschwindigkeit ohne zusätzliche Kraft spendende Mittel nicht beliebig steigern. So stoßen auch die Hochleistungssportler an Grenzen, die bis auf Millisekunden ausgemessen werden[9]. Zu den körperlich bedingten Leistungsgrenzen kommen im Alltag noch umweltbedingte Hindernisse hinzu, z. B. ein steiler Anstieg, unebener und matschiger Boden oder starker Gegenwind. Manche Hindernisse lassen sich relativ leicht beseitigen. Auf einem Bohlenweg, wie er in Abb. 4.1 zu sehen ist, kommt man schneller vorwärts als auf einem Sandweg.

Beim Gehen ist der Mensch den Umwelteinflüssen am unmittelbarsten ausgesetzt. Er tritt mit der physischen Umwelt in eine körperlich engere Beziehung als bei allen anderen Fortbewegungsarten. Die Kraft muss er allein aufbringen, was durchaus Mühe bereiten kann. Dies ist möglicherweise auch ein Grund, auf einer

Abbildung 4.1 Bohlenweg (eigenes Foto)

---

9   Bei den Olympischen Spielen 2012 in London lief Usain Bolt die Strecke von 100 Metern in 9,63 Sekunden und gewann damit eine Goldmedaille.

Wall*fahrt* zu Fuß zu gehen. Dem heiligen Ort nähert man sich demütig und nicht ohne einige Mühe zu Fuß.

Trotz seiner phylo- und ontogenetischen Bedeutung ist das Gehen für die meisten Menschen nicht die bevorzugte Fortbewegungsart. So meinten in der Untersuchung von Schönhammer (1991) nur etwa 10 % der Befragten, dass sie Gehen anderen Bewegungsformen gegenüber bevorzugen. Auch wenn Gehen für rund ein Viertel der Befragten ein intensives Erleben sowohl der Umwelt als auch von sich selbst bedeutet, wird es nicht entsprechend favorisiert. Die Nachteile, die angeführt wurden, sind, dass es anstrengend und langsam ist, so dass man mit einem engen Aktionsradius vorlieb nehmen muss. Hinzu kommt noch, dass es als langweilig erlebt wird und einem das Gehen durch den Autoverkehr verleidet wird. Man muss sich z. B. abhetzen, wenn man die Straße überqueren will.

Ob das Gehen als angenehm oder unangenehm, als sportlich oder anstrengend erlebt wird, hängt zum einen von den Einstellungen und Handlungsabsichten, zum anderen von den Entfernungen und den Umweltbedingungen ab. Wer sich Wohlbefinden und Fitness davon verspricht, wird häufiger zu Fuß gehen als derjenige, der Bequemlichkeit schätzt. Für denjenigen, der weite Wege zurücklegen muss, kommt das Zufußgehen nicht in Frage. So lässt sich die insgesamt weniger positive Bewertung des Gehens im Alltagsleben auch damit erklären, dass es eine Fortbewegungsart ist, die nicht mehr so recht zu den hohen Mobilitätsanforderungen und dem rascheren „pace of life" in der heutigen Zeit passt (vgl. Kap. 6.3).

Dass Gehen eine Gesundheit fördernde Fortbewegungsart ist, haben Giles-Corti und Donovan (2003) empirisch bestätigt, indem sie Menschen, die einen Hund besitzen und solche ohne Hund im Hinblick auf Herz-Kreislauf Erkrankungen verglichen haben. Das Risiko einer solchen Erkrankung erwies sich bei Hundebesitzern als signifikant geringer.

Wird das Gehen mit einer gesteigerten Aufmerksamkeit und einer bewussten Aufnahme von Informationen aus der Umwelt verbunden, sind die gesundheitsfördernden Wirkungen noch ausgeprägter. Duvall (2011) hat dies in einem Experiment nachgewiesen, in dem er Versuchspersonen über zwei Wochen lang mehrere Male pro Woche 30 Minuten zu Fuß hat gehen lassen. Die Gesamtgruppe teilte er in eine Standard- und eine Engagement-Gruppe auf. Letztere sollte beim Gehen bewusst auf die Sinneseindrücke achten und sich Gedanken darüber machen, wie man die Umgebung verändern würde, wenn man zaubern könnte. Eine solche kognitive Auseinandersetzung mit der Umgebung während des Gehens bringt einen zusätzlichen Gewinn an psychischem Wohlbefinden, was sich in den Ergebnissen der nachfolgenden Tests widerspiegelte: Aufmerksamkeit und Vigilanz werden gefördert, Frustrationen besser bewältigt und Gefühle der Zufriedenheit erhöht. Das Fazit dieser Untersuchung ist, dass ein kurzer Spaziergang, der mit einer gesteigerten „awareness" verbunden wird, ebenso wirkungsvoll sein kann, um das psychische Wohlbefinden wieder herzustellen oder zu erhöhen, wie eine längere Wanderung ohne eine bewusste Auseinandersetzung mit der Umgebung.

4.2 Einsatz von Rädern

Schon die Menschen in der Steinzeit wussten, dass eine drehbar gelagerte Scheibe den eigenen Kraftaufwand vermindern kann. Die Eigenschaft des Rades, auf dem Untergrund zu rollen statt zu schleifen oder zu gleiten, wurde schon früh genutzt[10].

Fahrzeuge mit Rädern sind seit Urzeiten ein wichtiges Transportmittel eher für Lasten als für Personen gewesen. Werden noch Zugtiere vor das Gefährt gespannt, werden zwei Effekte gleichzeitig genutzt: die Eigenschaft des Rades und die natürliche Kraft von Tieren. Die Kombination von Pferd und Wagen wurde nicht nur für friedliche sondern auch kriegerische Zwecke eingesetzt. Dies geht aus den zahlreichen antiken Darstellungen von Streitwagen hervor, vor die zwei oder auch vier Pferde gespannt waren.

Speziell das Fahrrad ist heute ein wichtiges Verkehrsmittel, dessen Bedeutung nach Einschätzung von Experten in den Ländern der westlichen Welt weiter zunehmen wird (vgl. Canzler & Knie, 2012). Ein Anzeichen sind Aktionen wie „critical mass", bei denen sich in den Städten Radfahrer scheinbar zufällig und unorganisiert treffen, um mit gemeinsamen Fahrten durch Innenstädte mit ihrer bloßen Menge und ihrem konzentrierten Auftreten auf ihre Belange und Rechte gegenüber dem motorisierten Individualverkehr aufmerksam zu machen (vgl. Kap. 10).

Die Entwicklungsgeschichte des Fahrrads hat Probst (2004) in der Lernsoftware „Beiki" (vgl. den Exkurs in Kapitel 9.7) beschrieben. Die einzelnen Etappen waren:

- Das Getragenwerden auf einem „Rollsitz" zwischen zwei Rädern brachte Ende des 18. Jahrhunderts die Célérifère, das erste Zweirad. Der Vorteil besteht darin, dass ein Fahrgestell das Eigengewicht des Körpers transportiert.

---

10 Die seit alters her am häufigsten verwendeten Systeme zur örtlichen Verlagerung von Menschen und Gütern beruhen auf den Prinzipien des Tragens, des Gleitens bzw. Schleifens (Schlitten, Schiffe) und des Rollens (Räder). Dass Räder eine weite Verbreitung gefunden haben, liegt vor allem an den vergleichsweise wirtschaftlich herstellbaren und das Rollen begünstigenden Bedingungen wie die Schaffung eines rollfesten Untergrundes (befestigte Straße) und die Verwendung von Rollenlagern (Kugellagern) im Bereich der Radachsen. Nur unter derartigen Bedingungen ist der Rollwiderstand erheblich kleiner als der Gleitwiderstand, was jedem deutlich wird, der schon einmal versuchte, in tiefem Schnee Rad zu fahren.

Abbildung 4.2 Keltisches Rad im Museum in Bibrakte/Burgund (eigenes Foto)

- Die Lenkbarkeit des Vorderrades an der Gabel und damit die Möglichkeit der dynamischen Balanceregulation kommt 1817 mit der Laufmaschine des Freiherrn von Drais.
- Pedalen erheben die Füße aus Straßenstaub und -nässe und führen von der Pendelbewegung zur Kurbelbewegung der Beine. Aus dem Vor und Zurück wird ein kontinuierliches Drehen und Kreisen.
- Das Hochrad brachte keine qualitative Veränderung, aber es erhöhte die Geschwindigkeit durch Vergrößern der zurückgelegten Strecke bei einer Kurbelumdrehung. Es war aber nicht ungefährlich, denn man konnte vom Hochrad tief herabstürzen.
- Die Steigerung der Geschwindigkeit, die bequeme Trittfrequenz zwischen 60 und 100 pro Minute und die Anpassung des Fahrwiderstands an die Kraft der Beine brachte am Ende des 19. Jahrhunderts der Kettenantrieb.

Während das Hochrad heute nur noch historisch interessant ist, findet sich die Laufmaschine des Freiherrn von Drais im modernen Laufrad für Kleinkinder wieder (vgl. Abb. 10.4, S. 259). Inzwischen wurde es auch als Attraktion im Rahmen städtischer Events wiederentdeckt[11].

---

11 Ein Beispiel ist das Draisinenrennen in Karlsruhe. Im Programmheft 2012 heißt es: „Karlsruhe ist eine Fahrradstadt. Und Karlsruhe punktet beim Thema Fahrrad nicht nur mit Klima,

In der Untersuchung von Schönhammer (1991) haben rund ein Drittel der Befragten das Radfahren als ihre bevorzugte Fortbewegungsart bezeichnet, ein deutlich höherer Anteil als beim Gehen. Positive Aspekte sind Unabhängigkeit und Freiheit, das Spüren von Luft und Wind sowie Umweltnähe, des Weiteren der Bewegungsfluss und das Gleiten, die angenehme körperliche Betätigung, aber auch die geringen Mobilitätskosten. Rund 10 % der Befragten führten als positiv die Entspannung an, die das Radfahren bietet, sowie dessen Umweltverträglichkeit. Ähnlich war das Ergebnis von Zimber (1995), dass Radfahrer das Radfahren als zeit- und kostensparend sowie als lustvoll, gesund und umweltverträglich bewerten.

Hauptgrund für ein negatives Erleben des Radfahrens ist ein ungünstiger Kontext, d. h. ein Verkehrsraum mit viel Autoverkehr (Schönhammer, 1991). Die Vorstellung, dass man beim Radfahren Gefahren ausgesetzt ist, bewirkt, dass man es letztlich, auch wenn man es schätzt, unterlässt. Dass diese Befürchtung berechtigt ist, zeigt die Unfallstatistik: Bei Unfällen der Radfahrer waren in 75 % die Autofahrer die Verursacher (BMV, 2012).

Dass Radfahren einen gewissen Kraftaufwand erfordert, wird ambivalent bewertet. Insgesamt 26 % der von Schönhammer (1991) Befragten bezeichneten das Radfahren als angenehme körperliche Betätigung, jedoch 20 % als zu anstrengend. Ein klares Ergebnis ist, dass Radfahrern die aktive Bewegung signifikant wichtiger ist als Autofahrern (Flade et al., 2002). Wer sich körperlich betätigen und bewegen will, beurteilt das Radfahren nicht nur positiv, sondern fährt auch häufiger Rad[12].

4.3 Autofahren

Eine deutliche Steigerung der Fortbewegungsgeschwindigkeit brachte der Einsatz des Verbrennungsmotors mit sich. Der Aktionsradius des Menschen erweiterte sich durch die Möglichkeit motorisierter Fortbewegung in einem zuvor nicht für möglich gehaltenen Ausmaß (Molt, 1992). Während Fahrrad und elektrische Straßenbahn schon kurz vor 1900 allgemein verbreitet waren, wurde das Auto erst in den 1920er Jahren zu einem alltäglicheren Verkehrsmittel, das sich jedoch noch

---

Topografie und guter Infrastruktur: Historisch gesehen ist Karlsruhe die „Wiege des Fahrrades". Denn der Karlsruher Karl Drais hat das Urfahrrad – die Laufmaschine – erfunden. Deshalb ehren wir ihn jedes Jahr mit dem Draisinenrennen". Anzumerken ist hier, dass Drais die Laufmaschine nicht in Karlsruhe, sondern in Mannheim erfunden hat.

12 Richard Dehmel hat in dem Gedicht „Radlers Seligkeit" in treffender Weise die Unbeirrbarkeit des Radfahrers beschrieben, der, während er unermüdlich radelt, die Welt als funktional nützlich zum Rad fahren wahrnimmt.

Abbildung 4.3 Bewertung des Autofahrens im Vergleich zur ÖV-Nutzung (Preisendörfer & Diekmann, 2000, S. 83)

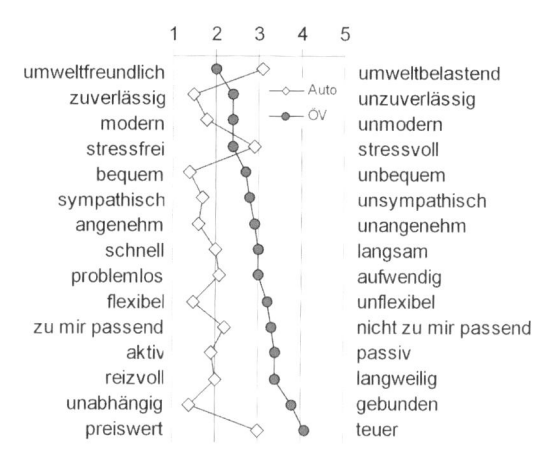

	1	2	3	4	5	
umweltfreundlich						umweltbelastend
zuverlässig						unzuverlässig
modern						unmodern
stressfrei						stressvoll
bequem						unbequem
sympathisch						unsympathisch
angenehm						unangenehm
schnell						langsam
problemlos						aufwendig
flexibel						unflexibel
zu mir passend						nicht zu mir passend
aktiv						passiv
reizvoll						langweilig
unabhängig						gebunden
preiswert						teuer

Legende: ◇ Auto, ● ÖV

nicht viele Menschen leisten konnten. Inzwischen – neun Jahrzehnte später – ist das Auto zu einem selbstverständlichen Verkehrsmittel für jedermann geworden. Im Januar 2012 waren im Kraftfahrtbundesamt in Flensburg 42,9 Millionen Pkw registriert, ein Jahr davor waren es noch 1,5 % weniger gewesen. Bei einer Bevölkerung in Deutschland von rund 82 Millionen Menschen entfällt so auf etwa jeden zweiten Einwohner (Kleinkinder mitgerechnet) ein Auto. Schon allein in diesen Zahlen kommt die hohe Wertschätzung des Autos zum Ausdruck, die in Befragungen bestätigt wird. Die gefühlsmäßig positive Bewertung des Autofahrens hat zur Folge, dass man sich dieser Fortbewegungsart zuwendet.

In der Studie „Wertewandel und Verkehrsmittelwahl", die Preisendörfer und Dieckmann (2000) in Rostock durchgeführt haben, gab eine Zufallsstichprobe von 18- bis 65-jährigen Bürgern Auskunft darüber, wie sie das Auto im Vergleich zum ÖV erleben. Eingesetzt wurde ein Semantisches Differential, das sich aus mehreren bipolaren Skalen zusammensetzt. In der Untersuchung von Preisendörfer und Dieckmann waren es 15 5-stufige Skalen, auf denen die Befragten den aus ihrer Sicht zutreffenden Skalenwert angeben sollten. In den mittleren Skalenwerten, die in Abb. 4.3 als Profile dargestellt sind, spiegelt sich die positive Wertschätzung des Autos im Vergleich zum ÖV deutlich wider.

Wer ein Auto zur Verfügung hat, unterliegt weder zeitlichen Regelungen, noch ist er auf ein vorgegebenes Liniennetz mit festen Haltestellen angewiesen. Er ist in seiner Mobilität zeitlich und räumlich unabhängig. Darüber hinaus wird Autofahren als bequem, zuverlässig, flexibel und schnell erlebt. Nur auf zwei der 15 Skalen in Abb. 4.3 wird das Auto negativer bewertet als der ÖV: Autofahren ist mit vermehrtem Stress verbunden und weniger umweltfreundlich. Zu der Untersuchung ist anzumerken, dass sich das Ergebnis in der Stadt Rostock mit rund 200 000 Einwohnern nicht ohne Weiteres auf andere Städte übertragen lässt, weil das ÖV-Angebot und das Verkehrsaufkommen je nach Stadt und Stadtgröße unterschiedlich ist, was zu variierenden Bewertungen führen kann.

Die von Schönhammer (1991) Befragten hatten als negative Aspekte des Autofahrens ebenfalls den Stress angeführt sowie des weiteren Ärger über Hindernisse genannt. Beide Gefühlslagen können sich negativ im Fahrverhalten niederschlagen, so führt z. B. eine hohe Verkehrsdichte, bei der die anderen Verkehrsteilnehmer als Hindernisse empfunden werden, zu vermehrter Rücksichtslosigkeit (Harris & Houston, 2010).

Es überwogen in der Untersuchung von Schönhammer wie auch bei Preisendörfer und Diekmann die positiven Bewertungen des Autofahrens, wobei vor allem die Unabhängigkeit, die das Auto bietet, als Pluspunkt hervorgehoben wurde. Das Autofahren als individuelle und schnelle Fortbewegungsart ist außerdem besonders gut geeignet, um Gefühle auszuleben und um Motive jenseits der Mobilität zu befriedigen (vgl. Kap. 5.4).

Wird jedoch die positive Bewertung des Autofahrens in Frage gestellt, weil man wegen einer hohen Verkehrsdichte oder wegen einer Umleitung am vorgestellten raschen Vorwärtskommen gehindert wird, kommt es zu einer erhöhten Aktivierung mit dem Ziel, die verlorene Verhaltenskontrolle wieder zu erlangen (Fischer & Stephan, 1996). Mit einer gesteigerten Erregung ist vor allem dann zu rechnen, wenn ein Mensch davon überzeugt ist, sich frei verhalten zu können, und er dann erlebt, dass er sich geirrt hat.

4.4 Nutzung öffentlicher Verkehrsmittel

Öffentlicher Verkehr (ÖV) ist ein Sammelbegriff, unter dem unterschiedliche Verkehrsträger und Fortbewegungsformen subsumiert werden. Öffentliche Verkehrsmittel sind *kollektive* Beförderungsformen, alle Nutzenden sind Mitfahrer in Bussen, Straßenbahnen, Stadtbahnen mit eigenem Gleiskörper, S- und U-Bahnen, Sammeltaxis, Regional- und Fernzügen.

Im Unterschied zum *privat* organisierten Carpooling kann man sich die Mitfahrenden in *öffentlichen* Verkehrsmitteln nicht aussuchen.

Auf welchen Verkehrsträgern der ÖV in einer Stadt beruht, hängt von deren Größe und baulicher Dichte ab. In großen, dicht bebauten Städten bilden S- und U-Bahnen das Schnellbahnnetz auf eigenen Gleisen. Die Bahnen zeichnen sich

Abbildung 4.4 Kollektives Transportmittel (mit freundlicher Genehmigung des Prototyp Museum Hamburg)

durch Schnelligkeit, eine hohe Beförderungsleistung und eine dichte Zugfolge aus, was die Flexibilität der Nutzung enorm erhöht.

Öffentlicher Nahverkehr
Dass sich etliche Untersuchungen dem Vergleich von Autofahren und ÖV-Nutzung gewidmet haben (z. B. Everett & Watson, 1987; Preisendörfer & Diekmann, 2000), liegt vor allem daran, dass der ÖV bei längeren Entfernungen die Alternative zum Auto ist. Ziel ist herauszufinden, was jeweils als positiv und negativ wahrgenommen wird, um Hinweise für eine attraktivere Gestaltung des ÖV zu bekommen. Positiv erlebt und bewertet werden die Merkmale, wie man sie vom Autofahren her kennt: ein kurzer Weg zum Verkehrsmittel bzw. zur Haltestelle, flexible Abfahrtszeiten bzw. ein dichter Fahrplantakt, kein Umsteigen- und Warten müssen, sondern direkte Verbindungen.

Preisendörfer und Diekmann (2000) haben festgestellt, dass der ÖV gegenüber dem Auto nur in zwei von insgesamt 15 Punkten als vorteilhafter wahrgenommen wird: Das Unterwegssein im ÖV ist stressfreier und umweltfreundlicher (vgl. Abb. 4.3). Negativ zu Buche schlägt, dass der ÖV in manchen Situationen bei den Nutzern Unsicherheitsgefühle hervorruft. Weil Sicherheit ein Grundbedürfnis ist (vgl. Abb. 5.1, S. 69), sind Einbußen an Sicherheit entsprechend schwer wiegend (Das Problem subjektiver Unsicherheit im ÖV wird in Kap. 8.1 ausführlicher behandelt).

Wie der ÖV erlebt wird, hängt auch davon ab, ob er frei gewählt werden kann oder ob man ihn gezwungenermaßen mangels Alternative nutzen muss. Ein „captive rider" ist in seiner Entscheidung nicht frei; wegen fehlender Alternativen ist er auf den ÖV angewiesen. Ein „choice rider" hat dagegen Alternativen und kann sich für die ihm am günstigsten erscheinende Variante entscheiden. Hier ist auch der Begriff „Verkehrsmittel*wahl*" gerechtfertigt. Wie Rutherford und Wekerle (1988) in Toronto festgestellt haben, sind weitaus mehr Frauen Captives, die auf ihren Arbeitswegen keine Alternative zum ÖV haben.

Um kognitive Dissonanz zu vermeiden, die entstehen würde, wenn sich ein ÖV-Nutzer negativ über den ÖV äußern würde, wird er alles daran setzen, um die Dissonanz zu verringern und Einstellung und Verhalten in ein konsistentes Verhältnis zu bringen. Ein Modell von Galster (1987) beschreibt diesen Prozess. Die Grundannahme des Modells ist, dass die Zufriedenheit mit einer Sache – hier dem ÖV – die objektiven Bedingungen nicht 1:1 abbildet, sondern dass Zufriedenheit eine Konstruktion ist, die auf zwei Parametern beruht: der Unzufriedenheitsschwelle und dem Anspruchsniveau. Verglichen mit dem choice rider hat der captive rider eine niedrigere Unzufriedenheitsschwelle, d. h. er ist mit einem Qualitätsniveau zufrieden, das der choice rider längst nicht mehr akzeptiert, und er hat geringere Ansprüche an den ÖV, dessen Leistungsfähigkeit er gar nicht erst mit derjenigen des Autos vergleicht. Durch dieses Austarieren wird kognitive Dissonanz vermieden.

Angesichts der regional und Verkehrsträger bedingten Heterogenität ist eine allgemein gültige ortsübergreifende Bewertung des ÖV nicht möglich.

Fernreisen
Das Bahnfahren unterscheidet sich von der ÖV-Nutzung innerhalb von Städten durch die meist längeren Strecken. Schönhammer (1991) hat in seinen Befragungen von Bahnfahrern festgestellt, dass die positiven Eindrücke bei Eisenbahnfahrten überwiegen. Als Vorteile wurden angeführt: Man kann in der Bahn lesen, schauen, sich entspannen, arbeiten und in Ruhe nachdenken, und man ist unter Leuten. Man fühlt sich sicher, das rhythmische Rattern ist beruhigend und angenehm. Die selteneren negativen Aussagen bezogen sich auf die Umständlichkeit, Abhängigkeit von Fahrplänen und Umsteigemöglichkeiten und die Unbequemlichkeit, die mit dem Bahn fahren verbunden ist. Man muss sich frühzeitig am Bahnhof einfinden, dann muss man jedoch warten. Dadurch geht Zeit verloren[13]. Andererseits bedeutet eine längere Bahnfahrt, dass man bei günstigen Bedingungen die Zeit des Unterwegsseins nutzen kann, was im Nahverkehr weniger möglich ist, denn wegen des häufigeren Haltens und dem ständigen Ein- und

---

13 Geissler hat auf den ökonomischen Aspekt des Warten Müssens im Sinne von „Zeit ist Geld" hingewiesen. Warten gilt aus dieser Perspektive als verlorene Zeit, denn „verwartete" Zeit könnte im Prinzip profitabel genutzt werden, vgl. Geissler, K. (2012). Last und Lust des Wartens. Zeitpolitisches Magazin, Jahrgang 9, Ausgabe 20, S. 4–5.

Aussteigen anderer Personen fehlt die Ruhe dazu und oftmals auch ein Sitzplatz. Die längere Zeit, die man im Fernzug unterwegs ist, wird wiederum zu einem Problem, wenn man unangenehmen Situationen wie insbesondere Geräuschbelästigungen nicht ausweichen kann.

4.5 Fliegen

Indem es sich von der bodenständigen Welt ablöst, ist das Flugzeug das schnellste Verkehrsmittel, mit dem alle Orte der Erde und/oder deren Umgebung erreicht werden können. Die hohe Geschwindigkeit und das „Vom Boden Abgehobensein" bewirken, dass Fliegen für viele ein einzigartiges und besonderes Erlebnis ist. Dass es überhaupt möglich ist zu fliegen, ist sensationell und staunenswert. Insbesondere im Fliegen spiegelt sich der hohe Stand der Verkehrstechnik wider.

Allein schon die Flughäfen, deren Netze eine Welt umfassende Raumkonzeption repräsentieren, sind faszinierend; sie sind Ausdruck einer technikdominierten Gesellschaft, jedoch, wie Kesselring (2007) es einschätzt, sozialwissenschaftlich noch kaum erforscht.

Dass Fliegen positiv erlebt wird, fand Schönhammer (1991) in seinen Interviews bestätigt. Die von ihm Befragten hoben als positive Aspekte des Fliegens das Hinausschauen – wobei vor allem die Wolken faszinierend sind – und die lustvolle Spannung beim Fliegen hervor. Eine Äußerung war z. B.: „Fliegen ist über das Dasein hinausgehoben – dahin ziehen mit den Wolken, über den Wolken – mitten in den Wolken, ich fliege mit Wind und Wolken, ich spüre dies fast körperlich" (Schönhammer, 1991, S. 56).

Durch Empathie wird dieses Gefühl beim Anblick eines Vogels, der sich in die Lüfte schwingt und über den Himmel gleitet, nachempfunden.

Abbildung 4.5 Fliegen
(eigenes Foto)

Gefühle, die mit dem Fliegen assoziiert werden, sind Freiheit, ein Weitwegsein („being away") und besonderer Komfort (Schönhammer, 1991). Der rasche Ortswechsel bringt Anregungen mit sich und verstärkt das Gefühl des being away. Nach der Erholungstheorie ist das psychische Weitwegsein ein wichtiger Erholfaktor (Kaplan, 1995). Fliegen ist mehr als nur schnelle Fortbewegung, es beinhaltet eine Befreiung aus engen Alltagsroutinen.

Die negativen Aspekte wie Langeweile und Reizarmut bei langen Flügen sowie Angstgefühle vor allem beim Start und bei der Landung fallen demgegenüber deutlich weniger ins Gewicht. Um diese Angst zu überwinden, werden inzwischen Flugangstseminare und Selbsthilfeprogramme angeboten (vgl. Mühlberger & Herrman, 2011).

Fliegen ist längst kein Privileg der gesellschaftlichen Eliten mehr, denn „low-cost-carriers" machen das Fliegen inzwischen für jedermann möglich. Damit rücken immer mehr auch die negativen Aspekte des Flugverkehrs in den Vordergrund wie vor allem mangelnde Pünktlichkeit und fehlende Verlässlichkeit durch Verspätungen, Wartezeiten und Engegefühle.

Dieses individuelle negative Erleben steht jedoch gegenwärtig weniger im Mittelpunkt der Forschung als die ökologischen Folgen und die Auswirkungen auf die „Opfer". Der Flugverkehr ist in hohem Maße umwelt- und sozial unverträglich. Die unerwünschten Auswirkungen wie vor allem der Fluglärm sind nicht zu übersehen bzw. zu überhören, sie sind Gegenstand umfangreicher Forschungsprojekte (vgl. Kap. 8.2). „Die ökologischen und sozialen Bilanzen des Flugverkehrssystems fallen bislang verheerend aus" (Kesselring, 2007, S. 827). Eine „sustainable aviation" ist nach Kesselring indessen noch nicht in Sicht.

Mobilitätsmotive 5

Um die Frage zu beantworten, warum Menschen so und nicht anders handeln, wird gern auf Bedürfnisse hingewiesen. Ein bewährtes Modell, auf das immer wieder Bezug genommen wird, stammt von Maslow (1954). Es wird darin zwischen fünf hierarchisch übereinander geschichteten Kategorien von Grundbedürfnissen unterschieden (vgl. Abb. 5.1). Die unterste Ebene sind die körperlich-biologischen Bedürfnisse nach Wohlbefinden, Nahrung, Wärme, Gesundheit, Gesättigt sein, Schlaf und Ruhe, die Ebene darüber sind Bedürfnisse nach Sicherheit und Schutz vor Gefahren, nach einem festen Einkommen und einem Dach über dem Kopf. Auf den nächsten Ebenen sind soziale und Ich-Bedürfnisse angesiedelt sowie an der Spitze das Bedürfnis nach Umweltaneignung und Selbstverwirklichung. Soziale Bedürfnisse umfassen soziale Kontakte, Gemeinschaftlichkeit, Zugehörig-

Abbildung 5.1 Modell der Bedürfnisse
(Flade, 2006, S. 45, nach Maslow, 1954)

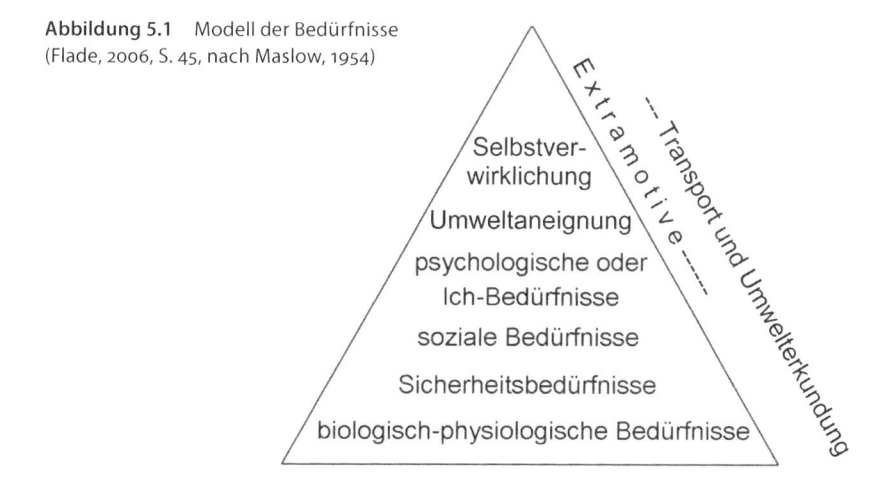

keit, Intimität, Kommunikation sowie speziell ein angenehmes Familien- und Arbeitsklima, zu den Ich-Bedürfnissen zählen Status, Respekt, Anerkennung und Selbstwertgefühl. Selbstverwirklichung und Umweltaneignung – eingeschlossen ist hier das Streben nach Erkenntnissen, nach Verhaltens- und Umweltkontrolle – sind „Wachstumsbedürfnisse", die im Unterschied zu den auf den unteren Ebenen angesiedelten Bedürfnissen nie wirklich befriedigt werden können. Erlebnishunger und Wissensdurst hören nie auf.

Die hierarchische Konzeption besagt, dass die jeweils „höheren" Bedürfnisse für einen Menschen latent oder irrelevant sind, solange die darunter liegenden nicht erfüllt sind. Aus diesem Grund sind wahrgenommene Verkehrs- und öffentliche Sicherheit von allergrößter Bedeutung. Denn solange die Sicherheitsbedürfnisse nicht erfüllt sind, sind die darüber liegenden Bedürfnisse für einen Menschen ohne Belang. Er engt vielmehr seinen Blick auf das Nötigste ein, nämlich auf die Herstellung von Sicherheit.

Die Befriedigung der diversen Bedürfnisse erfordert Mobilität. Der Mensch bewegt sich fort, weil es für ihn lebenswichtig ist, weil er mit Anforderungen konfrontiert ist, weil er es will, weil seine Absichten nicht ohne Mobilität realisierbar sind und weil er durch die Art und Weise seines Mobilseins etwas über sich selbst zum Ausdruck bringen kann. Um dieses „Wollen" besser zum Ausdruck zu bringen und die rationalen Zielbildungs- und Handlungsprozesse deutlicher hervortreten zu lassen, wird oftmals statt von Bedürfnissen von Motiven gesprochen. Hier werden die beiden Begriffe synonym verwendet.

Müssen und Wollen sind meistens eng miteinander verwoben. Das Ziel, das erreicht werden muss, mag feststehen, doch der Weg dorthin kann auf unterschiedlichen Routen und mit unterschiedlichen Verkehrsmitteln zurückgelegt werden, so dass partiell Spielräume nämlich bei der Wahl des Weges und des Verkehrsmittels bestehen.

Transportmotive sind all diejenigen Motive, die auf die Erreichung von Zielorten gerichtet sind. Es sind heute nicht mehr die Jagdgründe oder die Weide, auf der die Viehherden grasen, und die Schutz bietende Burg, sondern es sind viele und vielfältige Zielorte in der gebauten Umwelt, die sich der Mensch selbst geschaffen hat, wie das Büro, die Fabrik, den Hafen, das Einkaufszentrum oder den Stadtpark. Umwelterkundung und das Transportmotiv unterscheiden sich hinsichtlich der dahinter liegenden Handlungsabsichten. Der Mensch, der seine Umwelt erkundet, will etwas über seine Umwelt erfahren. Anders als beim Transportmotiv hat er keine fest umrissenen Ziele, die er ansteuern muss oder will. Bei der Umwelterkundung gibt es lediglich einen mehr oder weniger ausgedehnten „Zielraum". Die Motivation, mehr über diesen Zielraum in Erfahrung zu bringen, lässt sich in dem Modell von Maslow dem Bedürfnis nach Umweltaneignung zuordnen. Im Unterschied dazu sind Transportmotive vor allem auf die Erfüllung der Bedürfnisse auf den darunter liegenden Ebenen gerichtet (vgl. Abb. 5.1).

Mobilität rührt des Weiteren von räumlicher Ungebundenheit her. Es ist nicht nur das Interesse, die Umwelt zu erkunden oder die Notwendigkeit, Anforderungen erfüllen zu müssen, die Menschen veranlassen, mobil zu sein, sondern auch eine fehlende Gebundenheit an Orte. Der räumlich und sozial ungebundene Mensch hat sozusagen keinen Grund, nicht mobil zu sein.

Weitere Motive, die im Mobilitätsverhalten zutage treten, wurden von Näätänen und Summala (1976) als „extra motives" (Extramotive) bezeichnet. Das „Extra" weist darauf hin, dass es keine primären Mobilitätsmotive sind, die darauf abzielen, an bestimmte Zielorte zu gelangen, sondern dass es Bedürfnisse sind, bei deren Befriedigung räumliche Fortbewegungen als Mittel dienen. Oftmals sind mehrere Motive zugleich wirksam, z. B. dient das Wandern in einer Gruppe nicht nur sportlichen Zwecken und dem Fit bleiben, sondern gleichzeitig auch der Umwelterkundung und der Erfüllung sozialer Bedürfnisse. Beispielsweise fährt ein junger Mensch nicht nur Auto, um die Disco zu erreichen, sondern auch, um auf dem Weg dorthin lustvolle Spannung zu erleben. Oder ein Kind will zum Spielplatz gehen, um dort auf der Schaukel hoch in die Luft zu fliegen und um andere Kinder zu treffen.

5.1 Umwelterkundung

Bei der Umwelterkundung gibt es keinen fest umrissenen Zielort. Der Mensch, der sich fortbewegt, tut dies nicht mit der Absicht, an einer ganz bestimmten Stelle anzukommen. Er ist vielmehr offen für neue Orte und Erfahrungen. Er möchte mehr über seine Umgebung und die Welt jenseits der ihm sattsam bekannten alltäglichen Umgebung wissen.

Eine räumlich und zeitlich ausgedehnte Umwelterkundung erfordert eine Loslösung von einem vertrauten Ort, was ambivalent erlebt werden kann. Man denke an das kleine Hänschen, das in die große weite Welt hinauszieht, sich dann besinnt und geschwind nach Hause zurückkehrt. Für Hänschen ist es zweifellos spannend, die unbekannte Welt zu entdecken, zugleich aber auch beängstigend. Den innerpsychischen Konflikt löst Hänschen dadurch, dass er sich nicht allzu weit entfernt, so dass er rasch wieder zu Hause sein kann. Ein erwachsener Mensch kann diese Ambivalenz auflösen, indem er sich mit dem vertrauten Wohnmobil auf den Weg macht oder indem er nur für kurze Zeit verreist.

Die Erkundung der Umwelt bringt den Vorteil mit sich, dass man anschließend räumlich orientiert ist. Rossano und Reardon (1999) haben dies in einem Experiment demonstriert. Aufgabe der Versuchspersonen war die Erkundung eines virtuellen Geländes. Die eine Gruppe sollte sich eine bestimmte Route zu einem vorgegebenen Zielort einprägen, die zweite Gruppe bekam die Instruktion, sich mit dem gesamten Gelände vertraut zu machen. Bei der anschließenden Befragung wussten die Versuchspersonen in der ersten Gruppe deutlich weniger über die Umgebung als diejenigen in der zweiten, woraus die Forscher den Schluss zogen, dass die Fixierung auf einen bestimmten Weg zu einem bestimmten Zielort die Herausbildung einer kognitiven Karte der gesamten Umgebung behindert. Das Ergebnis liefert eine empirische Bestätigung, dass eine freie und offene Erkundung der Umwelt vorteilhaft ist, um räumliches Wissen zu erwerben.

Stark ausgeprägt war das Motiv der Umwelterkundung bei Entdeckern bis dahin noch unbekannter Regionen und Forschungsreisenden, deren Erkundungstouren sich weit über das Normalmaß hinaus erstreckten. „Betrachtet man allein die Entdeckungs- und Bildungsreisen z. B. von Kolumbus, Humboldt etc. in den früheren Zeiten oder die Reise ins Weltall in diesem Jahrhundert, wird dieses Bedürfnis nach Erkundung und Entdeckung deutlich" (Schmitz, 1994, S. 109).

Das Interesse, die Umwelt zu erkunden, wird durch ästhetisch ansprechende Umwelten gefördert. Berlyne (1971) hat mit schematisierten, variierenden Reizmustern experimentell untersucht, wodurch der Eindruck von Schönheit hervor gerufen wird. Es zeigte sich, dass der ästhetische Eindruck von den Reizqualitäten Neuartigkeit, Inkongruenz, Komplexität und Überraschung abhängt. Es sind „kollative" Merkmale, d. h. das Ergebnis person-interner Vergleiche: Die objektiven Umweltmerkmale werden an dem individuellen Maßstab geprüft, ob sie (für den betreffenden Menschen) neu, inkongruent, komplex und überraschend sind. Dabei darf das Ausmaß der Abweichung vom persönlichen Maßstab nicht zu groß sein. Der Eindruck von Schönheit stellt sich nur ein, wenn die Abweichungen als moderat wahrgenommen werden. Allzu neuen, hochkomplexen und überwältigenden Umwelten haftet nichts Schönes an, man wendet sich ihnen nur ungern zu.

Umwelterkundung ist eine der Formen der Umweltaneignung. Mit Aneignung ist ein Vorgang gemeint, bei dem objektive Umwelt in eine persönlich bedeutsame Umwelt umgewandelt wird. Der Mensch, der sich seine Umwelt aneignet, entwickelt Beziehungen zu den Dingen und Räumen, die dadurch einen persönlichen Wert bekommen (Graumann, 1996). Umweltaneignung setzt Umwelterkundung und demzufolge auch Mobilität voraus.

5.2 Mobilitätsanforderungen

Mobilitätsanforderungen, d. h. Transportmotive, entstehen durch die räumliche Trennung von Wohnung und Pflichtorten.

5.2.1 Arbeitswege

Mangelnde Alternativen, wirtschaftliche Zwänge, aber auch bessere Verdienstmöglichkeiten und Karrierewünsche lassen Menschen weite Arbeitswege in Kauf nehmen. Die Alternativen sind, wenn man nicht umziehen will oder kann, Fernpendeln oder nicht Zuhause übernachten. Fernpendler sind Personen, die für den Hin- und Rückweg zwischen Wohn- und Arbeitsort täglich mehr als zwei Stunden benötigen. Übernachter sind Personen, die aus beruflichen Gründen in den letzten 12 Monaten mindestens 60 Nächte nicht Zuhause verbracht haben. Meistens handelt es sich dabei um Wochenendpendler, darüber hinaus aber auch um Saisonarbeiter oder Dienstreisende (Ruppenthal, 2010).

Die Auswirkungen des Fernpendelns wurden schon in den 1970er Jahren intensiv untersucht, z. B. von Taylor und Pocock (1972) in London und von Singer et al. (1978) in Stockholm. Taylor und Pocock haben Angestellte befragt, die den ÖV nutzen, um zu ihrem Arbeitsplatz zu gelangen. Der Zeitaufwand für den Arbeitsweg war sehr unterschiedlich, er lag zwischen 12 Minuten und zweieinhalb Stunden mit einem Medianwert von einer Stunde. Bei den Frauen war der durchschnittliche Zeitaufwand geringer: 55 % der Frauen benötigten bis zu 50 Minuten, was nur für 32 % der Männer zutraf. Hauptergebnisse waren eine signifikante Korrelation zwischen der Häufigkeit des Umsteigens und der Zahl der Krankheitstage und ein häufigeres Kranksein derjenigen, die länger als eineinhalb Stunden unterwegs waren. In der Untersuchung von Singer und Mitarbeitern wurden Pendler befragt, die regelmäßig den Morgenzug der Nynashamu-Stockholm-Linie nutzten. Etwa die Hälfte der Befragten stieg in Nynashamu ein, dem Ausgangspunkt der Linie, die andere Hälfte in der Mitte der Strecke. Die Fahrdauer betrug im ersten Fall 79, im zweiten Fall 43 Minuten. Wie sich herausstellte, war nicht die Fahrdauer entscheidend für das Stresserleben, sondern die Beengtheit und die fehlenden Sitzmöglichkeiten für diejenigen, die in einen bereits vollen Zug einsteigen.

Vor drei bis vier Jahrzehnten waren lange zeitaufwändige Arbeitswege noch seltener als heute. Sie galten bis auf wenige Ausnahmen als belastend. Eine solche Ausnahme ist eine längere Fahrt in der Bahn mit wenigen Haltepunkten, bei der man bequem sitzt und die Fahrzeit für verschiedene Aktivitäten nutzen kann (vgl. Singer et al., 1978).

Stokols und Novaco (1981) haben daraus den Schluss gezogen, dass es von den jeweiligen Bedingungen, darunter der Zahl der Haltepunkte während der Fahrt und der Beengtheit im Fahrzeug, abhängt, ob das tägliche Pendeln negative emotionale, physiologische und gesundheitliche Folgen hat.

Seit den frühen Pendler-Untersuchungen sind die Mobilitätsanforderungen erheblich angestiegen. Inzwischen „wird den Menschen ein hohes Maß an Anpassungsfähigkeit und Mobilitätsbereitschaft abverlangt" (Schneider et al., 2002, S. 13). Weil Menschen jedoch diese Anpassungsfähigkeit besitzen, arrangieren sie sich mit den bestehenden Bedingungen. So kommt es, dass das Fernpendeln in neueren Zeiten nicht mehr in erster Linie negativ bewertet wird. Dies zeigte sich z. B. in der von Blumen (2000) in Israel durchgeführten Untersuchung, in der erwerbstätige Mütter befragt wurden, die längere Strecken zur Arbeit pendeln. Sie haben eine positive Haltung zum Pendeln, wenn sie die Fahrt als Gelegenheit sehen, sich in der Zeit des Unterwegsseins von der Belastung durch Familien- und Erwerbarbeit zu erholen.

Wochenendpendler, von Schneider et al. (2002) als „Shuttles" bezeichnet, haben eine Zweitwohnung oder Unterkunft in der Nähe ihres Arbeitsplatzes. Die Erstwohnung nutzen sie nur am Wochenende. In den telefonischen Interviews, die Schneider und Mitarbeiter mit insgesamt 106 Shuttles durchgeführt haben, trat, wie auch schon in der Untersuchung von Blumen, zutage, dass die weiten Entfernungen kein Problem sein müssen. Positive Beurteilungen finden sich indessen nur bei einer Minderheit, denn 85 % der befragten Shuttles fanden ihre Lebensform belastend. Im Unterschied dazu finden nur 13 % der „Ortsfesten"[14], dass sie ein anstrengendes Leben haben.

Entscheidend ist auch, wie das lange Unterwegssein oder das Wohnen an zwei Orten persönlich genutzt und in den Lebenszusammenhang integriert wird. Von einigen Wochenendpendlern wurde das Differenzieren können als positiv hervorgehoben: man kann die individuellen Bedürfnisse nach Freiheit und Unabhängigkeit und die soziale Bedürfnisse nach Kontakt und Zugehörigkeit jeweils an anderen Orten befriedigen. In der Wohnung am Arbeitsort, die man während der Woche allein bewohnt, ist man unabhängig, ungebunden und selbstbestimmt, am arbeitsfernen Wohnort fühlt man sich örtlich und sozial eingebunden. Diese positive Sicht belegen die folgenden Aussagen (Schneider et al., 2002):

„[…] diese Bewahrung von Freiräumen, von denen ich ja auch sagte, dass das für mich der größte Vorzug des Getrenntlebens sei" (S. 111).

---

14 Ortsfeste sind Personen, die noch in ihrer Geburtsregion leben und bislang nicht mit beruflichen Mobilitätserfordernissen konfrontiert wurden (Schneider et al., 2002, S. 27).

„Wenn ich mir manchmal überlege, mein Mann wäre jetzt immer da – ich weiß nicht. Es gäbe schon die einen oder anderen Reibereien, dann müssten wir uns halt wieder aneinander gewöhnen" (S. 111).

„Ich kann mein Leben gestalten, ich habe ein Maß an Freiheit hier unter der Woche und habe ein Maß an sozialen Kontakten und Beziehungen am Wochenende. Es funktioniert einfach prachtvoll" (S. 121).

Die Fähigkeit des Menschen, sich an unterschiedliche Lebensumstände anzupassen und hohe Mobilitätsanforderungen sogar als Vorteil erscheinen zu lassen, weil sich dadurch neue Möglichkeiten eröffnen, tritt in diesen Schilderungen deutlich hervor. Entscheidend für die Bewertung ist, ob die mobile Lebensform als Zwang, dem man ausgeliefert ist, oder als Chance wahrgenommen wird. Die Wochenendpendler, die ihre Situation als unentrinnbaren Zwang sehen, erleben mehr Stress und fühlen sich gesundheitlich stärker beeinträchtigt als diejenigen, die darin eine Perspektive für ihr weiteres Leben sehen.

Rüger (2010) hat die berufsbedingte Mobilität und deren Folgen für die Gesundheit und das Familienleben analysiert. Als mobil wurden die Fern- und Wochenendpendler bezeichnet, also diejenigen Personen, die mindestens zwei Stunden für den Hin- und Rückweg zur Arbeit benötigen und die in den letzten 12 Monaten mindestens 60 Nächte aus beruflichen Gründen außer Haus verbracht haben. Die Gruppe der Mobilen muss mit zwei Arten von Belastungen fertig werden:

- Kontrollverlusten, wie sie z. B. bei Zugverspätungen und Staus auftreten
- chronischer Zeitknappheit, die sich negativ auf das Familienleben sowie die sozialen Beziehungen auswirkt.

Rüger (2010) konnte bestätigen, dass gesundheitliche Probleme und Stress vor allem bei denen auftreten, die mobil sein müssen. Die Situation ist weniger belastend bei denjenigen, die bewusst ein hohes Ausmaß an Mobilität in Kauf nehmen, weil es ihrer Karriere dient. Der Unterschied spiegelt sich im Gesundheitszustand, dem erlebten Stress und der Häufigkeit depressiver Verstimmungen wider.

Komplexer und organisatorisch schwierig ist die Situation von zwei berufstätigen Personen im Haushalt, deren Arbeitsplätze an unterschiedlichen Orten liegen. Die gemeinsame Wohnung ist Ausgangs- und Endpunkt für beide. Hardill und Wheatley (2010) haben diese Konstellation als „nodal living" bezeichnet. Von der gemeinsamen Wohnung aus pendeln die Partner zu ihren jeweiligen Arbeitsorten, die sich im ungünstigsten Fall in entgegen gesetzter Richtung befinden. In dieser Situation wird häufig einer der Partner zum „leader", der andere zum „follower". Die zweifachen Mobilitätsanforderungen erzeugen so eine innerfamiliäre Hierarchie. Der „follower" hat mehr Nachteile in Kauf zu nehmen, denn seine Belange gelten als nachrangig.

Nach den Recherchen von Schneider et al. (2002) haben beruflich bedingte Mobilitätserfordernisse in den letzten Jahren erheblich zugenommen. Gründe sind zum einen der Wunsch nach bestimmten sowie nach qualifizierteren Tätigkeiten, zum anderen eine stärkere Ausprägung von Vorlieben für bestimmte Wohnstandorte und Umgebungen. Man nimmt weite und zeitaufwändige Wege in Kauf, um dort wohnen zu können, wo man es möchte. Die Entscheidung, an einem bestimmten Ort zu wohnen, auch wenn der Arbeitsplatz weit entfernt davon ist, ist zugleich auch die Entscheidung für das Verkehrsmittel, mit dem man zum Arbeitsort und anderen alltäglich wichtigen Zielorten gelangt. Wer in ländlichen Regionen wohnen möchte, wo es keinen Bahnhof oder keine Haltestelle des ÖV in der Nähe gibt, wählt mit dem Wohnstandort den Pkw als alltägliches Verkehrsmittel mit (Scheiner, 2007). Wer aufs Land zieht und in der Stadt arbeitet, ist sich dessen bewusst, dass er pendeln muss und dafür ein Auto brauchen wird.

5.2.2 Aufgaben in der Familie

Dass die durch Automobilität gewonnenen Freiheitsgrade nicht selten durch die beruflich und familiär bedingten hohen Mobilitätsanforderungen wieder verloren gehen, hat Buhr (1999) festgestellt. Sie fragte sich, ob die Verfügbarkeit über ein Auto die Frauen autonomer macht und es ihnen erleichtert, die familiären Aufgaben im Haushalt und in der Familie zu erfüllen. Ihr Fazit war, dass das Auto keine befreiende Wirkung hat, sondern Frauen stattdessen in die Lage versetzt, hochqualifizierte Fahrdienste zu leisten. „Wenn Frauen über ein Auto verfügen, steigen sowohl die eigenen Ansprüche als auch die Anforderungen der Familienmitglieder im Hinblick auf die mit dem Transport verknüpften Familienpflichten" (Buhr, 1999, S. 170).

In kinderlosen Haushalten ist kein signifikanter Unterschied im Mobilitätsverhalten von Frauen und Männern festzustellen. Sobald jedoch Kinder im Haushalt leben, sind vor allem Frauen zusätzlich mit der Kinderbetreuung und dem Familienhaushalt befasst, was mit einer Erhöhung des Anteils an Begleit- und Einkaufswegen einher geht (Infas & DLR, 2010; Rüger, 2010). Zeitaufwändig ist vor allem die Begleitung von Kindern auf deren Wegen. Begleitung ist in den letzten Jahrzehnten zu einem „Wegezweck" und zugleich zu einem nicht mehr hinterfragten Normalzustand geworden. Dieser Wegezweck wurde bei der MiD 2002 erstmals getrennt ausgewiesen, im Jahr 2008 entfielen darauf immerhin 8 % der Wegezwecke (Infas & DLR, 2010).

Begleitet werden Kinder vor allem zur Kindertagesstätte sowie zur Schule. Zu Beginn der 1970er Jahre hatten noch 92 % der Schulanfänger in Deutschland ihren Schulweg allein oder gemeinsam mit anderen Kindern zurück gelegt, im Jahr 2000 waren es nur noch 52 % (Limbourg, 2008). Ähnliche Entwicklungen sind in England und in den USA zu verzeichnen. Während in England 1971 noch 80 % der Kinder unbegleitet von Erwachsenen zur Schule gingen, war dieser Anteil 1990 auf nur noch 15 % zusammen geschrumpft (Hillman et al., 1990). Napier und Mitarbeiter (2011) stellten in ihrer Einleitung fest, dass im Vergleich zu früher „[…] children throughout the world are less likely to be able to walk without adult accompanient from homes to a variety of destinations" (S. 45). Laut amtlicher Statistik erreichten im Jahr 1969 in den USA schätzungsweise noch 41 % der Kinder die Schule zu Fuß oder mit dem Fahrrad, 2001 waren es nur noch 13 %. Als Grund für diesen Rückgang führt die Forschergruppe einen „Komplex von Veränderungen" an: Das Mobilitätsverhalten auf dem Schulweg wird bedingt durch den physischen, sozialen und gesellschaftlichen Kontext. Es ist eine Kombination aus elterlichen Ängsten, Zeitstress und veränderten Umweltbedingungen, die allesamt bewirken, dass der Raum, in dem sich Kinder frei bewegen können, eingeschränkt wird und der Anteil begleiteter Kinderwege zunimmt.

5.3 Ortsungebundenheit

Das Unvermögen, längere Zeit an einem Ort zu bleiben und dort heimisch zu werden und stattdessen vom Drang besessen zu sein, ständig neue Orte zu erleben, hat Cooper Marcus (1995) als „Domophobie" bezeichnet. Domophobie ist eine extreme Ortsungebundenheit. Dieses Nicht bleiben wollen manifestiert sich in einem ständigen Unterwegssein.

In der Umweltpsychologie interessierte man sich bislang weniger für Domophobie oder Umweltungebundenheit, jedoch sehr stark für Ortsverbundenheit, denn Ortsverbundenheit (place attachment) veranschaulicht in Reinform das umweltpsychologische Grundkonzept der Mensch-Umwelt-Beziehung. „Place attachment is a bond between an individual and a place that can vary in terms of spatial level, degree of specificity, and social and physical features of the place, and is manifested through affectice, cognitive, and behavioral psychological processes" (Scannell & Gifford, 2010, S. 5).

Der Ort, mit dem die meisten Menschen emotional eng verbunden sind, ist die Wohnung. Saegert (1985) hat dies in ihrer Ideal-Definition des Wohnens zum Ausdruck gebracht: „Dwelling is the most intimate of relationships with the environment" (S. 288). Der domophobe Mensch ist „ohne festen Wohnsitz", er hat diese engen Bindungen nicht.

Die graduellen Unterschiede der Verbundenheit hat Porteous (1977) mit seiner Unterscheidung zwischen „Lokalisten" und „Kosmopoliten" auf zwei Kategorien reduziert. Der Lokalist ist eng mit seiner Wohnumwelt verbunden, der Kosmopolit ist frei von solchen Bindungen. Das Freisein von örtlichen Bindungen und die Offenheit gegenüber der Welt wurden stets positiv konnotiert[15]. Ob ein Mensch eher Lokalist oder Kosmopolit ist, hängt nicht nur von seiner persönlichen Haltung, sondern auch von den Umweltbedingungen ab. Bei ungünstigen Umweltbedingungen wendet sich der Mensch, sofern es ihm möglich ist, angenehmeren, schöneren und besser passenden Orten zu.

Die Ortsverbundenheit hängt wesentlich von der Wohnumgebung ab. Wenn diese nicht geeignet ist, die Bedürfnisse der Bewohner z. B. nach Sicherheit und Ruhe zu erfüllen, schmälert das die Ortsverbundenheit (vgl. Buchecker et al., 2003). Die Folge ist, dass die Freizeit bevorzugt andernorts verbracht wird.

Dass sich die Zusammenhänge zwischen Ortsungebundenheit und Mobilität vor allem an der *Freizeit*mobilität aufzeigen lassen, liegt daran, dass die Orte in der persönlich freien Zeit nicht fest vorgeben sind, der Mensch kann sie selbst bestimmen. Dies war der Ausgangspunkt von Kaiser et al. (1994), die in ihrer Untersuchung die Stärke der Tendenz, ungünstigen Wohnbedingungen zu entgehen, an den in der Freizeit zurückgelegten Kilometern gemessen haben. Sie haben an verschiedenen Wochentagen zu unterschiedlichen Tageszeiten auf einem Parkplatz eines Einkaufszentrums in Bern Personen um ein kurzes Interview gebeten. Die Anfangsfrage war, wie viele Kilometer sie in ihrer Freizeit schätzungsweise durchschnittlich pro Woche fahren. Aufgrund der dazu gegebenen Antworten wurden zwei Extremgruppen gebildet und zwar eine Gruppe der „Vielfahrer", die mehr als 200 Freizeitkilometer wöchentlich zurücklegt, und eine Gruppe der „Wenigfahrer" mit weniger als 100 Freizeitkilometern pro Woche. Es zeigte sich, dass Vielfahrer seltener Wohneigentümer sind und damit weniger Möglichkeiten haben bzw. weniger bereit sind, sich ihre Wohnung anzueignen, und dass sie in weniger angenehmen und komfortablen Wohnungen leben als Wenigfahrer.

Eine unterschiedliche Ausprägung der Ortsverbundenheit bei Eigentümern und Mietern wurde auch in einer vom Bundesamt für Bauwesen und Raumordnung (2003) durchgeführten repräsentativen Befragung festgestellt. Nur 4 % der Eigentümer gegenüber 19 % der Mieter fanden, dass sie keinerlei Bindung an ihren Wohnort haben. Am stärksten erwies sich die Ortsverbundenheit bei den Eigen-

---

15 Dies spiegelt sich in Texten und Liedern aus dieser Zeit wider. Ein Beispiel ist das Gedicht von Joseph von Eichendorff (1788–1857): „Wem Gott will rechte Gunst erweisen, den schickt er in die weite Welt, dem will er seine Wunder weisen in Berg und Wald und Strom und Feld. Die Trägen, die zu Hause liegen, erquicket nicht das Morgenrot, sie wissen nur von Kinderwiegen, von Sorgen, Last und Not um Brot." Die „Lokalisten" werden als träge Menschen hingestellt, die noch nicht einmal merken, was ihnen alles entgeht.

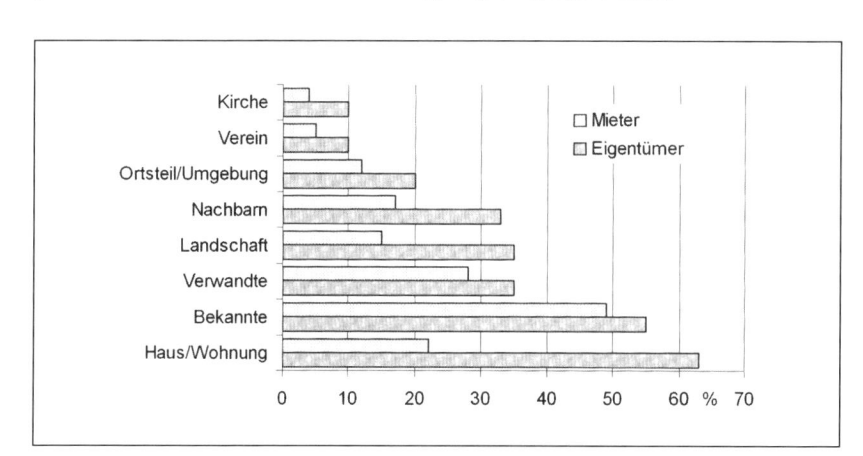

Abbildung 5.2 Ortsverbundenheit bei Eigentümern und Mietern in Prozent der Befragten (Bundesamt für Bauwesen und Raumordnung, 2003, S. 113; eigene Grafik)

tümern (vgl. Abb. 5.2). Etwa zwei Drittel der Eigentümer fühlten sich an das Haus bzw. die Wohnung gebunden, während es bei den Mietern weniger als ein Viertel waren.

Die Verbundenheit mit einem Ort kann sich auf die physische und auf die soziale Umwelt beziehen. Dementsprechend haben Riger und Lavrakas (1981) zwischen zwei Dimensionen der Ortsverbundenheit unterschieden, der „bondedness" (soziale Bindung) und der „rootedness" (räumliche Verwurzelung). Durch Kombination der beiden Dimensionen gelangten Riger und Lavrakas zu vier Bewohnertypen: den Etablierten, den Isolierten, den sozial Eingebundenen und den Mobilen (vgl. Abb. 5.3).

Wie häufig diese Bewohnertypen sind und wie hoch insbesondere der Anteil der Mobilen ist, also derjenigen, die weder sozial gebunden noch räumlich verwurzelt sind, wurde aufgrund von telefonischen Interviews mit einer Zufallsstichprobe von zusammen rund 1300 Einwohnern in den Städten Philadelphia, Chicago und San Francisco ermittelt. Die zwei häufigsten Gruppen waren die beiden Extremgruppen, nämlich die Etablierten und die in beiderlei Hinsicht freien Mobilen. Die Etablierten erinnern an die Lokalisten, die Mobilen an die Kosmopoliten (vgl. die Einteilung von Porteous, 1977). Am seltensten ist der Typ der örtlich verwurzelten Bewohner ohne nachbarliche Bindungen, die Riger und Lavrakas als „Isolierte" bezeichnet haben.

Die ermittelten Anteile lassen sich zwar nicht unbedingt auf andere Städte und Länder übertragen, dennoch ist die Typologie nützlich, weil sie zum Ausdruck

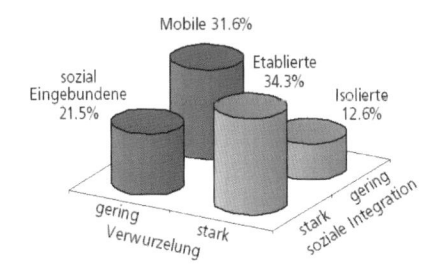

Abbildung 5.3 Bewohner-Typen (Riger & Lavrakas, 1981, S. 60; eigene Grafik)

bringt, dass mobile Menschen, die keine solchen engen Beziehungen an einen bestimmten Ort haben, gar nicht so selten sind. Ein wesentlicher Einflussfaktor ist hier die Lebensphase: die Mobilen sind überwiegend jung, in ihrem Haushalt leben meistens keine Kinder (Riger & Lavrakas, 1981).

Ein langer Arbeitsweg kann die Entstehung des mobilen Typs fördern (Gustafson, 2009), denn wer lange unterwegs ist, hat weniger Zeit zum Zuhause sein, sich seine Wohnumwelt anzueignen und sich auf diese Weise zu verwurzeln und nachbarliche Beziehungen anzuknüpfen und zu pflegen. Eine Zweitwohnung, die man sich aus beruflichen Gründen zulegt, kann ebenfalls zu einer Lockerung der Bindung an den ersten Wohnsitz führen (Nielsen-Pincus et al., 2010).

Die meisten Menschen sind weder durchgehend „domophob" noch dauerhaft sesshaft. Bleiben und Wegwollen stehen vielmehr in einem dialektischen Verhältnis. Dieses Spannungsverhältnis kommt im Reisen zum Ausdruck. Das Reisen ist ein vorübergehendes, zeitlich begrenztes Ungebundensein mit der Gewissheit, dass man in absehbarer Zeit wieder zurück kommt.

5.4 Extramotive

Man würde das Mobilitätsverhalten nicht selten für „irrational" halten, wenn man es allein auf das Bestreben, die Umwelt zu erkunden, oder auf das Transportmotiv, bei dem es vor allem auf die zeit- und kostensparende Raum*überwindung* ankommt, oder auf örtliche Ungebundenheit zurückführen würde. Es gibt noch weitere Motive, die das Mobilitätsverhalten prägen (Näätänen & Summala, 1976). Der Mensch möchte frei handeln können, angeregt werden, sich ungehindert bewegen können, gesund bleiben und seine sozialen und Ich-Bedürfnisse befriedigen können. Räumliche Mobilität ist ein mögliches Mittel, um Kontrolle auszuüben, Anregungen und Spannendes zu finden, der Lust an der Bewegung zu frönen und fit zu bleiben, zu kommunizieren und sich einer Gemeinschaft zugehörig zu fühlen und schließlich Anerkennung zu bekommen, die das Selbstwertgefühl stärkt. Mobilitätsverhalten lässt sich nur verstehen und erklären, wenn solche Extramotive einbezogen werden. Sie sind nicht spezifisch für das Mobilitätsverhalten, sie spielen hier jedoch eine relativ große Rolle.

5.4.1 Kontrolle

Kontrolle ist ein dem Menschen innewohnendes Bestreben, seine Umwelt beeinflussen zu können (Fischer & Stephan, 1996). Verhaltenskontrolle manifestiert sich in der Überzeugung, dass man in der Lage ist, mit Anforderungen und Herausforderungen der Außenwelt fertig zu werden, Umweltkontrolle bedeutet, dass man Einfluss auf die Umwelt nehmen und sich diese aneignen kann. Das Kontrollmotiv wird nicht befriedigt, wenn sich der Mensch ständig Reglementierungen gegenüber sieht und wenn er sich unfrei und fremd bestimmt fühlt. Das ist jedoch häufig der Fall. In einer Befragung von Praschl und Risser (1994) zeigte sich, dass die Mehrheit der Meinung war, dass das Leben heutzutage sehr vielen Regeln unterworfen ist, so dass man sich dort, wo es noch möglich ist, Freiräume schaffen müsse.

Das Bedürfnis nach Selbstverwirklichung, das in dem Modell von Maslow (1954) die höchste Stufe der Bedürfnispyramide bildet (vgl. Abb. 5.1, S. 69), ist darauf gerichtet, die individuell gegebenen Möglichkeiten auszuschöpfen und zur freien Entfaltung zu bringen sowie Zielvorstellungen und Lebensentwürfe zu verwirklichen. Dies ist nur dann möglich, wenn Handlungsspielräume vorhanden sind, die ein selbstbestimmtes Handeln zulassen.

Regelungen im Verkehr sowie insbesondere Geschwindigkeitsbegrenzungen sind ein Beispiel für eine eingeschränkte Verhaltenskontrolle. Sie zwingen den Menschen, sich äußeren Vorgaben und Vorschriften entsprechend zu verhalten. Weitere Einschränkungen sind situationsbedingt. Eine hohe Verkehrsdichte, die das intendierte rasche Vorwärtskommen blockiert, ist ein situationsbedingter, vorüber gehender Kontrollverlust. Man hat es nicht mehr in der Hand, ob man pünktlich am Zielort ankommen wird. Fußgängerampeln, welche die Fußgänger in die Lage versetzen, den Autoverkehr zum Halten zu bringen, bieten dagegen Verhaltenskontrolle.

Wie stark der Einfluss des Kontrollmotivs ist, zeigt sich am Mobilitätsverhalten nach einer Phase verringerter Kontrolle. Der Autofahrer, der fortgesetzt an roten Ampeln hat halten müssen, fährt, nachdem er die letzte Ampel passiert hat, mit überhöhter Geschwindigkeit weiter. Oder der Autofahrer, der am Radarmessgerät vorbei gefahren ist und weiß, dass auf dem nächsten Streckenabschnitt keine weiteren Geräte aufgebaut sind, beschleunigt und setzt die Fahrt mit höherer Geschwindigkeit fort.

Ein Grund für den nicht seltenen Ärger von Autofahrern über Radfahrer ist, dass sich diese weniger strikt, als Autofahrer es tun müssen, an Regeln halten. Sie praktizieren, wenn sie sich nicht regelkonform verhalten, für alle sichtbar, dass sie sich die Verhaltenskontrolle nicht nehmen lassen.

Reser (1980) sah im Auto das geeignete Mittel, um eine mangelnde Verhaltenskontrolle auszugleichen. Das Auto sei dazu besonders gut geeignet, wie er meinte, denn der Mensch verfügt damit über ein Vielfaches der eigenen Körperkräfte und kann durch minimalen Aufwand große Wirkung erzielen. Er ist von Zwängen befreit und hat mit dem Auto Kontrolle über Raum und Zeit. Er kann sich zu jedem beliebigen Zeitpunkt auf den Weg machen, ohne Fahrpläne beachten oder Wartezeiten an Haltestellen und beim Umsteigen mit einrechnen zu müssen. Er kann ganz spontan Entscheidungen treffen, z. B. auf dem Rückweg noch hier Halt machen oder dort etwas erledigen.

Dieses hohe Ausmaß an Kontrolle hat indessen nur der Fahrer des Autos. Die Verkehrssituation bewirkt nicht nur bei der fahrenden, sondern auch bei der mitfahrenden Person eine Aktivierung. Im Unterschied zum Fahrer ist es jedoch dem Mitfahrer nicht möglich, Kontrolle auszuüben, so dass seine Aktivierung in eine ungerichtete Erregung mündet. Zu diesem Schluss ist Schönhammer (1993) gelangt. Die von ihm befragten Mitfahrer fanden, dass ihnen Kontrollmöglichkeiten fehlen und dass sie mit einem starken Gefühl von Bedrohung zu kämpfen haben, wenn sie Fehlleistungen des Fahrers befürchten. Deshalb sei man ständig angespannt. Des Weiteren klagten sie über die aus ihrer Sicht zu geringen Abstände zum nächsten Auto. Im Unterschied zum Fahrer hat der Beifahrer keine Kontrolle: „Wenn das Steuern eines Automobils zum Bestandteil meines Bewegungsrepertoires geworden ist, kann ich die Verbannung auf die Beifahrerposition als Eingriff in meine körperliche Autonomie, als Fremdsteuerung der eigenen Bewegungen erfahren" (Schönhammer, 1993, S. 107). Nur wenige Beifahrer fühlten sich ohne Einschränkungen entspannt.

Das Mitfahren im Auto ist im Hinblick auf das Kontrollmotiv eine psychologisch andere Situation als das Selbst Fahren. Das Problem einer mangelnden Kontrolle der Mitfahrenden besteht insbesondere beim Carpooling. Im Unterschied zur alleinigen Nutzung des Autos, das meistens Platz für drei weitere Personen bietet, werden beim Carpooling diese andernfalls leeren Plätze besetzt. Carpooling ist vor allem auf Arbeitswegen in Betracht zu ziehen (vgl. Kearney & De Young, 1995). Aus ökologischer Perspektive ist Carpooling zweifellos eine positiv zu bewertende Strategie, aus psychologischer Sicht ist Carpooling für die Mitfahrenden mit einem Kontrollverlust verbunden.

Mangelnde Kontrolle ist charakteristisch für alle diejenigen, die den ÖV nutzen. Sie sind an Fahrpläne und Verkehrsnetze gebunden. Und anders als beim Carpooling können sich die ÖV-Nutzer die Mitfahrenden nicht aussuchen, was

Tabelle 5.1 Dimensionen der Verhaltenskontrolle (Flade et al., 2002, S. 114)

Merkmale	Faktoren		
	1	2	3
zum Zufußgehen günstige Umwelt	0,69		
sichere Umwelt	0,65		
autofreundliche Umwelt	0,64		
Fahrrad freundliche Umwelt	0,58		
individuelle Zeiteinteilung		0,69	
körperliche Verfassung		−0,63	
keine Kinder/Kinder im Haushalt		0,60	
Nähe von Lebensmittelgeschäften			−0,82
gute ÖV-Anbindung			0,62

die Kontrolle noch zusätzlich verringert. Der ÖV gehört zum öffentlichen Raum, zu dem im Prinzip jedermann Zugang hat. Er ist nicht „exklusiv".

Kontrolle ist ein höchst komplexes Motiv. Dies zeigte sich in dem „Fahrrad-Projekt", einem Verbundprojekt, in dem der Frage nach den Einflussfaktoren und Motiven der Fahrradnutzung nachgegangen wurde (Flade et al., 2002). Verschiedene Umwelt- und Personmerkmale, von denen die Selbstbestimmtheit des Mobilitätsverhaltens abhängt, wurden miteinander korreliert und faktorenanalysiert. Drei Faktoren zeichneten sich ab, die verschiedene Aspekte der Verhaltenskontrolle repräsentieren (vgl. Tab. 5.1).

Die in Tab. 5.1 wiedergegeben Faktorenladungen geben an, wie stark ein Merkmal den betreffenden Faktor beschreibt. Es sind Korrelationskoeffizienten, die zwischen +1,0 und −1,0 variieren können. Der erste Faktor ist ein Umweltfaktor, er repräsentiert die für verschiedene Fortbewegungsarten günstigen Umweltbedingungen. Der zweite Faktor bündelt verschiedene Personmerkmale wie Zeitsouveränität, körperliche Fitness und familiäre Unabhängigkeit zu einem Personfaktor. Der dritte bipolare Faktor ist ein Entfernungs-Faktor, er korreliert positiv mit dem ÖV-Angebot und negativ mit der Nähe von Geschäften für den alltäglichen Bedarf. Die sehr hohe negative Korrelation mit „Nähe von Lebensmittelgeschäften" repräsentiert das Gegenteil von Ferne.

5.4.2 Sensation Seeking

„Sensation Seeking" ist das Bedürfnis nach neuen, abwechslungsreichen und intensiven Sinneseindrücken und Erlebnissen. Die Intention ist das Erleben von Spannung und lustvoller Erregung, die bis zur Angstlust (= Thrill) reichen kann. Wie eng die Motive der Umwelterkundung und des Sensation Seeking zusammen hängen, machen die Bezeichnungen Wissens*durst* und Erlebnis*hunger* deutlich. Wissensdurst charakterisiert einen Menschen, der seinen Horizont erweitern und Neues erfahren will, vom Erlebnishunger geplagt ist derjenige, der auf der Suche nach spannenden Abenteuern und außerordentlichen Erlebnissen ist. Der Erlebnishunger bzw. die bewusste Reizsuche (= Sensation Seeking) ist stärker gefühlsbetont als der eher rational-kognitive Wissensdurst, etwas über die Welt zu erfahren und eine Vorstellung von der Umwelt zu bekommen, die es erleichtert, sich routiniert und zielgerichtet darin zu bewegen. Das Motiv des Sensation Seeking ist individuell unterschiedlich ausgeprägt. Sensation Seeker sind diejenigen, bei denen dieses Bedürfnis besonders stark ist. „Every individual has characteristic optimal levels of stimulation and arousal for cognitive activity, motoric activity, and positive affective tone" (Zuckerman, 1994, S. 17).

Das Auto ist für Sensation Seeker ein optimales Mittel, um das stark ausgeprägte Bedürfnis nach Abwechslung und spannenden Erlebnissen zu befriedigen. „For the high sensation seeker, a car is more than a way of getting from one place to another" (Zuckerman, 1994, S. 138). Sensation Seeker nutzen darüber hinaus auch andere Gelegenheiten, um Spannung und Spannendes zu erleben. Man kann riskante Aktivitäten ausüben oder gefährliche Umwelten aufsuchen oder auch, sich mit Hilfe von Drogen in einen anderen Bewusstseinszustand versetzen.

Zuckerman fand einen linearen Zusammenhang zwischen der Ausprägung des Sensation Seeking und dem Ausmaß der berichteten Geschwindigkeitsüberschreitung auf einer Straße mit Geschwindigkeitsbegrenzung. Auch Harris und Houston (2010) haben festgestellt, dass die Neigung zu hohen Geschwindigkeiten signifikant mit Sensation Seeking korreliert.

Das Fahren mit überhöhter Geschwindigkeit und das bewusste Eingehen von Risiken z. B. beim Überholen, sind riskante Aktivitäten. Es sind Verhaltensweisen, die mit einer hohen Erregung einhergehen (Schönhammer, 1991). Es entsteht Thrill, eine Mischung aus Angst und Lust. Schnelles Motorrad- und Autofahren, Drachenfliegen und Fallschirmspringen, Bergsteigen in schwierigem Gelände und Slacklinen, dem Balancieren auf einem Seil über einen mehr oder weniger tiefen Abgrund hinweg, sowie weitere gefährliche Aktivitäten und „Mutproben", rufen Thrill hervor. Typisch für Angstlust ist, dass man durch eigenes Handeln an Grenzen stößt, ab denen es gefährlich wird, so dass man womöglich sein Leben riskiert. Dass bereits das bloße Zuschauen eine erregende Spannung erzeugen kann,

Abbildung 5.4 Modell der Beziehung zwischen Sensation Seeking und Angstgefühlen (Zuckerman, 1994, S. 125)

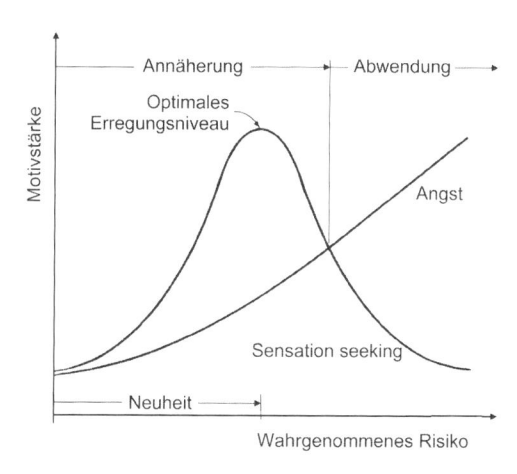

zeigt das Interesse an Autorennen. Der Zuschauer erlebt empathisch den Thrill mit. Dagegen bescheren Erlebnis- und Abenteuerreisen den Reisenden nur vermeintlich gefährliche Umwelten, so dass sich die Angstlust in Grenzen hält.

Über das Aufsuchen oder Vermeiden stimulierender Situationen kann das gewünschte Erregungsniveau hergestellt werden. In dem in Abb. 5.4 dargestellten Modell von Zuckerman treten zwei psychologische Prozesse miteinander in Beziehung: die Suche nach Stimulation und die Angst, dass man die damit verbundene Gefahr nicht mehr abwehren kann. Parallel zur Intensität der Reizsuche wächst die Angst, die bis zu einem kritischen Punkt schwächer ist als das Bedürfnis nach Spannung und „action". Nimmt die Angst zu, wird die Suche nach ungewöhnlichen, neuartigen Erlebnissen abgebrochen. Der kritische Punkt ist erreicht, wenn die Angst stärker ist als die Sensationslust. Wann dieser Punkt erreicht wird, ist individuell unterschiedlich.

Nach den Ergebnissen Zuckermans (1994) bildet sich das Motiv des Sensation Seeking zwischen 9 und 14 Jahren heraus und erreicht zwischen 16 und 20 Jahren seine höchste Ausprägung. In diesem Alter ist die Bereitschaft besonders hoch, Risiken in Kauf zu nehmen und sich durch Mutproben zu beweisen (Raithel, 2004). Insbesondere die Fahrt zur Disco stellt eine Gelegenheit für riskante Fahrweisen und Mutproben dar.

5.4.3 Bewegung und Fitness

Lustvolle Bewegungsformen sind ähnlich wie das Kinderspiel zweckfrei (Heckhausen, 1964). Sie werden um ihrer selbst willen ausgeübt. Manche dieser Bewegungsformen wie Surfen und Bergsteigen sind an bestimmte Gegenden gebunden. Um sie ausüben zu können, muss man diese aufsuchen. Gehen ist dagegen überall möglich, wobei jedoch die Umgebung keinesfalls unwichtig ist (vgl. Abb. 5.5). Es ist nicht gleichgültig, wo man spazieren geht, wandert oder mit dem Rad unterwegs ist.

Der Ort, zu dem man hinstrebt, gibt die Richtung vor und bestimmt die Route. Doch beim Gehen oder Rad fahren werden die Wege selbst wichtig.

Das Gegenteil trifft zu beim „Cruising". Hier verlieren die Wege ihre Bedeutung. Eine frühe Untersuchung zu dieser Bewegungsform wurde von Goldberg (1969) in den USA durchgeführt. Hier haben Jugendliche meist schon ab 16 Jahren nicht nur den Führerschein, sondern ein eigenes Auto, so dass sich der öffentliche Straßenraum zu einem sozialen Jugendtreff besonderer Art herausbilden konnte. In bestimmten Gegenden wird mit dem Auto „flaniert", allein in der Absicht, mit der Gruppe der Gleichaltrigen in Kontakt zu treten. Man möchte sowohl sehen als auch gesehen werden und mit Gleichaltrigen zusammen treffen. Vom Standpunkt eines Beobachters her gesehen macht Cruising den Eindruck eines „ziellosen" Herumfahrens. Tully und Schulz (1999) sehen im inzwischen nicht mehr nur in den USA verbreiteten Cruising junger Menschen eine Freizeitaktivität ohne instrumentellen Charakter. Unstrukturierte freie Zeit wird mit Autofahren gefüllt.

Der Tanz ist eine spezielle Form, um seiner Bewegungslust Ausdruck zu verleihen. Zusätzlich spielen soziale Bedürfnisse und das Sensation Seeking eine Rolle. Beim Tanzen kann man sich bis zur völligen Erschöpfung verausgaben und es dennoch genießen (Schönhammer, 1991). Beim Tanzen wird zugleich das soziale Motiv nach Gemeinschaftlichkeit und Zugehörigkeit befriedigt[16].

Körperliche Bewegung ist dann nicht mehr zweckfrei, wenn sie mit der Absicht verbunden ist, fit und gesund zu werden oder zu bleiben. Nach Ansicht von Schönhammer (1991) ist das Gesundheitsbewusstsein eine abgeleitete Form des Körpererlebens. Die Lust an der Bewegung tritt in den Hintergrund, wichtig ist das Ergebnis[17]. Das Interesse am Körper und an der Körper-Kultur manifestiert sich in Leitbildern wie Fitness, Schlankheit und Schönheit, wobei sich diese Leit-

---

16 Wie groß die Gemeinschaft der Gleichgesinnten ist, zeigt sich am Phänomen des jährlich in mehr als 500 Städten in 80 Ländern der Erde veranstalteten Earth Dance, vgl. www.earthdance.org.
17 Jean Paul hat dies treffend zum Ausdruck gebracht, als er sich über die Gelehrten und Fetten mokierte, die gehen, „um sich eine Motion zu machen, und weniger um zu genießen" (vgl. Schönhammer, 1991, S. 252).

Abbildung 5.5 Ausflüge in der freien Natur (eigene Fotos)

bilder, wie Pfister (1996) meint, insbesondere an Frauen richten. Sportliche Aktivitäten sind ein Weg, um körperliche Attraktivität zu erlangen. Dass sich Bewegung positiv auf das psychische Wohlbefinden auswirkt, ist der Ansatzpunkt für den Einsatz körperlicher Bewegung als therapeutischem Mittel etwa bei der Behandlung von Depressionen und Angstneurosen (Fox, 1999).

Beim Gehen und Radfahren muss körperliche Kraft aufgewendet werden. Deshalb wird auch spazieren gegangen, gewandert und Rad gefahren, um sich körperlich zu kräftigen und etwas für die Gesundheit zu tun. Dies belegen Aussagen zum Rad fahren wie: „Ein körperlich angenehmes ‚gesundes' Gefühl [...] ein freies Gefühl" und „Ich habe das Gefühl, sehr beweglich zu sein" (Schönhammer, 1991, S. 222).

Trotz der Körperbezogenheit der Bewegungslust sind die Umweltbedingungen nicht bedeutungslos, denn eine Voraussetzung für die Befriedigung der Bewegungslust ist, beim Bewegen nicht behindert zu werden. Beengtheit ist hinderlich, Weite bedeutet, von solchen Behinderungen frei zu sein. „Allgemein also empfindet der Mensch die beengenden Räume als einen Druck, der ihn quält; er sucht sie zu sprengen und in die befreiende Welt vorzustoßen" (Bollnow, 1963, S. 89).

Ein lustvolles Spiel ist das „rough and tumble play", ein spielerisches Kämpfen und Verfolgen, das stattfindet, wenn mehrere annähernd gleichaltrige etwa 10-jährige Jungen zusammentreffen (Bierhoff, 1996). Voraussetzung ist auch hier wiederum, dass Platz zum „rough and tumble" vorhanden ist.

Das Motiv der Bewegungslust verursacht Verkehr, wenn Zielorte aufgesucht werden, um Gelegenheiten für die gewünschten Bewegungsformen zu haben. Transportmotiv und Extramotiv werden hier miteinander verknüpft: Man fährt zu einem Ort, um sich sodann in einer bestimmten Art und Weise bewegen zu können. Der dadurch verursachte Verkehr wird der Kategorie „Freizeitverkehr" zugeordnet.

5.4.4 Selbstdarstellung und soziale Bedürfnisse

Verkehrsräume sind nicht nur physische, sondern immer auch soziale Umwelt. Angesichts der vielen anderen sich fortbewegenden Menschen, auf die man in öffentlichen Räumen trifft, ist – allein schon um Zusammenstöße zu vermeiden – Kommunikation erforderlich. Dies gilt insbesondere für Bereiche, die relativ frei von Regeln und Vorschriften sind. Durch die Art seines Auftretens und Verhaltens teilt der Mensch anderen Menschen etwas über seine Absichten mit. Ein auf der Überholspur mit hoher Geschwindigkeit fahrender Mensch signalisiert den anderen Autofahrern durch Hupen, Lichtsignale und dichtes Auffahren, dass sie Platz machen sollen. Außer seinen Absichten bringt er noch etwas anderes zum Ausdruck, nämlich dass er als eine bedeutende Person angesehen werden will, der man Platz einräumen muss. Damit bietet sich das Auto als *individuelles* Verkehrsmittel zur Selbstdarstellung an (vgl. Abb. 5.6).

Inzwischen scheint auch das Fahrrad zu einem solchen Selbstdarstellungsmittel zu werden. Dabei wird die Repräsentationsfunktion des Fahrrads durch das weite Angebot auch sehr teurer Fahrräder gefördert. Ein „no name" Fahrrad kostet wenig, es ist ähnlich funktional wie das teure besondere „Bike", mit dem man sich jedoch „sehen lassen kann" und sich als Kenner und Radfahrprofi ausweist.

Die Kommunikation mit Hilfe des Autos oder Fahrrads als Mittel erfolgt nicht nur nach außen, indem man sich den anderen als Mensch mit bestimmten Eigenschaften präsentiert, sondern zugleich auch nach innen, wobei man die eigene Identität stärkt (Fuhrer, 2008; Fuhrer & Kaiser 1993; Kaiser et al., 1994).

Abbildung 5.6 Repräsentieren mit dem Auto (eigenes Archiv)

Wie sich ein Mensch fortbewegt und welcher Mittel er sich dabei bedient, sagt etwas über ihn als Person aus. Wer in der Lage ist, weite Entfernungen rasch und scheinbar mühelos zu überwinden, zeigt den anderen, wie kompetent er ist. Mit dem Auto, das man fährt, kann man seinen sozialen Status und Lebensstil besser kommunizieren als mit kollektiven Verkehrsmitteln. Sofern allerdings im kollektiven Verkehrsmittel z. B. zwischen erster und zweiter Klasse oder Economy und Business Bereich differenziert wird, ist auch hier durch Zuordnung zu einem bestimmten räumlichen Bereich Selbstdarstellung möglich.

Zu erwähnen ist in diesem Zusammenhang das Ergebnis von Praschl und Risser (1994) zum Image von ÖV-Nutzern, denen der Eindruck des Braven und Angepassten anhaftet. Da brav- und angepasst Sein in einer Gesellschaft, in der Individualität hoch im Kurs steht, negativ bewertet werden, sind solche zugeschriebenen Eigenschaften ein Identifikationshemmnis. Würden ÖV-Nutzern Eigenschaften wie rational, kompetent und flexibel zuerkannt, wäre die ÖV-Nutzung attraktiver, weil die Identifikation mit dem ÖV dann leichter fiele.

Eine Nutzung eines individuellen Verkehrsmittels sagt weit eher etwas über einen Menschen aus als die Nutzung eines kollektiven Fahrzeugs.

Die Wahl eines Autotyps beinhaltet bereits eine Selbstkategorisierung. Nach der Theorie der sozialen Identität wird durch die Selbstkategorisierung das Selbstwertgefühl gesteigert (Bierhoff, 2002).

Wie aus Abb. 5.7 hervorgeht, ist ein hoher Prozentanteil der Halter eines Mercedes 60 Jahre und älter. Bei sämtlichen anderen Automarken insbesondere bei Porsche und Ferrari ist dieser Anteil deutlich geringer. Menschen zwischen

Abbildung 5.7 Neuzulassungen von Pkw 2010 nach Herstellern und der Altersgruppe der Halter in Prozent (Quelle: Kraftfahrtbundesamt; eigene Grafik)

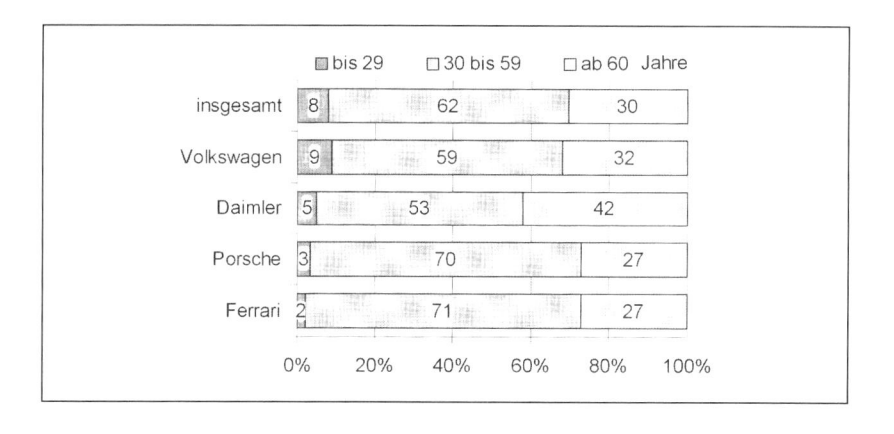

	bis 29	30 bis 59	ab 60 Jahre
insgesamt	8	62	30
Volkswagen	9	59	32
Daimler	5	53	42
Porsche	3	70	27
Ferrari	2	71	27

30 und 59 Jahren sehen sich selbst eher als „sportliche" Typen, die schnelle Autos zu schätzen wissen. Menschen ab 60 Jahren haben ein Selbstbild, das weniger zu Ferrari und Porsche passt. Das zeigt, dass man aus der Wahl des Autotyps auf das Alter des Halters schließen kann.

Das Streben nach einer positiven sozialen Identität ist vor allem in jungen Jahren stark ausgeprägt. Nach Tully (1996) bedeutet Mobilität für junge Menschen nicht nur Raumerschließung, sondern vor allem auch die Erschließung sozialer Beziehungen und eine Ausweitung der Kontaktmöglichkeiten. Das Fahrzeug wird zum Ausweis, wer man ist, und zugleich zu einem Mittel, um soziale Zugehörigkeit zu bekunden.

Das Bedürfnis nach einer positiven sozialen Identität und nach Zugehörigkeit kann in unterschiedlichen Formen zutage treten. Man nimmt z. B. trotz der damit verbundenen Strapazen an einem Stadtmarathon teil (vgl. Abb. 5.8). Ein wesentliches Motiv ist, in einer großen Gemeinschaft aufzugehen. Die Teilnahme ist zugleich auch ein Beweis persönlicher Leistungsfähigkeit, die sowohl das Selbstbewusstsein stärkt als auch der Außendarstellung dienen kann.

Eine spezielle Art der Selbstdarstellung ist das Pilgern. Wer auf einem Pilgerweg unterwegs ist, stellt sich als frommer Mensch dar, der eine Wallfahrt unternimmt, um eine religiös bedeutende Stätte aufzusuchen oder um ein Gelübde zu

Abbildung 5.8 Stadtmarathon (mit freundlicher Genehmigung von Wolfgang Werkmeister)

erfüllen. Der Pilgerweg ist schon Teil des Ziels. Der Pilger nähert sich mit anderen Gleichgesinnten der heiligen Stätte langsam und „gemessenen Schritts".

5.5 Zielkategorien der Verkehrsmittelnutzung

Warum geht jemand lieber zu Fuß als auf das Fahrrad zu steigen, mit dem er viel schneller voran käme? Warum fährt er lieber mit dem ÖV in die Innenstadt? Die Verkehrsmittelwahl lässt sich aus den diversen Mobilitätsmotiven ableiten. Die betreffende Person geht z. B. lieber zu Fuß, um sich noch intensiver zu bewegen (Motiv Bewegung und Fitness), und sie entscheidet sich für den ÖV, weil sie meint, in der Innenstadt keinen Parkplatz zu finden (Motiv Verhaltenskontrolle).

Die Verallgemeinerung der vielfältigen individuellen Motive, die im Augenblick oder in bestimmten Situationen für einen Menschen wichtig sind, hin zu überindividuellen allgemeinen Zielkategorien dient der Planung, Gestaltung und Organisation des Verkehrs. Solche generalisierten Zielkategorien haben bereits in den 1970er Jahren Wallin und Wright (1974) ermittelt. Sie fanden folgende Kategorien:

- Zeiteinsparung
- Kosteneinsparung
- Bequemlichkeit, Komfort
- Handhabbarkeit
- Zuverlässigkeit, Pünktlichkeit
- Status, Prestige.

Die Liste enthält Transport- und Extramotive, die mehr oder weniger miteinander verwoben sind. Handhabbarkeit (convenience) bedeutet, dass es leicht fällt, das Verkehrsangebot zu nutzen, dass es z. B. einfach ist, sich das passende Ticket aus dem Fahrkartenautomaten zu ziehen. Diese Liste wurde im Laufe weiterer Untersuchungen ergänzt; es kamen Privatheit, Unabhängigkeit und Spaß dazu (Schmidt, 1979). Eine umfassende Liste ist in Tab. 5.2 dargestellt.

Bequemlichkeit/Komfort, Unabhängigkeit und Zeit waren in der Untersuchung von Held (1980) die drei am häufigsten genannten Zielkategorien. Es werden somit vorrangig diejenigen Verkehrsmittel gewählt, die komfortabel und jederzeit verfügbar sind und die einen zeitsparend ans Ziel bringen. In der Rangreihe der Häufigkeit folgten Kosten, Privatheit, Sicherheit, Geltung/Prestige.

In der Untersuchung von Brüderl und Preisendörfer (1995) erwiesen sich geringe Kosten und Komfort als Hauptgründe der Verkehrsmittelwahl. Ähnlich ermittelte Gorr (1997) als wichtigste Kategorien Zeitsparen, Kostensparen und

Tabelle 5.2 Zielkategorien der Verkehrsmittelwahl (Held, 1980, S. 321)

Zielkategorien	Motive, Beispiele
Kosten	Kostenersparnis, Preisgünstigkeit, niedrige Fahrtkosten
Zeit	Schnelligkeit, Zeitersparnis und -nutzung, kürzere Wartezeiten
Zuverlässigkeit	Pünktlichkeit, Sich verlassen können, plangemäßer Ablauf
Körperliche Bequemlichkeit/Komfort	weniger körperliche Anstrengungen, Schutz vor Witterungseinflüssen, bequemer Gepäcktransport, Sitzen statt Stehen
Unabhängigkeit/Flexibilität	Räumliche, zeitliche und soziale Unabhängigkeit im Hinblick auf Ziele, Wege, Fahrpläne, Stoßzeiten, andere Personen
Erkundung/Neugierde	Erkunden unbekannter Stadtteile, neue Erfahrungen, Menschen und Dinge beobachten
Körperliche Funktionslust	Bewegung, körperlich Tätigsein, Gesundheit
Technische Funktionslust	Etwas lenken, Bedienung und Beherrschung der Technik
Freude am Risiko	Gefahren eingehen und bestehen, Abenteuerlust
Körperliche Sicherheit der eigenen Person	Vermeidung von Gefahren, von Unfällen und Verletzungen
Vermeidung	Gestank und Abgase meiden
Lärm meiden/angenehme Geräusche suchen	Vermeidung von Straßenlärm, Türenschlagen, Motorlärm; angenehme Geräusche wie Vogelgezwitscher, Wasserrauschen anstreben
Optische Reize	Meiden unangenehmer Reize: Schmutz, Unordnung; Freude an Natur, Parks, angenehmem Stadtbild
Sozialer Kontakt	Mit anderen zusammen sein, andere kennenlernen, Bekannte und Freunde treffen
Wahrung der Privatsphäre	Bedürfnis, alleine zu sein, Vermeidung von Massen, Unwohlsein in überfüllten Verkehrsmitteln, persönliche Schutzzone aufrechterhalten
Macht	Andere Personen beeinflussen oder bestimmen können, die eigenen Interessen durchsetzen können
Aggression ausleben	Spaß an Behinderung anderer Personen, Gefährdung anderer, Vergnügen am Ärger anderer
Leistungsmotivation	Konkurrieren, schneller sein als andere, sich selbst etwas beweisen
Geltung/Prestige	Status, hohes Ansehen, Anerkennung durch andere
Sicherheit für andere Personen	Vermeidung der Gefährdung anderer Personen, Rücksichtnahme
Transport anderer Personen	Kinder, Ältere, andere Personen transportieren
Vermeidung der Belästigung anderer	Belästigung anderer Personen durch eigenes Verhalten und Abgase und Lärm vermeiden
Gesellschafts- und umweltbezogene Überlegungen	Energiebedarf und Parkflächenbedarf reduzieren, Stadtbild erhalten, Belastung durch Abgase und Lärm minimieren

Transportqualität. Der Nutzen wird nach Gorr maximiert, indem der Zeitbedarf, die Kosten und die Transportqualität der verfügbaren Verkehrsmittel verglichen werden. Um als Alternative zum Auto infrage zu kommen, müsste der ÖV bei mindestens einem der drei Zielkriterien vorteilhafter sein.

Dass die Verringerung des Zeitaufwands eine zentrale Zielkategorie ist, liegt an der Begrenztheit dieser Ressource. Der Wert der Zeit ergibt sich aus ihrer Knappheit. In der Untersuchung der Verkehrsmittelnutzung auf dem Arbeitsweg von Beschäftigten in der Automobilindustrie, die Lange et al. (1995) durchgeführt haben, war der Zeitaufwand der entscheidende Punkt. Etliche der Befragten könnten den Arbeitsplatz auch mit dem ÖV erreichen. Als Hauptgrund, warum sie das Auto bevorzugen, gaben sie den geringeren Zeitaufwand für den Arbeitsweg an.

Mobilitätskosten können unterschiedlich bemessen werden. Die Kosten, die beim Auto in Rechnung gestellt werden, umfassen oftmals nicht die Wertminderung durch Gebrauch und Verschleiß und Fixkosten wie Steuern und Versicherung, sondern lediglich die „out of pocket" Kosten (Molt, 1996), die direkt etwa beim Tanken oder am Fahrkartenautomaten anfallen. Die subjektive Einschätzung der Mobilitätskosten für verschiedene Verkehrsmittel hängt somit auch davon ab, was jeweils verglichen wird.

Wenn die Wichtigkeit von Zielkategorien danach bemessen wird, wie oft diese in einer Stichprobe von Befragten genannt werden, kann es geschehen, dass die seltener genannten Gründe als unwichtiger abgetan werden. Dass wäre nicht nur problematisch, wenn die Stichprobe nicht repräsentativ ist, sondern zu bedenken ist auch, dass die insgesamt seltener genannte Gründe für bestimmte Gruppen ausschlaggebend sein können. Beispielsweise wurde in der Untersuchung von Pez (1998) die öffentliche Sicherheit wegen der weniger zahlreichen Nennungen als weniger wichtige Zielkategorie eingestuft. Öffentliche Sicherheit mag für Autofahrer ohne Belang sein, ist es aber nicht für ÖV-Nutzer, die mit dem öffentlichen Raum oft und direkt in Berührung kommen (vgl. Hochbahn et al., 2005).

Die je nach genutztem Verkehrsmittel unterschiedlichen Sichtweisen zeigten sich auch in dem „Fahrrad-Projekt", in dem die Einflussfaktoren und Motive der Verkehrsmittelnutzung untersucht wurden (vgl. Flade et al., 2002). Die Befragten wurden in drei Gruppen eingeteilt, wobei je nach dem persönlich wichtigsten Verkehrsmittel zwischen einer Pkw-, einer Fahrrad- und einer ÖV-Gruppe unterschieden wurde. Eine Frage in den Interviews war: „Wenn Sie unterwegs sind: Was ist Ihnen wichtig?" Den Befragten wurden verschiedene Zielkategorien vorgegeben, zu denen sie auf einer Skala von 1 (= sehr wichtig) bis 5 (= ganz unwichtig) die persönliche Bedeutung angeben sollten. In Abb. 5.9 sind die Skalenmittelwerte der drei Gruppen wiedergegeben.

Es zeigte sich, dass für Radfahrer und ÖV-Nutzer andere Zielkategorien maßgeblich sind als für Autofahrer. Im Einzelnen war festzustellen:

- Diejenigen, die überwiegend mit einem individuellen Verkehrsmittel unterwegs sind, nämlich die Pkw- und die Radfahrer, stufen das Unabhängigsein als wichtiger ein als die ÖV-Nutzer. Wer Wert auf Unabhängigkeit legt, nutzt, sofern es möglich ist, individuelle Verkehrsmittel.
- Für Radfahrer ist Bequemlichkeit beim Unterwegssein weniger wichtig, dafür aber „Bewegung haben" umso mehr. Wem Bequemlichkeit nicht das Wichtigste ist und wer sich lieber körperlich betätigen möchte, bevorzugt das Fahrrad.
- Autofahrern ist Zeit sparen wichtiger als ÖV-Nutzern. Weil sie den ÖV für zeitaufwändiger halten, fahren sie mit dem Auto.
- ÖV- Nutzer treffen lieber mit anderen Menschen zusammen als Autofahrer, im ÖV sind sie unter Menschen.
- Radfahrer schätzen anregende Wege, den Autofahrern ist das weniger wichtig. Wer sich gern durch die Umwelt anregen lässt, fährt lieber Rad.

Abbildung 5.9 Wichtigkeit verschiedener Zielkategorien nach dem häufigsten Verkehrsmittel (Flade et al., 2002, S. 88)

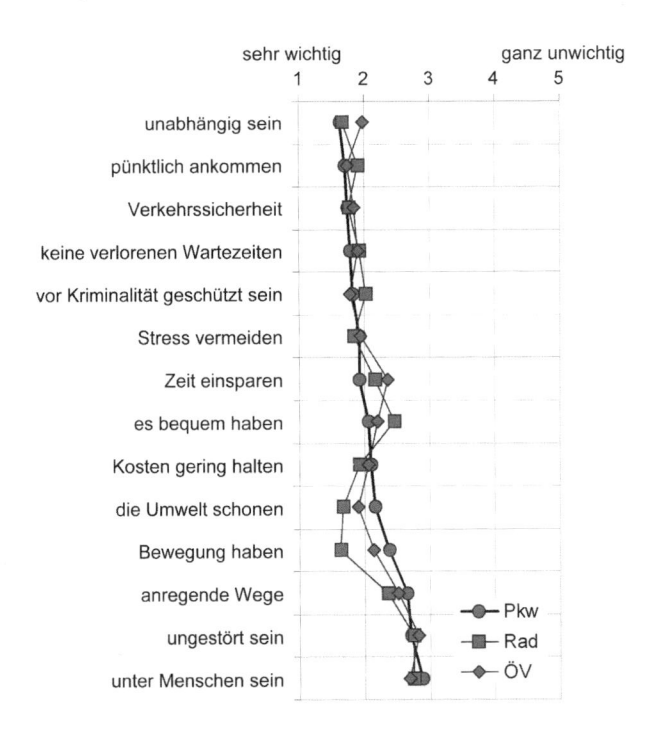

- Das Motiv, sich umweltverträglich fortzubewegen, ist den Autofahrern weniger wichtig als den Radfahrern und ÖV-Nutzern. Wer Umweltschutz für wichtig hält, nutzt vermehrt das Fahrrad und den ÖV.

Um das Blickfeld zu erweitern, das durch die habituelle Verkehrsmittelnutzung fokussiert ist, haben Pedersen et al. (2012) eine „Defokussierungs"-Strategie vorgeschlagen. Ihr Ausgangspunkt war die Feststellung, dass Autofahrer zur Bewertung des ÖV nur einen begrenzten Bereich von Aspekten des ÖV heranziehen. Je gewohnheitsmäßiger Auto gefahren wird, umso mehr wird der ÖV abgewertet. Die geringere, nicht auf Erfahrungen beruhende Zufriedenheit mit dem ÖV wird konstruiert, indem positive Aspekte des ÖV ignoriert werden. Durch das Defokussieren soll das Spektrum der beachteten Zielkategorien erweitert werden.

Person- und Umweltmerkmale als Einflussfaktoren 6

Die individuellen Unterschiede zwischen den Menschen lassen sich auf zwei Ursachenkomplexe zurückführen: auf genetisch verankerte bzw. ererbte Anlagen und auf Umweltbedingungen. Zu wissen, wie bedeutsam jeweils Anlage und Umwelt für das Erleben und Verhalten sind, ist von praktischem Interesse, denn davon hängt es ab, in welchem Maße Verhaltensänderungen möglich sind und in welchem Umfang auf Restriktionen gesetzt oder aber eine Umgestaltung der Verkehrsumwelt ins Auge gefasst werden muss. Beruht z. B. ein aggressiver Fahrstil auf persönlichen Eigenschaften oder lösen bestimmte Umweltbedingungen Aggressivität aus? Die Wirkungskraft von Anlage und Umwelt abzuschätzen ist schwierig, weil Mensch und Umwelt keine getrennten unveränderlichen Entitäten sind, sondern eng miteinander verwoben sind (vgl. Kap. 10). Die Umwelt, in der Menschen leben, ist alles andere als eine ursprüngliche natürliche Umwelt, sie wurde längst angeeignet und verändert (Graumann, 1996). Ebenso wird der Mensch von Beginn seines Lebens an durch Umwelteinflüsse geformt. Persönlichkeitseigenschaften wie Sensation Seeking und die Haltung der Hilflosigkeit sowie in späteren Jahren ein bestimmter Fahrstil bilden sich in Interaktionen mit der Umwelt heraus. Wenn zwischen Person- und Umweltmerkmalen dennoch getrennt wird, handelt es sich um analytisch bedingte Schwerpunktsetzungen und eine modellhafte Vereinfachung.

Wichtige demografische Merkmale sind Alter, Geschlecht und Einkommen, darüber hinaus sind etliche Persönlichkeitseigenschaften Einflussfaktoren des Mobilitätsverhaltens.

Umweltmerkmale werden als Wirkfaktor aus zwei Perspektiven betrachtet: als Determinanten des individuellen Mobilitätsverhaltens und als Auswirkungen des Verkehrs. Letzterer ist das Ergebnis des Mobilitätsverhaltens vieler Menschen, das Spuren hinterlässt und die Umwelt verändert.

6.1 Demografische Merkmale

6.1.1 Geschlecht

Der Einfluss des Geschlechts im Sinne von Gender, der sozial-gesellschaftlichen Kategorisierung der Menschen in weiblich und männlich, ist vor allem in der feministischen Verkehrs- und Raumforschung unter die Lupe genommen worden (Bauhardt, 2007)[18]. Den sozialen Kategorien werden Umweltbereiche zugeordnet und zwar die private häusliche und die öffentliche außerhäusliche Sphäre. „From early times until today and in societies throughout the world, women have been associated with and even restricted to the private sphere of the dwelling whereas men have had freer rein to frequent public spaces" (Franck & Paxson, 1989, S. 122). Sofern Frauen stärker in der häuslichen Sphäre verbleiben, müssten die an sie gestellten Mobilitätsanforderungen geringer sein. Die Befunde sprechen für das „Zwei-Sphären-Modell".

Männer sind nach den Statistiken des Kraftfahrtbundesamts rund doppelt so häufig Halter eines Pkw wie Frauen. Dass sie auch öfter als Frauen über ein Auto verfügen können, ist empirisch hinreichend belegt. Der Geschlechtsunterschied in der Verfügbarkeit über ein Auto ist jedoch geringer. Dies zeigt das in Abb. 6.1

Abbildung 6.1 Pkw-Verfügbarkeit von Frauen und Männern in Groß- und Mittelstädten in Prozent (Flade et al., 2002, S. 61)

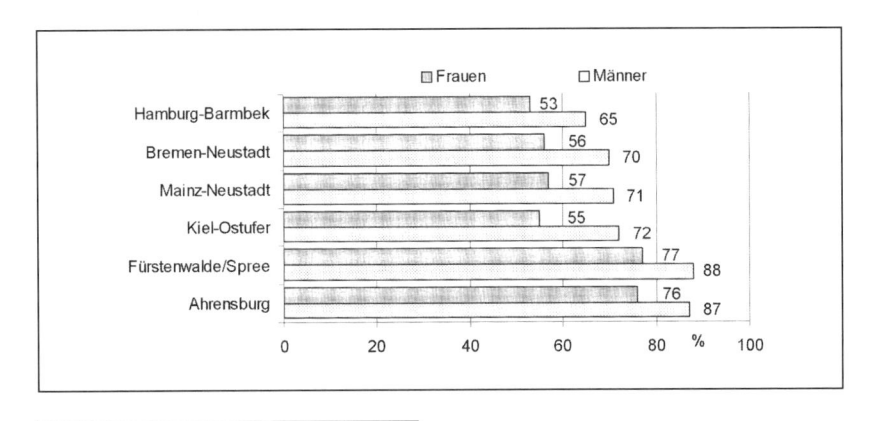

Ort	Frauen	Männer
Hamburg-Barmbek	53	65
Bremen-Neustadt	56	70
Mainz-Neustadt	57	71
Kiel-Ostufer	55	72
Fürstenwalde/Spree	77	88
Ahrensburg	76	87

---

18 Sex bezeichnet das biologische Geschlecht, Gender bezieht sich auf die damit einhergehende soziale Kategorisierung und psychologische Unterschiede. Feministische Forschung richtet den Blick auf das Geschlechterverhältnis, dem gesellschaftlichen Prozess, bei dem Männer und Frauen sozial platziert werden.

dargestellte Ergebnis aus dem „Fahrrad-Projekt", einer in sechs Städten durchgeführten Untersuchung zur Verkehrsmittelwahl (Flade et al., 2002). In den einbezogenen vier Großstädten lag der Anteil der Frauen, die über einen Pkw verfügen können, unter 60 %, bei den Männern im Bereich von 70 %. In den beiden kleineren Städten Ahrensburg und Fürstenwalde waren die Anteile jeweils höher, aber der Geschlechtsunterschied blieb bestehen.

Männer sind die mobilere Gruppe, indem sie, wie aus der Mobilitätsstudie 2008 hervorgeht, im Durchschnitt 46 km, Frauen „nur" 33 km täglich zurücklegen. Die durchschnittliche Wegezahl pro Tag beträgt bei den Männern 3,5 und bei den Frauen 3,3. Männer sind mit durchschnittlich 81 Minuten länger unterwegs als Frauen mit 76 Minuten pro Tag, was bei gleichzeitig kürzeren Entfernungen auf ihre langsamere Fortbewegung schließen lässt (Infas & DLR, 2010).

Geschlechtsunterschiede bestehen auch im Hinblick auf den Fahrstil. Aus mehreren Erhebungen über einen längeren Zeitraum hinweg, in denen das Fahrverhalten von insgesamt 7821 Männern und 2736 Frauen auf einer Strecke zwischen 12 und 50 km Länge beobachtet wurde, hat von Hebenstreit (1999) durch Beobachtungen entweder einer im Auto mitfahrenden Person oder einem Beobachter aus einem nachfahrenden Auto sechs Fahrstiltypen identifiziert. Wie aus Abb. 6.2 ersichtlich ist, kommen die verschiedenen Fahrstile bei Männern und Frauen unterschiedlich häufig vor.

Frauen fahren seltener aggressiv und rücksichtslos, sie neigen weniger zu einem sportlich ambitionierten Fahrstil und zeigen häufiger ein ruhiges, ausgeglichenes Fahrverhalten als Männer. Zu einem ähnlichen Ergebnis ist Kleisen

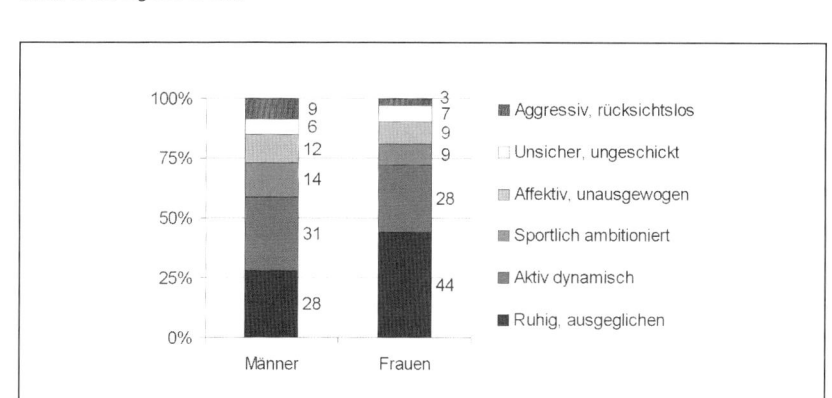

Abbildung 6.2 Häufigkeit von Fahrstilen nach Geschlecht in Prozent (von Hebenstreit, 1999, S. 111; eigene Grafik)

(2011) in ihrer Untersuchung in Australien gelangt, in der sie den von Taubman-Ben-Ari et al. (2004) in Israel entwickelten Test zur Klassifikation des Fahrverhaltens einsetzte (vgl. Kap. 6.2). Sie stellte bei 18- bis 25-Jährigen fest, dass die männlichen Fahrer mehr zu einem riskanten Fahrverhalten neigen, dass sie schneller fahren und häufiger affektiv reagieren, während Frauen eher ängstlich und unsicher fahren. Ein unsicherer, ungeschickter Fahrstil wurde bei von Hebenstreit bei beiden Geschlechtern mit einem Anteil von 6 bis 7 % nur relativ selten beobachtet. Kleisen hat ihre Analyse auf junge Fahrer begrenzt, die noch über weniger Fahrerfahrungen verfügen, was die häufigere Unsicherheit und mangelnde Fertigkeit beim Fahren zumindest zum Teil erklärt. Die Unsicherheit im Umgang mit dem Auto kommt indessen nur bei den jungen Frauen zum Ausdruck.

Verschiedene Untersuchungen ergaben, dass sich Männer besser räumlich orientieren können als Frauen. Ein möglicher Grund könnte sein, dass Frauen weniger Gelegenheit haben, räumliche Erfahrungen zu machen. Es gibt jedoch noch eine andere, weniger offensichtliche, aber wahrscheinlich treffendere Erklärung, die von Lawton et al. (1996) stammt. Das Experiment war folgendermaßen angelegt: Weibliche und männliche Versuchspersonen wurden einen verwinkelten Weg durch ein ihnen unbekanntes mehrstöckiges Gebäude geführt. Anschließend wurden sie aufgefordert, den Weg allein zurück zu gehen. Erfasst wurden die Häufigkeit der erforderlichen Wegekorrekturen, Fehler beim Zeigen in die Richtung des Ausgangsorts, die Einschätzung der Übersichtlichkeit des Gebäudes sowie die Beurteilung der Schwierigkeit der Aufgabe. Den Weg zurück zum Ausgangsort legten die Frauen in der gleichen Zeit und mit nicht häufigeren falschen Anläufen zurück als die Männer. Bei den Richtungsangaben traten jedoch signifikante Unterschiede zutage. Hier machten die Frauen mehr Fehler und fühlten sich unsicherer bei ihren Angaben. Das Ergebnis wurde so interpretiert, dass Frauen eine Voreinstellung haben, indem sie erwarten, Aufgaben, bei der räumliche Fähigkeiten gefragt sind, nicht so gut meistern zu können: „The greater task uncertainty reported by women may reflect the general tendency of women to underestimate their performance on tasks that are gender typed as masculine. Women's self-evaluation [...] was affected not only by their actual performance, but also by their low expectancies for performance of these tasks" (Lawton et al. 1996, S. 217).

Bessere Leistungen von Männern bei den Richtungsangaben fanden Lawton und Morrin (1999) auch in einem weiteren Experiment. Diesmal wurde kein reales Gebäude beschritten, sondern es wurden mit dem Computer Labyrinthe simuliert, die in ihrer Komplexität variierten. Die Richtungsangaben der weiblichen Versuchspersonen erwiesen sich unabhängig von der Komplexität des räumlichen Musters bzw. der Zahl der Richtungsänderungen zum Zielort auch in virtuellen Umwelten als weniger zutreffend.

Tlauka et al. (2005) haben ebenfalls Geschlechtsunterschiede festgestellt, als sie in einem Experiment die Orientierungsfähigkeit von Versuchspersonen in einem virtuellen Einkaufszentrum untersuchten. Die Aufgaben waren, in möglichst kurzer Zeit zu einem Zielort zu gelangen, Richtungen und Entfernungen zu schätzen und bestimmte Orte auf dem Lageplan zu lokalisieren. Die männlichen Versuchspersonen schnitten in allen drei Aufgaben besser ab.

Zusammenfassend ist festzustellen, dass die Orientierungsleistungen von Frauen in nicht vertrauten Umwelten geringer zu sein scheinen als diejenigen von Männern. Frauen sind nicht nur weniger oft und weniger weit unterwegs, sie sind auch häufiger Mitfahrerinnen, die sich nicht aktiv selbst mit den räumlichen Gegebenheiten auseinandersetzen müssen. Neben den unterschiedlichen Anforderungen spielen jedoch Geschlechtsrollensterotype eine wichtige Rolle. Weiblichen und männlichen Personen werden unterschiedliche Fähigkeiten, Fertigkeiten und Eigenschaften zugeschrieben (vgl. Trautner, 1994). Mit solchen Zuschreibungen und Stereotypisierungen sind Erwartungshaltungen verbunden. Wer erwartet, sich in unvertrauten Gegenden nicht zurecht zu finden, kann es dann auch deutlich schlechter. Die internalisierte Erwartung, etwas nicht zu können, wirkt entmutigend.

6.1.2 Einkommen

Dass ein Zusammenhang zwischen Einkommen und Pkw-Besitz besteht, zeigt ein Blick in die Statistik. In den Haushalten mit geringem Haushaltseinkommen ist ein Auto nicht selbstverständlich. Weit über die Hälfte der ärmeren Haushalte besitzt keinen Pkw (Infas & DLR, 2010)[19]. So ist auch einer der Gründe, dass Frauen seltener Halterinnen eines Pkw sind, weil sie im Durchschnitt weniger verdienen als Männer. „Overall, consistent gender differences are present: women in comparison to men work closer to home, travel more slowly to work, spend a longer time traveling to work, and have lower incomes" (Rutherford & Wekerle, 1988, S. 122).

Anzumerken ist hier, dass Frauen nicht generell mehr Zeit für ihre Arbeitswege aufwenden müssen. Weiter entfernt gelegen Arbeitsplätze kommen für sie schon wegen des begrenzten Zeitbudget weniger in Frage.

---

19 Dass ein Haushalt ohne Pkw ist, bedeutet jedoch nicht unbedingt, dass er sich kein Auto leisten kann. Nur bei rund der Hälfte ist es eine Frage des Einkommens, die andere Hälfte der autofreien Haushalte benötigt kein Auto oder verzichtet bewusst darauf (Infas & DLR, 2010, S. 58).

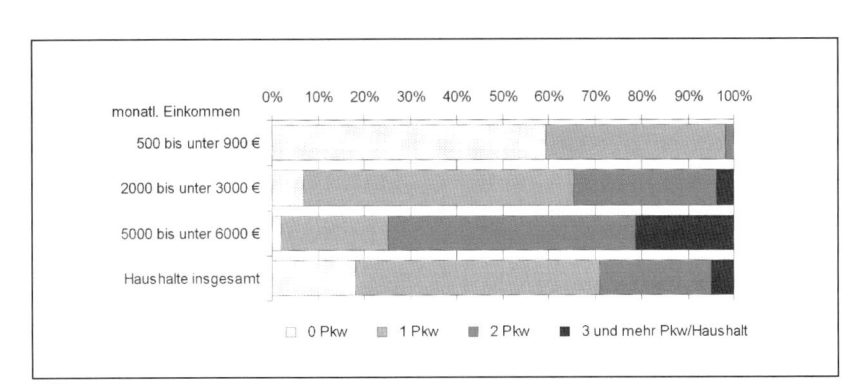

Abbildung 6.3 Anzahl der Pkw in den Haushalten 2008 nach monatlichem Haushaltseinkommen in Euro in Prozent (Infas & DLR, 2010, S. 58; eigene Grafik)

Wie die in Abb. 6.3 wiedergegebenen Prozentanteile zeigen, nimmt bei höherem Haushaltseinkommen die Anzahl der Autos im Haushalt zu.

Der Zusammenhang zwischen Einkommen und Automobilität ist jedoch komplexer als es die dargestellten Zahlen vermuten lassen. Wichtige mit dem Einkommen korrelierende Einflussfaktoren sind nämlich auch die Wohngegend und der individuelle Lebens- und Aktionsraum, wie die Untersuchung von Schimek (1996) gezeigt hat. Der Untersuchungsplan war so angelegt, dass Bewohner in unterschiedlich dicht bebauten Gebieten Mobilitätstagebücher führten. Auf der Grundlage dieser detaillierten Angaben stellte Schimek fest, dass die Bewohner in den dicht bebauten Gebieten das Auto seltener nutzen als diejenigen in den dünner besiedelten Gebieten. Dieses Ergebnis, dass eine hohe Bebauungsdichte mit einer geringeren Pkw-Nutzung einher geht, war zu erwarten. Ein nicht erwartetes Ergebnis war jedoch, dass der Effekt nicht besonders ausgeprägt war. Es wurde damit erklärt, dass die Reicheren ihre ausgeprägte motorisierte Mobilität wegen ihrer weit über die Wohnumgebung hinausreichenden sozialen und gesellschaftlichen Kontakte beibehalten. Das bedeutet, dass eine Erhöhung der baulichen Dichte, um Distanzen kurz zu halten und motorisierte Verkehrsmittel entbehrlich zu machen, nur dann erfolgreich wäre, wenn in dem Gebiet überwiegend Menschen mit einem engeren Aktionsradius wohnen, der sich im wesentlichen auf das Wohngebiet beschränkt. Die Wohlhabenden würden eher wegziehen, wenn im Bereich ihrer Wohnumwelt zu stark verdichtet würde, weil sie das komfortable großzügige Wohnen in weniger hoch verdichteten Gegenden bevorzugen.

6.2 Fahrstile und Persönlichkeitsmerkmale

Die Frage des Zusammenhangs zwischen Persönlichkeitseigenschaften und dem Mobilitätsverhalten ist seit langem ein Gegenstand der Forschung. Von besonderem Interesse ist dabei das Verhalten von Autofahrern, da das Unfallrisiko wegen ihrer vergleichsweise hohen Geschwindigkeit in erster Linie von ihnen selbst abhängt. Um das Fahrverhalten verlässlich beschreiben und charakterisieren zu können, hat man versucht, verschiedene Fahrstile zu identifizieren. Der Fahrstil umfasst das gewohnheitsmäßige Fahrverhalten, dem Einstellungen, Fahrerfahrungen, Fertigkeiten und Motive zugrunde liegen (Taubman-Ben-Ari et al., 2004). Er manifestiert sich vor allem in der Fahrgeschwindigkeit, dem Abstandsverhalten, der Konzentriertheit (attentiveness) sowie einem entschlossenen Auftreten (assertiveness). Taubman-Ben-Ari und Mitarbeiter sind in ihrer Recherche nach bereits vorliegenden Messverfahren zur Erfassung des Fahrverhaltens zu vier Kategorien von Fahrstilen gelangt:

- rücksichtslos, fahrlässig
- ängstlich, überfordert
- feindselig, aufgebracht
- geduldig, rücksichtsvoll.

Auf dieser Grundlage entwickelten sie das noch feiner unterteilte multidimensionale Fahrstil-Inventar (MDSI) mit insgesamt acht Fahrstilen. In Tab. 6.1 sind diese mit je einem Beispiel aus dem MDSI aufgeführt. Der Fahrstil einer Person wird mit dem MDSI diagnostiziert, indem diese insgesamt 44 Aussagen mit einer 6-stufigen Skala mit den Endpunkten 1= „überhaupt nicht" bis 6 = „sehr ausgeprägt" kommentiert. Der Fahrstil wird hier also nicht wie in den Erhebungen, die von Hebenstreit (1999) durchgeführt hat, durch externe Beobachter ermittelt, sondern durch Selbstbeobachtung.

Wünschenswerte Fahrstile sind die letzten drei der acht in Tabelle 6.1 aufgeführten Verhaltensweisen. Besonders problematisch sind dagegen das riskante, ärgerlich-aggressive und sehr schnelle Fahren. Die aggressiven und rücksichtslosen Fahrer, die kein Risiko scheuen und die dazu neigen, mit überhöhter Geschwindigkeit zu fahren, tragen wesentlich zu den negativen Folgen sowie den sozialen Kosten des Verkehrs bei (vgl. Flade, 2007). Sie sind die wichtigste Zielgruppe verkehrspsychologischer Interventionen.

Houston et al. (2003) haben einen Fragebogen entwickelt, um aggressives bzw. rücksichtsloses Fahrverhalten zu erfassen. Ausgangspunkt war die allgemeine Definition aggressiven Fahrens als „a dysfunctional pattern of social behaviors that constitutes a serious threat to public safety" (Houston et al, 2003, S. 269). Die

Tabelle 6.1 Fahrstile (Taubman-Ben-Ari et al., 2004, S. 326)

Fahrstil	Aussagen (Beispiel)
Dissociative	Misjudge the speed of an oncoming vehicle when passing
Anxious	Feel nervous while driving
Risky	Enjoy the excitement of dangerous driving
Angry	Swear at other drivers
High-velocity	In a traffic jam, I think about ways to get through the traffic faster
Distress reduction	While driving, I try to relax
Patient	Base may behaviour on the motto „better safe than sorry"
Careful	Tend to drive cautiously

Tabelle 6.2 Die Aggressive Driving Behavior Scale (Houston et al., 2003, S. 272)

Konfliktverhalten
Ich bremse absichtlich, wenn ein Auto mir zu dicht folgt
Ich zeige anderen Fahrern mit deutlichen Gesten, wenn sie etwas machen, was mir missfällt
Ich hupe laut, wenn ein anderer Fahrer etwas Unpassendes macht
Ich dränge mich in die andere Fahrspur hinein, auch wenn ein anderer Fahrer im Begriff ist, die Lücke zu schließen
Ich beschleunige, wenn ein anderes Auto mich überholen will
Ich fahre dicht auf, damit sich andere Autos nicht vor mir in die Fahrspur hineindrängen können
Ich betätige meine Lichthupe, um langsamere Autos aus dem Weg zu scheuchen
Geschwindigkeitsverhalten
Ich folge einem langsameren Auto in geringerem Abstand als einer Autolänge
Ich fahre 20 Meilen/h schneller als erlaubt
Ich überhole ein Auto und schere wieder ein in weniger als einer Autolänge Abstand
Ich beschleunige vor einer Kreuzung, wenn die Ampel von gelb zu rot wechselt

"Aggressive Driving Behavior Scale" besteht aus insgesamt elf Verhaltensweisen und zwei Teilskalen, der Konfliktverhaltens-Skala (Conflict Behavior Scale) und der Geschwindigkeits-Skala (Speeding Scale) (vgl. Tab. 6.2). Rücksichtsloses Fahrverhalten kann demzufolge zweierlei bedeuten: unsoziales Verhalten und "Egomanie" bzw. mit anderen aneinander geraten und zu schnelles Fahren.

Die Teilskala Konfliktverhalten erfasst auf andere Verkehrsteilnehmer gerichtetes problematisches Verhalten. Konflikte werden nicht vermieden, sondern vielmehr gesucht. Mit der zweiten Teilskala wird das bevorzugte und überwiegend praktizierte Geschwindigkeitsverhalten erfasst.

Mit der Aggressive Driving Behavior Scale beschreiben Autofahrer ihr eigenes Fahrverhalten, indem sie auf einer ebenfalls 6-stufigen Skala, die von 1 = "nie" bis 6 = "immer" reicht, darüber Auskunft geben, wie oft sie sich in den vergangenen sechs Monaten so verhalten haben.

Harris und Houston (2010) haben den Zusammenhang zwischen verschiedenen Persönlichkeitsmerkmalen und aggressivem Fahrverhalten untersucht, das sie anhand von zwei Items aus der Aggressive Driving Behavior Scale erfassten und zwar:

- Ich hupe laut, wenn ein anderer Fahrer etwas Unpassendes macht (horn honking)
- Ich folge einem langsameren Auto in geringerem Abstand als einer Autolänge (tailgating).

Die erste Aussage repräsentiert die Konfliktverhaltens-Skala, die zweite die Geschwindigkeits-Skala. Die Versuchspersonen sollten die Wahrscheinlichkeit dieser beiden Verhaltensweisen (horn honking und tailgating) in verschiedenen Verkehrssituationen, die sich Autofahrer leicht vergegenwärtigen können, angeben. Die Persönlichkeitseigenschaften wurden mit verschiedenen Tests erfasst.

Als eng mit einem rücksichtslosen Fahrstil verbunden erwies sich Feindseligkeit. Feindselig sind Menschen, die dazu tendieren, anderen zu misstrauen und sich fortgesetzt über andere zu ärgern. Wer zur Feindseligkeit neigt, gerät eher in Konflikte mit anderen Autofahrern und fährt häufiger mit überhöhter Geschwindigkeit. Sensation Seekers liegt dagegen daran, Langeweile zu vermeiden. Sie fahren häufig zu schnell, jedoch nicht in erster Linie, um sich mit anderen auseinander zu setzen, sondern weil das schnelle Fahren spannend und erregend ist. Ein schwächerer, aber ebenfalls signifikanter Zusammenhang war zwischen Konkurrenzdenken und konfliktträchtigem sowie zu schnellem Fahren festzustellen.

In einem Experiment von Rötter und Gembris (1990), in dem ein Fahrsimulator eingesetzt wurde, um die Fahrleistung zu erfassen, wurde der Effekt lauter Musik untersucht. Wie sich herausstellte, hängt deren Wirkung von Persönlichkeitseigenschaften des Fahrers ab. Merkmale des Fahrers, dessen Fahrleistung bei lauter Musik absinkt, sind Nervosität und Erregbarkeit, Unsicherheit und Schüchternheit, emotionale Labilität, Gehemmtheit und geringes Selbstbewusstsein. Das daraus zu ziehende Fazit ist, dass manche Autofahrer Musikbeschallung während des Autofahrens lieber vermeiden sollten.

6.3 Umweltmerkmale

Im Unterschied zum individuumszentrierten geht das umweltpsychologische Paradigma davon aus, dass Verhalten eine Funktion von Person- *und* Umweltmerkmalen ist. Neben Persönlichkeitsmerkmalen kommen Umweltbedingungen als mögliche Einflussfaktoren des Mobilitätsverhaltens ins Spiel. Dabei ist nicht nur die Frage, welchen Einfluss Umweltmerkmale auf das individuelle Mobilitätsverhalten haben, sondern auch, welchen Einfluss der durch die Mobilität vieler Menschen erzeugte Verkehr auf die Menschen hat.

6.3.1 Einflüsse der Umwelt auf das Mobilitätsverhalten

Harris und Houston (2010) haben den Zusammenhang zwischen Persönlichkeitseigenschaften und rücksichtslosem Fahrverhalten im Rahmen eines umweltpsychologischen Modells untersucht, das, wie aus Abb. 6.4 zu entnehmen ist, mehrere Ursachenkomplexe einbezieht.

Die insgesamt vier Ursachenkomplexe sind: Persönlichkeitseigenschaften, Merkmale der sozialen und der physischen Verkehrsumwelt sowie zeitliche Merkmale. Die soziale Umwelt wurde in der Untersuchung durch die Mitfahrer im Auto und die Insassen im anderen Auto und den Status des anderen Autos repräsentiert, d. h. auf die unmittelbare soziale Umgebung beschränkt. Die physische Umwelt wird durch den Straßentyp, die Verkehrsdichte und die Wetterbedingungen, von denen die Sichtverhältnisse abhängen, repräsentiert.

Diese situativen Einflüsse zeigen, dass aggressives Fahrverhalten nicht nur persönlichkeitsbedingt ist. In Tab. 6.3 ist das Ergebnis in Form durchschnittlicher Skalenwerte wiedergegeben, wobei ein Skalenwert von 1 „nie" und ein Skalenwert von 6 „immer" bedeutet. Der Einfluss der physischen Verkehrsumwelt zeigte sich daran, dass dichtes Auffahren in der Vorstellung weitaus öfter auf den Straßen in Wohn- und Gewerbegebieten als auf Autobahnen und öfter bei hoher Verkehrsdichte und klarem Wetter praktiziert wird als bei schwachem Verkehr und den weniger guten Sichtbedingungen bei Nebel und Regen. Laut gehupt, wenn sich ein

Umweltmerkmale

Abbildung 6.4 Umweltpsychologisches Modell zur Erklärung aggressiven Fahrverhaltens (Harris & Houston, 2010, S. 46)

Psychological Aspects
Hostility
Sensation Seeking
Competitiveness
Gender

Social Aspects
Driver Passengers
Target Passengers
Target Gender and Age
Target Status

Aggressive Driving

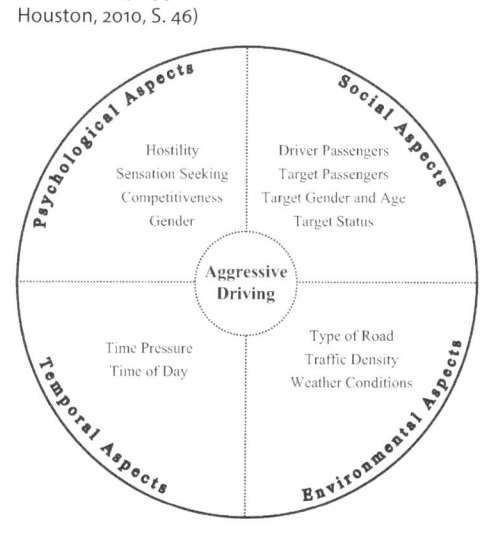

Temporal Aspects
Time Pressure
Time of Day

Environmental Aspects
Type of Road
Traffic Density
Weather Conditions

Tabelle 6.3 Selbstbeobachtetes Fahrverhalten bei unterschiedlichen Umweltbedingungen (Harris & Houston, 2010, S. 53)

Kontextmerkmale	„tail gating"	„horn honking"
Straßentyp		
Autobahn	3,13	3,37
4-spurige Straße im Gewerbegebiet	3,52	3,64
2-spurige Straße im Wohngebiet	3,95	3,59
Verkehr		
Geringe Verkehrsdichte	3,49	3,37
Hohe Verkehrsdichte	4,43	3,91
Wetter		
Klares Wetter	4,12	3,69
Regen	2,70	3,64
Nebel	2,50	3,51

anderer unpassend verhält, wird vor allem innerhalb von Ortschaften und bei hoher Verkehrsdichte.

Auch die soziale Umwelt hat einen Einfluss: Man fährt weniger dicht auf, wenn im anderen Auto Kinder mitfahren und wenn das andere Auto ein teures Fahrzeug ist. Zeitliche Bedingungen können aggressives Fahrverhalten ebenfalls fördern: Bei hohem Zeitdruck sowie am späten Nachmittag und Abend wird rücksichtsloser gefahren.

Mit welcher Geschwindigkeit gefahren wird, ist auch eine Frage der Affordanz (vgl. Kap. 3.2). Autofahrer nehmen die funktionale Nützlichkeit der vor ihnen liegenden Fahrbahn unmittelbar wahr. Einer zwei Meter breiten Fahrbahn sehen sie auf Anhieb an, dass sie sich nur mit wenig mehr als Schrittgeschwindigkeit befahren lässt. Für ein etwas schnelleres Vorankommen würden sie Fahrbahnbreiten von mindestens 3,75 Meter benötigen (Molt, 1992). Sofern ein Mensch erkennt, welche Geschwindigkeit zu einer Straße passt, ist ein Fahren mit deutlich überhöhter Geschwindigkeit eine bewusste Missachtung der Affordanz, wobei die Motive unterschiedlich sein können.

Das Ergebnis, dass eine hohe Verkehrsdichte rücksichtsloses Fahrverhalten wahrscheinlicher macht, soll noch etwas näher betrachtet werden. Allgemein definiert ist soziale Dichte das Verhältnis von verfügbarem Raum pro Person. Dichtemaße sagen aus, wie nah andere an einen herankommen und welche Bewegungsmöglichkeiten einem verbleiben. Soziale Dichte ist sowohl im Straßenverkehr als auch im ÖV ein wichtiges Umweltmerkmal. Im Straßenverkehr meint Dichte in erster Linie Fahrzeugdichte, d. h. die Anzahl von Fahrzeugen bezogen auf einen bestimmten Streckenabschnitt zu einem bestimmten Zeitpunkt (vgl. Tab. 2.1, S. 26).

Dichte ist ein objektives Maß, während Begriffe wie Engerleben, Beengtheit bzw. Engegefühl (crowding) wahrgenommene Dichte bezeichnen[20]. Ein Mensch fühlt sich beengt, wenn er den Eindruck hat, dass die Dichte ein zu akzeptierendes Maß überschreitet. In die Bewertung, ob das hinzunehmende Niveau überschritten ist, fließen die situativen Bedingungen ein. In der rush hour wird hingenommen, dass man dicht gedrängt im Bus oder in der Bahn fahren muss.

Beengtheit wird als emotional belastend und beeinträchtigend erlebt. Die Gründe sind zum einen eine übermäßige sensorische und soziale Stimulation, zum anderen reduzierte Handlungsmöglichkeiten, Störungen von Handlungsabläufen eingeschlossen. Dementsprechend hat man zwischen einem Überlastungs- und einem Constraint-Modell unterschieden (Schultz-Gambard, 1996). Das Überlastungsmodell sagt aus, dass Menschen eine Überfülle von Stimulation,

---

20 Der Begriff „Crowding" für Beengtheitsgefühle hat sich inzwischen auch in der deutschsprachigen Umweltpsychologie durchgesetzt (vgl. Hellbrück & Kals, 2012, S. 75).

bildhaft als „Reizüberflutung" bezeichnet, kognitiv nicht verarbeiten können. Im Constraint-Modell wird die Begrenzung der individuellen Einflussmöglichkeiten (Umweltkontrolle) hervorgehoben. Außerdem muss mehr Mühe darauf verwendet werden, sich mit anderen zu arrangieren und zu verständigen. Der Eindruck eines Kontrollverlusts wird durch die Verringerung der objektiven Distanzen zu anderen Personen und durch reale Verhaltenseinschränkungen erzeugt.

Bei einer Mobilitätsquote von durchschnittlich rund 90 % und einer hohen Bevölkerungszahl sind in den großen Städten zwangsläufig sehr viele Menschen unterwegs. Es entsteht dichter Verkehr sowohl im Straßenraum als auch im ÖV. Eine übermäßige Stimulation, die zur Ausblendung von Informationen führt, ist vor allem im *Individual*verkehr problematisch, d. h. in Situationen, in denen sich Menschen aktiv und selbstbestimmt fortbewegen, weil sich dies auf die individuelle als auch die Verkehrssicherheit des gesamten Systems auswirkt. Im Bereich des *kollektiven* ÖV sind alle, die ihn nutzen, Mitfahrende. Eine hohe Dichte wird in erster Linie als Kontrollverlust erlebt. Nach den Ergebnissen von Hall (1979) beträgt die gewünschte soziale Distanz bei unpersönlichen Kontakten 1,20 bis 3,50 Meter. Wird diese Distanz gewahrt, fühlt man sich vor unerwünschten Berührungen, Übergriffen und Bedrohungen geschützt. Bei hoher Dichte lässt sich die gewünschte soziale Distanz oftmals nicht einhalten. Ließe sich eine zu große Nähe jedoch vermeiden, weil es in Bus und Bahn noch viele freie Plätze gibt, ist man höchst irritiert, wenn jemand direkt neben einem Platz nimmt. Folgen der Unterschreitung der gewünschten Distanz, die nicht durch eine hohe Dichte begründet werden kann, sind negative emotionale Reaktionen, Angespannt sein und Stress (Schultz-Gambard, 1996).

Neben den raumstrukturell bedingten Entfernungen, der Qualität und Affordanz der Wege für die verschiedenen Fortbewegungsarten sowie der Fahrzeugdichte und der persönlich-sozialen Dichte ist die Stadt in ihrer Gesamtheit ein bedeutender Einflussfaktor des Verhaltens. Das Leben in großen Städten geht mit einem rascheren „pace of life" (Lebenstempo) einher. Zu diesem Ergebnis ist Bornstein (1979) gelangt. In verschiedenen Städten in Irland, Schottland und den USA wurde die Gehgeschwindigkeit einer Zufallsstichprobe von Passanten gemessen. Sie bewegten sich umso rascher fort, je größer die Stadt ist, d. h. die Gehgeschwindigkeit ist eine Funktion der Bevölkerungsgröße. Erklärt wurde dieser Zusammenhang folgendermaßen: „As a city grows larger, the value of its inhabitants time increases with the city's increasing wage rate and cost of living, so that economizing on time becomes more urgent, and life becomes more hurried" (Bornstein 1979, S. 87). Zu einem ähnlichen Ergebnis sind auch Sadalla et al. (1990) gelangt. Hunecke (2010) hat ergänzt, dass die Bodenbeschaffenheit und das Gefälle innerhalb einer Stadt zu den Umweltmerkmalen gehören, die ebenfalls die Gehgeschwindigkeit bestimmen.

Wichtige Einflussfaktoren des Mobilitätsverhaltens sind die Entfernungen zu den Zielorten, die Qualität und Affordanz (= funktionale Nützlichkeit) von Verkehrswegen, die soziale Dichte und die Stadt als ganzheitliches Ambiente. Die raumstrukturell bedingten Entfernungen zu den alltäglich wichtigen Zielorten geben vor, welche Verkehrsmittel überhaupt in Frage kommen. In großen Städten sind alle Entfernungsstufen anzutreffen, denn typisch für große Städte ist außer einer hohen Einwohnerzahl eine mehr oder weniger große Ausdehnung in der Fläche und eine hohe bauliche Dichte (Graumann, 1990; Hunecke, 2010). Große Städte sind deshalb auch die Umwelten, in denen sich Menschen inter- und multimodal fortbewegen: Infolge der hohen Einwohnerzahl entsteht entsprechend viel Verkehr, die hohe Bebauungsdichte geht mit kurzen Wegen einher, die räumliche Ausdehnung der Stadt führt zu langen Wegen. In den verdichteten Stadtteilen kann man mit dem Rad fahren oder zu Fuß gehen, für die langen Strecken sind motorisierte Verkehrsmittel unentbehrlich.

Doch auch, wenn die Zielorte in der Nähe liegen, geht man nicht, wie es naheliegend wäre, zu Fuß, denn entscheidend sind nicht nur die Entfernungen, sondern auch die Qualität der Wege. Wegen der Langsamkeit des Gehens schlagen qualitative Aspekte bei dieser Fortbewegungsart besonders zu Buche. Zur „pedestrian friendliness" gehört nach der Definition von Larco et al. (2012), dass Fußgänger vom Autoverkehr getrennte Wege haben, dass Gehwege nicht an Hauptverkehrsstraßen entlang führen und nicht über verkehrsbelastete Kreuzungen hinweg verlaufen. Ein dritter Aspekt ist, dass Fußgänger ihre Ziele auf dem kürzesten Weg erreichen können, dass sie z. B. keine weiten Umwege machen müssen, für die sie als Fußgänger relativ viel Zeit aufbringen müssten.

Dass „pedestrian friendliness" einen Effekt hat, zeigte die Untersuchung von Larco und Mitarbeitern, in die mehrere Wohngebiete einer Stadt im Westen der USA einbezogen waren. Alle Gebiete lagen in der Nähe eines Einkaufszentrums. Die Wege dorthin waren jedoch unterschiedlich attraktiv. Das Ergebnis war, dass die Bewohner das Auto weniger nutzen, wenn die Wege zum nahe gelegenen Einkaufszentrum angenehm zum Gehen sind.

Zusammenfassend ist festzustellen, dass vielfältige Umwelteinflüsse das Erleben des Unterwegsseins und das Mobilitätsverhalten prägen. Das bedeutet, dass sozialunverträgliches Verhalten im Verkehr nicht nur mit den psychologischen Mitteln der Verhaltensmodifikation, sondern auch mit Maßnahmen der Umweltmodifikation beeinflusst werden kann. Dazu gehört die Senkung sozial unverträglicher hoher Geschwindigkeiten durch Anwendung des Affordanz-Prinzips bei der Verkehrsumweltgestaltung sowie die Anreicherung monotoner Wege mit Landmarks, die zum Schauen anregen. Der „Zug nach vorn" wird verringert, die Geschwindigkeit reduziert.

Exkurs: Musikhören beim Autofahren

Wie wirken sich Ablenkungen auf das Fahrverhalten und die Verkehrssicherheit aus? Die Experimente über die Auswirkungen des Musikhörens auf die Fahrleistung können sowohl Erkenntnisse speziell zu den Effekten von Musik als auch zugleich Hypothesen über die Wirkungen anderer Arten von Ablenkungen durch Handy und Smartphone liefern. Musikhören beim Autofahren ist eine der häufigsten Arten des Einsatzes von Musik in Alltagssituationen (Kopiez, 2008), was die Forschung entsprechend beflügelt hat. Weil Untersuchungen in der realen Umwelt nicht durchführbar sind, um keine Gefährdungen zu erzeugen, werden die Effekte von Musik üblicherweise mit Hilfe eines Fahrsimulators im Forschungslabor analysiert. Dabei wird unterstellt, dass die in solchen Experimenten gewonnenen Erkenntnisse auf reale Verkehrssituationen übertragbar sind. Dass dies nicht unbedingt zutrifft, zeigt das Feldexperiment von North und Hargreaves (1997), die festgestellt haben, dass sich Menschen schneller durch einen Supermarkt hindurch bewegen, wenn schnelle Musik gespielt wird, und langsamer, wenn langsame Musik erklingt. Die Situation im Fahrsimulator ähnelt derjenigen im Supermarkt. Der Fahrer im Fahrsimulator hat genau wie der Kunde im Supermarkt keinen Einfluss darauf hat, ob und welche Musik gespielt wird. Dieser Aspekt bleibt unberücksichtigt, wenn die Versuchsperson im Fahrsimulator Musik hört, die sie nicht beeinflussen und auch nicht abstellen kann.

In realen Situationen hat es der Autofahrer in der Hand, ob er laute oder leise, schnelle oder langsame oder auch keine Musik hören will. Inwieweit Musik beim Autofahren repräsentativ für Ablenkungen anderer Art ist, bleibt ebenfalls offen. Dennoch liefern die mit dem Fahrsimulator gewonnenen Ergebnisse auf jeden Fall Hinweise, inwieweit sich Musik bzw. andere Stimulation auf das Fahrverhalten auswirkt.

In den Experimenten der Forschergruppe um de la Motte-Haber et al. (1990) wurde ein Fahrsimulator eingesetzt. Vor der Windschutzscheibe eines umgerüsteten Fahrzeugs mit den üblichen Elementen Gaspedal, Bremse, Kupplung und Steuerrad läuft ein Computer gesteuertes Straßen- und Landschaftsbild ab. Registriert werden verschiedene Variablen und Vorkommnisse wie die Fahrgeschwindigkeit, die Reaktionszeit bei einem unvorgesehenen Ereignis (ein Baum fällt plötzlich auf die Straße oder ein rotes Lämpchen auf dem Armaturenbrett leuchtet auf, woraufhin sofort die Kupplung zu bedienen ist), Berührungen der Leitplanke, Auffahrunfälle, Missachtung der Vorfahrt, Überfahren einer roten Ampel und das Überholen eines links blinkenden Autos.

Theoretische Grundlage der Untersuchungen der Forschergruppe war die begrenzte Aufmerksamkeitskapazität. Mehrere Reize oder Ereignisse gleichzeitig wahrzunehmen setzt eine Teilung der Aufmerksamkeit voraus. Dies gelingt dann, wenn die einströmenden Informationen redundant, nicht komplex und von gewohnter Art sind. Bei monotonen, immer gleichen Tätigkeiten fällt es leicht, die Aufmerksamkeit zu teilen. Die Leichtigkeit, mit der dies gelingt, spiegelt sich in der Fahrtüchtigkeit wider. Musik beim Autofahren, welche die Aufmerksamkeit auf sich zieht, hat – so die Annahme – dann keine negativen Auswirkungen, wenn die Außenwelt während des Fahrens kaum Aufmerksamkeit erfordert.

Ein nicht überraschendes Ergebnis war, dass keine allgemeine Aussage über die Auswirkung von Musik beim Autofahren möglich ist, weil es von der Art der Musik, der Lautstärke, den Umweltbedingungen und der Länge der Fahrt und den Kombinationen dieser Einflussfaktoren abhängt, ob Musik beschwingt, aktiviert, beruhigt oder belastet.

Wenn eine Person der Musik ausgesetzt wird, kann sie nur dadurch Kontrolle ausüben, indem sie ihr Verhalten danach ausrichtet und der Situation anpasst. Die Forschergruppe stellte fest, dass die Versuchspersonen im Fahrsimulator auf die vorgegebene Musik individuell unterschiedlich reagierten. Fahrer, welche die Musik als „gerade richtig" einstuften, fuhren schneller, ohne jedoch mehr Fehler zu machen. Sie werden offensichtlich durch die Musik aktiviert, was sich positiv auf die Aufmerksamkeit beim Fahren auswirkt. Individuell unterschiedlich ist auch das Fahrverhalten auf komplizierten kurvenreichen Strecken mit Musik. Einige Fahrer kompensieren die Belastung dadurch, dass sie auf solchen schwierigen Strecken langsamer fahren. Sie passen sich den Bedingungen an. Dass das aber nicht alle Fahrer machen, geht aus dem Ergebnis von Gregersen und Berg (1994) hervor, dass nämlich Musik so stark aktivieren kann, dass die Risikofreudigkeit zunimmt. Dies trifft vor allem für junge Fahrer zu.

Auch die Lautstärke spielt eine Rolle. Ein unerwartetes Ergebnis der Forschergruppe um de la Motte-Haber war, dass bei leiser Musik die Reaktionszeit länger ist und mehr Ampeln bei Rot überfahren wurden. Dieses Ergebnis wurde so interpretiert, dass sich der Fahrer so stark konzentriert, um die leise Musik hören zu können, dass er auf das Geschehen im Verkehr weniger achtet, langsamer reagiert und mehr Fehler macht: „Vor allem das ‚eben nur merkliche' Pianissimo kann zur Fokussierung der Aufmerksamkeit beitragen und die gleichzeitige Verarbeitung von fahrrelevanten Reizen beeinträchtigen" (de la Motte-Haber et al., 1990, S. 42). Leise Musik beim Autofahren kann also abträglich sein und die Verkehrssicherheit verringern.

Musik wirkt sich positiv auf das Fahrverhalten aus, wenn die Fahrt länger dauert und die Umgebung monoton und reizarm ist. Am Ende einer einstündigen Fahrt auf einer monotonen Strecke verbessert Musik die Reaktionsfähigkeit. Bei längeren Fahrten hat Musik einen aktivierenden Effekt und verhindert eine vorzeitige Ermüdung. Ein wacher bzw. nicht ermüdeter Fahrer reagiert schneller, was das Unfallrisiko vermindert. In Zahlen, wie sie im Fahrsimulator ermittelt wurden, ausgedrückt: Ein Autofahrer reagiert bei einem Tempo von 100 km/h auf einer monotonen Strecke etwa eine Zehntel Sekunde früher auf ein unvorhergesehenes Ereignis, wenn er Musik hört, was rund 2,77 Meter ausmacht.

In beanspruchenden Situationen kann Musik belastend wirken. Die Forschergruppe stellte fest, dass die durchschnittliche Unfallhäufigkeit bei Fahrten mit Musik auf schwierigen Strecken deutlich höher ist. „Verlangt das Autofahren die volle Aufmerksamkeit, so erhöht Musik die Unfallneigung. In verkehrsreichen, unübersichtlichen Situationen führt Musikhören zu einer Gefährdung" (de la Motte-Haber et al., S. 39).

Kopiez (2008) folgert daraus, dass die Aufmerksamkeit vor allem bei unbekannten Strecke, Baustellen, viele Kurven und dichtem Verkehr nicht zusätzlich durch das Hören von Musik absorbiert werden sollte.

North und Hargreaves (1999) gingen der Frage nach, wie sich eine hohe kognitive Beanspruchung beim Autofahren auswirkt. Ihre experimentelle Anordnung sah folgendermaßen aus: Die Versuchspersonen hatten die Aufgabe, sich nach einer kurzen Übungsphase in einem Computerspiel als Rennfahrer zu betätigen. Sie sollten fünf Runden in möglichst kurzer Zeit hinter sich bringen. Sie bekamen dabei entweder erregende oder nicht erregende Musik zu hören sowie eine Stimme, die Zufallszahlen sagte. Die Aufgabe war, die Zahlen einfach zu rekapitulieren bzw. in Dreierblöcken rückwärts wieder zugeben. Am schnellsten wurden die Runden bei nicht aufregender Musik und dem einfachen Wiederholen der Zahlen geschafft, am langsamsten waren die Versuchspersonen, wenn sie bei erregender Musik rückwärts zählen sollten. Das Ergebnis entsprach der Erwartung, dass erregende Musik kognitive Kapazität beansprucht, was sich in einer schlechteren Leistung niederschlägt, wenn gleichzeitig eine andere, kognitiv anspruchsvolle Aufgabe zu erledigen ist.

Das zusammenfassende Fazit ist: Auf längeren Fahrten durch reizarme Landschaften kann Musik von Nutzen sein, um einen höheren Aktivierungsgrad zu erreichen. Die Musik sollte – insbesondere bei jungen Fahrern – nicht allzu erregend sein, sie sollte nicht zu leise sein, so dass man keine Aufmerksamkeit darauf verwenden muss, um sie überhaupt hören zu können. Bei schwierigen Streckenabschnitten ist Begleitmusik weniger angebracht. Im Unterschied zu den Experimenten, in denen unter kontrollierten Bedingungen bestimmte Musik dargeboten wird, hat es der Autofahrer in der realen Verkehrssituation in der Hand, ob er diesen Empfehlungen folgen will oder nicht. Im Experiment fehlt die individuelle Verhaltenskontrolle, über die der Autofahrer das Maß an Stimulation selbst bestimmt.

6.3.2 Einflüsse der Verkehrsumwelt auf das Erleben der Bewohner

Straßen in Wohngebieten sind nicht nur Durchgangsstraßen, sondern auch „Wohnstraßen", das heißt Teil des Lebensraums der dort Wohnenden. Appleyard und Lintell (1972) haben in ihrer Untersuchung in San Francisco anschaulich demonstriert, wie sich der Verkehr in Straßen auf die dort Wohnenden auswirkt. Sie zeigten, dass das Alltagsleben in vielerlei Hinsicht verändert wird, wenn es an einer vom Verkehr dominierten Straße stattfindet. Ausgesucht wurden drei Straßen mit unterschiedlicher Verkehrsbelastung. Die durchschnittliche Zahl der Kraftfahrzeuge, die durch die drei Straßen fuhren, lag bei rund 16 000 (heavy street), 8000 (moderate street) und 2000 (light street) Fahrzeugen pro Tag. Die objektiven Belastungen wurden durch Messungen und Beobachtungen, das Erleben der Wohnumwelt durch Befragung der Bewohner ermittelt. Auf 5-stufigen Skalen sollten sie verschiedene Aspekte ihrer Straße bzw. Wohnumgebung beurteilen. Ein Skalenwert von 1 bedeutete eine sehr positive, ein Wert von 5 eine sehr schlechte Bewertung. In Abb. 6.5 ist das Ergebnis in Form von Mittelwerten, differenziert nach den drei Straßentypen „heavy", „moderate" und „light", dargestellt.

Abbildung 6.5 Beurteilungen unterschiedlich verkehrsbelasteter Wohnstraßen durch die Anwohner (Zusammenstellung aus Appleyard & Lintell, 1972; eigene Grafik)

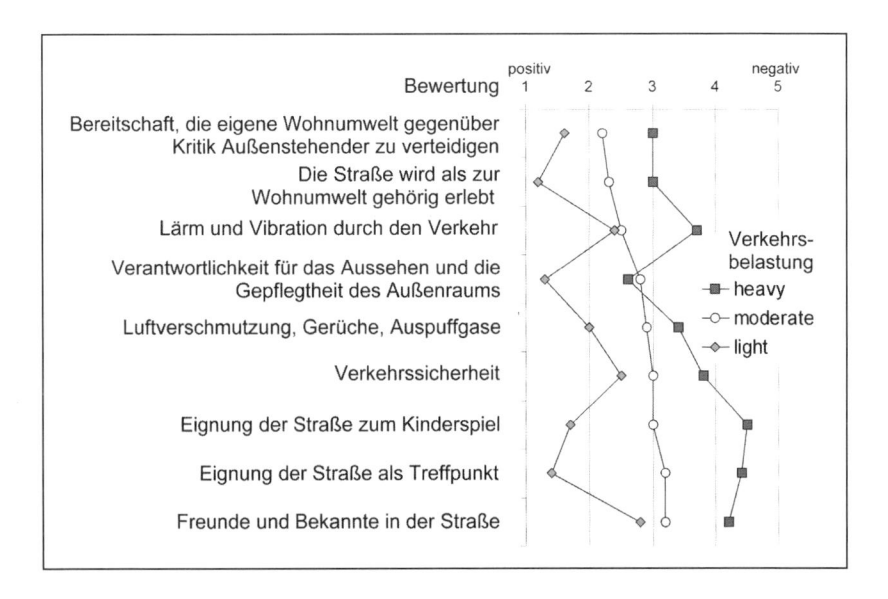

Die Messergebnisse bestätigten, dass die durchschnittliche Fahrgeschwindigkeit und der Geräuschpegel umso höher sind, je mehr Autos durch die Straße fahren. Auch die Befragungsergebnisse waren eindeutig: Die Beurteilungen fielen in der Straße mit der höchsten Verkehrsbelastung am negativsten aus, in der Straße mit dem geringsten Verkehr am positivsten. Straßen mit viel Verkehr haben Barrierewirkung. Der räumliche Bereich, mit dem sich die Bewohner identifizieren und den sie als „ihre" Umwelt ansehen, reichte in dieser Straße nicht über das Haus hinaus, während die Bewohner der gering belasteten Straße den Straßenraum als zu ihrer Wohnumwelt zugehörig ansahen. Ganz anders gestaltet sich der Alltag bei denen, die an Straßen mit geringem Verkehrsaufkommen wohnen. Sie betrachten den Straßenraum als Teil ihrer Wohnumwelt. Der ausgedehnte Lebensraum hat zur Folge, dass die Bewohner mehr nachbarliche Kontakte haben, die auch über die Straße hinweg reichen. Sie haben im Durchschnitt doppelt so viele Freunde und Bekannte wie die Bewohner an der stark belasteten Straße. Die Kinder dürfen hier häufiger draußen ohne Aufsicht Erwachsener spielen, d. h. sie haben einen ausgedehnteren free range (vgl. Kap. 7.1).

Der Wert dieser Untersuchung liegt im empirischen Nachweis, dass der motorisierte Straßenverkehr in Wohngebieten bedeutend mehr negative Auswirkungen hat als allein die Verringerung der Verkehrssicherheit. Er verändert auch die räumlichen und sozialen Beziehungen und die Bewegungsräume, über die Kinder und Erwachsene verfügen können.

Durch „light streets" fahren immer noch Autos hindurch, im Unterschied dazu sind Sackgassen keine Durchgangsstraßen, denn wer dort hinein fährt, will hier hin und nicht weiter. Die Sackgasse ist immer zugleich auch der Zielort. Brown und Werner (1985) konnten in ihrer Untersuchung, in der sie vergleichend die Ortsverbundenheit und Umweltaneignung von Bewohnern in Sackgassen und Durchgangsstraßen analysierten, zeigen, dass die Sackgassen-Bewohner enger mit ihrer Wohnumwelt verbunden sind. Sie dekorieren ihre Häuser und deren unmittelbare Umgebung zu Festen wie Halloween und Weihnachten sehr viel ausgiebiger, sie sind zufriedener mit ihrer Wohnumwelt und identifizieren sich stärker damit als die Bewohner von Durchgangsstraßen.

In verkehrsbelasteten Straßen ist auch der Lärmpegel höher, was Appleyard und Lintell parallel zu ihren Befragungen mit konkreten Messergebnissen belegt haben. Sie erfassten in vier Messperioden den Anteil an Zeit, in welcher der Lärmpegel auf den Gehwegen über 65 dBA lag. In der „heavy street" lag der Anteil bei 45 %, in der „moderate street" bei 25 % und in der „light street" bei 5 %. Der Verkehrslärm beeinträchtigt die Bewohner in vielerlei Hinsicht. Dass das nicht erst in neuerer Zeit der Fall ist, zeigt beispielhaft eine der bereits in den 1970er Jahren durchgeführten Untersuchung. Cohen et al. (1973) haben die Lesekompetenz von Kindern getestet, die an lauteren und leiseren Straßen wohnten. Die Leseleistungen fielen bei den Kindern, die an den lauten Straßen wohnten, deutlich schlechter aus. Die Folgen einer mangelnden Lesefähigkeit sind gravierend, denn die Sprachentwicklung der Kinder wird beeinträchtigt und dadurch auch die kognitive Entwicklung verzögert. In Kap. 8.2 wird ausführlich auf das Problem des Verkehrslärms eingegangen.

Lebensphase und Mobilität   7

Zwischen welchen Verkehrsmitteln gewählt werden kann und welchen Mobilitätsanforderungen entsprochen werden muss, hängt von der jeweiligen Lebensphase ab. Die zwei hinsichtlich der Mobilität entscheidenden Lebensabschnitte sind „nicht erwachsen" und „erwachsen. Sobald ein Führerschein erworben wurde und damit die eigenständige Nutzung eines Autos möglich geworden ist, erweitert sich der individuelle Lebensraum schlagartig. Von nun an ist Automobilität eine Option.

Die früheste Form menschlicher Fortbewegung ist das Krabbeln, gefolgt vom eigenständigen Gehen. Bald danach beginnt die Phase, in der schnellere Fortbewegungen möglich werden. Das erste Verkehrsmittel ist heute das Laufrad, eine weitere Steigerung bringt das Fahrrad im Kindergartenalter. Es bleibt während des gesamten Jugendalters das wichtigste individuelle Verkehrsmittel.

In der Phase nach dem Wegfall der Erwerbstätigkeit und familiärer Aufgaben verringern sich die Mobilitätsanforderungen, es nimmt jedoch auch die sensorische, kognitive und motorische Leistungsfähigkeit ab, was sich auf die Mobilität auswirkt.

In den Mobilitätskenngrößen, die in der MiD 2008 ermittelt wurden, spiegeln sich die Lebensphasen deutlich wider (vgl. Abb. 7.1).

Bei den unter 18-Jährigen liegt die tägliche Wegezahl ziemlich konstant bei durchschnittlich drei Wegen pro Tag und ist damit geringer als bei den 18- bis 64-Jährigen. Die 14- bis 17-Jährigen sind im Mittel 80 Minuten, die jungen Erwachsenen 86 Minuten unterwegs. Die zeitliche Differenz ist geringer als der Unterschied bei der täglich zurückgelegten Strecke. Bei gleichem Zeitbudget können mehr Kilometer geschafft werden, wenn ein Auto zur Verfügung steht. Erst bei den ab 75-Jährigen zeigt sich ein spürbarer Rückgang der Mobilität. Die durchschnittlich zurückgelegte Tagesstrecke sinkt auf 16 Kilometer und ist damit weniger als ein Drittel so lang wie diejenige der 30- bis 49-Jährigen.

Abbildung 7.1 Mobilitätskenngrößen nach Altersgruppen (Infas & DRL, 2010, S. 75; eigene Grafik)

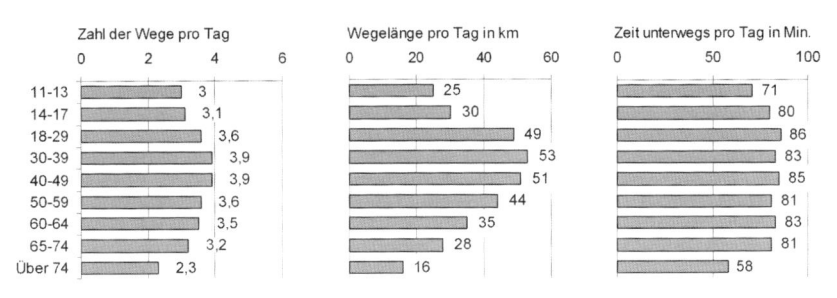

Altersgruppe	Zahl der Wege pro Tag	Wegelänge pro Tag in km	Zeit unterwegs pro Tag in Min.
11-13	3	25	71
14-17	3,1	30	80
18-29	3,6	49	86
30-39	3,9	53	83
40-49	3,9	51	85
50-59	3,6	44	81
60-64	3,5	35	83
65-74	3,2	28	81
Über 74	2,3	16	58

Gemessen an den Mobilitätskennwerten sind die 30- bis 49-Jährigen die mobilste Gruppe, sie sind diejenigen, die am häufigsten das Auto nutzen. Dies kam auch in den repräsentativen Befragungen in sechs Städten zum Ausdruck, die im Rahmen des „Fahrrad-Projekts" durchgeführt worden waren, um die Motive und Einflussgrößen der Verkehrsmittelnutzung zu ermitteln (vgl. Flade et al., 2002). Wie Abb. 7.2 zeigt, ist das Auto in der Altersgruppe der 30- bis 50-Jährigen mit Abstand das wichtigste Verkehrsmittel. Bei den über 65-Jährigen verliert es an Bedeutung, der ÖV wird wichtiger. Dies gilt vor allem in den Großstädten. Hier nutzen die

Abbildung 7.2 Häufigstes Verkehrsmittel nach Altersgruppen in sechs ausgewählten Städten in Prozent (Flade et al., 2002, S. 57)

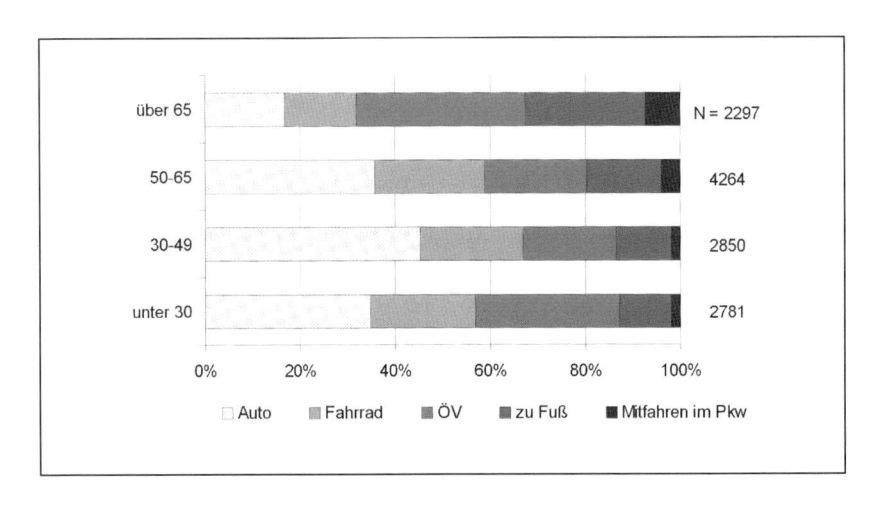

Altersgruppe	N
über 65	2297
50-65	4264
30-49	2850
unter 30	2781

Legende: Auto, Fahrrad, ÖV, zu Fuß, Mitfahren im Pkw

Lebensphase und Mobilität 119

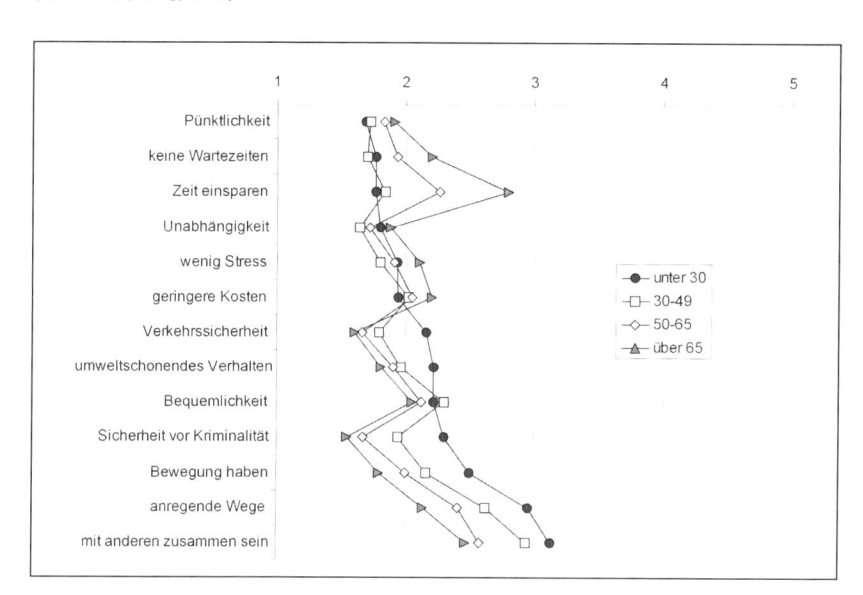

Abbildung 7.3 Wichtigkeit verschiedener Zielkategorien nach Altersgruppen (Rölle et al., 2005, S. 26)

Älteren häufiger öffentliche Verkehrsmittel, was nicht überraschend ist, weil das ÖV-Angebot in großen Städten räumlich und zeitlich erheblich dichter ist als in kleineren Städten.

Auch die Bedeutung der verschiedenen Zielkategorien, die der Verkehrsmittelwahl zugrunde liegen, ist je nach Lebensphase unterschiedlich. Dies zeigt das in Abb. 7.3 dargestellte Ergebnis, wobei ein Wert von 1 „sehr wichtig" und ein Wert von 5 „ganz unwichtig" bedeutet.

Die je nach Lebensphase unterschiedlichen Schwerpunktsetzungen sind deutlich zu erkennen, z. B. ist das Einsparen von Zeit und das Vermeiden von Wartesituationen den Jüngeren deutlich wichtiger als den Älteren, für die wiederum Sicherheit, Bewegung haben und anregende Wege vorrangig sind.

7.1 Mobilität im Kindes- und Jugendalter

7.1.1 Bewegungsräume von Kindern

Vor einigen Jahrzehnten war die Wohnraum-Norm DIN 18011 noch in Kraft, sie wurde erst 1991 ersatzlos gestrichen. Mit der Vorgabe von Wohnraumgrößen sollte nach den Vorstellungen des Bundesministeriums für Städtebau und Wohnungswesen die Gebrauchsfähigkeit von Wohnungen gewährleistet werden (BMBau, 1972). Gebrauchsfähigkeit bedeutete: Das Kinderzimmer für zwei Kinder sollte 11 qm, das Elternschlafzimmer 14 qm und das Wohnzimmer mit Essplatz für vier Personen 20 qm groß sein. Im Kinderzimmer sollte eine Fläche von 1,80 × 1,20 Meter frei bleiben, die als Spielfläche gedacht war. Diese 2,16 qm waren der Spiel- und Bewegungsraum im Kinderzimmer, die übrigen 8,8 qm dienten als Abstands- und als Stellflächen für einen Tisch, zwei Stühle, zwei Betten und einen Schrank. In Abb. 7.4 ist das Kinderzimmer nach DIN 18011 veranschaulicht.

Zu der Zeit, als die DIN 18011 noch gültig war, konnten sich Kinder draußen noch freier und verkehrssicherer bewegen als heute. Inzwischen sind – mit der Zunahme der Wohnflächen – die Kinderzimmer zwar größer geworden, doch die Freiräume draußen haben sich verringert. Dadurch gibt es weniger Gelegenheiten für bewegungsintensive und raumgreifende und weniger elterlich kontrollierte Aktivitäten (Zinnecker, 2001).

Wegweisende Konzepte, um die Bewegungs- und Spielräume von Kindern zu beschreiben, stammen von Martha Muchow und von Roger Hart. Muchow hat in den 1930er Jahren den Lebensraum von Kindern untersucht, den sie in einen Spielraum und einen Streifraum unterteilt hat. Den Spielraum definierte sie als das Insgesamt der Orte, die ein Kind mehr oder weniger täglich aufsucht, so dass es all diese Orte und die Wege dorthin genau kennt. Der Streifraum setzt sich demgegenüber aus den Orten zusammen, die nur gelegentlich aufgesucht werden, so dass dieser Bereich unvertrauter und neuartiger ist. Im Streifraum kommt es, wie Muchow gemeint hatte, auf Eigeninitiative an und auf die Bereitschaft, sich mit neuen Anforderungen auseinander zu setzen (Muchow & Muchow, 1935).

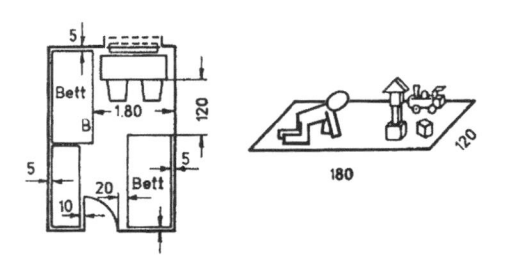

Abbildung 7.4 Bewegungsfläche im Kinderzimmer nach DIN 18011

Hart (1979) hat den Lebensraum von Kindern als „home range" bezeichnet, den er mit Blick auf zwei Gesichtspunkte unterteilt hat, nämlich nach dem Ausmaß der Eigenständigkeit und des Allein unterwegs sein Dürfens. Er unterschied zwischen vier Bereichen:

- einem „free range": Orte, die das Kind eigenständig aufsuchen darf
- einem „range with permission": Orte, die das Kind eigenständig aufsuchen kann, wobei es zuvor sagen muss, wo es hin geht
- einem „range with permission with other children": Orte, die das Kind in Begleitung anderer Kinder gehen darf
- einem „range with related adults": Orte, die nur in Begleitung Erwachsener aufgesucht werden dürfen.

Zu der Zeit, als Muchow ihre Untersuchung durchführte, war die Begleitung von Kindern noch nicht üblich bzw. erforderlich. Die Bewegungsmöglichkeiten von Kindern ließen sich an der Ausdehnung des Lebensraums, darunter insbesondere des Streifraums ablesen. In der Kategorisierung von Hart (1979) drückt sich die Situation von Kindern einige Jahrzehnte später aus. Es geht jetzt zusätzlich um die Möglichkeit, Wege unbegleitet zurück legen zu können.

Muchow hat in ihrer empirischen Untersuchung im Stadtteil Barmbek in Hamburg festgestellt, dass der Spielraum bei 11-jährigen Mädchen und Jungen ähnliche Ausmaße hat, dass jedoch der Streifraum von Jungen ausgedehnter ist, so dass deren Lebensraum insgesamt weiträumiger ist. Nach Hart (1979) tritt ein solcher Unterschied etwa ab 10 Jahren auf. Webley (1981) stellte in England fest,

Abbildung 7.5 Bevorzugte Umweltbereiche von Mädchen und Jungen in städtischen und ländlichen Umwelten (Sebba, 1991, S. 402)

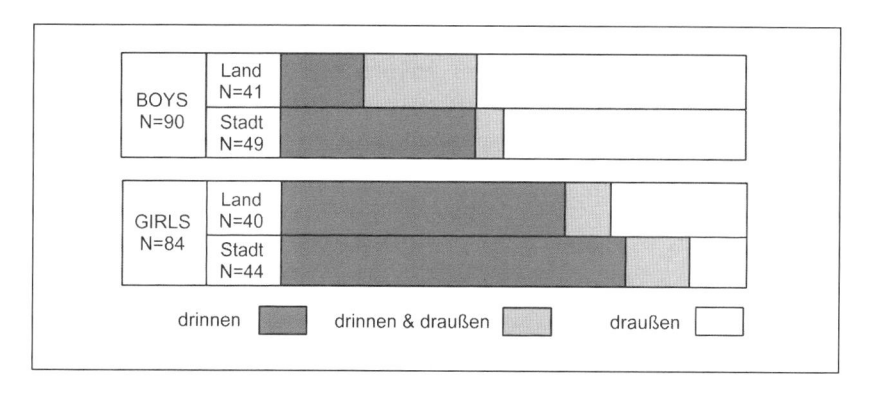

dass 8-jährige Jungen im Durchschnitt einen um ca. 40 % größeren free range besitzen als gleichaltrige Mädchen. Sebba (1991) hat Kinder im Alter zwischen 8 und 11 Jahren in städtischen und ländlichen Wohngebieten in Israel nach den für sie wichtigsten bzw. bevorzugten Orten befragt. Eines ihrer Ergebnisse war, dass Mädchen Innenräume und Jungen Außenräume vorziehen und dass Außenräume in städtischen Umwelten weniger präferiert werden, was vor allem für Mädchen gilt (vgl. Abb. 7.5). Zusammenfassend lässt sich feststellen, dass Mädchen einen weniger ausgedehnten free range haben als Jungen, was sie aber nicht als Mangel erleben.

Die Kinder führten als Begründung, warum sie lieber drinnen oder draußen sind, funktionale Gründe sowie soziale und individuelle Bedürfnisse an. Ein funktionaler Grund ist z. B. „outdoors I can run and play". Soziale Gründe sind „outdoors I meet my friends" oder „at home I can play with may little sister". Um individuelle Bedürfnisse handelt es sich bei den Äußerungen „at home I feel safe" oder „outdoors I feel free" (Sebba, 1991, S. 403).

Ein funktionaler Grund für die Bevorzugung von Außenräumen sind die Vorlieben für bestimmte Aktivitäten, die nur draußen möglich sind. Nur dort, wo genügend Platz vorhanden ist, kann Fußball gespielt oder dem „rough-and-tumble play" gefrönt werden, einem typischen Spiel von Jungen, in dem sie sich körperlich auseinandersetzen, sich anrempeln, miteinander raufen und spielerisch kämpfen (Bierhoff, 1996). Für solche bewegungsintensiven Aktivitäten ist relativ viel Platz erforderlich.

Pfister (1996) hat in ihrem historischen Rückblick darauf hingewiesen, dass es noch vor hundert Jahren ein Privileg der Jungen war, sich im Wettlauf, Ringen und Springen zu messen und körperliche Kraft und Geschicklichkeit zu entwickeln. Sport war ausschließlich eine männliche Domäne.

Die sukzessive Ausdehnung des Lebensraums mit zunehmendem Alter sieht van Vliet (1983) als Voraussetzung für eine ungestörte normale körperliche, soziale und kognitive Entwicklung an: „Home range extension is considered a requirement for healthy physical, social and cognitive development [...]. It supplies new material for the continuing drama of a child's discovery of the world without which the acquisition of competence and understanding would be impossible [...]. Restrictions on children's range may limit the development of skills to exploit opportunities and to cope with hazards in the environment" (van Vliet 1983, S. 567 f.).

Es ist indessen nicht der Platz allein, sondern auch das Anregungspotential, das eine Umwelt für Kinder attraktiv macht, so dass sie diese gerne aufsuchen. Kyttä (2004) hat diese beiden Dimensionen zu einem Vierfelder-Schema kombiniert (vgl. 105). Die vier Typen werden durch ihre Benennung veranschaulicht.

Die ungünstigste Konstellation ist, wenn weder Platz noch Anregungen vorhanden sind. Diesen Umwelttyp hat Kyttä als „Zelle" bezeichnet. Das Gegenteil

Tabelle 7.1 Kategorien von Umwelten (Kyttä, 2004, S. 183)

Bewegungs-möglichkeiten	Anregungspotential	
	gering	hoch
viele	Ödland	„Bullerbü"
wenige	Zelle	Glashaus

trifft für Umwelten zu, der Kindern sowohl Bewegungsraum als auch Anregungen bietet. Kyttä wählte hierfür die Bezeichnung „Bullerbü" in Anlehnung an die Geschichten von Astrid Lindgren, die sich in Bullerbü abspielen. Umwelten, die zwar Platz bieten, aber arm an Anregungen sind, laden nicht zum Aufenthalt ein. Sie sind „ödes Land". Eine Umwelt vom Typ „Glashaus" bietet dagegen Anregungen, es fehlt aber der Raum für eigenständiges Erkunden.

Das Vierfelder-Schema von Kyttä liefert eine Grundlage für eine erste globale Einschätzung der Kinderfreundlichkeit von Wohnumwelten. Zweierlei ist zu prüfen:

- Besteht die Möglichkeit für Kinder, sich eigenständig in der Umgebung zu bewegen?
- Ist die Umgebung reich an Anregungen?

Förderlich auch für die motorische Entwicklung sind Umwelten, die Bewegungsmöglichkeiten bieten. Das ist nicht nur im Typ Bullerbü, sondern auch im Typ Ödland der Fall. Umwelten vom Typ Ödland haben jedoch den Nachteil, dass sie als langweilig und uninteressant wahrgenommen werden. Das Interesse, sich mit der Umwelt auseinander zu setzen, nimmt ab, wenn Anregungen fehlen (Mehrabian & Russell, 1974). Als ideale Umwelt wird Bullerbü angesehen.

Eine der negativen Folgen des Verkehrs ist, dass Bewegungsräume infolge des Platzbedarfs und der Gefährlichkeit des Autoverkehrs verloren gehen und dadurch die Typen Glashaus und Zelle im Leben von Kindern häufiger vorkommen als die Typen Ödland und Bullerbü. Zinnecker (2001) hat diese Entwicklung als „Verhäuslichung" bezeichnet. In Kap. 8.3. wird dieses Thema noch einmal aufgegriffen.

7.1.2 Mobilitätsverhalten und Einstellungen zur Mobilität bei Kindern und Jugendlichen

Das eigenständige Fortbewegen beginnt mit dem Krabbeln zwischen dem fünften und elften Lebensmonat. Erstmals aus eigener Kraft werden Standorte gewechselt und Dinge, die außerhalb der Greifweite von einem festen Standort aus liegen, erreicht. Zwischen 9 und 17 Monaten können die meisten Kinder gehen. Damit wächst ihr Aktionsradius sprunghaft. Schon früh tauchen im Leben von Kindern Fahrzeuge auf (vgl. Abb. 7.6). Neben Eisenbahnen sind es vor allem individuelle Fahrzeuge in unterschiedlichen Varianten und Größen, mit denen gespielt wird. Dass gerade diese Spielzeuge faszinierend sind, lässt sich darauf zurück führen, dass sie eine *handelnde* Auseinandersetzung mit einem Stück realer Welt ermöglichen[21].

Erste Begegnungen mit dem Auto sind das Spielen mit kleinen Modellen gängiger Automarken und der Transport im Auto (Tully & Schulz, 1999). Laufrad und Fahrrad bieten zwischen zwei und vier Jahren die Möglichkeit, schneller voran zu kommen. Fahrräder gibt es inzwischen in unterschiedlichen Größen, wodurch sich eine optimale Passung erreichen lässt, die das Radfahren sowohl frühzeitig möglich als auch zu einer angenehmen Fortbewegungsart macht.

Rad fahren geht mit Gefühlen der Selbstwirksamkeit einher. Kinder und Jugendliche fühlen sich kompetent, wenn sie mit dem Rad eine Strecke schnell und

Abbildung 7.6 Fahrzeuge als Spielzeuge (eigenes Foto)

---

21 Die fünf Merkmale, die das Kinderspiel charakterisieren, sind: Zweckfreiheit, der Aktivierungszirkel, d. h. das Aufsuchen eines wiederholten Wechsels von Spannung und Lösung, die handelnde Auseinandersetzug mit einem Stück realer Umwelt, die undifferenzierte Zielstruktur und unmittelbare Zeitperspektive sowie die Quasi-Realität (Heckhausen, 1964, S. 226 f.).

Abbildung 7.7 Radfahren (Foto Katja Renz)

eigenständig zurück legen, doch sie erleben auch gefährliche Situationen und rücksichtslose Autofahrer (Limbourg et al., 2000). Solche direkten positiven wie negativen Erfahrungen prägen die Entwicklung von Einstellungen zum Radfahren sowie generell zu den verschiedenen Fortbewegungsarten.

Warum das Rad fahren positiv erlebt wird, hat mehrere Gründe. Wie wichtig sie sind, lässt sich an der Häufigkeit der Nennungen, die Schönhammer (1991) in einer Befragung von Schülern ermittelt hat, ablesen. Bewegungsfluss und Dahin gleiten, Unabhängigkeit und Freiheit wurden am häufigsten genannt (vgl. Abb. 7.8), des Weiteren das Spüren von Wind und Luft – eine Aussage, die deutlich macht, dass der körperliche Kontakt mit der Umwelt lustvoll ist.

Abbildung 7.8 Erleben des Radfahrens bei Jugendlichen in Prozent der Nennungen (Schönhammer, 1991, S. 297; eigene Grafik)

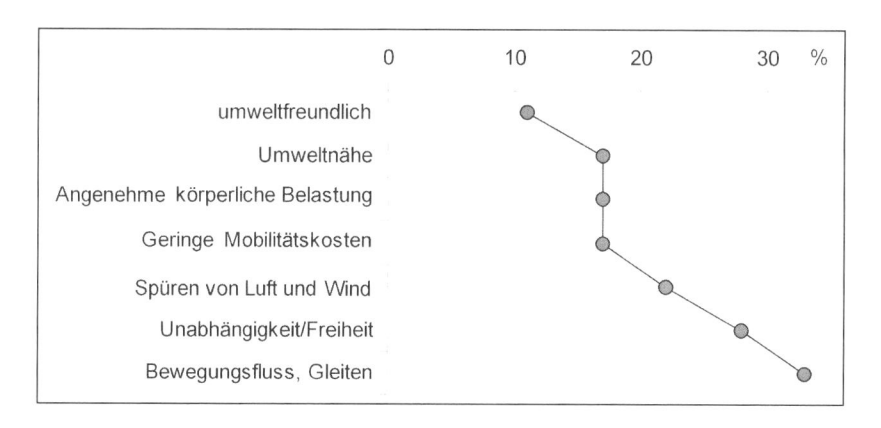

Tabelle 7.2 Das häufigste Verkehrsmittel 13- bis 14-Jähriger nach Geschlecht, Nationalität und Stadt in Prozent (Flade, et al., 2002, S. 128 f.)

häufigstes Verkehrsmittel	Mädchen	Jungen	Deutsche	Nicht-Deutsche	Großstadt (Hamburg)	Mittelstadt (Fürstenwalde)
zu Fuß	18,3	14,9	14,5	24,6	22,5	17,8
Fahrrad	33,2	44,4	43,6	17,7	24,8	56,1
ÖV	34,6	28,9	29,7	43,8	41,0	13,5
Mitfahren im Pkw	6,4	4,8	6,0	5,9	6,3	2,2
unterschiedlich	7,5	7,1	6,2	7,9	5,4	10,4
insgesamt (100%)	749	666	1049	204	223	232

Tabelle 7.3 Begründungen der Verkehrsmittelnutzung differenziert nach dem häufigsten Verkehrsmittel in Prozent der Befragten (Flade et al., 2002, S. 133)

Gründe	zu Fuß	Fahrrad	ÖV	Mitfahren im Pkw
Erreichbarkeit bestimmter Ziele	16	14	13	19
Es ist nah	31	7	–	–
Es ist weit	–	4	23	26
Schnelligkeit	5	28	12	15
Keine Alternative; „geht nicht anders"	8	13	12	3
„weil ich so zur Schule komme"	17	11	30	10
Bequemlichkeit	4	4	9	12
Spaß, Vergnügen	11	19	2	3

Die positive Haltung Jugendlicher zum Rad fahren trat auch im „Fahrradprojekt" zutage, in dem insgesamt 1424 Schüler aus 7. und 8. Klassen aus verschiedenen Schulen in den sechs einbezogenen Städten schriftlich zum Thema Mobilität und Verkehr befragt worden waren (Flade et al., 2002). Für 38 % der Schüler erwies sich das Fahrrad als das am häufigsten genutzte Verkehrsmittel, für 32 % der ÖV. Zufußgehen folgte an dritter Stelle. Mitfahren im Auto ist in diesem Alter nur selten eine wichtige Fortbewegungsart. In Tab. 7.2 sind jeweils eine Groß- und eine Mittelstadt einander gegenübergestellt. Je nach Stadtgröße ist entweder das Fahrrad oder der ÖV wichtigstes Verkehrsmittel der Jugendlichen.

Jungen sind häufiger mit dem Fahrrad unterwegs, gleichaltrige Mädchen öfter mit dem ÖV. Stärker als Jungen und Mädchen unterscheiden sich deutsche und nicht-deutsche Jugendliche. Lediglich 18 % der Nicht-Deutschen meinten, dass das Fahrrad ihr am häufigsten genutztes Verkehrsmittel ist gegenüber 44 % der Deutschen. In Tab. 7.3 sind die Begründungen zu der jeweiligen Art der Verkehrsmittelnutzung aufgeführt. Ein wichtiges Merkmal ist die Entfernung. Die Schüler, die oft zu Fuß gehen, begründen dies in erster Linie mit der räumlichen Nähe des Zielorts („Es ist nah"). Bei denjenigen, die oft den ÖV nutzen, sind die weiten Entfernungen der häufigste Grund.

Jugendliche fahren viel Rad, gehen aber relativ selten zu Fuß. Wenn jedoch der Zielort in der Nähe ist, wird auch zu Fuß gegangen. Radfahren bedeutet sowohl schnell sein als auch Spaß haben. Es wird von denen, die es besonders oft praktizieren, als noch umweltfreundlicher, gesünder, aktiver, besser, vertrauter und sauberer charakterisiert als von denen, die seltener damit unterwegs sind. Diejenigen, die viel Rad fahren, sind der Meinung, dass das Fahrrad ihnen den Raum erschließt und dass sie damit Unabhängigkeit gewinnen (vgl. Abb. 7.9). Es sind

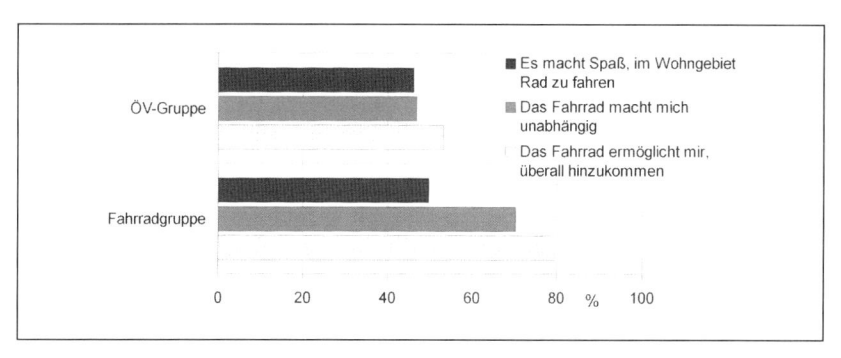

Abbildung 7.9 Zustimmung der Fahrrad- und ÖV-Gruppe zu Aussagen zum Radfahren in Prozent (Flade et al., 2002, S. 136)

Autonomie und der große Aktionsradius, die hoch geschätzt werden. Der Spaß, den man hat, wenn man im Wohngebiet mit dem Rad herum fährt, ist weniger von Belang.

Jungen haben im Mittel positivere Einstellungen zum Radfahren als Mädchen. Sie stufen es als stärker, zuverlässiger, schneller, leichter, vertrauter und schöner ein, und sie finden auch häufiger, dass sie mit dem Fahrrad überall hinkommen. Die nicht-deutschen Jugendlichen finden das Radfahren deutlich weniger vertraut und weniger Umwelt schützend als die deutschen. Sie haben seltener den Eindruck, dass das Fahrrad zu ihrer Unabhängigkeit beiträgt und ihnen das Erreichen vieler Orte ermöglicht.

Die alltägliche Verkehrsmittelnutzung schlägt sich so in Einstellungen und darüber hinaus auch in subjektiven Normen nieder. Wer sich tagtäglich in einer bestimmten Art und Weise fortbewegt, findet das „normal". Die subjektiven Mobilitätsnormen wurden im Fahrradprojekt durch Vorgabe von Behauptungen wie „Radfahren ist für mich das Normale" oder „die ÖV-Nutzung ist für mich das Normale" erfasst. Dreiviertel der Schüler stimmten der Aussage zu, dass Radfahren für sie das Normale ist, rund 60 % meinten dies in Bezug auf die ÖV-Nutzung. Radfahren ist häufiger Norm bei Jungen als bei Mädchen und erheblich häufiger bei den deutschen als bei den nicht-deutschen Jugendlichen.

Der wahrgenommene Handlungsspielraum der Jugendlichen wurde durch Kommentierung der Aussage: „Ich habe es gut: Ich kann mir aussuchen, ob ich mit dem Fahrrad oder mit dem Bus oder der Bahn fahre oder ob ich zu Fuß gehe", erfasst. Rund drei Viertel der Jugendlichen meinten, Handlungsfreiräume zu haben, nur ein Zehntel hatte den gegenteiligen Eindruck. Dieses Zehntel sind die „Captives" (vgl. Kap. 4.4). Bei den Radfahrern und den ÖV-Nutzern ist der Anteil an Captives etwas höher, bei den im Auto Transportierten deutlich geringer, d. h. der Transport im Auto ist aus der Sicht der Schüler nicht unbedingt erforderlich, es ginge auch anders.

Jugendliche bewerten das Gehen ambivalent, wie Schönhammer (1991) festgestellt hat. Die positiven Aspekte, die sie nennen, sind, dass man unabhängig ist und dass man sich während des Gehens unterhalten kann. Negativ ist der Autoverkehr, der zur Folge hat, dass die Fußgänger benachteiligt sind, indem sie sich beim Überqueren der Straße abhetzen müssen – das Gegenteil eines gemächlichen Spaziergangs. Negativ ist auch, dass man langsam ist und dass der Aktionsradius wegen der Langsamkeit relativ eng ist. Hinzu kommt, dass das Gehen in einer anregungsarmen Umwelt langweilig ist.

Eine zentrale Frage, der im Fahrradprojekt nachgegangen wurde, ist, wie sich Jugendliche ihre Verkehrsmittelnutzung im Erwachsenenalter vorstellen. Die Zukunftsvorstellungen, die sich als langfristige Verhaltensabsichten auffassen lassen, wurden mit zwei Fragen erfasst (vgl. Flade et al., 2002): Stell dir vor, dass du erwachsen bist:

- Meinst du, dass du dann viel Auto fahren wirst?
- Meinst du, dass du dann viel Fahrrad fahren wirst?

Als „autoorientiert" wurden die Jugendlichen klassifiziert, die sich vorstellen, in Zukunft viel oder sehr viel Auto zu fahren. In die Kategorie „pragmatisch" wurden diejenigen eingeordnet, die das Auto in der Vorstellung „je nach den Erfordernissen" bzw. „teils/teils" nutzen wollen. Als „nicht-autoorientiert" galten die Jugendlichen, die sich vorstellen, später wenig oder gar nicht mit dem Auto unterwegs zu sein. Analog wurden die drei Kategorien bei der Radorientierung gebildet.

Insgesamt 45 % der befragten 13- bis 14-Jährigen erwiesen sich als autoorientiert. Ähnlich groß ist mit 44 % der Anteil der „Pragmatischen". Nur 11 % haben die Vorstellung, dass sie als Erwachsene das Auto selten oder gar nicht nutzen werden.

Die Radorientierung ist deutlich schwächer ausgeprägt als die Autoorientierung und zwar unabhängig vom Geschlecht und von der Nationalität. Nur 26 % der Jugendlichen stellten sich als radorientiert dar, 38 % als „pragmatisch" und 36 % als nicht-radorientiert (vgl. Abb. 7.10). „Männlich" wird offensichtlich nach wie vor mit Automobilität assoziiert, was sich in der häufigeren Autoorientie-

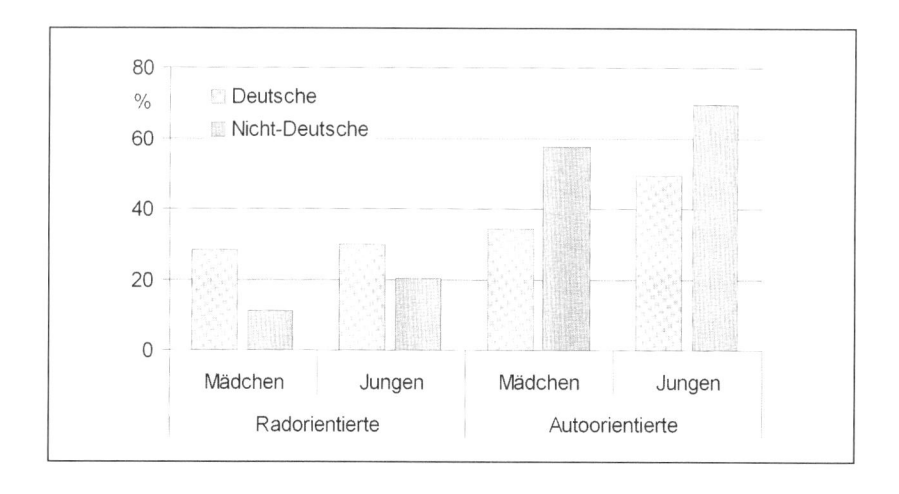

Abbildung 7.10 Auto- und Radorientierung 13- bis 14-Jähriger nach Geschlecht und Nationalität in Prozent (Flade et al., 2002, S. 175)

rung der männlichen Jugendlichen ausdrückt. Noch viel größer ist jedoch der Unterschied zwischen deutschen und nichtdeutschen Jugendlichen (vgl. Abb. 7.10). Hier zeigt sich der Einfluss kultureller Wertvorstellungen und Lebensstile.

Die Mehrheit der Jugendlichen erwies sich als autoorientiert und als nichtradorientiert. Angesichts der sehr positiven Einstellungen zum Rad fahren handelt es sich offensichtlich um einen Substitutionseffekt: die positiven Einstellungen zum individuellen schnelleren Verkehrsmittel Fahrrad (im Vergleich zum Gehen) werden auf das schnellere Verkehrsmittel Auto übertragen. Für einen solchen Substitutionseffekt spricht, dass Jungen zwar viel Rad fahren, aber dennoch autoorientierter sind als Mädchen.

Der Substitutionseffekt ist jedoch nicht durchschlagend, denn häufiges Radfahren wirkt der Herausbildung von Autoorientierung entgegen, was daran abzulesen ist, dass Auto- und Radorientierung negativ korrelieren, und dass diejenigen Jugendlichen, die oft Rad fahren, häufiger radorientiert und seltener autoorientiert sind als diejenigen, die den ÖV häufig nutzen. Der Zusammenhang zwischen gegenwärtiger und vorgestellter künftiger Verkehrsmittelnutzung ist in Abb. 7.11 dargestellt.

Als ein wichtiger Einflussfaktor der Autoorientierung erwies sich die wahrgenommene Verkehrsmittelnutzung der Eltern. Wenn die Eltern häufig Auto fahren, ist es umso wahrscheinlicher, dass sich eine autoorientierte Haltung entwickelt. Auch bei den Vorstellungen zum Rad fahren in der Zukunft spielen die Eltern als Vorbilder eine große Rolle. Sie sind Modelle, deren Verhalten übernommen wird.

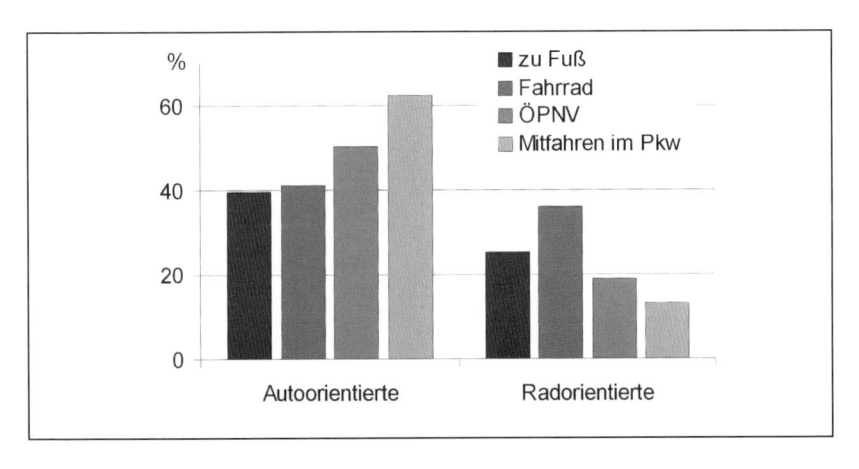

Abbildung 7.11 Rad- und Autoorientierung nach der gegenwärtigen Verkehrsmittelnutzung in Prozent (Flade et al., 2002, S. 166)

Insgesamt ist nicht zu übersehen, dass das Auto bei Jugendlichen einen hohen Stellenwert hat. Das zeigte auch das Ergebnis von Klocke et al. (2001), dass viele der von ihnen befragten 16-Jährigen Restriktionen für den Autoverkehr ablehnen. Die Jugendlichen stellen sich vor, dass Autofahren Spaß macht, dass es Prestige einbringt und das Selbstbewusstsein stärkt. Die Vorstellung ist, dass das Auto später nicht nur als Transportmittel dient, sondern auch noch verschiedene andere Motive erfüllt.

7.2 Residenzielle Mobilität

Der Lebensabschnitt zwischen 20 und 60 Jahren lässt sich als hochmobile Lebensphase kennzeichnen. Die pro Tag zurück gelegte Zahl der Wege und Kilometer erreicht ein Maximum, ebenso ist die Zeit des Unterwegsseins am längsten (vgl. Abb. 7.1, S. 118). Bei jungen Erwachsenen ist es zugleich die Phase, in der – häufiger als sonst im Leben – der Wohnort gewechselt wird. Zur zirkulären kommt so noch eine relativ häufige residenzielle Mobilität hinzu. Dass dies länderübergreifend gilt, hat Long (1992) festgestellt, der die Umzugshäufigkeit in unterschiedlichen Ländern analysiert hat. Er definierte als residenzielle Mobilitätsrate den Anteil der Bevölkerung, der in einem fest definierten Zeitraum wie z. B. einem Jahr den Wohnort wechselt. Wie zu erwarten, ist die residenzielle Mobilitätsrate bei den 20- bis 24-Jährigen besonders hoch. In diesem Alter ziehen die meisten jungen Menschen aus der elterlichen Wohnung aus. Der Auszug erfolgt in Deutschland im Durchschnitt mit 21 Jahren, bei Töchtern im Mittel ein Jahr früher, bei Söhnen ein Jahr später. Bemerkenswert ist, dass die jungen Frauen in allen Ländern der westlichen Welt früher ausziehen als die jungen Männer.

Durch residenzielle Mobilität, bei der die „Residenz" (= Wohnung) gewechselt wird, verändert sich der gesamte Lebensraum, das Mensch-Umwelt-System muss sich neu konstituieren (vgl. Flade, 2006). Dies kann erhebliche psychische Belastungen mit sich bringen. Stokols et al. (1983) haben das Wohlbefinden und die Gesundheit von Personen verglichen, die in den letzten Jahren entweder viel oder wenig bzw. nicht umgezogen sind. Die beiden Gruppen bezeichneten sie als Hoch- und Geringmobile. Sofern ein Wohnortswechsel ein belastendes Lebensereignis ist, müssten, so die Annahme, die Hochmobilen am meisten unter Stress und mangelnder Gesundheit leiden. Wie sich zeigte, sind die Geringmobilen keinesfalls besser dran, wenn sie mit ihrer gegenwärtigen Wohnsituation nicht voll zufrieden sind, aber keine Möglichkeit sehen, diese Situation zu verändern. Die Geringmobilen ohne Alternative erwiesen sich in gesundheitlicher Hinsicht als stärker beeinträchtigt als die wahlfreien Hochmobilen. Sesshaftigkeit kann, wenn sie gezwungenermaßen besteht, nachteiliger sein als ein selbst bestimmter, der eigenen Kontrolle unterliegender Ortswechsel. Unfreiwillige Sesshaftigkeit ist der Situation der Captives vergleichbar. In beiden Fällen fehlt die Verhaltenskontrolle. Vorübergehende Ortsveränderungen bringen ebenfalls eine Unterbrechung von Alltagsroutinen sowie den Wegfall der vertrauten sozialen Beziehungen und Unterstützung mit sich. Diese Unterbrechungen werden ähnlich wie ein Umzug ambivalent erlebt: im positiven Fall als persönliche „Erneuerung", als Auflockerung verfestigter alltäglicher Abläufe und eingefahrener Zeitmuster, im negativen Fall als Unbequemlichkeit, Verunsicherung und Belastung. Der Verlust der gewohnten Ordnung und die reduzierten Kontakte sind die Hauptursachen des Heimwehs, einem intensiven Verlustgefühl und depressionsähnlichem Zustand (Fuhrer & Kaiser, 1993). Heimweh versetzt nicht nur die davon betroffene Person in einen krankheitsähnlichen Zustand, sondern kann auch Nachteile für die Unternehmen mit sich bringen, nämlich Leistungsabfälle und häufiges Kranksein der Mitarbeiter. Eine Befragung von Angestellten aus verschiedenen europäischen Ländern in einer multinationalen High-Tech-Gesellschaft ergab, dass etwa rund 50 % der Befragten an Heimweh litten (Eurelings-Bontekoe et al., 2000). Nicht die Jüngeren, die noch nicht so lange im fremden Land leben, waren heimwehkrank, und auch nicht die Älteren, die schon lange Zeit fern der Heimat sind, sondern die 35- bis 40-Jährigen, die seit sechs bis acht Jahren in der Fremde leben. Berufsbedingte residenzielle Mobilität kann zu einem Problem werden, wenn sie zu einer unklaren Bindungssituation bzw. diffusen Bindungslosigkeit führt: Man hat sich bereits von der Heimat gelöst, ist aber noch nicht richtig am neuen Ort angekommen.

Kann ein Mensch frei darüber entscheiden, wo er leben will, tauchen solche Probleme kaum auf. Wenn er wählen kann, bevorzugt er Wohnstandorte, die zu seinem Selbstverständnis und seiner Identität passen. Diejenigen, denen das Auto wichtig ist und die viel Auto fahren, ziehen meistens Auto affine Gebiete vor (Scheiner, 2007), während andere darauf Wert legen, gut an den ÖV angebunden zu sein, so dass bei der Wahl des Wohnstandorts auf die Erreichbarkeit und Qualität des ÖV geachtet wird.

7.3 Ältere Menschen im Verkehr (Maria Limbourg)

Die Einschränkung der Mobilitätsmöglichkeiten im höheren Lebensalter wird von älteren Menschen häufig als einschneidendes Lebensereignis empfunden – verbunden mit dem Verlust von Lebensqualität, Autonomie und Freiheit (Hieber et al., 2006; Limbourg & Matern, 2009). Die Antizipation von Mobilitätseinschränkungen und deren Bewältigung stellt eine zentrale Entwicklungsaufgabe im höheren Lebensalter dar. Eine gesellschaftliche Aufgabe ist, ältere Menschen bei der Bewältigung ihrer Mobilitätsprobleme zu unterstützen und die Umwelt so zu gestalten, dass die Älteren möglichst lange mobil bleiben können.

In diesem Beitrag wird auf die Entwicklung der mobilitätsrelevanten physischen und psychischen Fähigkeiten und Fertigkeiten im höheren Lebensalter als Voraussetzung für die Verkehrsteilnahme eingegangen. Anschließend werden Lösungsmöglichkeiten für die Bewältigung der aus den Leistungsminderungen resultierenden Probleme vorgestellt.

7.3.1 Bestandsaufnahme zur Leistungsfähigkeit im Alter

Die Mobilität älterer Menschen wird nicht nur durch ihre Mobilitätsbedürfnisse und -wünsche gesteuert, sondern auch von den Veränderungen verkehrsrelevanter psychophysischer Kompetenzen im höheren Lebensalter beeinflusst. Das Altern geht mit einigen physischen und psychischen Kompetenzeinbußen einher, von denen einige für die Teilnahme am Straßenverkehr besonders problematisch sind (Kocherscheid & Rudinger, 2005; Martin & Kliegel, 2005; Cohen, 2001; 2008; Engeln & Schlag, 2008; Rinkenauer, 2008; Falkenstein & Sommer, 2008; Limbourg & Matern, 2009):

- Einschränkungen der psychomotorischen Leistungsfähigkeit und der Beweglichkeit
- Abnahme der visuellen Wahrnehmungsfähigkeit durch Nachlassen des Sehvermögens (bei Dämmerung und Dunkelheit, Fern-, Nah- und Tagessehschärfe, dynamische Sehschärfe, Akkomodationsfähigkeit (nah/fern), Adaptationsfähigkeit (hell/dunkel; nach Blendung), peripheres Sehen, Farbwahrnehmung, Tiefenwahrnehmung, Augenerkrankungen – als schleichender Prozess, oft unzureichend bewusst)
- Abnahme der akustischen Wahrnehmungsfähigkeit durch Nachlassen des Hörvermögens
- Veränderung der Aufmerksamkeitsleistung (Verringerung der Fähigkeit zu geteilter und selektiver Aufmerksamkeit und zur Ausblendung irrelevanter Informationen erhöhte Ablenkbarkeit)
- nachlassendes Leistungstempo bei der Informationsverarbeitung, der Entscheidung und bei der Ausführung einer geplanten Handlung
- häufigere Überforderung bei neuen, hohen und komplexen Leistungsanforderungen
- verringerte Belastungsfähigkeit
- schnellere Ermüdbarkeit
- verlängerte Reaktionszeiten

Der Zeitpunkt des Auftretens von Kompetenzeinbußen variiert erheblich, so dass sich keine konkreten Altersangaben machen lassen (Limbourg & Matern, 2009). Der Alterungsprozess wird in diesem Bereich von vielen Faktoren, wie dem Gesundheitszustand, der Fitness, der kognitiven Beanspruchung, dem Training usw. beeinflusst. Da diese Faktoren bei älteren Menschen sehr unterschiedlich ausgeprägt sind, variiert die psychophysische Leistungsfähigkeit im höheren Lebensalter erheblich (Wahl et al., 2008).

Im Rahmen der Studie „MOBIAL" (Limbourg & Matern, 2009) wurde eine Stichprobe von insgesamt 1716 älteren Menschen befragt und dabei auch um eine Einschätzung ihrer Reaktionsfähigkeit gebeten. Die Ergebnisse der Befragung zeigen, dass sich der Anteil derjenigen, die ihre Reaktionsfähigkeit als „langsamer als früher" beurteilen, mit zunehmendem Alter deutlich erhöht. Auch das Gefühl der Überforderung im Straßenverkehr war bei den älteren Befragten stärker als bei den jüngeren. Zwischen den einzelnen Mobilitätsformen zeigten sich deutliche Unterschiede: Mitfahrer im Pkw, im Bus, in der Bahn und im Taxi berichteten häufiger über eine Verringerung der Reaktionsfähigkeit und fühlten sich im Straßenverkehr häufiger überfordert als Auto- und Radfahrer, die oftmals physisch und psychisch leistungsfähiger sind als die Mitfahrenden.

Mit dem Ziel, Informationen über das Sicherheits- bzw. Unsicherheitsgefühl zu gewinnen, wurden die Älteren des Weiteren nach ihren Gefühlen und Ängsten im Straßenverkehr gefragt (Limbourg & Matern, 2009). Es zeigte sich, dass das Unsicherheitsgefühl im Straßenverkehr mit zunehmendem Alter zunimmt. Ältere Menschen ab 70 Jahren geben häufiger an, mehr Angst vor Unfällen zu haben als früher, ältere Frauen deutlich häufiger als gleichaltrige Männer. Von älteren Autofahrern wird eine Zunahme des Unsicherheitsgefühls deutlich seltener geäußert als von anderen Verkehrsteilnehmern.

Leistungseinbußen treten nicht zwangsläufig bei allen älteren Menschen auf. Im Allgemeinen sind Altersunterschiede in der Leistungsfähigkeit in Bereichen mit hoher Vertrautheit und Automatisierung geringer als bei neuen Aufgaben (Park & Gutschess, 2000; Wahl et al., 2008). Erfahrung und Geübtheit wirken sich Unfallrisiko mindernd aus: Ältere Menschen, die weniger als 3000 km pro Jahr mit dem Pkw fahren, haben ein höheres Unfallrisiko als Ältere, die über 14000 km pro Jahr zurücklegen (Langford et al., 2006). Bei der Interpretation der Ergebnisse muss die Wechselwirkung bedacht werden, dass nämlich ältere Menschen mit Leistungsdefiziten häufig ihre Fahrleistung reduzieren, während gesunde und leistungsfähige Ältere häufiger Auto bzw. längere Strecken fahren.

Die Ergebnisse der verkehrspsychologischen Forschung zeigen, dass ältere Menschen vielfältige Strategien anwenden, um ihre altersbedingten Leistungseinbußen zu kompensieren und so ihre Mobilität risikoärmer zu gestalten (Schlag &

Engeln, 2001; Kocherscheid & Rudinger, 2005; Limbourg & Matern, 2009). So wählen ältere Menschen Zeiten, Orte und Umstände ihrer Verkehrsteilnahme gezielt aus, um Überforderungssituationen im Verkehr zu vermeiden. Sie meiden Fahrten bei Eis- und Schneeglätte oder Dunkelheit, fahren nur bekannte Strecken und wählen für ihre Fahrten die verkehrsärmeren Tageszeiten aus. Dies ist einer der Gründe, dass die Verkehrsunfallzahlen älterer Menschen insgesamt gesehen nicht höher sind als die Unfallzahlen von Erwachsenen mittleren Alters. Im Jahr 2010 waren 11 % aller Verunglückten ältere Menschen, während ihr Anteil an der Bevölkerung bei 20 % liegt. Ihr Anteil an den tödlich Verunglückten betrug jedoch 25 % (Statistisches Bundesamt, 2011). Hierin spiegelt sich zum einen eine nachlassende physische Widerstandskraft wider, zum anderen die Art der Verkehrsteilnahme: Ältere Menschen gehen häufiger zu Fuß und sind daher einem größeren Risiko ausgesetzt, schwerwiegend verletzt zu werden.

Auch im höheren Lebensalter können Handlungsmöglichkeiten durch Übung optimiert werden. Die vorliegenden Forschungsarbeiten zeigen, dass ein gezieltes Training die kognitive Leistungsfähigkeit bis ins hohe Alter hinein steigern kann (Martin & Kliegel, 2005). Ein solches Training kann z. B. im Rahmen von Schulungsprogrammen für Fußgänger, Radfahrer, Autofahrer sowie Bus- und Bahn-Nutzer durchgeführt werden (Kocherscheid & Rudinger, 2005). Trainingsangebote erleichtern auch den Umstieg z. B. vom Auto zum ÖV.

Bedeutenden Einfluss auf die Leistungsfähigkeit haben Erkrankungen und der damit verbundene Medikamentengebrauch. Folgende Gesundheitsprobleme sind bei der Teilnahme von älteren Menschen am Straßenverkehr von Bedeutung (Kocherscheid & Rudinger, 2005; Holte, 2005):

- Herz-Kreislauferkrankungen (Bluthochdruck, Verengung der Herzkranzgefäße, Kreislaufschwäche, Kreislaufkollaps, Herzinfarkt, Schlaganfall)
- Stoffwechselerkrankungen (Diabetes, Hyperthyreose)
- Psychiatrische Alterskrankheiten (Depressionen, Morbus Alzheimer, Morbus Parkinson, Tumore)
- Erkrankungen des Bewegungsapparats (Arthrose, Rheuma).

Die oft sehr intensive Medikation älterer Menschen mit Analgetika (Schmerzmittel), Sedativa (Beruhigungsmittel), Hypnotika (Schlafmittel) und Psychopharmaka (Antidepressiva) ist für die Teilnahme am Straßenverkehr mit Risiken verbunden (Wagner, 1995; Holte, 2005), da durch diese Medikamente die Leistungsfähigkeit beeinträchtigt wird. Ältere Menschen konsumieren insgesamt 54 % aller Arzneimittel, obwohl ihr Anteil an der Bevölkerung (nur) rund ein Fünftel beträgt. Ein Viertel der Unfälle im höheren Lebensalter wird auf den Einfluss von Medikamenten zurückgeführt (Wagner, 1995).

Eine weitere bedeutsame Problematik für die Verkehrssicherheit stellen die demenziellen Erkrankungen im höheren Lebensalter dar. Demenz bezeichnet die Folgen einer meist chronischen Erkrankung, die mit einer Einschränkung der Gedächtnisleistungen, den Denkprozessen, der Orientierung, der Lernfähigkeit und dem Sprach- und Urteilsvermögen einhergeht. In der Medizin werden nach Krankheitsbild und Ursache mehrere Demenz-Formen unterschieden, von denen die „Alzheimer-Demenz" eine degenerative Demenzform darstellt, die am häufigsten verbreitet ist (50 % der Erkrankungen). Als besonders kritisch ist dabei anzusehen, dass sich Demenz nicht nur alleine auf das Fahrverhalten auswirkt, sondern auch die Selbstwahrnehmung verändert. An Demenz erkrankte Autofahrer neigen dazu, ihre Fahrkompetenz zu überschätzen, ihr Fahrverhalten weniger ihren eingeschränkten Fähigkeiten anzupassen, und sie sind von sich aus seltener dazu bereit, das Autofahren aufzugeben (Holte, 2007). Obligatorische medizinisch-psychologische Untersuchungen könnten helfen, Demenzerkrankungen früher zu diagnostizieren, um – falls erforderlich – betroffenen Autofahrern auf der Basis einer psychologischen Fahreignungsdiagnose Entscheidungshilfen hinsichtlich ihrer Mobilität zu geben.

7.3.2 Verbesserung der Mobilitätsbedingungen

Zur Verbesserung der Mobilitätsbedingungen können vielfältige Maßnahmen aus den Bereichen der Stadt- und Verkehrsplanung, der Verkehrstechnik, der polizeilichen Verkehrsüberwachung und der verkehrspädagogischen Aufklärung und Bildung zum Einsatz kommen (Bergmeier, 2000; Draeger & Klöckner, 2001; Limbourg, 2005; Gerlach et al., 2007; Limbourg & Matern, 2009). Allgemein werden unterschieden (Schlag & Richter, 2005):

- Verkehrsraum gestaltende und technische Maßnahmen (engineering)
- legislative Maßnahmen, Kontrolle und Überwachung (enforcement)
- pädagogische und kommunikative Maßnahmen (education)
- Anreizsysteme, Variation der Kosten (encouragement, economy).

Es liegt auf der Hand, dass nur eine Kombination aller Strategien sowohl die Mobilitätsbedingungen als auch die Verkehrssicherheit aller Beteiligten verbessern kann. Dabei reicht eine Betrachtung einzelner Gruppen nicht aus, denn die verschiedenen Verkehrsarten interagieren miteinander. Deshalb ist eine systemische Betrachtungs- und Vorgehensweise erforderlich. So können z. B. Kreisverkehre die Sicherheit von Autofahrern erhöhen, diejenige von Fußgängern und Radfahrern aber möglicherweise verringern. Andere Maßnahmen wie z. B. die Senkung der zulässigen Höchstgeschwindigkeit können die Sicherheit aller Verkehrsarten erhöhen.

Planerische, gestalterische und technische Maßnahmen sind dauerhaft wirksam. So ist eine Aufpflasterung der Fahrbahn eine wirksame „Dauerbremse" für den Autoverkehr, und eine „Gehwegnase" verbessert dauerhaft den Sichtkontakt zwischen motorisierten Verkehrsteilnehmern und zu Fuß gehenden Personen. Auch technische Maßnahmen können die Mobilitätsbedingungen älterer Menschen verbessern. So können beispielsweise Sicherheitsgurte und Airbags die Pkw-Insassen vor schweren Verletzungen schützen; Lichtsignalanlagen an Fußgängerüberwegen können die Sicherheit von Fußgängern beim Überqueren von Fahrbahnen erhöhen.

Eine wichtige Voraussetzung für die dauerhafte Wirksamkeit von technischen Verkehrssicherheitsmaßnahmen ist allerdings ihre Funktionstüchtigkeit und ihre sachgerechte Benutzung. Deshalb ist eine regelmäßige Überprüfung und Wartung von technischen Systemen zur Erhöhung der Verkehrssicherheit unerlässlich.

Die Planung und Durchführung von Maßnahmen zur Erhöhung der Verkehrssicherheit sollte auch Stadt- und Verkehrsplaner sowie die den Verkehr überwachenden Institutionen einbeziehen. Die planenden Professionen sollten die Bedürfnisse von älteren Menschen als Fußgänger, als Radfahrer, als Autofahrer und als Nutzer von Bussen und Bahnen kennen, damit sie einen Beitrag zu einer „altengerechten" Gestaltung von Wohngebieten und Verkehrsräumen leisten können. Vereinfachung und Verlangsamung des Verkehrs sind wirkungsvolle Möglichkeiten, älteren Menschen die Teilnahme am Straßenverkehr zu erleichtern.

Abbildung 7.12 Hinweis auf Ältere (eigenes Foto)

Durch Gestaltung, Technik, Regelung und Überwachung lassen sich viele, aber nicht alle Risiken und Gefahren im Straßenverkehr ausschalten. Aus diesem Grund müssen Menschen lernen, Risiken im Straßenverkehr angemessen einzuschätzen und Gefahrensituationen zu vermeiden oder zu bewältigen. Pädagogische Maßnahmen können hierzu einen wichtigen Beitrag leisten. Ein Problem ist jedoch die schlechte Erreichbarkeit der Zielgruppe der älteren Menschen. Während Kinder und Jugendliche in Kindergärten und Schulen und berufstätige Erwachsene über die betriebliche Weiterbildung erreicht werden können, sind nur vergleichsweise wenige ältere Menschen in Bildungsinstitutionen und Betrieben zu finden. Aus diesem Grund müssen besondere Formen der Ansprache gefunden werden, beispielsweise in Verbindung mit Computerkursen usw. oder im Rahmen einer ärztlichen Behandlung (Emsbach, 2001; Henning, 2008).

Eine wichtige Rolle spielen Kosten-Nutzen-Überlegungen. Mit Hilfe von Anreizen können Menschen zu verkehrssicheren Verhaltensweisen motiviert werden. Die Rabatte bei den Autoversicherungen nach unfallfreien Jahren sind ein Beispiel für ein solches Anreizsystem. Ein preisgünstiges Senioren-Ticket für den öffentlichen Verkehr kann ältere Autofahrer motivieren, auf öffentliche Verkehrsmittel umzusteigen.

Ein weiterer Ansatz zur Verbesserung der Mobilitätsbedingungen setzt beim Individuum an. Hier geht es vor allem um die Erhöhung und Erhaltung der körperlichen und geistigen Leistungsfähigkeit. Häufiger zu Fuß gehen oder Rad fahren sind bewegungsintensive Mobilitätsformen, die zur Verbesserung der körperlichen Fitness beitragen können.

Die älteren Verkehrsteilnehmer müssen außerdem lernen, sich selbst aktiv zu schützen (z. B. durch das Tragen von reflektierender Kleidung, von Schutzhelmen usw.). Auch das rechtzeitige Umsteigen vom aktiven Autofahren auf die Nutzung des öffentlichen Verkehrs kann als eine unfallpräventive Maßnahme betrachtet werden.

Ältere Menschen gehen vergleichsweise viel zu Fuß – mehr als die meisten anderen Altersgruppen (vgl. Abb. 7.2, S. 118). Das Zufußgehen bietet älteren Menschen eine Möglichkeit zur autonomen Mobilität bis ins hohe Alter. Doch ihr Zufußgehen ist in der Regel auf den Nahraum begrenzt. Die meisten Fußwege älterer Menschen haben eine Länge unter einem Kilometer. Andererseits sind ältere Menschen bis 80 Jahren täglich durchschnittlich ca. 20 Minuten zu Fuß im Straßenverkehr unterwegs, mit 85 Jahren noch ca. 15 Minuten und erst mit 90 Jahren nur noch knapp fünf Minuten täglich. Mit diesen Zeiten liegen die älteren Menschen deutlich über den Fußgänger-Verkehrsbeteiligungszeiten der Erwachsenen mittleren Alters (Infas & DIW, 2004).

In dem Forschungsprojekt MOBIAL (Limbourg & Matern, 2009) gaben 11 % aller Befragten an, beim Zu-Fuß-Gehen eine Gehhilfe (Gehstock, Rollator, Regenschirm) zu benötigen. Der Anteil vergrößerte sich mit zunehmendem Alter und lag in der höchsten Altersklasse (86 Jahre und älter) nahezu bei 50 %.

Wird eine Gehhilfe erforderlich, so ist dies bei etwa jedem zweiten älteren Menschen mit einer Reduzierung des Zufußgehens verbunden. So geben 52 % an, nur noch selten (36 %) oder sogar gar nicht mehr (16 %) zu Fuß unterwegs zu sein. Bei denjenigen, die keine Gehhilfe benötigen, liegen die Häufigkeiten bei 23 % („selten") und 2 % („nie").

Gehhilfen haben eine große Bedeutung für die Aufrechterhaltung einer eigenständigen Mobilität. So geben 48 % derjenigen Befragten, die eine Gehhilfe nutzen, an, dass sie auf ihren Wegen „selbstständig und unabhängig" sind. Diese Häufigkeit ist relativ konstant in allen Altersklassen, selbst bei den über-80-jährigen Befragten sind noch 43 % der Gehhilfe-Nutzer unabhängig von der Hilfe anderer Personen mobil. 46 % der Gehilfen-Nutzer erledigen ihre Einkäufe zu Fuß, mit der daraus resultierenden Herausforderung, neben der Benutzung der Gehhilfe (in der Regel ein Stock oder ein Rollator) auch noch die Einkäufe transportieren zu müssen.

Auch wenn Gehhilfen altersbedingte und gesundheitliche Beeinträchtigungen zumindest teilweise kompensieren, sind die betroffenen älteren Menschen dennoch im besonderen Maße den Gefahren des Straßenverkehrs ausgesetzt. Neben den körperlichen Einschränkungen sind sie durch die Gehhilfe zusätzlich belastet und weniger beweglich, etwa um in Gefahrensituationen schnell reagieren zu können. Je mehr Barrieren der Verkehrsraum aufweist, je mehr Bedrohungen vom Straßenverkehr ausgehen, desto mehr wirken sich die Nachteile einer Gehhilfe aus. Die von der Mehrzahl der Älteren geteilte Erfahrung, dass der Straßenverkehr gefährlicher geworden ist, findet daher unter den Befragten, die eine Gehhilfe benutzen, eine höhere Zustimmung (93 %). Ebenso sagen deutlich mehr Gehhilfe-Nutzer (74 %), dass ihre Angst vor Unfällen zugenommen hat. Entsprechend häufiger wünschen sie sich auch, dass der Straßenverkehr verlangsamt und damit sicherer wird. So sprechen sich 72 % der Über-60-Jährigen, die eine Gehhilfe benötigen, für Tempo 30 innerhalb von Ortschaften aus, dem gegenüber sind es „nur" 53 % bei den Über-60-Jährigen, die ohne Gehhilfe mobil sind.

Ältere Menschen fahren so häufig Fahrrad wie im Durchschnitt alle übrigen Altersgruppen. Sie tun es seltener in größeren, jedoch häufiger in kleineren Städten, was auch durch ein besseres ÖV-Angebot in Großstädten bedingt ist. In kleineren Städten besteht die ÖV-Nutzung als Alternative weniger. Hinzu kommt ein weniger dichter Autoverkehr in kleineren Städten, was das Rad fahren insgesamt fördert (vgl. Flade & Hacke, 2001). Damit die Älteren auch weiterhin Rad fahren, sind folgende Maßnahmen ins Auge zu fassen (Draeger & Klöckner, 2001; Gerlach et al., 2007; Limbourg & Matern, 2009; Hagemeister & Tegen-Klebingat, 2011):

- Durch gestalterische Maßnahmen müssen die Bedingungen zum Rad fahren insgesamt verbessert werden.
- Das Halten und Parken von Autofahrern auf Radwegen muss sanktioniert werden.
- Die Geschwindigkeit des motorisierten Verkehrs im Umfeld von Radwegen muss überwacht werden.

Maßnahmen, die sich an die Älteren richten:

- Die Nutzung von altersgerechten Fahrrädern (tiefliegendes Rahmenrohr, tief angesetzte Pedale, zurückgelegtes Sattelrohr, um Füße jederzeit auf den Boden stellen zu können, Federgabeln und/oder gefederte Sattel, geringes Eigengewicht, Blinkanlage für das Abbiegen, vibrationsfreier Spiegel, nach brennende Akkulichtanlage, Transportgefäß für Einkäufe) und von Schutzhelmen sollte gefördert werden.
- Bei Dunkelheit sollte reflektierende Kleidung getragen werden.
- Die Teilnahme an Verkehrssicherheitstrainings sollte gefördert werden.

Das Auto ist auch für die Älteren ein wichtiges Verkehrsmittel. Die ab 60-Jährigen legen in Deutschland 35 % ihrer Wege als Fahrer eines Pkw und 15 % als Pkw-Mitfahrer zurück (Infas & DIW, 2004). Eine wirkungsvolle Maßnahme, um die Automobilität der älteren Menschen trotz altersbedingter Leistungseinbußen aufrechtzuerhalten, ist die Verlangsamung und Vereinfachung des Straßenverkehrs (Pitrone, 2004; Gerlach et al., 2007; Limbourg & Matern, 2009). Bei geringeren Geschwindigkeiten des Autoverkehrs haben Autofahrer mehr Zeit, eine Verkehrssituation zu erfassen und zu beurteilen, um dann noch rechtzeitig angemessen zu reagieren. Ähnliches gilt für die Komplexität von Verkehrssituationen: Je einfacher und überschaubarer Verkehrssituationen sind, desto leichter sind sie auch bei Kompetenzeinbußen zu bewältigen. Naheliegende Maßnahmen sind den Verkehr beruhigende bauliche Maßnahmen, Tempo 30 innerhalb von Ortschaften und Tempo 120 oder 130 auf Autobahnen. Mit dem Ziel, die Komplexität des Verkehrs zu reduzieren, müsste die Anzahl der Verkehrsschilder („Schilderwald") verringert werden. Kreuzungen sollten konfliktarme Ampelschaltungen bekommen, an denen Fußgänger und abbiegende Kraftfahrer (Links- und Rechtsabbieger) nicht gleichzeitig „Grün" erhalten. Darüber hinaus wünschen sich ältere Autofahrer mehr Kreisverkehre an Stelle von lichtsignalgeregelten Kreuzungen (Gerlach et al., 2007; Limbourg & Matern, 2009).

Eine wichtige Rolle spielt für ältere Autofahrer die gute Sicht auf der Straße. Dementsprechende Maßnahmen sind eine bessere Beleuchtung der Straßen innerhalb von Ortschaften und besser erkennbare Fahrbahnmarkierungen auf Landstraßen.

Einen weiteren Beitrag zur Erhöhung der Sicherheit von älteren Autofahrern kann eine „seniorengerechtere" Ausstattung der Kraftfahrzeuge leisten (Bergmeier, 2000). Im Prinzip unterscheiden sich die Sicherheitsmerkmale und Komforteigenschaften von „seniorengerechten" Kraftfahrzeugen nicht von den Sicherheits- oder Komfortmerkmalen, die für alle Autofahrer hilfreich sind. Für ältere Menschen sind diese technischen Entwicklungen jedoch von besonderer Bedeutung. Fahrerassistenzsysteme, Automatikgetriebe, Servolenkung, Tempomat, funkgesteuerte Standheizung, Klimaanlage, Sitzkomfort, Lüftung, Navigationsgerät, elektronische Hilfen und Spiegelsysteme zum Ein- und Ausparken erleichtern die Fahrzeugbedienung. Die älteren Autofahrer sind dadurch in der Lage, sich besser auf die Fahraufgaben im Verkehr zu konzentrieren. Wichtig sind „übersichtlichere" Fahrzeuge, leichteres Ein- und Aussteigen, verstellbare Sitzhöhen, große Spiegel, stärkere Scheinwerfer, adaptive Lichtsysteme und blendfreie Innenräume. Die Zukunftsvision einiger der in unserer Forschungsarbeit befragten jüngeren Älteren ist ein Fahrzeug mit Autopilot, bei dem man nur das Ziel eingeben muss. Nach der Zieleingabe fährt das Auto dann „selbstständig" zum Ziel.

Der Informierung kommt eine große Bedeutung im Rahmen der Verkehrssicherheitsarbeit zu. Ältere Autofahrer sollten über die verkehrsrelevanten altersbedingten Leistungseinbußen Bescheid wissen, und sie sollten lernen, ihr Fahrverhalten ihren Fähigkeiten anzupassen (Poschadel & Sommer, 2007). Darüber hinaus sollten sie Bescheid wissen, dass sich Medikamente auf die Verkehrstüchtigkeit auswirken können. Hier könnten die ärztliche Versorgung (Hausärzte, Gesundheitsämter usw.) sowie regelmäßige medizinisch-psychologische Fahrtauglichkeitsuntersuchungen zur Führerscheinverlängerung wesentlich zur Unfallprävention beitragen. In vielen Ländern der Welt ist es für ältere Menschen bereits Pflicht, ihre Fahrtauglichkeit regelmäßig überprüfen und in diesem Zusammenhang mehr oder weniger umfangreiche medizinische bzw. psychologische Untersuchungen durchführen zu lassen (Limbourg & Matern, 2009).

Der Verzicht auf das Auto bedeutet für die meisten älteren Menschen – wie es die Ergebnisse der MOBIAL-Studie zeigen – einen Verlust an Selbstständigkeit, an Lebensqualität und an Lebenszufriedenheit. Je häufiger das Auto genutzt wurde, desto stärker war die Befürchtung der Befragten, durch einen Verzicht auf das Auto weniger mobil sein zu können. Diejenigen, die neben dem Pkw auch noch andere Verkehrsmittel nutzten, konnten sich eine Zukunft ohne Auto besser vorstellen als diejenigen, die stark auf das Auto fixiert sind. Als ausschlaggebend für die Aufgabe des Autofahrens wurden Erkrankungen und Medikamenteneinnahme, Verringerung des Sehvermögens, Unsicherheiten beim Fahren, Verlangsamung der Reaktionsfähigkeit, Verkehrsunfälle, Überforderung beim Fahren und Defizite der Orientierungsfähigkeit genannt.

Die bevorzugten Alternativen zum Autofahren im höheren Lebensalter waren für die meisten Autofahrer die ÖV-Nutzung (89 %) und das Zufußgehen (87 %). Das Mitfahren im Auto bei Familienangehörigen war für etwa die Hälfte der Befragten eine Alternative. Die Mehrheit der Befragten, die das Autofahren bereits aufgegeben hatten, kamen nach einer Umstellungszeit, die je nach den persönlichen Vorerfahrungen mit dem ÖV unterschiedlich lang war, mit dem öffentlichen Verkehr gut zurecht – in Städten besser als auf dem Lande (Limbourg & Matern, 2009).

Aus diesem Grund stellt die Förderung der Bus- und Bahnnutzung eine wichtige Maßnahme zur Verbesserung der Mobilitätsbedingungen im höheren Lebensalter dar. Viele ältere Menschen sind nach langjähriger Autonutzung nicht gleich in der Lage, den öffentlichen Verkehr kompetent und sicher zu nutzen. Deshalb ist ein Bus- und Bahntraining für ältere Menschen ein wichtiger Beitrag zur Befriedigung ihrer Mobilitätsbedürfnisse. Der Umstieg/Wechsel vom Auto auf den ÖV wird dadurch erleichtert.

Forschungsergebnisse zeigen, dass der ÖV in Deutschland und in anderen europäischen Ländern bei älteren Menschen nicht besonders beliebt ist (Limbourg & Matern, 2009). Gründe sind eine schlechte Zugänglichkeit, die oft langen Fußwege zu den Haltestellen, die geringe Informiertheit über das ÖV-Angebot, die mangelnden Nutzungskompetenzen und die Angst vor Kriminalität (vgl. Kap. 8.1). Aus diesem Grund verzichten insbesondere die Älteren häufig auf die Nutzung des ÖV und zwar vor allem in den Zeiten der Dunkelheit (Engeln, 2001). Stressfaktoren sind das Warten müssen, Gedränge und Sitzplatzmangel. Mit zunehmenden körperlichen Beeinträchtigungen wird auch das Ein- und Aussteigen schwieriger (Engeln & Schlag, 2001; Limbourg & Matern, 2009).

Damit für ältere Menschen der ÖV zu einer Alternative zum Auto werden kann, muss der ÖV vor allem in Stadtrandgebieten und in ländlichen Regionen verbessert werden, in denen das Angebot häufig auf nur wenige Linien und Abfahrtzeiten beschränkt ist, so dass der Mobilitätsbedarf älterer Menschen nur unzureichend gedeckt wird (Engeln, 2001).

Zielvorstellungen sind: kürzere Takte, besonders auch in den Abendstunden, am Wochenende und an Feiertagen, mehr Haltestellen, Niederflurbusse und -bahnen, absenkbare Busse, mobile Rampen, mehr Komfort, Sauberkeit und mehr Platz für Rollstühle, Rollatoren und Fahrräder in den Fahrzeugen, kurze Wege und stufenloser Zugang zu den Haltestellen, mehr funktionsfähige Aufzüge und Rolltreppen, langsamere Rolltreppen und ein langsameres Schließen der Türen in Bussen und Bahnen, Haltestellen mit Regenschutz und Sitzmöglichkeiten, flexible Aussteigemöglichkeiten, empathische Busfahrer, die mit der Weiterfahrt warten, bis sich die Fahrgäste gesetzt haben, die nicht abrupt bremsen und die Rampe rechtzeitig ausfahren bzw. den Bus absenken (sofern möglich), und die ältere Fahrgäste vorne aussteigen lassen. Außerdem muss der ÖV in den Fahrzeugen und an den Haltestellen – besonders in den Abendstunden – ausreichende Sicherheit vor kriminellen Übergriffen bieten (vgl. Kap. 9.4). Wichtig sind auch verständliche Tarifübersichten, Fahrpläne und Fahrkartenautomaten mit größerer Schrift (Limbourg & Matern, 2009).

Viele Verkehrsverbünde haben bereits günstige „Seniorentickets" im Angebot (z. B. das „Bärenticket" im Verkehrsverbund Rhein-Ruhr, das „Aktiv60-Ticket" im Verkehrsverbund Rhein-Sieg). Ein häufig genannter Konfliktbereich für ältere Menschen in Bussen und Bahnen ist der Schülerverkehr. Hier ist, um die Beengtheit zu verringern, ein zusätzlicher Wagen für den Schülerverkehr zu empfehlen. Eine geringere soziale Dichte wirkt sich sehr wahrscheinlich positiv aus, indem Rücksichtnahme und Hilfsbereitschaft zunehmen.

Eine weitere wichtige Maßnahme zur Förderung der ÖV-Nutzung im höheren Lebensalter ist eine rechtzeitige Vermittlung von Kompetenzen (Bergmeier, 2000), denn viele ältere Menschen sind – nach einer langen Zeit der Autonutzung – kaum in der Lage, den ÖV ohne Stress zu nutzen. In einigen Städten und Gemeinden gibt es bereits Trainingsprogramme („Busschulen") für diese Zielgruppe (Limbourg & Matern, 2009). Solche Programme sind ein Baustein auf dem Wege zur Realisierung des Leitbilds: die individuelle Mobilität erhalten und zugleich die unerwünschten Folgen des motorisierten Verkehrs verringern.

Negative Folgen des Verkehrs   8

Technische Entwicklungen und Innovationen haben es dem Menschen möglich gemacht, weit entfernte Zielorte in vergleichsweise kurzer Zeit zu erreichen, die Welt zu erkunden und viele Bedürfnisse durch räumliche Mobilität zu befriedigen. Zweifellos ist damit ein Gewinn an Erfahrungs- und Lebensmöglichkeiten verbunden. Die Kehrseite sind vielerlei negative Auswirkungen auf den Menschen und die Umwelt. Zu nennen sind: Einschränkung von Bewegungsräumen, Gefährdung der Gesundheit und des Wohlbefindens, Zeitverluste und Stress durch lange Staus, Verkehrsunsicherheit, Unfälle, Luftschadstoffe, Verlust schöner Landschaft, Lärm und ein Überbehüten von Kindern sowie die Belastung der Städte durch parkende und fahrende Autos, Versiegelung des Bodens, Verbrauch von Energie und Flächen, Zerschneidungen von Wohngebieten, Stadtteilen und Landschaften durch Straßen, Fahrbahntrassen, Start- und Landebahnen.

Diese unerwünschten Begleiterscheinungen waren der Anlass, über eine „Verkehrswende" nachzudenken, also Strategien der Verkehrsvermeidung, Verkehrsverlagerung und technischen Optimierung als auch einer Abkehr von der Automobilität. Die Überlegungen dazu stießen jedoch auf Hindernisse, auf Seiten des Individuums auf eine mangelnde Bereitschaft, auf Automobilität zu verzichten oder sich eine „Autodiät" zu verordnen (Kalwitzki, 1997), auf Seiten der Umwelt die Auto affinen räumlichen Strukturen, die sich im Laufe der Jahre herausgebildet haben, sowie politische Weichenstellungen und wirtschaftliche Interessen (vgl. Schöller et al., 2007).

In der Entwicklung der Zahl der gemeldeten Pkw in Deutschland, wie sie aus Abb. 8.1 ersichtlich ist, spiegelt sich nicht nur die Zunahme gewollter Mobilität wider, sondern auch ein zunehmender Zwang. Man *will* nicht nur Auto fahren, sondern man *muss* es mitunter auch, um die weiten Entfernungen zeitoptimal überbrücken zu können.

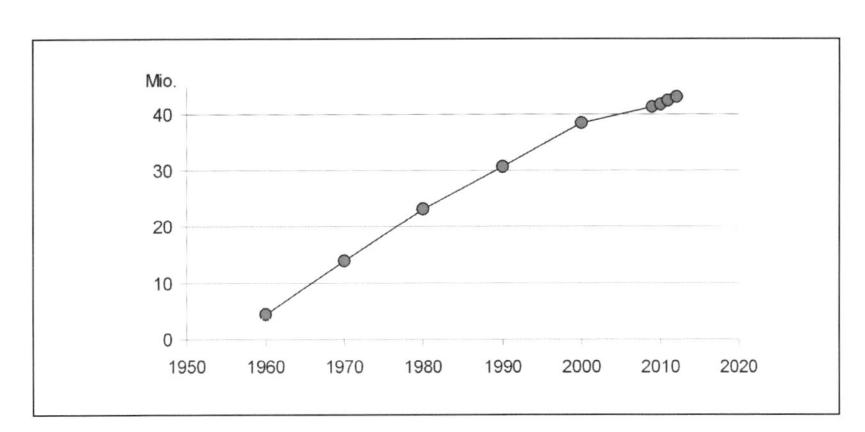

Abbildung 8.1 Entwicklung des Pkw-Bestands in Deutschland (Quelle: Kraftfahrtbundesamt. Bis 1990 früheres Bundesgebiet, ab 2000 Deutschland; eigene Grafik)

Die Statistiken des Kraftfahrtbundesamts fördern zutage, dass ab den 1960er Jahren die Zahl der Pkw in Westdeutschland nahezu linear angestiegen ist. Inzwischen kommt auf etwa jeden zweiten Einwohner (ab 0 Jahren) in Deutschland ein Auto. Von einer „Verkehrswende" im Sinne einer Abkehr von der Automobilität kann angesichts dieser Zahlen keine Rede sein.

Bis in die frühen 1980er Jahre hinein hatte das Auto ziemlich unangefochten als Zeichen wirtschaftlichen Wachstums und Wohlstands gegolten. Doch ab dieser Zeit traten die negativen Begleiterscheinungen der Motorisierung zunehmend ins Bewusstsein. Sie lösten eine intensive Debatte über die vom Verkehr verursachten Umweltprobleme aus und riefen in den 1980er Jahren vielfältige Projekte der „Verkehrsberuhigung" auf den Plan. Verkehrsberuhigende Maßnahmen wurden ersonnen und hier und da realisiert.

Der Anspruch war hoch. Umso mehr fiel die Diskrepanz zwischen programmatischem Anspruch und realer Umsetzung in der Verkehrspolitik ins Auge. Schöller (2007) sieht als einen möglichen Grund für die Diskrepanz zwischen Anspruch und Umsetzung die geringe Beachtung oder auch Nichterfassung mancher negativer Auswirkungen des Verkehrs an. Eine andere Lesart ist, dass dieses Ausblenden auch stattfindet, um ein positiveres Bild vom Verkehr zeichnen zu können und denselben dadurch weniger in Frage zu stellen.

Von einer vollständigen Erfassung kann ohnehin nicht die Rede sein, solange nämlich die unerwünschten Folgen des Verkehrs überwiegend oder ausschließlich mit Blick auf die Umwelt, die Natur, die Stadt und die Gesellschaft analysiert werden, nicht indessen mit Blick auf den einzelnen Menschen in seiner individuellen Lebenswelt. Dieser einzelne Mensch hat unter der Luftverschmutzung, dem Verkehrslärm, dem Verlust an Bewegungsräumen und Sozialkontakten und dem Anblick trostloser Umgebungen zu leiden (Flade, 2007). Nachbarliche Beziehungen werden durch ein schönes und verkehrssicheres Wohnumfeld gefördert, hässliche und vom Verkehr dominierte Umgebungen blockieren soziale Kontakte und verhindern die Entstehung emotionaler örtlicher Bindungen (Skjaeveland & Gärling, 1997; 2002).

Einige der Kosten des Verkehrs werden „privatisiert", d. h. dem Individuum aufgebürdet. Beispielsweise gehen die Zeitverluste, die durch hohe Verkehrsdichte und Staus entstehen, zulasten des Zeitbudgets jedes einzelnen. Auch wenn von Staustunden[22] und gesellschaftlichen Kosten des Staus die Rede ist, so trägt doch der einzelne Mensch die realen Kosten.

Die Gesundheit wird durch die Schadstoffe aus den Verbrennungsmotoren gefährdet. Der motorisierte Verkehr produziert Stickoxide, die zu Erkrankungen der Atemorgane, zu chronischem Husten und Bronchitis und einer Schwächung der Infektionsabwehr führen, sowie Kohlenmonoxid, das infolge der Unterversorgung des Gehirns mit Sauerstoff vielfältige Symptome wie Kopfschmerzen, Schwindelgefühle, Übelkeit, Herzkreislauferkrankungen, eine Schwächung der allgemeinen körperlichen Belastbarkeit, negative Gestimmtheit und Depressionen nach sich zieht. Hinzukommen Feinstaube und flüchtige organische Verbindungen (VOC), die krebserregend wirken, sowie Straßenstaub insbesondere aus dem Reifenabrieb (Moshammer et al., 2002).

Das Ausmaß der Lärmproblematik lässt sich allein schon an der Existenz von Fachzeitschriften wie „Lärmbekämpfung" und „Noise and Health" ablesen. Wie die Lärmforschung hinreichend belegt hat, ist chronischer Lärm ein Gesundheitsrisiko (vgl. Kap. 8.2). Lärm hat noch viele andere Auswirkungen, z. B. beeinträchtigt er die Erholwirkung der Natur, was Benfield und Mitarbeiter (2010) in einem Experiment nachgewiesen haben. Hierin beurteilten Versuchspersonen Bilder aus fünf großen Nationalparks, darunter dem Yellowstone und dem Grand Canyon. Während der Bilderbetrachtung waren Geräusche zu hören. Die Baseline bildeten natürliche Geräusche wie Vogelgesang und Wind, diesen wurden je nach Versuchsbedingung weitere Geräusche wie menschliche Stimmen, Autoverkehrs- und Flugverkehrsgeräusche hinzugefügt. In Abb. 8.2 sind als Beispiel die durchschnittlichen Bewertungen in drei unterschiedlichen Bedingungen bei einem Geräusch-

---

22 Zeitverluste durch Staus werden in „Staustunden" gemessen. Eine Staustunde bedeutet, dass auf einem bestimmten Autobahnabschnitt der Verkehr eine Stunde lang nicht geflossen ist. Die Summe der Staustunden gilt als besseres Maß als die Zahl der Staumeldungen, vgl. den Bericht in der Rhein Main Zeitung vom 4. Januar 2012: „So wenig Stau wie noch nie. Hessen Mobil: Projekt ‚Staufreies Hessen' greift".

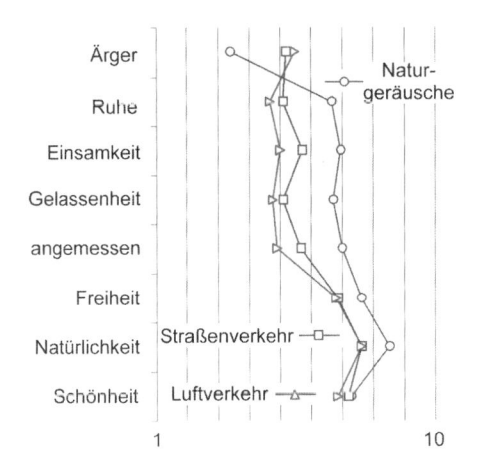

Abbildung 8.2 Bewertungen von Naturansichten mit unterschiedlicher Geräuschkulisse (Benfield et al., 2010, S. 106; eigene Grafik)

pegel von 60 dBA wiedergegeben. Ein Skalenwert von 1 bedeutet „sehr wenig bzw. gar nicht", ein Skalenwert von 10 bedeutet „sehr viel".

Sind natürliche, zu den Naturbildern passende Geräusche zu hören, fallen die Urteile vergleichsweise positiv aus. Man ärgert sich weniger, man erlebt mehr Ruhe und Gelassenheit und meint auch, dass Geräusche und Naturlandschaft gut zusammenpassen. Kommen vom Autoverkehr verursachte Geräusche hinzu, verringert dies die Erlebnisqualität. Am stärksten ist die Beeinträchtigung, wenn Flugzeuge zu hören sind.

Bei der Analyse der negativen Verkehrsfolgen werden zwei Aspekte oft nicht genügend beachtet: die Langfristigkeit der Folgen und die individuellen Reaktionen, zu denen der Mensch in seiner Rolle als Problemlöser greift und durch die er die Ausgangssituation verändert. Beispiele für langfristigen Folgen sind: traumatische Unfallereignisse, Behinderungen wegen schwerer Verletzungen, Beeinträchtigung der Hörfähigkeit. Schwerverletzte Personen bleiben nicht selten ein Leben lang behindert. Ständige Lärmeinwirkungen beeinträchtigen die Hörfähigkeit, was vor allem bei Kindern gravierende Auswirkungen hat, die gerade sprechen oder lesen lernen (Cohen et al., 1973; Bronzaft & McCarthy, 1975). Einmalig erhobene Querschnittsdaten reichen nicht aus, um die Langfristigkeit mancher Auswirkungen darzustellen.

Reaktionen auf Stress, der durch ungünstige Umweltbedingungen entsteht, lassen sich zwei Kategorien zuordnen: den aktiven Strategien, um das Problem zu bewältigen, oder der Vermeidung bzw. dem Rückzug. Welche Strategie angewendet wird, hängt von den Möglichkeiten der Einflussnahme ab. Wenn ein Radfahrer eine Straße als gefährlich wahrnimmt, wird er diese vermeiden und auf Alternativrouten ausweichen, weil er die Radverkehrsplanung nicht beeinflussen kann. So sind auch Verkehrsunfälle kein Spiegelbild des „wahren" Unfallrisikos, denn durch Vermeidung von Umwelten, die man für gefährlich hält, ereignen sich weniger Unfälle. Kinder würden erheblich häufiger verunglücken, wenn die Erwachsenen nicht auf die wahrgenommene Verkehrsunsicherheit reagieren und entsprechende Schutzmaßnahmen ergreifen würden.

Drei der negativen Folgen des Verkehrs werden im Folgenden näher betrachtet:

- die mangelnde Sicherheit im Straßenverkehr und eine nicht ausreichende öffentliche Sicherheit im ÖV
- den durch den Verkehr verursachten Lärm
- die verkehrsbedingten Einschränkungen von Erlebnis- und Handlungsräumen.

Die negativen Folgen, die der Verkehr für den Menschen hat, betreffen ihn in erster Linie in seiner Rolle als Opfer (vgl. Kruse, 1995). Bei Verkehrsunfällen ist oftmals der Täter zugleich Opfer.

8.1 Unsicherheit

Sicherheit kann sich auf unterschiedliche Vorkommnisse, Umweltbereiche, Statistiken, objektive Daten oder Meinungen beziehen. Eine Region wird z. B. als sicher bezeichnet, wenn sie weit weg von einem noch nicht erloschenen Vulkan liegt, ein Gebäude gilt als statisch sicher, wenn es bei einem Erdbeben nicht einstürzen würde, Straßen sind sicher, wenn die Wahrscheinlichkeit eines Verkehrsunfall gering ist, öffentliche Plätze sind sicher, wenn dort nicht mit kriminellen Taten zu rechnen ist. Sich sicher fühlen ist für den Menschen von existentieller Bedeutung. Eine subjektiv sichere Umwelt schafft Umweltvertrauen (environmental trust): Der Mensch kann angstfrei agieren und handeln (McKechnie, 1977). Auf unerwartete Ereignisse und bedrohliche Situationen reagiert er umsichtig. Umweltvertrauen beinhaltet eine allgemeine Aufgeschlossenheit und Sensibilität gegenüber der Umwelt, Zutrauen in die eigene Fähigkeit, sich darin zurechtzufinden, sowie das Gefühl, dass einem nichts passieren kann. Wird das Bedürfnis nach Sicherheit nicht erfüllt, sind deshalb nicht nur unangenehme Gefühle die Folge, sondern es wird auch das Verhältnis zur Umwelt gestört. Aufgeschlossenheit und Offenheit gegenüber der Umwelt nehmen ab. Freiwilliger Rückzug und ein Sich verschließen sind Vermeidungsverhalten. Orte, die als unsicher erlebt werden, sucht man nicht mehr auf, oder man nimmt Umwege in Kauf, oder man verzichtet auf Lebensmöglichkeiten, um nicht Unsicherheit erleben zu müssen. Vermeidungsstrategien überwiegen, weil öffentliche Räume Territorien sind, auf die der einzelne Mensch keinen Einfluss hat. Sie unterliegen nicht seiner Kontrolle (Brower, 1980). Gemeint ist hier nicht das Einfluss nehmen können auf die Gestaltung der physischen Umwelt (Umweltkontrolle), sondern die Kontrolle sozialer Beziehungen (Sozialkontrolle).

Umwelten mit Verkehrsfunktionen sind der Straßenraum und der Bereich des ÖV. Werden sie als nicht sicher erlebt, hat das unterschiedliche Gründe:

Im Straßenverkehr bewegen sich (zu) viele Menschen mit unterschiedlichen Geschwindigkeiten und Verkehrsmitteln in verschiedene Richtungen fort, dabei können Zusammenstöße und Unfälle nicht ausgeschlossen werden. Es besteht ein mehr oder weniger großes Unfallrisiko.

Der ÖV ist öffentliches Territorium, ein für jedermann zugänglicher Raum. Die meisten Menschen sind Fremde, deren Verhalten man nicht einschätzen kann, was, wenn die Sozialkontrolle fehlt, zu Unsicherheitsgefühlen führt (Feltes, 2003).

Sicherheit im Straßenverkehr meint in erster Linie das reibungslose Funktionieren des Verkehrssystems. Es funktioniert weniger gut, wenn das Unfallrisiko hoch ist. Das Unfallrisiko lässt sich definieren als Produkt aus der Eintrittswahrscheinlichkeit eines Ereignisses und dessen Tragweite. Gefahr bedeutet ein hohes Risiko (Hellbrück & Kals, 2012).

Im ÖV geht der Nutzer davon aus, dass das technische System funktioniert. Unsicherheitsgefühle entstehen infolge nicht geregelter sozialer Interaktionen (Brower, 1980), konkret: wenn man auf Menschen trifft, die einen behelligen, belästigen, bedrohen oder angreifen könnten und man sich solchen nicht ganz unwahrscheinlichen Übergriffen gegenüber wehrlos fühlt. Ungeschütztheit ist eine negative Begleiterscheinung bei der Nutzung des ÖV. „Im Gegensatz zum Gebrauch des eigenen Wagens bedeutet die Nutzung öffentlicher Verkehrsmittel, ebenso wie Zufußgehen und Radfahren, sich ungeschützt in öffentlichen Räumen zu bewegen" (Jeschke, 1994, S. 139). Öffentliche Sicherheit heißt, vor Bedrohungen und Beeinträchtigungen geschützt zu sein (Boers & Kurz, 1997).

Objektive Sicherheit, wie sie sich in der Verkehrsunfall- und der Kriminalstatistik widerspiegelt, und die Sicherheit, wie sie wahrgenommen wird, sind unterschiedliche Sachverhalte: objektive Sicherheit ist ein Umweltmerkmal, subjektive Sicherheit ist die subjektive Bewertung der Umwelt im Hinblick auf das Merkmal der Sicherheit, d. h. eine Mensch-Umwelt-Beziehung.

8.1.1 Unsicherheit im Straßenverkehr

Dass Menschen im Straßenverkehr zu Tode kommen können, zeigt unmissverständlich dessen Gefährlichkeit. Aus der Verkehrsunfallstatistik geht hervor, dass die Wahrscheinlichkeit, im Straßenverkehr getötet zu werden, am höchsten beim Autofahren (Tab. 8.1) und bei den 18-bis 24-Jährigen ist (Tab. 8.2). Mangelnde objektive Verkehrssicherheit lässt sich auf zwei Ursachenkomplexe zurückführen:

- Der Mensch verhält sich nicht richtig
- Die Verkehrsumwelt ist dysfunktional.

Hat nicht richtiges Verhalten einen Unfall zur Folge, ist von „menschlichem Versagen" die Rede. Nicht richtige Verhaltensweisen sind überhöhte Geschwindigkeiten, die Missachtung roter Ampeln und das Fahren unter Alkohol- oder Drogeneinfluss, durch die Autofahrer maßgeblich zur Verkehrsunsicherheit und Unfällen beitragen (Gehlert & Genz, 2011).

Auf eine ungünstige Gestaltung der Verkehrsumwelt weist die Konzentration von Unfällen sowie das Erleben von Unsicherheit an bestimmten Orten hin.

Die Verkehrsunfallstatistik des Statistischen Bundesamts ist räumlich nicht so feinmaschig, um lokale Unfallschwerpunkte hervor treten zu lassen. Sie unterscheidet nach Unfällen innerhalb und außerhalb von Ortschaften sowie nach Bundesländern. Die dabei zutage tretenden Unterschiede zeigen, dass die Umweltbedingungen ein Einflussfaktor der Verkehrssicherheit sind, sie erklären je-

Tabelle 8.1 Im Straßenverkehr Getötete nach Art der Verkehrsbeteiligung 2010 und 2011 (Quelle: Statistisches Bundesamt)

Benutzer von ...	2010	2011
Fahrrädern	381	399
Mofas, Mopeds	74	70
Motorrädern	635	708
Pkw	1840	1986
Bussen	32	10
Fußgänger	476	614

Tabelle 8.2 Im Straßenverkehr Getötete nach Altersgruppen je 1 Mill. Einwohner der jeweiligen Altersgruppe 2010 und 2011 (Quelle: Statistisches Bundesamt)

In Jahren	2010	2011
Unter 15	9	8
15 bis 18	41	48
18 bis 25	102	109
25–65	41	45
65 und mehr	54	62

doch die Unterschiede nicht. So wird im Bericht des Statistischen Bundesamt (2011a) über die Verkehrsunfälle von Kindern lediglich konstatiert, dass, bezogen auf die Zahl der im jeweiligen Land lebenden Kinder, in Schleswig Holstein am meisten Kinder verunglückten und am wenigsten in Hessen. Es bleibt ungeklärt, warum die Unfallraten in den Bundesländern unterschiedlich sind, was gezielte, d. h. an der Ursache ansetzende Maßnahmen ausschließt.

Zwischen objektiver und subjektiver Verkehrssicherheit besteht eine deutliche Diskrepanz. Sie kommt dadurch zustande, dass die objektive Verkehrssicherheit an den Unfallzahlen abgelesen wird, wohingegen sich die wahrgenommene Verkehrssicherheit nicht auf Unfälle, sondern auf unfallträchtige Situationen bezieht, die viel häufiger vorkommen als die – statistisch gesehen – seltenen Unfälle. Auch ohne dass dort ein Unfall passiert ist, kann man sich an einem Ort ausgesprochen unsicher fühlen.

Dass Menschen im Straßenverkehr sogar ziemlich oft Unsicherheit erleben, zeigt das Ergebnis der Studie „Verkehrsklima in Deutschland 2010" (Gehlert & Genz, 2011), in der eine Stichprobe von rund 1700 Personen ab 18 Jahren online befragt wurde. Es stellte sich heraus, dass sich 12 % der Befragten im Straßenverkehr „nicht sicher" oder „gar nicht sicher" fühlen. Frauen und Männer nehmen die Gefährlichkeit des Verkehrs unterschiedlich wahr. Nur 41 % der Frauen im Vergleich zu 65 % der Männer beurteilen den Straßenverkehr als sicher bis sehr sicher.

Handlungsrelevant für den Menschen ist die Umwelt, wie er sie wahrnimmt. Die vergleichsweise häufigen Unsicherheitsgefühle schlagen dementsprechend zu Buche.

Der Eindruck, dass die Wohnumgebung nicht verkehrssicher ist, hat Folgen nicht nur für das Mobilitätsverhalten, sondern auch für das Wohnen. Die Wohn-

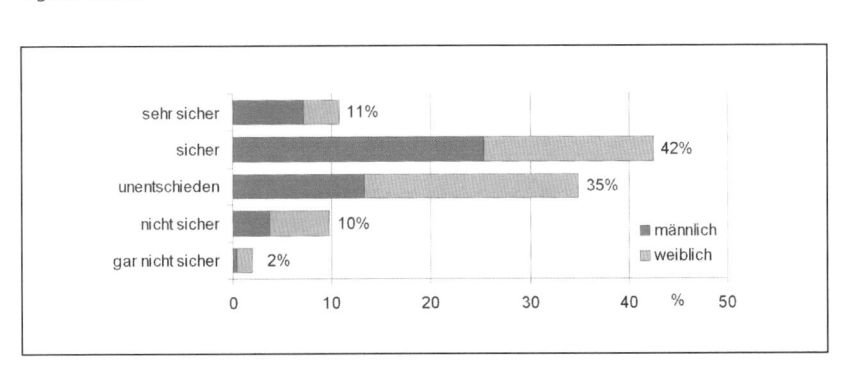

Abbildung 8.3 Wahrgenommene Verkehrssicherheit (Gehlert & Genz, 2011, S. 11; eigene Grafik)

zufriedenheit ist geringer bei den Bewohnern, die ihre Umgebung für verkehrsunsicher halten. Der Zusammenhang zwischen Wohnzufriedenheit und Verkehrssicherheit der Umgebung ist besonders ausgeprägt bei denen, in deren Haushalt Kinder leben (Gärling et al., 1984).

Die objektive Verkehrssicherheit wird mitunter auch überschätzt. Bei 6-Jährigen existiert zwar schon ein Bewusstsein für die unmittelbare Gefahr, jedoch ohne vorausschauenden Charakter. Erst mit etwa 8 Jahren sind Kinder in der Lage zu erkennen, dass eine Aktivität, z. B. Radfahren auf einem abschüssigen Weg, gefährlich sein kann. Erst in diesem Alter können Kinder Gefahren voraussehen (Limbourg et al., 2000).

Exkurs: Junge Menschen verunglücken im Straßenverkehr (Maria Limbourg)

Stellt man den Anteil der im Straßenverkehr verunglückten jungen Menschen ihrem Anteil an der Bevölkerung gegenüber, ergibt sich ein eindeutiges Bild: das Unfallrisiko ist bei den jungen Erwachsenen deutlich höher als in allen anderen Altersgruppen[23]. Die Häufigkeitsverteilung ist relativ stabil, wie aus dem Vergleich der Jahre 2010 und 2011 in Abb. 8.4 zu entnehmen ist.

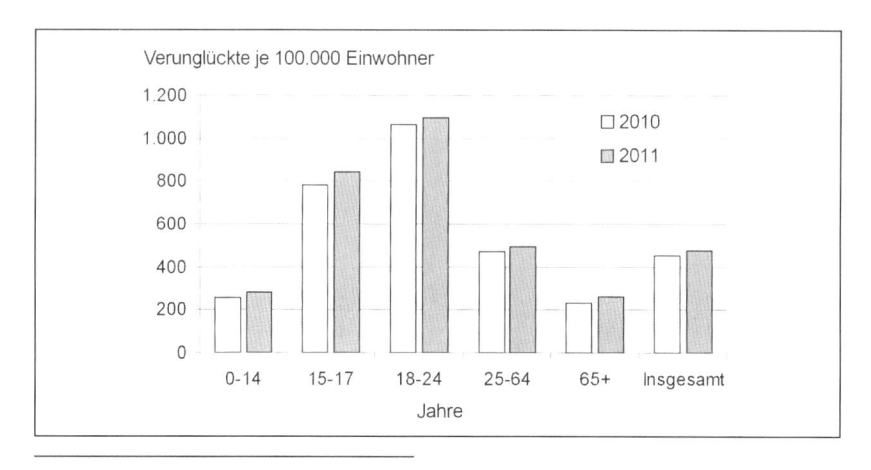

Abbildung 8.4 In den Jahren 2010 und 2011 im Straßenverkehr in Deutschland Verunglückte je 100 000 Einwohner der jeweiligen Altersgruppe (Quelle: Statistisches Bundesamt)

---

23 In der Unfallstatistik umfasst die Gruppe der Verunglückten leicht und schwer Verletzte sowie Getötete.

Abbildung 8.5 Im Straßenverkehr im Jahr 2011 verunglückte junge Menschen nach Altersgruppen, Geschlecht und Verkehrsmittel je 100 000 Einwohner der jeweiligen Altersgruppe (Quelle: Statistisches Bundesamt)

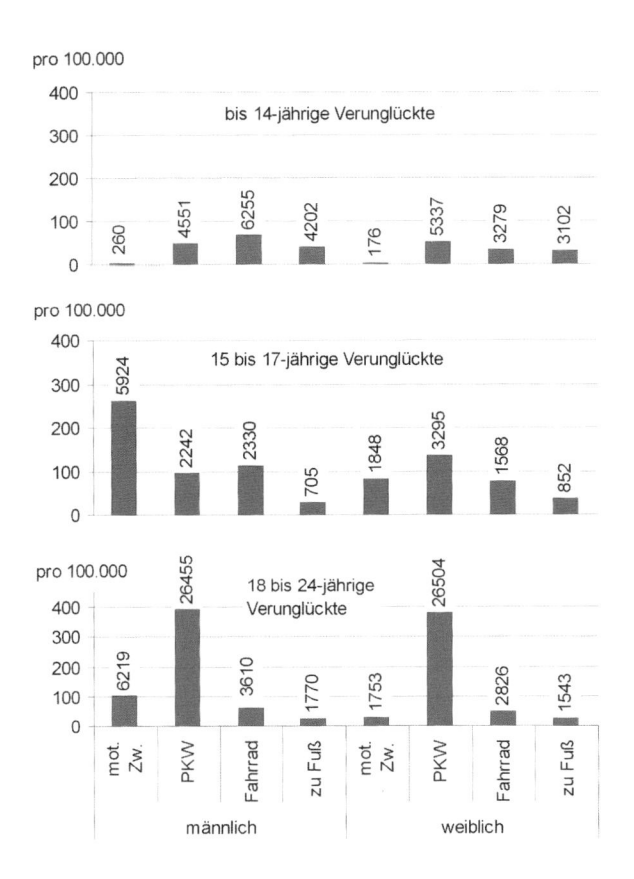

pro 100.000, bis 14-jährige Verunglückte: mot. Zw. 260, PKW 4551, Fahrrad 6255, zu Fuß 4202 (männlich); mot. Zw. 176, PKW 5337, Fahrrad 3279, zu Fuß 3102 (weiblich)

pro 100.000, 15 bis 17-jährige Verunglückte: mot. Zw. 5924, PKW 2242, Fahrrad 2330, zu Fuß 705 (männlich); mot. Zw. 1848, PKW 3295, Fahrrad 1568, zu Fuß 852 (weiblich)

pro 100.000, 18 bis 24-jährige Verunglückte: mot. Zw. 6219, PKW 26455, Fahrrad 3610, zu Fuß 1770 (männlich); mot. Zw. 1753, PKW 26504, Fahrrad 2826, zu Fuß 1543 (weiblich)

Je nach Alter sind die Fortbewegungsarten unterschiedlich. Dies soll im Folgenden anhand der Statistiken, die sich auf das Jahr 2011 beziehen, genauer betrachtet werden (vgl. Abb. 8.5). Diese wurden nach Altersgruppen, der Art der Verkehrsbeteiligung und dem Geschlecht aufgeschlüsselt. Im Jahr 2011 verunglückten in Deutschland 30 590 unter 15-Jährige im Straßenverkehr, Jungen im Vergleich zu Mädchen häufiger als Radfahrer und seltener als Pkw-Mitfahrer.

Die häufigsten Unfallursachen bei zu Fuß gehenden Kindern waren ein achtloses Überqueren der Fahrbahn und plötzliches Hervortreten hinter Sichthinder-

Tabelle 8.3 Im Jahr 2011 als Fußgänger, Radfahrer und Mitfahrer im Pkw verunglückte Kinder nach Alter und Art der Verkehrsteilnahme (Quelle: Statistisches Bundesamt)

Verkehrsart	Unter 6 Jahre	6- bis unter 10 Jahre	10 bis 14 Jahre
Fußgänger	1412	2739	3413
Fahrrad	505	2096	8317
Mitfahrer im Pkw	3415	2954	3981

nissen wie parkenden Autos. Bei Kindern als Radfahrer passierten die Unfälle beim Abbiegen, Wenden, Ein- und Anfahren und bei der Nichtbeachtung der Vorfahrt. Diese Ursachen erklären rund 50 % der Fußgänger- und Radfahrerunfälle in dieser Altersgruppe. Die andere Hälfte der Unfälle wurde durch die beteiligten Kraftfahrer verursacht.

Wie aus Tab. 8.3 hervorgeht, verunglückten die unter 10-Jährigen am häufigsten beim Mitfahren im Pkw, die ab 10-Jährigen am häufigsten beim Rad fahren. Inzwischen ist das Unfallrisiko für die unter 15-Jährigen als Mitfahrer im Pkw höher gegenüber dem Unfallrisiko als Fußgänger. Der Versuch, die Kinder vor dem Autoverkehr zu schützen, indem man sie im Auto transportiert, ist offensichtlich nicht gelungen.

Die tageszeitliche Verteilung der kindlichen Unfälle zeigt drei Schwerpunkte: Der morgendliche Weg zur Schule, der Rückweg in der Mittagszeit und die Freizeit am Nachmittag. So verunglückten 13 % der Kinder zwischen 7 und 8 Uhr, 11 % zwischen 13 und 14 Uhr und 23 % zwischen 16 und 18 Uhr. Insgesamt 47 % der Fußgänger- und Radfahrunfälle im Kindesalter ereigneten sich in diesen Stunden. An den Wochentagen Montag bis Freitag verunglücken mehr Kinder im Straßenverkehr als am Wochenende. Der Freitag weist seit Jahren die stärkste Unfallbelastung auf. Im Herbst und Winter sind Fußgängerunfälle auf dem morgendlichen Weg zur Schule fast doppelt so häufig wie in der „hellen" Jahreszeit. Bei Dunkelheit werden die Kinder von den Autofahrern oft nicht rechtzeitig gesehen und zwar vor allem dann, wenn sie dunkel gekleidet sind und keine Reflektoren tragen (Limbourg, 2008).

Die Freizeitunfälle am Nachmittag waren in den Sommermonaten und in den Schulferien doppelt so häufig wie in den Wintermonaten. Im Sommer – und besonders in den Schulferien – spielen Kinder häufiger im Freien und sind deshalb auch häufiger auf den Straßen anzutreffen. Fahrradunfälle ereigneten sich von April bis Oktober deutlich häufiger als in den Monaten November bis März, weil Kinder in den Sommermonaten häufiger mit dem Fahrrad unterwegs sind als im

Winter. Kinder aus sozial benachteiligten Familien sind häufiger in Verkehrsunfälle verwickelt als Kinder aus höheren sozialen Schichten. Das lässt sich unter anderem auch darauf zurückführen, dass sie häufiger in dicht besiedelten Wohngebieten mit viel Verkehr wohnen (Limbourg, 2008).

Neben den Umweltbedingungen spielen auch individuelle Merkmale wie die kindliche Persönlichkeit und das kindliche Temperament eine Rolle. Gefährdet sind vor allem Kinder, die hyperaktiv, motorisch unruhig („Zappel-Philipp"-Syndrom), impulsiv, unkonzentriert und leicht ablenkbar sind. Auch extravertierte Kinder sind stärker gefährdet, weil sie außenorientierter sind und häufiger als introvertierte Kinder mit Gleichaltrigen auf der Straße spielen.

Wie aus Abb. 8.5 zu entnehmen ist, sind die 18- bis 24-Jährigen die am meisten gefährdete Altersgruppe. Anzumerken ist hier, dass das Risiko, mit dem Auto zu verunglücken, bei beiden Geschlechtern hoch ist.

In der Altersgruppe der 15 bis 17-Jährigen sind die männlichen Jugendlichen deutlich gefährdeter bei den Unfällen mit dem Rad und dem motorisierten Zweirad. Die weiblichen Jugendlichen verunglücken dagegen häufiger beim Mitfahren im Auto.

In rund zwei Drittel der Unfälle sind männliche Jugendliche verwickelt. Bei den Leichtverletzten ist der Geschlechtsunterschied weniger ausgeprägt (58 % zu 42 %).

Jugendliche in ländlichen Gebieten sind stärker gefährdet als Jugendliche, die in Städten wohnen (Holz-Rau & Scheiner, 2009). Ein Grund für diesen Stadt-Land-Unterschied ist die frühe Motorisierung der Jugendlichen in ländlichen Gebieten. Außerdem wird in ländlichen Gebieten häufiger mit motorisierten Zweirädern gefahren. Hinzu kommen die weiten Wege – besonders die nächtlichen Freizeitwege – als Risikofaktor.

Die erhöhte Risikobereitschaft bei männlichen Jugendlichen schlägt sich in der Unfallstatistik nieder. Tödliche Verletzungen von Jugendlichen im Straßenverkehr sind nicht selten die Folge von riskanten Mutproben (Hurrelmann, 2002; Limbourg, 2011b). Jugendliche balancieren auf Geländern von Autobahnbrücken, laufen über stark befahrene Straßen und surfen auf Autos und Straßenbahnen, um ihren Mut unter Beweis zu stellen.

Die Altersgruppe der jungen Erwachsenen ist eine Risikogruppe im weitesten Sinne, denn mit 18 Jahren kommt bei den meisten das Auto als neues und schnelles Verkehrsmittel zu den bislang gewohnten Verkehrsmitteln dazu. Das schnelle Verkehrsmittel erweitert zwar den räumlichen Aktionsradius schlagartig, doch die Kehrseite ist ein hohes Unfallrisiko. Diese Kehrseite spiegelt sich in den Unfallstatistiken wider. Im Jahr 2011 verunglückten in Deutschland insgesamt rund 72 Tausend junge Menschen zwischen 18 und 24 Jahren im Straßenverkehr.

Betrachtet man die relativierten Zahlen der Verunglückten pro einer Million gefahrener Kilometer, dann zeigt sich, dass das Pkw-Unfallrisiko mit 2,0 Verunglückten pro eine Million Pkw-Kilometer in der Altersgruppe zwischen 18 Jahren und 24 Jahren am größten ist. Im Vergleich dazu liegt diese Zahl bei den 25- bis 44-jährigen Autofahrern bei 0,3 Verunglückten je eine Million Pkw-Kilometer (Limbourg, 2011b).

Bei einem „typischen" tödlichen Autounfall von jungen Autofahrern handelt es sich um einen sog. „Alleinunfall" (ohne Beteiligung anderer Fahrzeuge) durch Kontrollverlust, der sich auf einer Freizeitfahrt mit Freunden unter Alkoholeinfluss bei hoher Geschwindigkeit am Wochenende in der Nacht ereignet. Am folgenreichsten sind die sog. „Disco-Unfällen", von denen 79 % von jungen Männern verursacht werden (Schulze, 1998). Besonderes Merkmal dieser nächtlichen Freizeitunfälle ist der hohe Pkw-Besetzungsgrad. Während insgesamt für alle Wege der durchschnittliche Pkw-Besetzungsgrad bei 1,4 Personen liegt, beträgt er auf Disco-Wegen 2,2. Dies hat zur Folge, dass bei einem Unfall meistens mehrere Personen betroffen sind. Disco-Unfälle ereignen sich wesentlich häufiger in ländlichen Gebieten als in Städten (Holz-Rau & Scheiner, 2009).

Die häufigste Ursache von Unfällen junger Fahrer ist die „nicht angepasste Geschwindigkeit": Jeder zweite tödliche Unfall in der Altersgruppe der 18- bis 24-jährigen Fahrer ist auf diese Ursache zurückzuführen. Im Vergleich dazu wird diese Ursache in der Altersgruppe der 35- bis 45-Jährigen „nur" bei jedem fünften tödlichen Unfall festgestellt (Statistisches Bundesamt, 2011).

Zur nicht angepassten Geschwindigkeit kommt oft der Alkoholkonsum als weitere Unfallursache hinzu: Bei jedem zehnten tödlich verunglückten jungen Autofahrer wurde eine erhöhte Blutalkoholkonzentration gemessen. Bei der Gruppe der 35- bis 45-Jährigen wird „nur" jeder sechzehnte tödliche Verkehrsunfall auf Alkoholkonsum zurückgeführt (Statistisches Bundesamt, 2011). Männer sind sowohl bei den Geschwindigkeits-Unfällen (77 %) als auch bei den Alkohol-Unfällen deutlich überrepräsentiert (91 %).

Ein weiteres Problem im Zusammenhang mit der Verkehrsunfallproblematik im jungen Erwachsenenalter ist der Konsum von Drogen. Etwa jede zehnte untersuchte Blutprobe enthält Drogen (Cannabis, Heroin, Kokain, Amphetamin, Ecstasy, LSD) – oft zusammen mit Alkohol (Deutsches Polizeiblatt, 2000). Der Konsum von Drogen spielt eine bedeutsame Rolle bei Jugendlichen (Kubitzki, 2001). Bei gleichzeitigem Alkoholkonsum werden die Wirkungen der Drogen noch verstärkt.

Weitere Risikofaktoren sind der Lebensstil, die Persönlichkeit, der familiäre Hintergrund sowie die Schul- und Ausbildungssituation der jungen Frauen und Männer (Keskinen, 1996; Schulze, 1996; 1999). Lebensstilanalysen von Jugendlichen und jungen Erwachsenen zeigen ein deutlich erhöhtes Unfallrisiko für die sog. „Action-Typen", „Fan-Typen" und „Kick suchende Typen" unter den jungen Fahrern. Sie besuchen häufig Discotheken, Fußballspiele und andere Veranstaltungen und konsumieren dabei viel Alkohol. Rund 37 % der 18- bis 24-Jährigen – überwiegend Männer – können diesen Gruppen zugeordnet werden (Schulze, 1996; 1999).

Die Befriedigung des Motivs des Sensation Seeking ist mit Risiken verbunden (Schulze, 1999; Herzberg & Schlag, 2003; Holte, 2007; Limbourg, 2011b). „Sensation Seeker" zeigen eine stärkere Bereitschaft zu Regelverstößen, bevorzugen Fahrzeuge mit hohen Motorleistungen, sind durch Risiko erhöhende Fahrmotive (z. B. „Es ist ein gutes Gefühl, andere abzuhängen") charakterisierbar, wollen „Spaß haben" und „Frust abbauen" und sind überzeugt, schwierige Situationen kompetent bewältigen zu können. Sie sind häufiger Raucher, konsumieren öfter Alkohol und Drogen. Sie schätzen Verkehrssituationen als weniger gefährlich ein, fahren riskant und aggressiv und begehen häufiger Verkehrsverstöße. Die überwiegend männlichen „Sensation Seeker" findet man häufig unter den „Kick suchenden Typen" und den „Aktions-Typen" (Holte, 2007; Hatfield & Fernandes, 2009). Auch „hyperaktive" (vorwiegend männliche) Jugendliche gehören zu dieser Risikogruppe (Barkley et al., 1993).

Typisch für risikobereite junge Fahrer ist außerdem eine überwiegend emotionale Verhaltenssteuerung und eine stark ausgeprägte Selbstüberschätzung, die bewirkt, dass objektiv unsichere Situationen falsch eingeschätzt werden (Schulze, 1998).

An dieser Stelle tritt die Problematik des verkehrspolitischen Leitbilds: die individuelle Mobilität erhalten und zugleich die negativen Folgen des Verkehrs spürbar reduzieren, zutage. Eine unbegrenzte individuelle Mobilität, die nicht nur die eigene Person, sondern zugleich auch andere Menschen gefährdet, ist Ursache für eine der unerwünschten Folgen des Verkehrs.

8.1.2 Unsicherheit im öffentlichen Verkehr

Subjektive Unsicherheit im ÖV hat andere Ursachen als Unsicherheit im Straßenverkehr. Im ÖV wird die Unsicherheit nicht durch eine mangelnde Passung zwischen Verhalten und Umwelt erzeugt, sondern durch andere Menschen im öffentlichen Raum. Unsicherheitsgefühle im ÖV sind eine negative Folge des Straßenverkehrs insofern, als dass dieser die öffentlichen Räume in anonyme Verkehrsräume verwandelt hat. Anonymität bedeutet eine geringe Sozialkontrolle. Die subjektive Unsicherheit ist umso stärker, je öffentlicher und je weniger persönlich vertraut und privat die Umgebung ist. Dieser Zusammenhang wird in dem in Abb. 8.6 dargestellten Stufenmodell veranschaulicht. Die Stufen unterscheiden

Abbildung 8.6 Grade von Privatheit/Öffentlichkeit und Sozialkontrolle (Flade, 2006, S. 118, nach Taylor & Brower, 1985, S. 199)

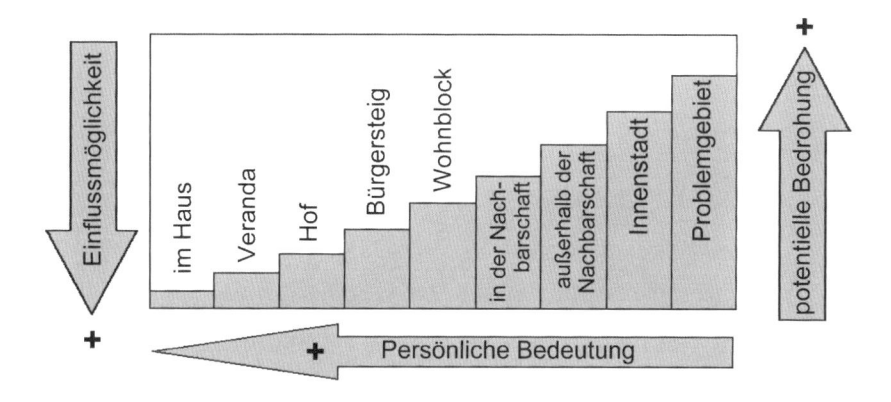

sich im Hinblick auf die Einflussmöglichkeiten bzw. Umweltkontrolle und die persönliche Bedeutung der Umgebung. Die potentielle Bedrohung und damit die subjektive Unsicherheit ist am geringsten im privaten Bereich und am stärksten in „Problemgebieten", den „hot spots of fear". Als „hot spots" werden in der Kriminologie Orte mit überproportional hoher Kriminalitätsrate bezeichnet, „hot spots of fear" sind Orte, an denen Angstgefühle besonders häufig auftreten (vgl. Nasar & Fisher, 1993). In öffentlichen *Verkehrs*räumen sind die Unsicherheitsgefühle möglicherweise noch ausgeprägter, weil ständig andere fremde Menschen auftauchen und wieder verschwinden, was die Anonymität noch weiter erhöht.

Im ÖV auftretende Unsicherheitsgefühle sind ein zentrales Problem öffentlicher Verkehrsunternehmen, weil sie mit einem Imageverlust einhergehen und Einbußen an Einnahmen nach sich ziehen, denn wegen der antizipierten Unsicherheit wird nicht selten auf eine Fahrt verzichtet oder auf das Auto umgestiegen (Hochbahn et al., 2005). Unsicherheitsgefühle sind nicht spezifisch für den ÖV, sondern können überall in öffentlichen Räumen auftreten, in denen die Verhaltenskontrolle gering ist und zugleich viele Fremde anwesend sind. Unkontrollierte soziale Interaktionen sind irritierend und bedrohlich. In ihnen kommt ein mangelndes „territorial functioning" (Brower, 1980; Taylor & Brower, 1985) zum Ausdruck. Ein Ansatzpunkt, um den öffentlichen Raum subjektiv sicher zu machen, wäre sowohl eine Stärkung der Verhaltens- als auch der Sozialkontrolle.

Zwei für die Praxis nützliche Theorien, die Unsicherheitsgefühle erklären, sind die Prospect-Refuge – und die Disorder-Theorie. Die Prospect-Refuge-Theorie sagt voraus, dass mangelnde Einsehbarkeit und ein nicht ausreichender Schutz die subjektive Unsicherheit verstärken (Fisher & Nasar, 1992). Der Mensch fühlt sich an Orten unsicher, die er nicht überblicken kann und die keinen Schutz bieten. Ist ein Ort oder eine Umgebung unübersichtlich und ohne Refugien, kommt es auf die Möglichkeit zu fliehen (escape) an. Es liegt an diesem dritten Faktor, dass man sich sicherer fühlt, wenn man mit dem Rad statt zu Fuß unterwegs ist: Als Radfahrer kann man schneller entkommen.

Das Ergebnis einer Befragung von ÖV-Nutzern in Berlin ergab, dass sich während des Tages rund 2 % der Fahrgäste unsicher fühlten, wohingegen es nachts 45 % waren (Buschmann, 1995). Dunkelheit beeinträchtigt die Überschaubarkeit, was erklärt, dass Unsicherheitsgefühle vor allem in den Abend- und Nachtstunden auftreten. Zugleich ist auch der erwünschte Schutz in den späten Abend- und Nachtstunden reduziert, denn zu später Stunde sind nur wenige Menschen unterwegs und dann auch überwiegend solche, die fremd und mitunter auch bedrohlich wirken.

Die Disorder-Theorie (Skogan, 1990) hebt die Bedeutung von Zeichen hervor, die Botschaften zur Sicherheitslage aussenden. Ein solches Zeichen in öffentlichen Räumen ist „Unordnung" (disorder), die sich in „Incivilities" manifestiert. Zu unterscheiden sind physische und soziale Incivilities. Physische Incivilities sind dinglich, es sind Müll, Schmutz, Vandalismus, verfallene Außenfassaden, herunter gekommene Gebäude, besprühte und beschmierte Hauswände, zerstörte Telefonzellen, kaputtes Mobiliar, ungepflegte leerstehende Grundstücke, geschlossene öffentliche Einrichtungen. Passive Incivilities sind Zeichen, die auf unterlassenes Verhalten hinweisen (Perkins et al., 1993): der Müll bleibt liegen, die Hausfassaden verwahrlosen, die Haltestelle „kommt herunter". Orte und Räume mit aktiven und passiven Incivilities wirken „aufgegeben", „sich selbst überlassen". Es sind „lost places", funktionslos gewordene Orte. Verwahrloste öffentliche Räume signalisieren, dass es niemanden gibt, der sich darum kümmert. Es mangelt an einem „territorial functioning" (Taylor & Brower, 1985) bzw. an Sozialkontrolle.

Incivilities in Verkehrsräumen werden von vielen Menschen bemerkt. Dies gilt insbesondere auch für soziale Incivilities wie „herum hängende" untätige Gruppen Jugendlicher, gewaltbereit wirkende Skinheads, Drogenabhängige, Betrunkene, Bettler und verwahrlost aussehende Nichtsesshafte. Solche Gruppen sind vermehrt auf öffentlichen Plätzen sowie an Knotenpunkten wie Bahnhöfen und Haltestellen in großen Städten anzutreffen. Auch sie sind ein Zeichen von „disorder", die typisch ist für eine nicht funktionierende Gesellschaft (LaGrange et al., 1992). Vor allem soziale Incivilities sind ein Schlüsselfaktor in der Entstehung von Unsicherheitsgefühlen und Kriminalitätsfurcht (Boers & Kurz, 1997).

Anzumerken ist, dass man schon vor über 100 Jahren versucht hat, gegen soziale Incivilities im ÖV vorzugehen. Dies zeigt das von Fack (1999) angeführte Beispiel der Polizeiverordnung, den Betrieb der mit elektrischer Kraft betriebenen

Straßenbahnen und straßenbahnähnlichen Kleinbahnen im Regierungsbezirk Arnsberg vom 9.8.1902 betreffend. Die für die Fahrgäste gültigen Bestimmungen enthielten außer den Benutzungsvorschriften Verbote von Befindlichkeiten oder Verhaltensweisen wie Trunkenheit, unanständiges Benehmen, Lärmen, Mitführen von Hunden und geladenen Gewehren oder Berühren von Betriebseinrichtungen (Fack, 1999, S. 36).

Das Problem subjektiver Unsicherheit im ÖV wurde in dem Forschungsprojekt „SuSi-PLUS"[24], an dem Verkehrsunternehmen aus Hamburg, Mannheim und Hanau beteiligt waren, systematisch analysiert (Hochbahn et al. 2005). Repräsentative telefonische Befragungen der Bewohner ergaben, dass in Hanau 13 % und in Mannheim 9 % der Bewohner den ÖV wegen des antizipierten Unsicherheitserlebens nicht nutzen, und dass in Hamburg rund 25 % der Nutzer der U-Bahn in den letzten vier Wochen aus Sicherheitsgründen auf einige Fahrten mit der U-Bahn verzichtet haben. Stattdessen sind 70 % der „Verzichter" mit dem Auto, andere mit dem Bus gefahren. Rund ein Fünftel war aus diesem Grund zu Hause geblieben. Fast die Hälfte der Nutzer der U-Bahn berichteten von verunsichernden Erlebnissen in den vergangenen vier Wochen, darunter Gewalttätigkeiten, Belästigungen, überlaute Musik anhören müssen, Pöbeleien und Anrempeln (Hochbahn et al., 2005).

Diese Ergebnisse bestätigen die Disorder-Theorie: Der mit Abstand häufigste Grund für Unsicherheitsgefühle bei der Nutzung der U-Bahn sowie auch im ÖV in den Städten Mannheim und Hanau sind soziale Incivilities. Es sind in erster Linie soziale und nicht physische Incivilities, die Unsicherheit hervorrufen, und es ist nicht nur der ÖV als solcher, sondern der darüber hinaus reichende öffentliche Raum, der als problematisch erlebt wird.

Die schriftliche Befragung von Verkehrsunternehmen in Städten mit oberirdischen Verkehrsanlagen mit Beförderungszahlen zwischen rund 10 bis 70 Millionen Fahrgästen pro Jahr ermöglichte es, auch die Problemsicht der Unternehmen zu erfassen (Rölle et al., 2004). Insgesamt 38 Verkehrsunternehmen beteiligten sich an der Befragung. Als Hauptproblem wurden von den Unternehmen ebenfalls die sozialen Incivilities angesehen, die in unterschiedlichen Formen zutage treten, wie der Gewalt älterer gegenüber jüngeren Schülern, Übergriffen, Belästigungen, der Anwesenheit von Bettlern, Obdachlosen, Randalierern und Betrunkenen, Pöbeleien und Drogenkonsum an Haltestellen. Ein Problem sind darüber hinaus Beschädigungen in und an Fahrzeugen und an Haltestellen, doch für ÖV-Nutzer sind in erster Linie soziale Incivilities der Auslöser von Unsicherheitsgefühlen.

---

24 SuSi-PLUS = Subjektives Sicherheitsempfinden im Personennahverkehr mit Linienbussen, U-Bahnen und Stadtbahnen.

Ein empirisch immer wieder bestätigtes Ergebnis ist, dass sich Frauen öfter unsicher fühlen als Männer. Ein Grund ist, dass sie häufiger den ÖV nutzen und öfter zu Fuß gehen, was zur Folge hat, dass sie länger im öffentlichen Raum anwesend sind. Männer erleben den öffentlichen Raum dagegen seltener so „hautnah". Dazu sei als Beispiel ein Ergebnis aus einer in Leverkusen durchgeführten repräsentativen Befragung der Bewohner angeführt (Flade & Guder, 1992). Für die meisten Männer in Leverkusen ist das Auto das wichtigste Verkehrsmittel, jedoch nur für ein Drittel der Frauen. Männer sind damit deutlich weniger „exponiert" als Frauen. Erheblich mehr Frauen (65 %) als Männer (25 %) meinten, dass es Orte und Straßen in der Stadt gibt, wo sie in Zeiten der Dunkelheit nicht zu Fuß gehen würden. Auf die antizipierte Unsicherheit wird unterschiedlich reagiert: man geht nicht allein, man fährt Taxi, man geht einen anderen Weg oder verzichtet gleich auf die geplante Unternehmung. Am häufigsten wird auf erlebte Unsicherheit durch Vermeiden bestimmter Orte, Straßen und Gebiete reagiert. Angesichts des festen Liniennetzes und der fixierten Haltestellen ist ein solches Vermeiden jedoch nur begrenzt möglich.

Mit Aufkommen des Handys tauchte eine weitere Reaktion auf: Um Anmache und Angriffe abzuwehren, simuliert man mit dem Handy geführte Gespräche.

Das Unsicherheitsgefühl ist auch der Hauptgrund, warum ÖV-Nutzer die Einführung einer fahrerlosen, ausschließlich Technik gesteuerten U-Bahn ablehnen würden. Dies war das Ergebnis einer Befragung von insgesamt 400 Nutzern der Berliner U-Bahn, die Buschmann und Wessels (2000) durchgeführt haben, um die Akzeptanz eines fahrerlosen automatischen Betriebes der U-Bahn zu ermitteln. Was die technische Sicherheit betraf, waren die Beurteilungen überwiegend positiv. Das Gegenteil war der Fall bei der öffentlichen Sicherheit. Dies ist der entscheidende Punkt, weshalb ein fahrerloser automatischer Betrieb von 48 % der Befragten abgelehnt wird. Befürchtet wird, dass in Notfällen niemand da ist, der angesprochen werden kann. Es gäbe sozusagen kein Refugium. Nur 31 % hatten keine Bedenken, die übrigen waren unentschieden.

8.2 Verkehrslärm (Rainer Guski)

Wer heute in Ballungsgebieten wohnt, wird selten erleben, dass es draußen wirklich ruhig ist: vielleicht hören wir auch gelegentliches Vogelzwitschern, aber die akustische Hauptinformation ist das mehr oder weniger ständige Rauschen des Straßenverkehrs. In manchen Fällen kommt noch die eine oder andere Eisenbahn dazu oder ein Flugzeug. Unsere akustische Welt ist weitgehend durch Verkehrsgeräusche gekennzeichnet, die wir meist als „Verkehrslärm" bezeichnen. Diese Bezeichnung ist eine Bewertung, d. h. die an sich neutralen Geräusche des Straßen-,

Schienen- und Luftverkehrs werden negativ bewertet – Lärm ist negativ bewerteter Schall, der uns zumindest stört und belästigt, in vielen Fällen sogar gesundheitlich schädigt. Die Belästigung und die Gefahr der gesundheitlichen Schädigung haben eine spezielle sozialpsychologische Komponente: Es sind fast immer „die anderen Menschen", die Lärm machen. Wenn wir selbst Auto fahren, mit der Bahn oder dem Flugzeug reisen, merken wir kaum etwas davon, welche akustische Belastung wir für andere Menschen darstellen; die dabei entstehenden Geräusche halten wir für mehr oder weniger unvermeidbar, aber wenn wir zu Hause oder unmotorisiert auf der Straße sind, fällt uns auf, dass die anderen Menschen Krach machen, den wir zumindest im gerade erlebten Ausmaß für unnötig und vermeidbar halten. Ein Sozialpsychologe (Stallen, 1999) hat dies in dem Satz „You Expose Me" zusammengefasst: Wir erleben Lärm meist in einem sozialen Kontext, in dem die anderen Menschen mit uns etwas tun, das wir für unzumutbar halten, aber gegen das wir uns kaum wehren können.

8.2.1 Wie entstehen Verkehrsgeräusche?

Zunächst müssen wir uns daran erinnern, dass Schalle bzw. Geräusche definiert sind als hörbare Druckschwankungen innerhalb von elastischen Medien (Gase, Flüssigkeiten, feste Körper). Die Anregung von Druckschwankungen kann durch Schlag, Reibung oder strömende Gase ausgelöst werden. Die entstandenen Druckschwankungen breiten sich im Umgebungsmedium Luft mit hoher Geschwindigkeit (ca. 330 m/s) aus und können bei ausreichender Intensität vom Ohr wahrgenommen werden, wenn die Zahl der Schwingungen pro Sekunde (gemessen in Hertz [Hz]) zwischen etwa 16 und 20 000 beträgt.

Die Geräusche des Straßenverkehrs setzen sich aus verschiedenen Komponenten zusammen, wobei Motor- und Reifengeräusche die Hauptursachen darstellen. Bei Lastkraftwagen und Motorrädern sind es vor allem Motorgeräusche, aber bei modernen PKW übertönen die Reifengeräusche den Motor bereits ab einer Geschwindigkeit von 40 km/h , d. h. das Abrollen des Reifens ist (bei normalem Fahrverhalten) lauter als der laufende Motor. Reifen verursachen aus zwei Gründen Geräusche: erstens schwingen die Reifen selbst, und zweitens entstehen aerodynamische Geräusche (Luftgeräusche) zwischen Reifen und Fahrbahn. Beim Abrollen des Reifens wird die Luft kurzfristig zwischen den Vertiefungen des Gummireifens und der Straßenoberfläche zusammengepresst und entweicht dann beim weiteren Abrollen mit einem hörbaren Zischen. Die Lautstärke dieser Geräusche nimmt mit der Fahrgeschwindigkeit zu.

Beim Schienenverkehr entstehen Geräusche ebenfalls durch mehrere Komponenten: Da ist einmal der Wagenkörper selbst, der ins Schwingen kommt, aber vor allem ist es der Kontakt zwischen Rad und Schiene, genauer: zwischen dem (äußeren) Radreifen und der Schiene. Der Radreifen ist selten ganz glatt und rund, sondern oft eher rau, insbesondere bei Güterwagen. Wenn solche rauen Räder auf Schienen rollen, entstehen hörbare Schwingungen des Rad/Schiene-Systems, und auch die Schiene selbst kann dadurch rauer werden und ihrerseits die nachfolgenden Räder aufrauen. Hinzu kommt oft auch der Gleiskörper, der je nach Aufbau durch die Schwingungen des Rad/Schiene-Systems selbst zum Schwingen angeregt wird und tief frequente Schwingungen als hörbare Schallschwingungen und zum Teil spürbare Erschütterungen an die Umgebung abgibt.

Beim Luftverkehr entstehen Geräusche je nach Art des Triebwerks (Strahl- oder Propellertriebwerk) unterschiedlich, jedoch handelt es sich in beiden Fällen überwiegend um aerodynamische Geräusche, die entstehen, wenn Luft mit großer Kraft verwirbelt wird. Bei Propellermaschinen sind es vor allem die Kanten des Propellers, die je nach Bauart Luft unterschiedlich stark verwirbeln, und bei Strahltriebwerken geschieht das sowohl vorn, wo die Luft durch einen „Fan" ins Triebwerk gesaugt wird, als auch (stärker) hinten, wo sie nach Verbrennung des Luft/Treibstoffgemischs das Triebwerk verlässt. Wenn der Luftstrom das Triebwerk verlässt, hat er eine hohe Energie und trifft auf die stehende Luft der Umgebung, verwirbelt sie und erzeugt so hohe Schallpegel. Diese lauten Geräusche können zwar bei modernen Bauformen (z. B. Manteltriebwerken) etwas gemildert werden, bleiben aber die Hauptquelle der Geräusche von großen Verkehrsflugzeugen. Im Fall von Landungen kommen noch Verwirbelungsgeräusche an Landeklappen und offenen Radkästen hinzu.

Die Entwicklungsabteilungen von Autos, Flugzeugen und Eisenbahnen können zwar mit Recht darauf hinweisen, dass sie im Laufe der letzten 50 Jahre schon viele Erfolge bei der Minderung der Antriebsgeräusche erzielt haben, aber die Entwicklung der Verkehrsmenge im Straßen-, Luft- und Schienenverkehr hat diese Erfolge aus der Sicht der Lärmbetroffenen vollständig zunichte gemacht. Beispielsweise wächst der Kraftfahrzeugbestand in Deutschland seit Jahren kontinuierlich und betrug im Jahre 2011 etwa 51 Millionen Fahrzeuge; die Anzahl der Flugbewegungen wächst an großen deutschen Verkehrsflughäfen jährlich um 5 bis 7 %; bei der Eisenbahn ist die Lage etwas unübersichtlicher. Es ist vor allem die Zunahme des Verkehrs, die dazu beigetragen hat, dass Anwohnerinnen und Anwohner von Stadtstraßen, Flughäfen (und zum Teil Schienenwegen) darüber klagen, dass „es immer lauter wird", auch wenn viele einzelne Fahrzeuge leiser geworden sind.

8.2.2 Wie werden Geräusche zu Lärm?

Nach einer weit verbreiteten Auffassung kann Lärm als „unerwünschter Schall" definiert werden. Entscheidend ist hier das gleichzeitige Auftreten einer akustischen Situation (Schall, Geräusch) und einer Bewertung (unerwünscht, lästig, störend). Dabei bleibt zunächst offen, wer die Bewertung ausübt, aber meist sind es die passiv vom Geräusch betroffenen Menschen, die das Geräusch negativ bewerten (Guski, 1987). Im Falle von Krankheitsrisiken (z. B. Hörschäden) kann es vorkommen, dass die Betroffenen ein Geräusch positiv bewerten, aber Mediziner würden in diesem Fall die Geräusche als schädlich (und damit negativ) bewerten. In einem inzwischen schon historisch zu nennenden Beitrag hat Schönpflug acht Gründe für die Lästigkeit von Schallen aufgezählt (Schönpflug, 1981). Dabei betonte er, dass es zunächst keinen Kausalzusammenhang zwischen Lautheit (der wahrgenommenen Lautstärke) und Lästigkeit gibt, auch wenn diese Dimensionen korrelieren. Allerdings ist festzustellen, dass Schalle, die in einer Gesellschaft generell negativ bewertet werden, mit zunehmender Lautstärke auch als lästiger bewertet werden. Nach Schönpflug (1981) sind Geräusche dann lästig, wenn sie

1. Anzeichen von Innenohrschädigungen sind
2. mit Misserfolgen gekoppelt werden können
3. zielgerichtete Handlungen stören
4. die Orientierung erschweren
5. nicht kontrollierbar sind
6. auf subjektiven Bezugssystemen extrem liegen
7. eine Abneigung gegen den Ursprung der Schalle vorliegt
8. natürliche Schalle ungewohnt laut dargeboten werden.

Im Fall von Verkehrsgeräuschen können wir davon ausgehen, dass die akustische Belastung (Maximalpegel, Häufigkeit lauter Ereignisse) eine der wichtigsten Ursachen für ihre Lästigkeit ist. Die Menschen unserer Gesellschaft (und vieler anderer Gesellschaften auch) sind sich meist einig darin, dass die Geräusche des Straßen-, Luft und Schienenverkehrs unerwünscht sind. Es gibt zwar auch Motorgeräusche, die in bestimmten Gesellschaftskreisen hohes Ansehen genießen (meist werden hier bestimmte Motorräder genannt), der Rest der Gesellschaft ist sich jedoch weitgehend einig darin, dass es sich dabei um besonders unangenehme Geräusche handelt. Wir halten hier fest, dass Verkehrsgeräusche mit zunehmender Lautstärke und Häufigkeit zunehmend als Lärm bewertet werden. Dies gilt auch für den meist in Gesetzen und Verordnungen benutzten „energieäquivalenten Dauerschallpegel" (Leq), eine akustische Rechengröße, welche die einwirkende Schallenergie über eine längere Zeit (z. B. 16 Stunden am Tag oder 8 Stunden in der Nacht) integriert.

Schönpflug (1981) wies mit seinem dritten (und zum Teil auch zweiten) Grund auf die Bedeutung des situativen Kontexts hin, in dem Geräusche zu Lärm werden können: Wenn wir bestimmte Handlungsziele haben (z. B. uns unterhalten, lesen, schlafen oder arbeiten wollen), können externe Geräusche erwünschte akustische Informationen verdecken oder uns einfach ablenken bzw. die Schlaftiefe verringern. Dies ist besonders dann lästig, wenn Schönpflugs fünfter Grund zutrifft, d. h. wir keinen Einfluss auf die Beeinträchtigung haben, und dies ist bei Verkehrsgeräuschen regelmäßig der Fall. Die Behinderung intendierter Handlungen bei gleichzeitigem Mangel an Kontrolle über die akustische Belastung ist nach Auffassung von Lärm-Experten der entscheidende Aspekt, der die Lärmbelästigung von anderen Störungen unterscheidet (Guski et al., 1999).

In der gegenwärtigen öffentlichen Diskussion um Verkehrslärm und bei den aktuellen Massenprotesten gegen Flug- und Schienenlärm spielt ein weiterer Gesichtspunkt eine große Rolle: die soziale Bewertung einer Lärmquelle, insbesondere das Vertrauen, das man dieser Quelle in breiten Teilen der Gesellschaft entgegenbringt: Wenn eine gesellschaftlich gut akzeptierte Quelle (wie z. B. christliche Kirchen mit ihren Glocken in Süddeutschland) Geräusche macht, werden diese von den Lärmbetroffenen eher akzeptiert als die von gesellschaftlich weniger positiv bewerteten Quellen (z. B. islamische Muezzin-Gesänge in Süddeutschland). In einer Bevölkerungsuntersuchung am Flughafen Frankfurt/Main (Schreckenberg & Meis, 2006) wurde festgestellt, dass die akustische Belastung am Wohnort zwar der stärkste Prädiktor für zusammenfassende Belästigungsurteile der Betroffenen ist (r = 0,43 bei N = 3200), aber das Vertrauen in den Flughafenbetreiber ist (mit r = −0,32) ein weiterer guter Prädiktor für Belästigungsurteile. Auch die monatelangen Proteste der Bevölkerung rings um die (erweiterten) Flughäfen Frankfurt/Main und Berlin-Schönefeld in den Jahren 2011 und 2012 können weitgehend darauf zurückgeführt werden, dass die Bevölkerung durch unvorhergesehene Flugrouten-Änderungen, an denen die Betroffenen nicht beteiligt waren, (sowie im Fall Frankfurt durch gebrochene Versprechungen der Landesregierung) das Vertrauen in Behörden und Flughafenbetreiber verloren haben.

Als letzte (aber keineswegs unwichtigste) Determinante des Lärmerlebens und der Belästigung ist die persönliche Lärmempfindlichkeit der Betroffenen zu nennen. Unter dem Begriff „Lärmempfindlichkeit" wird meist eine recht stabile Persönlichkeitsvariable verstanden, die Erfahrungen mit und Einstellungen zu einer Reihe von Lärmsituationen reflektiert (Zimmer & Ellermeier, 1997). Personen, die erlebt haben, dass sie unter verschiedenen Lärmsituationen stark leiden bzw. oft stark gestört und belästigt werden, bezeichnen sich selbst als lärmempfindlich, und sie reagieren auf akustische Belastungen auch stärker belästigt als andere Personen, die sich generell als weniger lärmempfindlich einschätzen. Man hat zwar festgestellt, dass hohe Lärmempfindlichkeit auch mit hoher selbstberichteter Empfindlichkeit für andere Umweltbelastungen korreliert (Hoeger, 2000), jedoch ist bislang noch ziemlich unklar, inwiefern eine selbstberichtete höhere Empfindlichkeit mit stärkeren langfristigen Gesundheitsfolgen der externen Belastung korrespondiert.

8.2.3 Kurzfristige Lärmwirkungen

Seit langem wissen wir, dass akuter Lärm eine Reihe von akuten Wirkungen ausübt, die zwar je nach Person und Situation unterschiedlich stark ausfallen, aber eine beachtliche Vielfalt zeigen. Dabei müssen wir uns allerdings klar darüber werden, dass unser Körper zunächst nicht zwischen „Geräusch" und „Lärm" unterscheidet und beispielsweise mit Gefäßverengung in der Körperperipherie, mit Muskelspannungserhöhung und Hormonausschüttung auch bei „neutralen" Geräuschen reagiert. In diesem Fall hängt das Ausmaß der unmittelbaren Reaktionen nur von zwei Faktoren ab: erstens von der Lautstärke des Geräuschs (bei höheren Lautstärken reagiert der Körper stärker), und zweitens von der Anstiegsgeschwindigkeit des Schallpegels (bei größerer Anstiegsgeschwindigkeit reagiert der Körper stärker). Sehr schnell (oft innerhalb von Millisekunden) kommen dann aber kognitive Faktoren ins Spiel: Erwartungen und Bewertungen: Wenn wir erkennen, dass es sich um ein bekanntes Geräusch handelt, das sich wiederholt, fallen die nachfolgenden unmittelbaren Reaktionen meist schwächer aus als die ersten. Dies geschieht übrigens auch im Schlaf (Marks et al., 2008), und in gewohnter Umgebung ist die Gesamtreaktion meist schwächer als in fremder Umgebung (Samel et al., 2005). Allerdings scheint es eine vollständige Gewöhnung an Geräusche nicht zu geben: Der Körper reagiert 24 Stunden lang.

Nicht zu übersehen sind die unmittelbaren Störungen und Belästigungen, die Geräusche des Straßenverkehrs genauso mit sich bringen wie geräuschvolle Aktionen unserer Nachbarn: Wir werden von unseren beabsichtigten Tätigkeiten (z. B. Unterhalten, Lesen, Arbeiten, Schlafen) abgelenkt und müssen größere Anstrengungen unternehmen, um unsere Absichten trotz der Störung auszuführen – z. B. bestimmte Handlungsschritte wiederholen, lauter sprechen, nachfragen, nachlesen usw. (hinsichtlich des Sprechens vgl. Lazarus-Mainka, 1993). Für Schulkinder im Alter des Lesen- und Schreibenlernens hat die Ablenkung und die akustische Verdeckung sprachlicher Information durch Verkehrslärm teilweise die Konsequenz, dass wichtige phonologische Elemente von Wörtern und Sätzen nicht erkannt werden, das „innere Sprechen" behindert und so die Sprachentwicklung insgesamt beeinträchtigt bzw. verlangsamt wird (vgl. Kap. 8.2.4). Wichtig im

Zusammenhang mit unmittelbaren Wirkungen des Lärms auf Kinder ist die Beobachtung, dass Kinder im Vergleich zu Erwachsenen größere Schwierigkeiten haben, Sprache in Störgeräuschsituationen zu verstehen. Erst im Alter von etwa 14 Jahren gleicht sich die Verstehensleistung in solchen Situationen der von Erwachsenen an (Imhof & Klatte, 2011).

Zusammengenommen bedeuten auch milde Störungen am Tage zumindest eine Zunahme der Behinderung intendierter Tätigkeiten bis hin zum Stress; in der Nacht besteht zudem die Gefahr, dass die Geräusche zu einer Verringerung der akuten Schlaftiefe führen, die bei häufiger Wiederholung nicht während der Nacht ausgeglichen wird und damit die rekreative Funktion des Nachtschlafs beeinträchtigt (Banks & Dinges, 2007).

Bei hohen Pegeln, großen Anstiegsgeschwindigkeit des Pegels und stark negativer Bewertung können die physiologischen Reaktionen (vor allem des Herz-Kreislauf-Systems) so stark ausfallen, dass man von „defensiver Aktivation" (Guski, 1978) oder „Übersteuerungsreaktionen" (Maschke et al., 2001) spricht: Das Herz-Kreislauf-System arbeitet außerhalb des normalen Regulationsbereiches, und wenn es nicht ausreichend schnell und ausreichend lange Ruhezeiten zur Erholung bekommt, besteht die Gefahr, dass sich bei häufiger Wiederholung im Laufe der Jahre Krankheiten herausbilden, die durch den Verkehrslärm verursacht oder verstärkt werden.

8.2.4 Langfristige Lärmwirkungen

Eine der bekanntesten und am ausführlichsten untersuchten langfristigen Wirkungen des Verkehrslärms ist die dauerhafte Störung und Belästigung der Wohnbevölkerung bei intendierten Handlungen. Sie ist oft verbunden mit der Minderung der Lebens- und Wohnqualität. Laut einer bevölkerungsrepräsentativen Umfrage des Umweltbundesamtes werden etwa 27 % der Deutschen durch Straßenverkehrslärm mindestens mittelmäßig belästigt, bei Fluglärm sind es 11 %, und bei Schienenlärm 9 % (BMU, 2010).

In speziellen systematischen Bevölkerungsuntersuchungen werden meist Personen aus unterschiedlich stark durch eine bestimmte Quelle belasteten Wohngebieten persönlich, telefonisch oder schriftlich befragt, wie stark sie in den letzten 12 Monaten durch den Lärm des Straßen-, Schienen- oder Luftverkehrs gestört oder belästigt wurden. Diese Formulierung entspricht – zusammen mit dem Hinweis auf den räumlichen Kontext („bei Ihnen zu Hause") – einer internationalen Vereinbarung der Lärmforscher (vgl. Fields et al., 2001). Die Ergebnisse solcher Untersuchungen werden gern als Expositions-Wirkungskurve in Beziehung zur akustischen Belastung am Wohnort der Betroffenen gesetzt – meist in Form eines sogenannten energie-äquivalenten Dauerschallpegels. Das ist ein berechneter Schallpegel, der die akustische Energie über einen bestimmten Zeitraum (z. B. 16 Stunden am Tag, 8 Stunden in der Nacht) integriert. In Europa wird für solche Darstellungen der Lden benutzt (day-evening-night-level), bei dem die nachts (22 bis 6 Uhr morgens) auftretenden Geräuschpegel einen Zuschlag von zehn bekommen und die abends (18–22 h) einen Zuschlag von fünf. Das Ganze wird dann in Dezibel (dB bzw. dBA) ausgedrückt. Man hat so einen 24-Stunden-Pegel, in dem die abends und nachts auftretenden Geräusche stärker gewichtet werden als im Zeitraum des Tages.

Betrachtet man den Anteil derjenigen Personen, die bei solchen retrospektiven Bevölkerungsuntersuchungen als „stark belästigt" klassiert werden können, in Bezug auf den Lden, so ergibt sich etwa folgendes Bild: Bei vergleichbarer akustischer Belastung ist der Prozentsatz stark belästigter Personen bei Fluglärm durchgängig höher als bei Schienen- oder Straßenlärm; bei Schienenlärm ist dieser Prozentsatz am niedrigsten. Abb. 8.7 zeigt diese Zusammenhänge schematisch,

Abbildung 8.7 Anteil sehr belästigter Personen in Abhängigkeit von der Lärmquelle (Daten für Schienen- und Straßenlärm nach Miedema & Vos, 1998; Daten für Fluglärm nach Janssen & Vos, 2009).

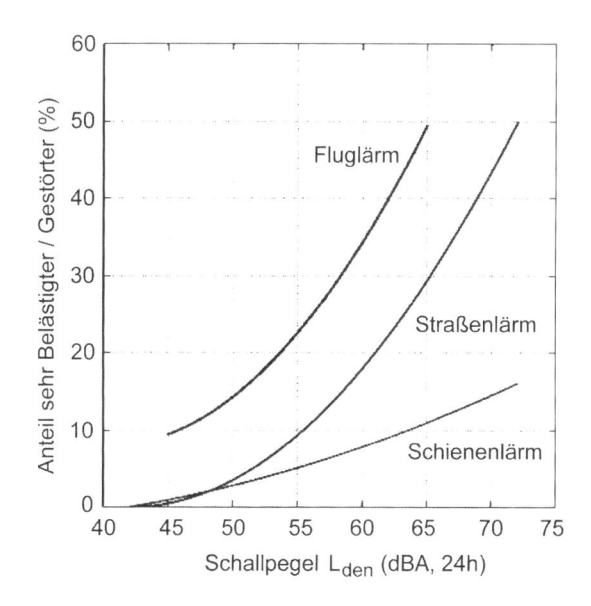

wobei erwähnt werden muss, dass die Daten zu Schienen- und Straßenlärm aus einer älteren Veröffentlichung (Miedema & Vos, 1998) mit Untersuchungen, die großenteils aus der Mitte der 1980er Jahre stammen, aber noch als aktuell gelten, während die Daten zu Fluglärm aus einer jüngeren Veröffentlichung stammen (Janssen & Vos, 2009), die den Umstand reflektiert, dass sich bei Fluglärm-Untersuchungen aus jüngerer Zeit meist höhere Belästigungswerte ergeben als früher angenommen (Guski, 2004).

Die Ursachen der systematischen Unterschiede hinsichtlich der globalen Belästigungs- und Störungsurteile zwischen verschiedenen Verkehrslärmarten liegen einerseits in der Art der akustischen Belastung, anderseits in der Bewertung der Schallquellen. Bei Fluglärm handelt es sich um unterscheidbare laute Einzelgeräusche, deren Auftretenszeitpunkte schwer vorhersagbar sind und die von oben einwirken, bei Straßenlärm eher um kaum unterscheidbare Geräusche, die eher als kontinuierlicher Dauerbelastung einwirken, und bei Schienenlärm eher um Einzelgeräusche, deren Auftretenszeitpunkte (zumindest im Fall des Personenverkehrs) recht gut vorhersagbar sind. Diese unterschiedlichen Merkmale werden im energie-äquivalenten Dauerschallpegel nicht adäquat abgebildet.

Wichtig für die Belästigungsurteile sind weiterhin die unterschiedlichen sozialen Bewertungen der drei Schallquellen: Beim Vergleich der drei Verkehrslärmquellen gilt Autolärm am ehesten als „ungesund", gefolgt vom Flugverkehr und der Eisenbahn (Finke et al., 1980), und der Glaube an das Bemühen der Verantwortlichen um Lärmminderung war bei Autolärm am niedrigsten, etwas höher war er bei Flug- und Bahnlärm. Bei einem jüngeren Vergleich zwischen Auto- und Eisenbahnverkehr war letzterer weniger „ungesund", weniger „gefährlich" und weniger „ökologisch bedenklich", dafür weniger „komfortabel" als der Autoverkehr (Schreckenberg et al., 1998). In Regressionsanalysen zur Varianzaufklärung der Lärmbelästigung erhält die Einschätzung, die Quelle sei „ungesund", in der Untersuchung von Finke et al. (1980) nach dem Schallpegel das zweithöchste quellenspezifische Betagewicht. Ähnliches berichten Schreckenberg et al. (1998) hinsichtlich des Vergleichs von Auto- und Straßenlärm. Das bedeutet, dass die Bewertung einer Quelle als „ungesund" auch unabhängig von der Höhe der akustischen Belastung durch diese Quelle einen hohen Einfluss auf die Belästigung der Betroffenen durch den Lärm dieser Quelle hat. Bei der Fluglärmbelästigung ist heute offenbar noch eine andere Variable bedeutsam: das Vertrauen in das Bemühen der Verantwortlichen um Lärmschutz. Je geringer das Vertrauen, umso höher die Lärmbelästigung (Brink et al., 2005; Guski, 1999; Leonard & Borsky, 1973; Schreckenberg et al., 2001).

In der öffentlichen Diskussion um Lärm spielen oft gesundheitliche Aspekte im engeren Sinn eine Rolle: Die Menschen fürchten, dass Lärm sie krank macht.

Zu dieser Frage gibt es inzwischen eine Reihe epidemiologischer Studien, die deutlich machen, dass bei langfristiger starker Verkehrslärmexposition mit Gesundheitsbeeinträchtigungen (vor allem des Herz-Kreislaufsystems) zu rechnen ist. Beispielhaft sei hier eine Schweizer Untersuchung genannt (Huss et al., 2010), bei der die Gesundheitsdaten von 4,6 Millionen Menschen (über 30 Jahre alt) fünf Jahre lang verfolgt wurden. In dieser Zeit wurden 15 532 Todesfälle durch Herzinfarkt diagnostiziert, und die akustische Belastung dieser Menschen durch Straßen- und Fluglärm am Wohnort wurde berechnet, ebenso die Belastung durch Feinstaub-Partikel. In der statistischen Analyse stellte sich heraus, dass die akustische Belastung durch Fluglärm (bei Kontrolle anderer Prädiktoren) signifikant mit dem Herzinfarkt-Risiko verknüpft war, besonders hoch bei Personen, die 15 Jahre oder länger am selben Wohnort bei einer Belastung von 60 dB (gewichteter energie-äquivalenter Dauerschallpegel Lden) oder mehr gelebt hatten.

Andere Studien betonen das gesundheitliche Risiko durch nächtlichen Verkehrslärm: Beispielsweise wurde in der internationalen HYENA-Studie an sechs europäischen Flughäfen an 4 681 Personen zwischen 45 und 70 Jahren unter anderem der Ruhe-Blutdruck gemessen und statistisch mit den jeweils diagnostizierten Krankheiten sowie der Fluglärmbelastung bei Tage und in der Nacht verknüpft. Andere Einflussfaktoren, wie Rauchen und Bewegungshäufigkeit, wurden dabei kontrolliert. Es zeigte sich ein starker Zusammenhang zwischen der nächtlichen Fluglärmbelastung und dem Vorliegen ärztlich diagnostizierter Hypertonie. Dagegen war der Zusammenhang mit der Fluglärmbelastung am Tage eher bescheiden, aber auch die Tagesbelastung durch Straßenverkehrslärm war zumindest in der höchsten Belastungsstufe (> 60 dB Leq) signifikant mit Hypertonie verknüpft (Jarup et al., 2008).

Schließlich müssen noch kognitive Entwicklungsstörungen durch Verkehrslärm erwähnt werden: Untersuchungen, die seit den 1990er Jahren an verschiedenen europäischen Flughäfen durchgeführt wurden, deuten darauf hin, dass sich eine dauerhafte Belastung durch Fluglärm ungünstig auf die geistige Entwicklung von Kindern auswirken kann (Clark et al., 2006; Stansfeld et al., 2005). In diesen Untersuchungen zeigten sich übereinstimmend schlechtere Leseleistungen bei fluglärmexponierten Kindern; teilweise wurden auch negative Wirkungen auf Gedächtnis- und Aufmerksamkeitsleistungen berichtet. Ob diese Ergebnisse auch auf deutsche Verhältnisse und bei genauer Kontrolle des soziodemografischen Hintergrunds der Kinder übertragbar sind, wird zur Zeit in der NORAH-Studie im Rhein-Main-Gebiet rings um den Flughafen Frankfurt untersucht (Schreckenberg et al., 2012). Maßnahmen zum Schutz gegen Verkehrslärm werden in Kap. 9.7 vorgestellt.

8.3 Einschränkung des Lebensraums

Zur Einschränkung des Lebensraums durch den motorisierten Verkehr kommt es aus zwei Gründen: zum einen durch den Platzbedarf des Verkehrs, zum anderen durch den Rückzug aus Umwelten, die als unsicher, unwirtlich, laut und hässlich erlebt werden. Hauptverkehrsstraßen und große Parkplatze beeinträchtigen das Erscheinungsbild von Landschaften und Städten (Schönhammer, 1994; Nasar, 1997). Auf hässliche, monotone und „trostlose" Orte wird emotional negativ reagiert, sie werden, wenn es möglich ist, gemieden.

Der Mensch zieht sich in emotional positivere Bereiche zurück (vgl. Kap. 3.2). Oftmals sind diese Rückzugsorte Innenräume, was sich in dem Begriff „Verhäuslichung" niedergeschlagen hat. Zinnecker (2001), der sich vor allem mit der Verhäuslichung des Alltags von Kindern befasst hat, meinte damit, dass ehemals straßenöffentliche Tätigkeiten in die private Sphäre der Wohnung verlegt werden und dass Kinder nicht mehr selbstbestimmt draußen spielen, sondern sich kontrolliert in Einrichtungen wie der Kindertagesstätte oder Freizeitprogrammen betätigen. Verhäuslichung manifestiert sich in einem Verlust des „free range" (vgl. Kap. 7.1).

Wie weit die Verhäuslichung bereits gediehen ist, lässt sich an der Art und Weise, wie der Schulweg früher zurück gelegt wurde und wie es heute geschieht, ablesen. Der Anteil der Kinder, die eigenständig zur Schule kommen, hat sich in den letzten Jahrzehnten immer mehr verringert, der Anteil der begleiteten Wege, einschließlich des Transports im Auto, zunehmend erhöht (vgl. Kap. 5.2). Eine solche Begleitung findet statt, wenn Eltern den Schulweg nicht für verkehrssicher halten. Doch auch die Schüler sehen ihren Schulweg oft als nicht sicher an. In einer Untersuchung, in der in verschiedenen Schulen in mehreren Städten Schüler befragt wurden, stellte sich heraus, dass rund die Hälfte den Schulweg als gefährlich beurteilt, in Essen waren es 10 % mehr, in Hamburg 10 % weniger (vgl. Flade & Limbourg, 1997).

Sichtbare Auswirkungen eingeschränkter Bewegungsmöglichkeiten sind mangelnde körperliche Bewegung, Inaktivität und Übergewicht (Napier et al., 2011). Die Frage, die sich Napier und Mitarbeiter stellten, war, inwieweit „walkable communities" dazu beitragen können, dass Kinder ihre Schulwege zu Fuß zurücklegen. Fußgängerfreundliche Umgebungen sind Gebiete, in denen es Spaß macht zu gehen, sie zeichnen sich durch hohe bauliche Dichte, Nutzungsmischung, ein schönes Erscheinungsbild und Annehmlichkeiten wie Schatten spendende Bäume und Bänke aus. In der Untersuchung von Napier und Mitarbeitern wurden drei Gebietstypen verglichen und zwar „walkable", „mixed" und „less walkable" communities. Erfasst wurden die Zahl der Schulwege pro Woche, die zu Fuß zurück gelegt werden, die Entfernung zwischen Wohnung und Schule sowie die Beurteilung der Wohnumgebung auf 4-stufigen Skalen hinsichtlich der Sicherheit der

Tabelle 8.4   Vergleich von drei Gebietstypen – Durchschnittswerte (Napier et al., 2011, S. 47 f.)

Merkmale	Gebietstyp		
	walkable	mixed	less walkable
Schulweg zu Fuß pro Woche	6,96	3,60	0,95
Schulwege zu Fuß in %	88	60	17
Entfernung Schule-Wohnung in Meilen	0,38	0,98	1,30
Unsichere Straßenüberquerungen*	1,46	2,33	2,98
Gefährlicher Verkehr*	1,74	2,59	3,08
schwieriger Fußweg*	1,33	2,11	2,74
Zu weit zu gehen*	1,38	1,97	2,67
Mangelnde öffentliche Sicherheit*	1,49	1,80	2,09

* Ein Skalenwert von 1 bedeutet „stimme nicht zu", ein Skalenwert von 4 besagt „stimme voll zu"

Straßenüberquerungen, der Gefährlichkeit des Verkehrs, der Schwierigkeit und Länge des Fußwegs und der öffentliche Sicherheit. Befragt wurden insgesamt 335 Eltern von Schülern der fünften Klassen in den drei Gebietstypen. In Tab. 8.4 ist das Ergebnis dargestellt. Die Unterschiede sind augenfällig, was besagt, dass „walkability" einen spürbaren Effekt hat.

Beim Mitfahren im Auto ist das Kind von sensorischen Eindrücken abgeschottet. Auch die Gelegenheiten für soziales Lernen sind eingeschränkt, denn es trifft auf seinen Wegen nicht auf Gleich- oder Ähnlichaltrige. Hinzukommt, dass Fußwege nicht selten anders verlaufen als Fahrwege. Fuß- und Radwege jenseits der Straßen führen oftmals durch Grünanlagen und Parks hindurch. Kinder, die überwiegend transportiert werden, lernen diese meist anregenden Umgebungen kaum kennen. Sie haben dadurch keine Gelegenheit, sich ein Bild von ihrer Umwelt zu machen und eine kognitive Karte aufzubauen (vgl. Appleyard, 1970).

Ein Einflussfaktor für die Lockerung der elterliche Kontrolle und der Gewährung von Autonomie ist der Typ der Straße, an der die Familie wohnt. Dies ergab eine Untersuchung, in der Eltern von Kindern im Alter zwischen 3 und 13 Jahren zum Thema Verkehrssicherheit in der Wohnumgebung befragt wurden (Flade, 1994). Zu Beginn des Interviews wurden Bilder von vier Straßentypen vorgelegt, anhand derer die Befragten ihre eigene Straße demjenigen Typ zuordnen konnten,

Abbildung 8.8 Straßentypen (Flade, 1994, S. 163)

der ihrer Straße am ähnlichsten ist. Das Verhältnis von Verkehrs- und Wohnfunktion war je nach Typ unterschiedlich. In Abb. 8.8 sind als Beispiele Typ 1 und 3 wieder gegeben. Bei Typ 1 überwiegt die Wohnfunktion, bei Typ 3 die Verkehrfunktion.

Eltern, die ihre Straße dem Typ 1 zugeordnet hatten, fühlten sich zu 25 % durch den Verkehr belastet, beim Straßentyp 3 waren es 75 %. Die Folgen der wahrgenommenen hohen Verkehrsbelastung sind, wie aus den Aussagen der Eltern hervorging, die fortwährende Angst, dass dem Kind etwas passieren könnte, die daraufhin erfolgende Einschränkung des kindlichen Bewegungsraums, ein ständiges Begleiten müssen sowie Luftverschmutzung und Verkehrslärm.

Einen systematischen Vergleich hat Hüttenmoser (1994) im Raum Zürich angestellt. Er bildete zwei Gruppen von Familien, in denen jeweils ein 5-jähriges Kind lebte. Die Zuordnung in eine Gruppe A und eine Gruppe B erfolgte nach dem Kriterium, ob die Kinder unbeaufsichtigt in der Wohnumgebung spielen können oder nicht. In den A-Familien ist dies ohne weiteres möglich, in den B-Familien wird dies wegen des hohen wahrgenommenen Unfallrisikos von den Eltern untersagt. Bildungsstand und Einkommen waren in beiden Gruppen ähnlich. Erfasst wurden die sozialen Kontakte zwischen Erwachsenen im Wohnumfeld, die motorische und soziale Entwicklung, die Selbstständigkeit der Kinder und die elterliche Situation. Daten wurden über Eltern-Interviews, Tests und Verhaltensbeobachtungen gewonnen. Die negativen Folgen betrafen die Kinder und die Eltern. Konstatiert wurden in den B-Familien im Vergleich zu den A-Familien:

- eine Reduzierung der Häufigkeit und Dauer des Kinderspiels draußen
- die Verzögerung der motorischen Entwicklung
- weniger Kontakte mit Gleichaltrigen
- die Verzögerung der sozialen Entwicklung und der Selbstständigkeit
- das Organisieren der Spielkontakte der Kinder
- eingeschränkte nachbarliche Beziehungen der Eltern
- weniger nachbarliche Unterstützung, weil man kaum jemand in Wohnnähe kennt, den man bitten könnte, für kurze Zeit das Kind zu betreuen.

Wie viel Bewegungsräume außerhalb des Hauses vorhanden sind und wie viel Autonomie Kindern gewährt wird, hängt wesentlich von der wahrgenommenen Verkehrsbelastung ab, aus der auf die Verkehrssicherheit geschlossen wird. Reaktionen auf wahrgenommene Verkehrsunsicherheit sind eine Einschränkung des „free range" zugunsten des „range with related adults" (vgl. Kap. 7.1). Für Kinder bedeutet das einen Verlust an Verhaltenskontrolle.

Wohnumgebungen haben sich im Laufe der letzten Jahrzehnte stark verändert, was in der Weise beklagt wurde, dass man früher, als man selbst Kind war, noch auf der Straße hat spielen können, während dies heute nicht mehr möglich ist. Gaster (1991) hat, um dies empirisch zu belegen, ein retrospektives Verfahren angewendet. Kriterium war das Alter, als man zum ersten Mal allein nach draußen gehen durfte. Gaster führte Interviews mit Personen durch, die im Alter zwischen 5 und 16 Jahren – von 1915 an gerechnet – in einem Gebiet im nördlichen Manhattan gewohnt haben. Die Großeltern-Generation durfte durchschnittlich mit 5,5 Jahren, die Eltern-Generation mit 6,8 und die untersuchte Enkel-Generation erstmals mit 7,6 Jahren allein nach draußen gehen. Auch wenn Erinnerungen nicht gänzlich mit der damaligen objektiven Realität übereinstimmen müssen, so ist doch ein Trend zu erkennen.

Nach den Ergebnissen von Funk und Fassmann (2002) nutzt heute nur noch die Hälfte der Kinder den wohnnahen Außenraum für Spiel und Sport, bei den Kindern im Vorschulalter sind es mit etwa einem Drittel noch weniger. Der eingeschränkte Aufenthalt draußen hat negative Folgen, nämlich Bewegungsmangel, schlechtere motorische Leistungen, Mangel an Kontakt mit Gleichaltrigen, fehlende Möglichkeiten, häusliche Beengtheit auszugleichen, die Begrenzung möglicher Aktivitäten, darunter vor allem solcher, die Platz benötigen, fehlende Gelegenheiten, sich mit Herausforderungen auseinanderzusetzen, Unselbstständigkeit und Mangel an Anregungen.

Kompensiert wurde der Verlust an Erfahrungs- und Bewegungsmöglichkeiten in der Wohnumgebung durch größere Kinderzimmer und deren reichhaltigere bis mitunter übermäßige Ausstattung. Ein 11 qm Raum für zwei Kinder, wie er in der DIN 18011 vorgesehen war (vgl. Abb. 7.3, S. 119), gilt heute als zu klein.

Tabelle 8.5 Straßen- und verhäuslichte Kindheit (Zinnecker, 2001, S. 41 f.)

Straßenkindheit	Verhäuslichte Kindheit
Nahraum mit vermischten Tätigkeits- und Lebensbereichen	Stadtinseln mit weitgehend entmischten Bereichen
Hoher Erfahrungsgehalt des Nahraumes draußen	geringer Erfahrungsgehalt draußen, angereicherter Erfahrungsgehalt drinnen
altersübergreifende Spielgruppen	altershomogene Gruppen
Mit vielen Kindern sporadisch verflochten sein	Intensivierung von Einzelspiel und privaten Zweierfreundschaften
Zeitliche Verkürzung des Schon- und Bewahrungsraums Kindheit und geringere Qualifizierung in nicht-pädagogischen Räumen	Zeitlich expandierende qualifiziertere Betreuung in materiell und pädagogisch erweiterten Räumen
Wenig Raum und Gegenstände im Hausinnern zur Verfügung haben und sein eigen nennen können (Kleidung, Essen, Möbel, Spielzeug, Wohnfläche)	Reich equipierte Kindheit im Hausinnern und individueller Besitz

Zur Zeit der „Straßenkindheit" (vgl. Tab. 8.5), als der Außenraum noch mehr als Spiel- und Streifraum zur Verfügung stand, war ein kleines Kinderzimmer weniger problematisch.

Bei dem Thema „Verhäuslichung" kommt die in Kap. 7.1 beschriebene Typologie der Kinderumwelten von Kyttä (2004) in den Sinn. Verhäuslichung lässt sich danach charakterisieren als Entwicklung vom Typ „Bullerbü" zum Typ „Glashaus".

Lösungsansätze 9

Dieses Kapitel widmet sich der Frage, wie die unerwünschten Folgen des Verkehrs spürbar verringert werden können. Einen Einstieg in dieses schwierige Unterfangen liefert das Anfang der 1990er Jahren formulierte Leitbild der nachhaltige Entwicklung (sustainable development), das proklamiert, dass Menschen ihre individuellen Bedürfnisse nicht auf Kosten der künftigen Generationen erfüllen sollen. Nicht nur aktuelle ökonomische, sondern auch längerfristige ökologische und sozial-kulturelle Belange sollen bei politischen Entscheidungen und der Gestaltung der Umwelt Berücksichtigung finden. Auf den Verkehrsbereich angewendet heißt das, dass die Befriedigung der Mobilitätsbedürfnisse der heute lebenden Menschen nur so weit zulässig ist, als es ökologisch und sozial vertretbar ist.

Das Leitbild der nachhaltigen Entwicklung gibt die Richtung vor: Der Verkehr soll umwelt- und sozialverträglicher werden. Aus psychologischer Sicht ist dieses Leitbild jedoch nicht differenziert genug, denn es berücksichtigt weder die individuellen Unterschiede noch die Motive und Absichten, die dem individuellen Verhalten zugrunde liegen. Die Formulierung, dass die heute lebenden Menschen ihre Bedürfnisse nicht zulasten der kommenden Generationen befriedigen sollen, erweckt den Eindruck, als ob gegenwärtig alle Menschen in der Lage wären, ihre Bedürfnisse zu erfüllen, z. B. so mobil zu sein, wie sie wollen. Dass dies nicht zutrifft, macht die Differenzierung zwischen den verschiedenen Rollen des Menschen deutlich. Der Mensch als Täter verursacht die Probleme, als Opfer leidet er unter den negativen Folgen und in seiner Rolle als Problembewältiger versucht er, diesem Leiden ein Ende zu setzen (Kruse, 1995). Kinder sind in erster Linie Opfer, des weiteren Menschen als Bewohner. Zwei Beispiele mögen dies veranschaulichen:

Die neue Schnellstraße auf einer von gewaltigen Betonpfeilern getragenen Hochbrücke hat für Autofahrer den Vorteil, dass ihnen zeitraubende und umständliche lange Wege durch das Tal erspart bleiben, die Bewohner im Tal müssen dagegen nicht nur den Verkehrslärm ertragen, sondern auch noch die Zerstörung der einstmals schönen Landschaft und rückläufige Touristenzahlen hinnehmen. Das Fliegen ermöglicht es den Reisenden, in kurzer Zeit weite Entfernungen zu überwinden und dadurch den Erlebens- und Aktionsraum enorm zu erweitern. Für die in der Nähe der Flughäfen Wohnenden bedeutet der Flugverkehr dagegen eine Beeinträchtigung der Wohn- und Lebensqualität durch Fluglärm (vgl. Kap. 8.2).

Sind viele Menschen von den negativen Begleiterscheinungen des motorisierten Verkehrs betroffen, so dass sich auf der politischen Ebene Handlungsbedarf abzeichnet, werden meistens Fachleute mit der Problemlösung betraut. Was die Experten, darunter Verkehrs- und Stadtplaner, Verkehrs-, Wirtschafts- und Sozialwissenschaftler, vorschlagen, ist unterschiedlich, es hängt von ihrer fachlichen Ausrichtung ab. Hier zeigt sich, dass es nicht die eine Lösung gibt, sondern eine ganze Reihe von Lösungsmöglichkeiten. Sozialwissenschafter, darunter die Psychologen, richten ihren Blick vor allem auf Einstellungen als verhaltenswirksamen Einflussfaktoren, Wirtschaftswissenschaftler heben die Wirksamkeit von Preisen hervor (Bamberg, 1996).

Warum es indessen nicht reicht, allein Experten zu Wort kommen zu lassen, zeigt das von Jeschke (1994) angeführte Beispiel: Für jemanden, der sich sicher fühlt, ist Sicherheit keine Frage, mit der er sich befassen müsste. Speziell im Bereich des ÖV werden nach Jeschke die Entscheidungen von Akteuren getroffen, die eher selten zu denen gehören, die den ÖV in Anspruch nehmen, weil sie überwiegend das Auto nutzen, so dass sie seltener mit dem öffentlichen Raum in Berührung kommen. Sie erleben die Unsicherheit nicht, die für nicht wenige ihrer Kunden ein Problem darstellt. Die Beobachtung von Jeschke besagt, dass auch Nutzer zu Wort kommen sollten. Dies geschieht durch Einrichtung von Fahrgastbeiräten. Der Fahrgastbeirat ist ein ehrenamtliches Gremium, das die Sichtweisen der Nutzer einbringt.

Der einzelne Mensch kann die Probleme lösen oder dazu beitragen, wenn er über Verhaltenskontrolle verfügt. Die Verlegung des Schlafzimmers in einen Raum abseits der lauten, verkehrsbelasteten Straße ist z. B. nur möglich, wenn die Wohnung so angelegt ist, dass mindestens ein Wohnraum nicht an der Straße liegt. Zu den Problemlösungen auf der planerischen, technischen und politischen Ebene gehört so auch, Voraussetzungen für individuelle Lösungen zu schaffen.

Sind Problemlösungen auf der individuellen Ebene nicht möglich, entwickelt sich oftmals eine Haltung der Hilflosigkeit (learned helplessness), wobei entscheidend für das Ausmaß dieser Haltung ist, ob ein Mensch glaubt, dass nur er allein nicht in der Lage ist, das Problem zu lösen, oder ob auch andere dazu nicht imstande sind (Abramson et al., 1978). Wer meint, als einziger keine Handlungsmöglichkeiten zu haben, fühlt sich noch hilfloser. Auch wenn er Einfluss nehmen

Tabelle 9.1 Lösungsansätze (in Anlehnung an Hautzinger et al., 1997, S. 9f)

Verkehrspolitische Ziele
Mobilität und Verkehr besser verstehen
Verkehrssicherheit verbessern
Effizienz des Verkehrssystems erhöhen
Verkehrsreduzierende Strukturen fördern
Umwelt und Ressourcen schonen, Erhalt der Gesundheit

könnte, tut er es nicht, denn er hat gelernt, dass er hilflos ist und stellt das dann nicht mehr in Frage. Gelernte Hilflosigkeit geht mit einem Verlust des Selbstwertgefühls und Depressionen einher (Abramson et al., 1978).

Im Zusammenhang mit dem verkehrspolitischen Leitbild „Mobilität dauerhaft erhalten, dabei unerwünschte Verkehrsfolgen spürbar verringern" (Hautzinger et al., 1997), sind verschiedene Lösungsstrategien formuliert worden. Die darauf basierende, in der Dokumentation von Hautzinger et al. (1997) dargestellte und in Tab. 9.1 aufgeführte Liste liefert die Struktur für die vorgestellten Lösungsansätze.

Der erstgenannte Ansatz „Mobilität und Verkehr besser verstehen" ist ein grundlegendes psychologisches Anliegen: Verhalten zu verstehen und zu erklären. Um dies leisten zu können, sind Theorien erforderlich, die empirisch überprüfbare Annahmen über die Wirkungszusammenhänge machen. Von Bedeutung sind die Theorie des geplanten Verhaltens von Ajzen und das Einflussschema umweltrelevanten Verhaltens von Fietkau und Kessel. In beiden Theorien spielen Einstellungen und Handlungsspielräume (Verhaltenskontrolle) als Einflussfaktoren des Verhaltens eine große Rolle. Den zweifellos sehr wichtigen sozialen Einflüssen in Gestalt sozialer Normen wird in der Theorie des geplanten Verhaltens Rechnung getragen. Wegen ihrer Bedeutung hinsichtlich der Lösungsansätze werden die einzelnen Komponenten:

- Einstellungen
- Handlungsspielräume
- soziale Normen,

noch etwas genauer betrachtet. Um den Erwerb und die Veränderung von Einstellungen verstehen zu können, erfolgt darüber hinaus noch ein Exkurs in die Lerntheorie.

Zur Erhöhung der Sicherheit wurden vielerlei Konzepte entwickelt und Maßnahmen ersonnen. Dementsprechend weit fächert sich dieser Ansatz auf. Dazu gehören individuelle Verhaltensänderungen durch Verkehrserziehung in der Schule und verkehrspsychologische Interventionen bei Erwachsenen, deren Fahrverhalten sozialunverträglich ist, aber auch Umgestaltungen der Verkehrumwelt an den Stellen, die sich als unfallträchtig erwiesen haben. Dieser Thematik wird in drei Unterkapiteln nachgegangen:

- Verkehrs- und Mobilitätserziehung bei Kindern und Jugendlichen
- Verkehrspsychologische Interventionen bei Erwachsenen
- Gestaltung von Verkehrsumwelten.

Die Effizienz des Verkehrs erhöhen meint, die vorhandenen Kapazitäten besser ausnutzen. Wichtige Ansätze sind hier Verkehrs- und Mobilitätsmanagement, darunter die Verkehrstelematik, Car Sharing und Carpooling. Diese Maßnahmen tragen mehr oder weniger auch zum Umweltschutz bei, dem fünften Punkt in Tabelle 9.1.

„Stadt der kurzen Wege" lautet das Schlagwort, um den vierten Ansatz, die Förderung verkehrsreduzierender Strukturen, zu charakterisieren. Die Umsetzung dieser Zielvorgabe ist schwierig, so dass den anderen in Tab. 9.1 aufgeführten Ansätzen ein umso größeres Gewicht zukommt.

Beim fünften Punkt, der Schonung von Umwelt und Ressourcen, wurde „Erhalt der Gesundheit" hinzugefügt, um auch hier explizit die individuelle Ebene einzubringen. Hier bietet sich ein weites Spektrum an Lösungen an, schlagwortartig umrissen mit: mehr Umweltbewusstsein, weniger Automobilität, weniger Lärm. Dieser Punkt hat einen engen Bezug zum Leitbild der Nachhaltigkeit.

Die einzelnen Maßnahmen wirken innerhalb eines Systems und nicht als einfache Wenn-Dann-Beziehungen. Damit sie sich ergänzen und unterstützen und dadurch noch effektiver sind, müssen Maßnahmen systemisch konzipiert werden, wobei der Ausschnitt aus dem gesamten System nicht zu eng gefasst sein darf (Vester, 2000). Wird ein zu enger Ausschnitt gewählt, ist nicht auszuschließen, dass die Maßnahmen nicht so wirken wie gewünscht. Um dies noch etwas zu erläutern, wird hier die Untersuchung von Mace et al. (2004) herangezogen: Nationalparks werden von Menschen besucht, die sich vorstellen, dort unberührte ursprüngliche Natur zu finden, eine klare Sicht zu haben und die reine Luft und Ruhe genießen zu können. Die Attraktivität der Parks wird jedoch durch die zahlreichen Besucher geschmälert: Lärm wird verursacht durch laute Motorboote, die man sich mieten kann, um auf Kanälen und Flüssen den Park zu durchqueren, und zusätzlich durch Abgase des Autoverkehrs, den die Parkbesucher erzeugen. Durch seine unproblematische Erreichbarkeit verliert der Nationalpark, der jetzt von vielen Menschen aufgesucht wird, um dort Ruhe und Entspannung zu finden, seine ursprüngliche Eigenschaft als Ruhe- und Erholungsort. Es wäre eine Fehlplanung, würde man davon ausgehend extrapolieren und immer mehr Straßen und Parkplätze bauen und ausbauen, um die Erreichbarkeit noch weiter zu steigern, so dass möglichst viele Menschen in den Genuss der erholsamen Ruhe und Abgeschiedenheit kommen können, die dann aber verschwunden sind.

Entwicklungsprognosen aufgrund allzu einfacher Wenn-Dann-Voraussagen können zu unbrauchbaren oder falschen Lösungen führen. Wäre die vermutete Zunahme der Verkehrsströme Grundlage der Planung, würde der Straßenausbau enorme Dimensionen haben, wobei unterstellt würde, dass die Nachfrage das Angebot bestimmt, während es sich nach Vester (2000) genau anders herum verhält. „So kommt es, dass man der Entwicklung grundsätzlich hinterherläuft und jede Entlastung des Individualverkehrs weiteren Verkehr nach sich zieht […]. Wollen wir eine weitere Zunahme des Mensch und Umwelt belastenden Straßenverkehrs vermeiden, genügt es eben nicht, die Verkehrsströme und ihre Verteilung auf die konkurrierenden Verkehrsträger zu messen und zu extrapolieren" (S. 91). Stattdessen muss man wissen, was die Menschen zu den Fahrten, die in der Summe die Verkehrsströme ergeben, veranlasst und was sie daran hindert, andere Verkehrsmittel in Erwägung zu ziehen und zu nutzen (vgl. Harms et al. 2007).

Wie aus den in Tab. 9.1 konkretisierten Lösungsansätzen zur Umsetzung des verkehrspolitischen Leitbilds zu entnehmen ist, kann ein Wandel im Bereich Mobilität und Verkehr nur durch Maßnahmen auf mehreren Ebenen zustande kommen.

9.1 Mobilität und Verkehr besser verstehen

Theorien oder Modelle können als gedankliche Werkzeuge angesehen werden, um Mensch-Umwelt-Beziehungen zu verstehen; sie sind erklärend, wenn sich aus ihnen Aussagen ableiten lassen, die empirisch geprüft werden können (Kaminski, 1989). Sie helfen, bestimmte Sachverhalte abzugrenzen und hervorzuheben, ohne dass der Ausschnitt zu eng bemessen wird und der Gesamtzusammenhang verloren geht. Ein solcher Sachverhalt ist z. B. der Umweltschutz, mit dem sich die Umweltschutzpsychologie, ein abgegrenzter Teil der Umweltpsychologie, befasst (Hellbrück & Kals, 2012).

Lösungsvorschläge, die sich auf Theorien beziehen, haben den Vorteil, dass sie auf Wirkungszusammenhängen gründen. Wichtige Theorien, die auf die Umwelt bezogenes Verhalten zu erklären versuchen, sind die Theorie des geplanten Verhaltens von Ajzen (1991) und das Einflussschema für umweltbewusstes Handeln von Fietkau und Kessel (1981). Gemeinsam ist beiden, dass sie auf innerpsychische

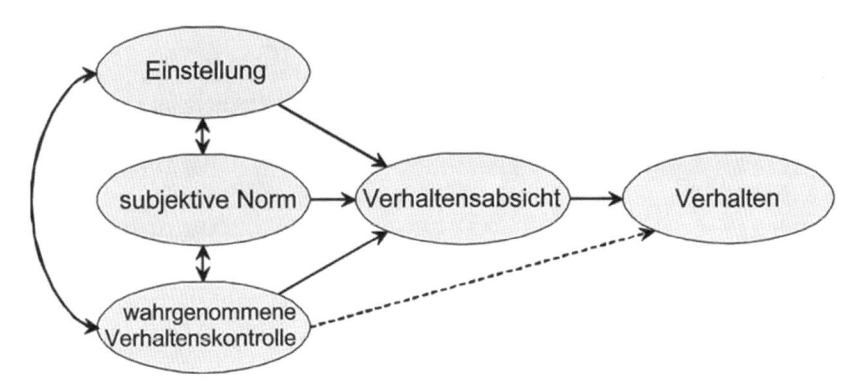

Abbildung 9.1 Theorie des geplanten Verhaltens (Ajzen, 1991, S. 182)

[Diagramm: Einstellung, subjektive Norm, wahrgenommene Verhaltenskontrolle → Verhaltensabsicht → Verhalten]

Prozesse Bezug nehmen. Sie unterscheiden sich jedoch in der Konzeptionalisierung dieser Prozesse.

In der Theorie des geplanten Verhaltens sind Einstellungen, Normen, Verhaltenskontrolle bzw. Handlungsspielräume und Verhaltensabsichten die Komponenten, mit denen Verhalten erklärt wird (vgl. Abb. 9.1). Verhalten ist nach dieser Theorie geplant, d. h. der Mensch handelt zielgerichtet nach einem zugrundeliegenden Plan, wenn er daran geht, seine Absichten in die Tat umzusetzen. Einstellungen, Normen und die wahrgenommene Verhaltenskontrolle bestimmen die Verhaltensabsichten, die realisiert werden, sofern es möglich ist.

Einstellungen beruhen auf der Überzeugung, dass ein bestimmtes Verhalten bestimmte Konsequenzen hat. Sie bilden sich im Verlauf von Erfahrungen und Lernprozessen heraus. Subjektive Normen sind das Produkt normativer Überzeugungen, welches Verhalten die anderen Menschen von einem erwarten, sowie der Motivation, diesen Erwartungen zu entsprechen. Die Bedeutung sozialer Einflüsse tritt in den subjektiven Normen hervor. Die wahrgenommene Verhaltenskontrolle ist eine Funktion von Kontrollüberzeugungen, die auf vergangenen eigenen Erfahrungen sowie den Mitteilungen anderer beruhen. Sie ist Ausdruck der Schwierigkeit, Verhaltensabsichten zu realisieren: „Perceived behavioral control refers to people's perception of the ease or difficulty of performing the behavior of interest" (Ajzen, 1991, S. 183). Wer glaubt, dass er keinerlei Handlungsspielräume hat und es keine Alternativen gibt, wird sein bisheriges Verhalten beibehalten, weil er davon überzeugt ist, dass es nicht anders geht. Diese Überzeugung hindert ihn daran, es auch einmal anders zu machen. Der betreffende Mensch sieht sich in der Opfer-Rolle und zeigt nicht selten die Symptomatik der gelernten Hilflosigkeit.

Hinderlich sind Gewohnheiten, wenn Verhalten verändert werden soll. Das alltägliche Mobilitätsverhalten läuft meistens automatisch ab, es wird nicht immer wieder aufs Neue geplant (Gorr, 1997; Harms et al., 2007). Die bewusst geplante Handlung zu Beginn wird durch ständiges Wiederholen zur Verhaltensroutine. Ein solches eingespieltes Verhalten wird normalerweise nur dann geändert, wenn ein Hindernis auftritt, z. B. wenn das Auto streikt oder die Benzinpreise so ansteigen, dass sie die Zahlungsbereitschaft übersteigen.

Eine selbst gewollte Einschränkung ist eine freiwillige, nicht von außen auferlegte „Auto-Diät" wie z. B. „Vier Wochen ohne Auto". Die Bedeutung eines solchen Programms liegt, wie Kalwitzki (1997) betont hat, hauptsächlich darin, das gewohnheitsmäßige Verhalten in Frage zu stellen. Wenn der Verkehrsteilnehmer nach Ablauf der selbst gesetzten Frist die Auto-Diät nicht fortsetzt, handelt es sich um eine subjektiv rationale Entscheidung und nicht mehr um eine automatisch ablaufende Verhaltensroutine. Die selbstbestimmte Teilnahme mitsamt der zeitlichen Begrenzung bedeutet jedoch, dass der Mensch, der sich dieser Diät unterwirft, über Verhaltenskontrolle verfügt. Wäre er ein Captive Driver, käme diese Diät für ihn nicht in Frage. Er kann sich auf eine solche Unterbrechung nur einlassen, wenn er Alternativen wie einen leistungsfähigen ÖV vorfindet.

Die zweite Theorie, als „Einflussschema für umweltrelevantes Handeln" bezeichnet, stammt von Fietkau und Kessel (1981). Sie ist *umwelt*psychologischer als die stärker *sozial*psychologisch ausgerichtete Theorie von Ajzen, indem sie physische Umweltbedingungen in Form von Verhaltensangeboten und Verhaltensanreizen als Einflussfaktoren des Verhaltens einbezieht. Das in Abb. 9.2 dargestellte Einflussschema gibt einen Überblick über das Wirkungsgefüge und zugleich über die Hebel zur Förderung umweltverträglichen Verhaltens (Hellbrück & Kals, 2012).

Umweltrelevant ist auch das Mobilitätsverhalten. Ein wesentlicher Ansatzpunkt, um unerwünschtes Verhalten zu verändern, ist erst einmal die Ermöglichung anderer Verhaltensweisen. Die Nutzung des ÖV anstelle des Autos ist nicht nur eine Frage des Bescheidwissens und der Einstellungen zu den jeweiligen Fortbewegungsarten, sondern auch des konkreten Verhaltensangebots.

Theoretisch begründete Strategien zur Veränderung umweltunverträglichen Verhaltens können zusammenfassend an drei Punkten ansetzen:

- bei den Einstellungen: Um Verhalten zu ändern, müssen die Kontingenzen zwischen Verhalten und Verhaltenskonsequenzen verändert werden.
- bei den subjektiven Normen: Das gewünschte Verhalten wird von persönlich wichtigen Bezugspersonen propagiert und vorgeführt.
- bei der Verhaltenskontrolle: Das gewünschte Verhalten wird durch Angebote ermöglicht, die den Handlungsspielraum erweitern. Mit Hilfe von Anreizen wird die Motivation gefördert, von diesen Angeboten Gebrauch zu machen.

Abbildung 9.2 Einflussfaktoren Umwelt relevanten Verhaltens (Fietkau & Kessel, 1981, S. 10)

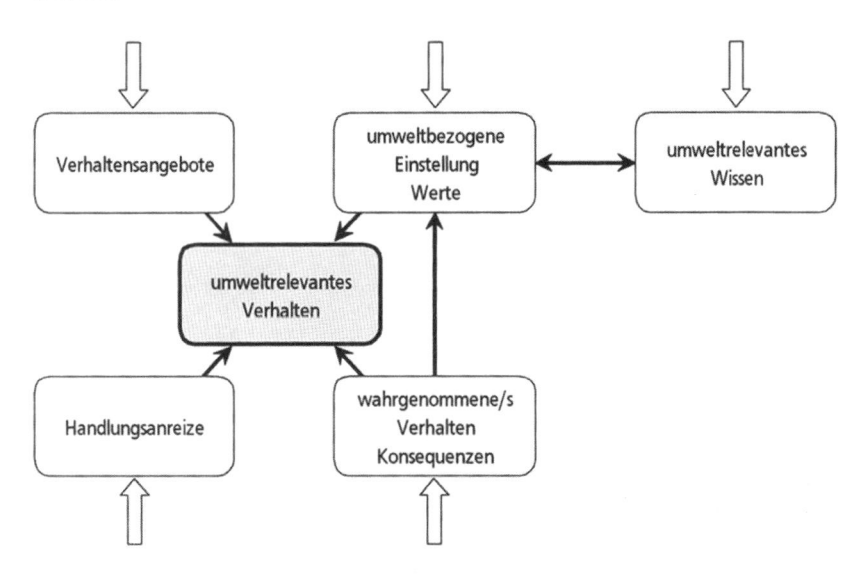

```
        ⇓                        ⇓                        ⇓
┌──────────────────┐    ┌──────────────────┐    ┌──────────────────┐
│ Verhaltensangebote│    │   umweltbezogene │◄──►│  umweltrelevantes│
│                  │    │    Einstellung   │    │      Wissen      │
│                  │    │      Werte       │    │                  │
└──────────────────┘    └──────────────────┘    └──────────────────┘
          │                      ▲
          │             ┌──────────────────┐
          │             │ umweltrelevantes │
          └────────────►│    Verhalten     │
                        └──────────────────┘
                         ▲              ▲
        ┌──────────────────┐    ┌──────────────────┐
        │  Handlungsanreize│    │  wahrgenommene/s │
        │                  │    │    Verhalten     │
        │                  │    │   Konsequenzen   │
        └──────────────────┘    └──────────────────┘
                 ⇑                        ⇑
```

Einstellungen, Normen und Verhaltenskontrolle sind wichtige Einflussfaktoren und damit auch die „Stellschrauben", die im Folgenden noch etwas genauer betrachtet werden sollen.

9.1.1 Einstellungen

Sowohl in der Theorie des geplanten Handelns als auch im Einflussschema umweltrelevanten Verhaltens sind Einstellungen eine wichtige Komponente. Ein bekanntes und bewährtes Modell, um die Struktur von Einstellungen zu beschreiben, ist das Drei-Komponenten-Modell mit kognitiver, affektiver und Verhaltenskomponente (Bierhoff, 2002). Die kognitive Komponente umfasst Meinungen, Annahmen und Überzeugungen einem Einstellungsobjekt gegenüber. Die affektive Komponente bezieht sich auf dessen gefühlsmäßige Bewertung. Etwas ist angenehm oder unangenehm, aufregend oder langweilig. Man mag etwas oder mag es nicht. Das Verhalten ist in dem Drei-Komponenten-Modell nicht etwas außerhalb der Einstellung gelegenes, sondern ein dazugehöriger Bestandteil. Bei engeren Fassungen des Einstellungsbegriffs ist das Verhalten nicht eingeschlossen.

Bierhoff (2002) bezeichnete Einstellungen als soziale Orientierungssysteme, als Prädispositionen, auf Gegenstände, andere Menschen, Situationen und Umweltbedingungen in einer bestimmten Weise zu reagieren. Einstellungen erleichtern es, den Wahrnehmungseindrücken Sinn zu verleihen. Wer eine Einstellung zu etwas hat, kann schneller reagieren als jemand, der sich erst eine Meinung bilden muss. Eine besondere Funktion ist die Ich-Abwehr bzw. die Aufrechterhaltung eines positiven Selbstbildes, z. B. entwickelt ein Mensch eine Abneigung gegen das Autofahren, wenn er kein Auto besitzt.

Einstellungen manifestieren sich einer Konsistenz des Verhaltens, z. B. wird unabhängig vom Wetter Rad gefahren, sowie in einer Konsistenz der drei Komponenten. Inkonsistenzen zwischen Verhalten und kognitiver Komponente (= kognitive Dissonanz) erzeugen einen Rechtfertigungsdruck (Bierhoff, 2002). Wer die Einstellung hat, dass die Umwelt vor schädlichen Einflüssen geschützt werden muss, müsste sich rechtfertigen, wenn er ein umweltunverträgliches Verkehrsmittel nutzt. Oder ein Mensch, der auf den ÖV angewiesen ist, wird die Vorteile dieses Verkehrsmittels betonen, weil das für ihn einzig mögliche Mobilitätsverhalten dann mit seinen Kognitionen überein stimmt.

Es besteht eine Inkonsistenz zwischen kognitiver Komponente und dem Verhalten, wenn Menschen anders handeln als sie denken. Ein häufiger Grund ist, dass Verhaltensabsichten wegen ungünstiger Umweltbedingungen nicht realisiert werden können. Denken und Handeln sind hier zwar diskrepant, nicht jedoch Denken und Handlungsabsicht.

Einstellungen zu einem Sachverhalt wie z. B. zum Radfahren lassen sich auf unkomplizierte Weise mit dem Semantischen Differential erfassen, d. h. mit Hilfe eines Sets mehrstufiger Skalen, auf denen der individuell zutreffende Wert angekreuzt werden soll. In Abb. 9.3 sind die durchschnittlichen Skalenwerte von zwei Gruppen, Radfahrern und ÖV-Nutzern, als Profile dargestellt. Die Radfahrer sind in diesem Fall diejenigen, die wegen des Strebens nach Konsistenz positivere Einstellungen zum Radfahren haben müssten als die ÖV-Nutzer.

Dass dies zutrifft, zeigt das in Abb. 9.3 dargestellte Ergebnis: Radfahrer finden das Radfahren schöner, schneller und „stärker" als ÖV-Nutzer. Einstellungen sind also ein Mittel, um das eigene Mobilitätsverhalten zu bestätigen und zu festigen. Wer sich in einer bestimmten Weise fortbewegt, hat auch eine positive Meinung dazu. Das bedeutet, dass sich überdauernde Verhaltensänderungen nur erreichen lassen, wenn sich auch Meinungen und Denkweisen verändern.

Für den Auto-Halter ist die Nutzung des Autos kognitiv konsistent. Es ist außerdem auch noch emotional konsistent, wenn er Autofahren mit positiven Gefühlen verbindet.

1	2	3	4	5

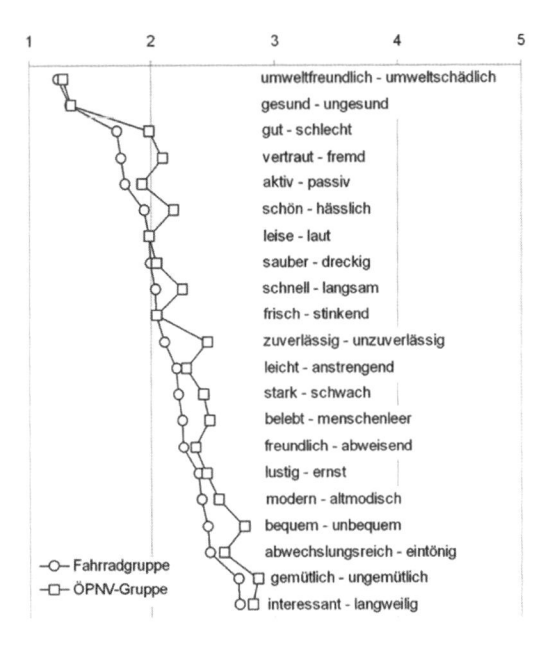

umweltfreundlich - umweltschädlich	
gesund - ungesund	
gut - schlecht	
vertraut - fremd	
aktiv - passiv	
schön - hässlich	
leise - laut	
sauber - dreckig	
schnell - langsam	
frisch - stinkend	
zuverlässig - unzuverlässig	
leicht - anstrengend	
stark - schwach	
belebt - menschenleer	
freundlich - abweisend	
lustig - ernst	
modern - altmodisch	
bequem - unbequem	
abwechslungsreich - eintönig	
gemütlich - ungemütlich	
interessant - langweilig	

–O– Fahrradgruppe
–☐– ÖPNV-Gruppe

Abbildung 9.3 Einstellungen zum Radfahren von Radfahrern und ÖV Nutzern (Flade et al., 2002, S. 136)

Exkurs: Lernen durch Feedback

Lernen durch Feedback bzw. instrumentelles Lernen umfasst alle Verhaltensänderungen, die durch Erfahrungen zustande kommen. Hat ein Verhalten positive Konsequenzen, wird es bekräftigt und zwar umso mehr, je häufiger und unmittelbarer die Bekräftigung erfolgt. Ein Verhalten wird schneller gelernt, wenn die Bekräftigung ohne Verzögerung erfolgt, weil dann eine klare Kontingenz zwischen Verhalten und Verhaltensfolgen besteht. Andererseits ist ein neu erworbenes Verhalten ziemlich „löschungsresistent", wenn es nur ab und zu in unregelmäßigen Abständen verstärkt wird (partielle Verstärkung); die Belohnung könnte ja im nächsten Moment kommen. Sind die Folgen unangenehm, wird das betreffende Verhalten geschwächt und schließlich „gelöscht".

Von einem lerntheoretischen Ansatz sind Everett und Watson (1987) ausgegangen, als sie die Verhaltensfolgen der Auto- und der ÖV-Nutzung einander gegenüber gestellt haben. Bei dem von ihnen durchgeführten Vergleich ergab sich eine lange Liste negativer Punkte bei der ÖV-Nutzung, wohingegen bei der Auto-Nutzung die positiven Folgen bei weitem überwiegen (vgl. Tab. 9.2).

Das in Tab. 9.2 dargestellte Vierfelder-Schema zeigt, wie mit dem lerntheoretischen Ansatz Verhalten erklärt werden kann, indem positive und negative Kon-

Tabelle 9.2 Positive und negative Konsequenzen der Auto- und der ÖV-Nutzung (Everett & Watson, 1987, S. 999)

	Positive Konsequenzen	Negative Konsequenzen
Autofahren	geringer Zeitaufwand, Prestige, Flexibilität beim Abfahren und Ankommen, Entspanntheit, Privatheit, individuelle Wegewahl, Mitnahme von Gepäck, Voraussagbarkeit, verzögerte Kosten	Stau, Überfüllung, hohe Kosten
Nutzung öffentlicher Verkehrsmittel	soziale Kontakte, Zeit zum Lesen	dem Wetter ausgesetzt sein, Unbequemlichkeit, kein Komfort, Lärm, Schmutz, unfreundliches Personal, lange Wege zu den Haltestellen, öffentliche Unsicherheit, sofortige Kosten, mangelnde Voraussagbarkeit, wenig Gepäckmitnahmemöglichkeiten, keine Routenwahl, Beengtheit, kaum Flexibilität beim Abfahren und Ankommen, geringes Prestige, lange unterwegs, zeitaufwändig

sequenzen einander gegenüber gestellt werden. Inhaltlich ist es indessen nicht generalisierbar. Das konkrete Vierfelderschema in Tab. 9.2 lässt sich auf Städte mit einem leistungsfähigen ÖV kaum übertragen, denn wenn alle fünf oder zehn Minuten eine U- oder S-Bahn fährt, besteht auch im ÖV eine hohe Flexibilität der Abfahrts- und Ankunftszeiten.

Damit das gewünschte Verhalten auch über die Phase der Verstärkung hinaus beibehalten wird, müssen die positiven Erfahrungen zumindest erinnert werden. Solche internen psychischen Prozesse werden in den behavioristisch orientierten Lerntheorien nicht thematisiert. Um ihre Aussagekraft zu erhöhen, sollte deshalb, wie es Miller et al. (1960) formuliert haben, zwischen Reiz und Reaktion ein bisschen Nachdenken eingeschoben werden. Damit würde berücksichtigt, dass Menschen keine lediglich auf Reize reflexartig reagierenden Organismen sind, sondern handelnde Personen, die „weise" sind, indem sie die gemachten Erfahrungen in ihrem Gedächtnis speichern und in überdauernde Verhaltensdispositionen bzw. Einstellungen verwandeln, die ein überlegtes aber auch rascheres Handeln ermöglichen.

Dass mit einer so erweiterten Lerntheorie das Mobilitätsverhalten besser verstanden und erklärt werden kann, sei am Beispiel angekündigter Geschwindigkeitskontrollen erläutert. Diese sind darauf gerichtet, zu schnelles Fahren zu bestrafen. Das zu entrichtende Bußgeld ist eine negative Verhaltenskonsequenz. Die geforderte Geschwindigkeit wird solange eingehalten, wie mit solchen Kontrollen zu rechnen ist. Sie wird nicht dauerhaft beibehalten, sondern bleibt an eine bestimmte Situation gebunden. Sobald nicht mehr mit einem Radarmessgerät zu rechnen ist, wird wieder schneller gefahren. Anders ist die Situation, wenn auf das Radarmessgerät vorab hingewiesen wird. Der Autofahrer wird durch die einige Meter zuvor erfolgende Ankündigung informiert, dass er bestraft werden wird, wenn er zu schnell fährt. Die Ankündigung verschafft ihm Verhaltenskontrolle. Er hat es selbst in der Hand, ob er bestraft wird oder ob die Bestrafung ausbleibt, was einer indirekten Belohnung entspricht. Ohne Vorwarnung hat er dagegen eher den Eindruck, in eine Falle geraten zu sein, was frustriert und verärgert und eine feindselige Haltung erzeugt, die zu rücksichtslosem Fahrverhalten führen kann, wie sich im Ergebnis von Harris und Houston (2010) andeutet.

9.1.2 Das soziale Milieu – die anderen als Normgeber

Die Theorie des instrumentellen Lernens ist individuumszentriert. Sie ist auf den Menschen als Einzelwesen zugeschnitten. Der Mensch ist jedoch immer auch Sozialwesen. Er lebt und handelt in einer ihn fortwährend beeinflussenden sozialen Umwelt (Graumann, 1996). Verhalten lässt sich deshalb nicht verstehen, wenn man es „atomisiert", d. h. wenn man es aus dem sozialen Kontext heraus nimmt. So hat allein schon die Anwesenheit anderer Menschen einen Einfluss auf das Verhalten, ohne dass die anderen überhaupt versuchen, einen Einfluss auszuüben (Hewstone & Martin, 2007). Unterschieden wurde zwischen drei sozialpsychologischen Effekten: der sozialen Erleichterung (social facilitation), der sozialen Hemmung (social inhibition) und der Bewertungsangst (evaluation apprehension). Wenn andere anwesend sind, kann es zu einer Leistungsverbesserung, einer Leistungsverschlechterung oder infolge der Prüfungssituation zu einem Erregungsanstieg kommen. Einem jungen Fahrer ist z. B. viel daran gelegen, dass seine Fahrkompetenz von den Mitfahrenden positiv bewertet wird. Die damit einhergehende Erregung („Lampenfieber") beeinflusst sein Fahrverhalten. Es ist das „soziale Milieu" (Werner, 1999), das den Fahrer umgibt und das zu berücksichtigen ist, wenn man sein Verhalten verstehen will.

In der Theorie des geplanten Verhaltens sind die sozialen Einflüsse zum Teil in der Komponente der sozialen Normen enthalten. Die Erwartungen der anderen bestimmen die Vorstellung darüber, was richtig und was falsch ist. Diese Erwartungen haben einen umso größeren Einfluss, je höher die Motivation ist, mit den anderen überein zustimmen. Wer z. B. beim ADFC (Allgemeiner Deutscher Fahrrad Club) tätig ist, glaubt, dass die Kollegen von ihm erwarten, dass er oft oder überwiegend Rad fährt. Er wird diesen Erwartungen entsprechen wollen, wenn ihm die Wertschätzung der Kollegen wichtig ist.

Erwartungen sind subjektiv und damit eine individuelle Konstruktion. Dies sei an einem Ergebnis aus dem „Fahrradprojekt" dargestellt (Flade et al., 2002).

Abbildung 9.4 Vermutete Verwunderung der Kollegen bei der Nutzung des Fahrrads auf dem Arbeitsweg in sechs Städten nach häufigstem Verkehrsmittel in Prozent (Flade et al., 2002, S. 99)

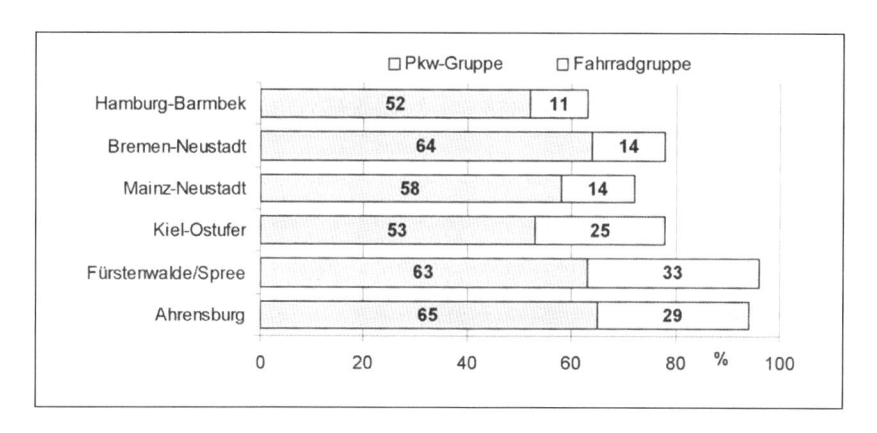

Stadt	Pkw-Gruppe	Fahrradgruppe
Hamburg-Barmbek	52	11
Bremen-Neustadt	64	14
Mainz-Neustadt	58	14
Kiel-Ostufer	53	25
Fürstenwalde/Spree	63	33
Ahrensburg	65	29

An die Erwerbstätigen in den Stichproben in den sechs einbezogenen Städten wurde in den Telefoninterviews die Frage gerichtet: „Würden sich Ihre Kollegen wundern, wenn Sie mit dem Rad zur Arbeit kämen?" Es zeigte sich ein deutlicher Unterschied zwischen denjenigen, deren häufigstes Verkehrsmittel das Auto ist (= Pkw-Gruppe), und denen, die meistens mit dem Fahrrad unterwegs sind (= Fahrradgruppe). Diejenigen in der Fahrradgruppe meinten, dass sich nur wenige Kollegen wundern würden, während diejenigen in der Pkw-Gruppe häufiger fanden, dass dieses Verhalten auf Verwunderung stoßen würde. In Abb. 9.4 sind die jeweiligen Anteile angegeben. Diejenigen, die mit den Rad zur Arbeit kommen, rechnen deutlich seltener mit Verwunderung seitens der Kollegen.

Das Ergebnis macht den Einfluss der sozialen Normen sichtbar, von denen die Verkehrsmittelnutzung abhängt. In den Großstädten scheinen die Menschen offener zu sein, d. h. die sozialen Normen sind weniger strikt, denn hier würde es seltener Verwunderung hervorrufen, wenn man radelnd zur Arbeit käme, als in kleineren Städten.

9.1.3 Handlungsmöglichkeiten durch Verhaltensangebote und Anreize

Das Mobilitätsverhalten hängt grundsätzlich von den bestehenden Gelegenheiten ab, d. h. neben dem Wollen und Sollen auch vom Können. Das Problem fehlender Verhaltenskontrolle bzw. begrenzter Handlungsmöglichkeiten wird in dem sog. Constraint Modell spezifiziert, das Tanner (1998; 1999) erläutert hat. Es besagt, dass der Mensch nicht immer frei ist, so zu handeln, wie er möchte, sondern dass er stattdessen vielerlei Restriktionen und Zwängen unterworfen ist. Ein verändertes Mobilitätsverhalten ist deshalb auch nur insoweit möglich, als es Gelegenheiten dazu gibt. Unterschieden wird im Constraint-Modell zwischen den real existierenden und den wahrgenommenen Möglichkeiten. Der objektive Möglichkeitsraum umfasst sämtliche Optionen überhaupt, der subjektive Möglichkeitsraum besteht aus den Optionen, die einer Person tatsächlich „in den Sinn kommen" (Tanner, 1998, 1999). Ein Grund, sich mit dem Auto statt mit dem ÖV oder Fahrrad fortzubewegen, ist also nicht nur ein Nicht-Wollen, sondern auch ein Nichtkönnen sowie ein Nichtwissen darüber, dass es auch anders gehen würde.

Doch auch das „In den Sinn Kommen" reicht noch nicht. Es bedarf der Anreize, die Angebote auszuprobieren und auf diese Weise eine Vorstellung zu bekommen, wie attraktiv auch andere Bewegungsformen sein können (Risser, 1997). Ein solcher Anreiz ist z. B. ein „Umwelttag", an dem man mit einer Bahn von anno dazumal zum Nulltarif fahren kann. Angebote und Anreize müssen Hand in Hand gehen. Wenn ein Ticket für den durchaus als sehr leistungsfähig bewerteten ÖV für zu teuer gehalten wird, fehlt der Anreiz, das Angebot zu nutzen.

Damit ist die Strategie grob umrissen: Man braucht Alternativen zum Auto, also Angebote im Bereich des ÖV und des Radverkehrs, man braucht eine effektive Informationsvermittlung und wirkungsvolle Anreize, es einmal anders zu machen. Lediglich Appelle, z. B. weniger mit dem Auto und stattdessen mehr mit dem Rad zu fahren, verhallen, wenn die Bedingungen zum Radfahren nicht zufrieden stellend sind – abgesehen davon, inwieweit ein solches verändertes Verhalten überhaupt in den individuellen Handlungsablauf hinein passen würde. Appelle sind nicht nur wirkungslos, wenn ihnen kein wirkliches Angebot zugrunde liegt, sie können sogar schaden, weil man sie künftig als nicht glaubwürdig verwirft.

Eine Untersuchung von Kearney und de Young (1995) sei hier angeführt, die der Frage nachgingen, wie Carpooling gefördert werden kann. Ein wichtiger Aspekt ist dabei die Wissensvermittlung, z. B. zu erfahren, warum eigentlich die Zahl der Fahrzeuge auf den Straßen verringert werden soll und wie eine solche Maßnahme zum Umweltschutz beiträgt. Die konkrete Frage von Kearney und de Young war, welche Form der Informationsvermittlung effektiver ist: die nüchterne Vermittlung von Fakten oder das Erzählen einer Geschichte. Anders als erwartet erwies sich die narrative Form nicht als überlegen. Den Grund sahen die Forscher darin, dass ein Vermitteln von Wissen durch das Erzählen von Geschichten bei den in die Untersuchung einbezogenen Personen (Angestellten verschiedener Firmen) unüblich ist und deshalb nicht akzeptiert wird. Immerhin war festzustellen, dass die Wissensvermittlung umso erfolgreicher ist, je interessanter und anregender die Formulierungen und Texte sind.

9.2 Mobilitätserziehung von Kindern und Jugendlichen (Maria Limbourg)

Damit sich Kinder und Jugendliche in ihrer Lebenswelt selbstständig fortbewegen können, müssen sie lernen, sich in unterschiedlichen Verkehrsräumen auf unterschiedliche Art fortzubewegen. Dazu gehört das Zufußgehen, das Radfahren, die Nutzung des ÖV, aber auch das Umgehen mit Inline-Skates, Skateboards, Kickboards und anderen Geräten. Kinder und Jugendliche müssen fähig sein, Risiken und Gefahren wahrzunehmen, einzuschätzen und zu bewältigen. Dieser Lernprozess, der in der Familie beginnt, muss im Kindergarten und später in der Schule fortgesetzt werden. Eltern, Erzieher und Lehrer müssen den Kindern und Jugendlichen die für die Verkehrsteilnahme erforderlichen Kompetenzen vermitteln, damit diese sich ihre Verkehrswelt schrittweise aneignen und die für ihre körperliche und geistige Entwicklung erforderlichen Lernerfahrungen im Verkehrsraum machen können (Siller, 2003; Limbourg, 2008; Spitta, 2005; Warwitz, 2009). Darüber hinaus sollten auch Sportvereine und Jugendclubs sowie insbesondere Fahrschulen (vgl. Bongard, 1997) zur Mobilitätserziehung beitragen. Nicht zu unterschätzen ist hier auch der Beitrag der von Kindern und Jugendlichen und ihren Eltern genutzten Medien (Printmedien, Videos, CDs, Radio, Fernsehen, Internet).

Die zeitgemäße Mobilitätserziehung beschränkt sich nicht nur auf die Anpassung der Kinder an die derzeitigen Verkehrsverhältnisse. Sie schließt die kritische Auseinandersetzung mit dem gegenwärtigen Straßen-, Bahn- und Luftverkehr und seiner künftigen Gestaltung ein (vgl. Hacke & Flade, 2004). Kinder und Jugendliche sollen in der Familie, im Kindergarten, in der Schule und in den Medien über die Auswirkungen des Verkehrs und über wünschenswerte Mobilitätsformen informiert werden. Sie sollen lernen, Vorteile und Risiken unterschiedlicher Mobilitätsformen und Verkehrsarten für Mensch und Umwelt einzuschätzen und auf der Grundlage fundierte Entscheidungen hinsichtlich ihrer eigenen Verkehrsmittelnutzung zu treffen (Siller, 2003; Spitta, 2005; Warwitz, 2009).

Die Geschichte der Mobilitätserziehung steht in einer engen Beziehung zur Entwicklung des motorisierten Straßenverkehrs. Die Zunahme der Anzahl motorisierter Fahrzeuge führte bereits um 1900 in allen hoch industrialisierten Ländern zu einer Zunahme der Anzahl der im Straßenverkehr Verunglückten (Fack, 2000). Um die Verkehrsunfallzahlen zu senken, wurden daraufhin in Europa, Nordamerika, Australien und Japan verschiedene Varianten der Verkehrserziehung von Kindern und Jugendlichen entwickelt und erprobt (OECD, 1986).

Eine vergleichbare Entwicklung machten viele lateinamerikanische und asiatische Länder durch, die den Motorisierungsschub erst seit Ende des 20. Jahrhunderts erleben. Die rasante Zunahme der Anzahl motorisierter Fahrzeuge führte in diesen Ländern – wie auch in den 1970er Jahren in Europa – zu einer starken Zunahme der Verkehrsunfälle vor allem der Fußgänger und Radfahrer (WHO, 2004). Diese Entwicklung führte dann – wie auch in Europa – zur Einführung von Verkehrssicherheitsmaßnahmen, unten denen die Mobilitätserziehung einen wichtigen Platz einnahm und immer noch einnimmt.

Die pädagogischen Bemühungen in der Anfangszeit der Mobilitätserziehung (damals noch durchweg Verkehrserziehung) in Deutschland bezogen sich nur auf die Fahrer motorisierter Verkehrsmittel. Ihre Schulung führte jedoch nicht zur Reduktion der Unfallzahlen, und so wurden schließlich auch zu Fuß gehende und Rad fahrende Personen als zu erziehende Gruppen einbezogen (Siller, 2003).

Die Forderungen zur Schulung aller Verkehrsteilnehmer wurden in Deutschland in den 1920er Jahren von Automobilclubs und Verkehrsverbänden unterstützt. Mit ihrer Hilfe wurde das Lernen von Verkehrsregeln auch im schulischen Unterricht berücksichtigt, bis dann im Jahr 1930 die „schulische Verkehrserziehung" durch den preußischen Kultusminister institutionalisiert wurde (Siller, 2003). Von diesem Zeitpunkt an war die Verkehrserziehung ein fester Bestandteil der schulischen Erziehung. In der Zeit nach dem zweiten Weltkrieg wurde dem Automobil von Seiten der Politik ein eindeutiger Vorrang gegenüber dem nicht motorisierten Verkehr eingeräumt. Die Folgen waren für Deutschland extrem hohe Verkehrsunfallzahlen – mit den höchsten Getöteten-Zahlen in ganz Europa (Limbourg, 2008). Angesichts der hohen Kinderverkehrsunfallzahlen wurden in den 1970er Jahren Forschungsprojekte gefördert, die sich mit der Untersuchung der Ursachen von Kinderunfällen im Straßenverkehr beschäftigten und unfallpräventive pädagogische Ansätze für Familien, Kindergärten und Schulen entwickeln und erproben sollten (Duperrex et al., 2002; Limbourg, 2008). Da sich Kinder und Jugendliche überwiegend zu Fuß oder dem Rad bewegen, richtete sich das Interesse der Forscher verstärkt auf die nichtmotorisierten Verkehrsteilnehmer.

Auch in den anderen europäischen Ländern wurde die Bedeutung der Mobilitätserziehung früh erkannt. Schottland führte die Mobilitätserziehung bereits im Jahr 1928 ein, Schweden und die Schweiz folgten 1936 und England und Dänemark 1947. Die südeuropäischen Länder führten die Mobilitätserziehung etwas später ein, als auch dort die Motorisierung und als deren Folge die Verkehrsunfallzahlen deutlich zunahmen. In Spanien wurde die schulische Mobilitätserziehung 1986 obligatorisch, Italien folgte 1992. Eine ausführliche Übersicht über die Mobilitätserziehung in Europa gibt der Abschlussbericht des EU-Projektes ROSE-25, in dem Entwicklung und aktueller Stand der vorschulischen und schulischen Mobilitätserziehung in der Europäischen Union verglichen werden (Kuratorium für Verkehrssicherheit, 2005).

Da mit der Öffnung der Grenzen zwischen west- und osteuropäischen Ländern die Verkehrsunfallzahlen auch wegen der zunehmenden Motorisierung im Osten Europas deutlich wuchsen, wurde dort ebenfalls die Mobilitätserziehung schrittweise in den schulischen Unterricht integriert (Kuratorium für Verkehrssicherheit, 2005).

Eine ähnliche Entwicklung zeigte sich außerhalb Europas: Nordamerika, Japan und Australien entwickelten ihre mobilitätspädagogischen Ansätze in den 1970er und 1980er Jahren, lateinamerikanische Länder wie Korea haben erst vor einigen Jahren mit der Institutionalisierung der Mobilitätserziehung begonnen.

In der ersten Phase der Entwicklung der Mobilitätserziehung stand angesichts der hohen Unfallzahlen die Verkehrssicherheit im Mittelpunkt der erzieherischen Bemühungen. Später erhielten verkehrsbezogene Sozial-, Gesundheits- und Umweltthemen einen höheren Stellenwert.

9.2.1 Vorschulische Mobilitätserziehung

Die vorschulische Mobilitätserziehung entwickelte sich in Deutschland und in den anderen europäischen Ländern in den 1960er und 1970er Jahren. Den Eltern wurde dabei eine wichtige Rolle bei der Mobilitätserziehung ihrer Kinder zuerkannt. Die Erzieher in den Kindergärten sollten die Eltern fachlich fundiert beraten und unterstützen. Darüber hinaus sollte aber auch der Kindergarten selbst einen Beitrag zur Mobilitätserziehung der Kinder im Vorschulalter leisten.

Mobilitätserziehung in der Familie

Eltern nehmen häufig gemeinsam mit ihren Kindern am Verkehr teil. Sie sind wichtige Vorbilder im Rahmen der kindlichen Mobilitätssozialisation. Auf ihren Wegen zum Kindergarten, zum Spielplatz, zum Einkaufen usw. haben sie vielfältige Möglichkeiten, ihre Kinder auf die spätere selbstständige Verkehrsteilnahme vorzubereiten. Mit dem Ziel, Eltern für die Verkehrserziehung ihrer Kinder zu befähigen, wurden in Westeuropa zwei unterschiedliche Ansätze entwickelt: Das Programm „Kind und Verkehr" (KuV) und der „Kinder-Verkehrs-Club" (Children's Traffic Club).

Das Programm „Kind und Verkehr" wurde in Deutschland in den 1970er Jahren entwickelt, erprobt und 1980 bundesweit eingeführt (Hammer, 1995). Es handelt sich um ein Elternbildungsprogramm des Deutschen Verkehrssicherheitsrates (DVR) zur Verbesserung der Verkehrssicherheit von Kindern. Es richtet sich primär an Eltern von Kindern im Kindergartenalter. Angesprochen sind aber auch andere Personen, die erzieherische Aufgaben wahrnehmen, wie Großeltern, Tagesmütter oder Erzieher. Das Programm wird von Moderatoren umgesetzt, die auf diese Aufgabe in speziellen Ausbildungs- und Weiterbildungsseminaren vorbereitet werden.

Vor einigen Jahren wurde das Programm „Kind und Verkehr" evaluiert und aktualisiert (Berg et al., 2000). Das überarbeitete Programm besteht aus einem flexiblen Modulsystem, das besser als die vorherige Fassung auf die Voraussetzungen vor Ort angepasst werden kann. Einige der insgesamt 17 Module müssen verpflichtend angeboten werden, andere sind frei wählbar: Grundlagenmodule (Lernpsychologische und entwicklungspsychologische Grundlagen), Kernmodule (Gefahren im Wohnumfeld, Kinder als Mitfahrer, Kinder zu Fuß, Roller, Fahrrad, Skates) und Ergänzungsmodule (Kinderrückhaltesysteme, Bewegungsmangel und Unfälle, Unfallprävention für Kinder, kinderfreundliche Verkehrsplanung, Verkehrserziehungsangebote im Kindergarten, mit dem Fahrrad unterwegs, Stadtzentrum/Innenstadt, Weiler/Dorf, Kinder alleine unterwegs, Bus und Bahn).

Auch der „Kinder-Verkehrs-Club" für 3- bis 7-jährige Kinder hat zum Ziel, Eltern bei der Verkehrserziehung zu unterstützen. Er wurde bereits im Jahr 1969 in Schweden konzipiert und eingeführt, gefolgt von Norwegen, Dänemark und Großbritannien.

Der „Kinder-Verkehrs-Club" bietet Eltern und Kindern die Club-Mitgliedschaft an (in einigen Ländern mit einem jährlichen Mitgliedsbeitrag, in anderen Ländern kostenlos). Als Mitglieder erhalten sie in bestimmten Abständen mobilitätspädagogisch relevante Informationen, Medien und Materialien zur Mobilitätserziehung und zur Kindersicherheit (Bücher, Spiele, Bilder usw.). Der „Kinder-Verkehrs-Club" wurde bislang in Schweden (Gregersen & Nolén, 1994), in England (West et al., 1993) und in Schottland (Bryan-Brown & Harland, 1999) evaluiert. Die Ergebnisse zeigen, dass sich Club-Mitglieder von Nicht-Mitgliedern in ihrem Verkehrswissen und teilweise auch in ihrem Verkehrsverhalten unterscheiden. Es ist allerdings schwierig, die Ursachen für die Unterschiede eindeutig zu identifizieren. Grund dafür sind die Unterschiede in der sozialen Zusammensetzung der Mitglieder- und Nicht-Mitglieder Gruppen. In Schweden sind nur 20 % der Kinder Mitglieder im Kinder-Verkehrs-Club, und diese 20 % gehören vorwiegend der sozialen Mittel- und Oberschicht an. In England und Schottland sind die Mitglieder-Zahlen höher (kostenlose Mitgliedschaft), sie lagen im Jahr 1999 bei 62 % (Schottland). Obwohl auch in diesen Ländern die Kinder aus höheren sozialen Schichten im Club stärker vertreten sind, zeigt die soziale Zusammensetzung der Clubmitglieder eine größere Variationsbreite als in Schweden.

Mobilitätserziehung im Kindergarten

Das Wohn- und Kindergartenumfeld gehört zur kindlichen Lebenswelt und ist ein bedeutsames Lernfeld für Kinder. In diesem Lernfeld machen sie Bewegungs- und Spielerfahrungen und knüpfen soziale Kontakte. Deshalb sollten Kinder frühzeitig lernen, sich in dieser Lebenswelt sicher, sozial und umweltfreundlich zu bewegen. Diese Gründe zeigen die Bedeutung der Mobilitätserziehung für die pädagogische Arbeit der Erzieher im Kindergarten (Krauskopf & Poschmann, 1998). In den 1970er Jahren wurden in den Kindergärten zahlreiche mobilitätspädagogische Ideen und Konzepte entwickelt und umgesetzt, wobei die Schwerpunkte in der Bewegungserziehung, der Zeichen- und Regelkunde und der Förderung der Kommunikationsfähigkeit lagen.

Manzey und Gorges (1977) verstanden unter Verkehrserziehung alle erzieherischen Einwirkungen auf Einstellungen und Verhaltensweisen der Kinder mit dem Ziel des situationsgerechten, autonomen und kompetenten Verhaltens im Straßenverkehr. Dem Kindergarten kam die Aufgabe zu, dieses Verhalten zu entwickeln und zu fördern.

Unter dem Motto „Verkehrserziehung in der Großstadt" wurde 1980 in Berlin versucht, die Mobilitätserziehung im Kindergarten pädagogisch zu fundieren:

- Die vorschulische Erziehung hat den Auftrag, den Kindern Angebote zu machen, um soziale Verhaltensweisen zu erfahren, zu erproben und zu erlernen. Das Verhalten im Straßenverkehr ist ein wichtiger Aspekt der sozialen Kompetenz und wird zuverlässiger gelernt, wenn frühzeitig und altersgemäß darauf vorbereitet wird.
- Die vorschulische Erziehung soll von der konkreten Lebenswelt der Kinder ausgehen. Zur Lebenswelt von Kindern im Vorschulalter gehört auch der Straßenverkehr im Wohnumfeld und im Bereich des Kindergartens.

Ende der 1970er Jahre entstanden in Deutschland auch „Vorschulparlamente", d. h. Arbeitskreise der örtlichen Verkehrswachten. Es sind Zusammenschlüsse von Eltern, Erziehern und Verkehrssicherheitsexperten, die sich in ehrenamtlicher Arbeit für die Verbesserung der Sicherheit von Kindern im Vorschulalter einsetzen. Sie arbeiten in verschiedenen Städten und verstehen sich als Lobby für Kinder. Ihr Motto lautet „Einfälle gegen Unfälle". Ein wichtiger Teil ihrer Arbeit ist die Weiterbildung der Erzieher im Bereich der Mobilitätspädagogik.

Mobilitätspädagogische Angebote für Eltern und Erzieher von Kindern im Vorschulalter gibt es inzwischen in fast allen europäischen Ländern. Einen umfassenden Überblick gibt das EU-Projekt „ROSE 25" (Kuratorium für Verkehrssicherheit, 2005). Im Mittelpunkt der mobilitätspädagogischen Aktivitäten stehen heute die Förderung von Fähigkeiten und Fertigkeiten im Umgang mit unterschiedlichen Verkehrssituationen, die Entwicklung von Selbstständigkeit und sozialer Kompetenz sowie die Motivation der Kinder, an der Verbesserung der Verkehrs- und Umweltverhältnisse mitzuwirken.

Die Kindergartenarbeit beinhaltet viele Lernbereiche, die als Grundlagen zur Vorbereitung verkehrssicheren Verhaltens zu sehen sind. Beispiele sind die Förderung der optischen und akustischen Wahrnehmungsfähigkeit, die Schulung von psychomotorischen Fertigkeiten und die Vermittlung von sozialem Verständnis.

9.2.2 Schulische Mobilitätserziehung

Die Ziele und Inhalte der schulischen Mobilitätserziehung werden in Deutschland durch Empfehlungen der Kultusministerkonferenz (KMK) vorgegeben und anschließend – zum Teil auch mit Änderungen/Ergänzungen – in die Rahmenvorgaben und Lehrpläne der Bundesländer eingebunden. Die ersten „KMK-Empfehlungen zur schulischen Verkehrserziehung" wurden im Jahr 1972 verfasst. Nach diesen Empfehlungen sollte die Mobilitätserziehung nicht nur – wie vor 1972 – einen Beitrag zur Sicherheitserziehung und zur Unfallprävention leisten, sondern auch verkehrsbezogene soziale Kompetenzen wie Empathie, Rücksicht und Hilfsbereitschaft fördern – mit dem Ziel, zu einer „Humanisierung" des Straßenverkehrs beizutragen (vgl. Limbourg, 2011a).

Die Weiterentwicklung der schulischen Mobilitätserziehung wurde durch die Empfehlungen der KMK aus dem Jahr 1994 eingeleitet. Sie wurde durch Umweltverbände, durch ökologisch orientierte Verkehrsclubs und durch die Umweltwissenschaften angestoßen. Zu den klassischen Zielen der Mobilitätserziehung (Sicherheitserziehung, Unfallprävention und Sozialerziehung) kamen Umwelt- und gesundheitsbezogene Ziele hinzu, die mit der Förderung einer Umwelt- und gesundheitsverträglichen Mobilität in Beziehung stehen. Kinder und Jugendliche sollten die durch den motorisierten Straßenverkehr verursachten Umwelt- und Gesundheitsschäden erkennen lernen und an umweltverträgliche Mobilitätsformen wie Zu-Fuß-Gehen, Radfahren und Bus- und Bahn Fahren herangeführt werden.

Seit dieser neuen Ausrichtung der Mobilitätserziehung steht nicht mehr nur die Verkehrsunfallprävention im Mittelpunkt der pädagogischen Bemühungen, sondern auch die Prävention von Umwelt- und Gesundheitsschäden durch Verkehr und Mobilität. Die Erweiterung der Erziehungsziele in der Mobilitätspädagogik führte auch zu einer Erweiterung der außerschulischen Partner. Neben den Automobilclubs und Verkehrsvereinen beteiligen sich daran jetzt auch Fahrradverbände, öffentliche Verkehrsbetriebe und Umweltverbände.

Im Mai 2012 wurde die „KMK-Empfehlung zur Mobilitäts- und Verkehrserziehung in der Schule" unter der Federführung des Bundeslandes Hamburg aktualisiert (vgl. KMK, 2012).

Ziele und Inhalte der schulischen Mobilitätserziehung

Die KMK-Empfehlungen liefern die Grundlage für Richtlinien, Rahmenvorgaben und Lehrpläne für die schulische Mobilitätserziehung in allen Bundesländern. Die mobilitätspädagogischen Inhalte wurden zum Teil in den Fachunterricht integriert, zum Teil stellt die Mobilitätserziehung ein fächerübergreifendes Erziehungsgebiet dar, das in alle Schulfächer eingebunden werden soll. Nach den KMK-Empfehlungen 1994 hat die schulische Mobilitätserziehung eine doppelte Zielsetzung: Schüler aller Schulformen und -stufen sollen lernen, sich im Verkehrsraum sicher, sozial und umweltverträglich zu bewegen. Zur gleichen Zeit sollen die Lernenden auch ein kritisches Verständnis für den Verkehr und seine Komponenten erlangen und befähigt werden, an der Verbesserung der Verkehrsverhältnisse mitzuwirken. Demnach beschränkt sich die Mobilitätserziehung

Tabelle 9.3 Schulstufenspezifische Ziele und Inhalte in der KMK-Empfehlung (1994)

Primarbereich	„Die Grundlage der Verkehrserziehung im Primarbereich ist eine umfassende psychomotorische Erziehung, die das Bewegungs-, Wahrnehmungs-, Anpassungs- und Reaktionsvermögen fördert. Am Schulanfang steht ein Schulwegtraining, bei dem die Schülerinnen und Schüler gemeinsam mit Lehrern und Eltern ein sicheres Verhalten auf dem Schulweg üben. Ein Schwerpunkt der Verkehrserziehung im Primarbereich ist die Radfahrausbildung." (KMK-Empfehlungen 1994; S. 3).
Sekundarbereich I	„Der inhaltliche Rahmen wird durch Themen umrissen, die auf ein sicheres und verantwortungsbewusstes Rad- und Mofa fahren in unterschiedlichen Verkehrssituationen, auf eine möglichst rational geleitete Auswahl der Verkehrsmittel und -wege, auf die für die Teilnahme am Verkehr notwendigen, rechtlichen, medizinischen, psychologischen und technischen Kenntnisse und auf Einsichten in grundlegende verkehrspolitische Fragestellungen zielen." (KMK-Empfehlungen 1994; S. 4).
Sekundarbereich II	„Der inhaltliche Rahmen wird durch Themen bestimmt, die über ein vertieftes Verständnis für verkehrswissenschaftliche Fragestellungen den Jugendlichen und den jungen Erwachsenen helfen, eigenverantwortlich, umweltbewusst und sicherheitsbewusst am Straßenverkehr teilzunehmen. Dazu eignen sich u. a. folgende Fragestellungen: physikalisch-technische (Brems- und Anhaltewege, Fliehkräfte, Aquaplaning), verkehrsmedizinische (Alkohol, Drogen), psychologische (Aggressionen, Imponiergehabe), ökologische (Schadstoffe, Tempolimit), ökonomische (Güterverkehr, Transportmittel), rechtliche (Haftung, Versicherung) und philosophische Themen." (KMK-Empfehlungen 1994; S. 4 ff.).

nicht nur auf die Anpassung der Kinder und Jugendlichen an bestehende Verkehrsverhältnisse; sie schließt vielmehr auch die Hinführung der Lernenden zu einer kritischen Auseinandersetzung mit den derzeitigen Mobilitätsformen, dem daraus resultierenden Verkehr und seinen Auswirkungen auf die Sicherheit, die Gesundheit und die Umwelt der Menschen ein. Die Schüler sollen außerdem lernen, ihr eigenes Mobilitätsverhalten und ihre Verkehrsmittelnutzung kritisch zu hinterfragen und Mobilitätsentscheidungen bewusst und kompetent zu treffen.

Die Inhalte der schulische Mobilitätserziehung beschränken sich nicht nur auf den Straßenverkehr, sondern schließen auch alle anderen Verkehrsarten, wie zum Beispiel den Bahn-, den Flug- und den Schiffsverkehr mit ein – sowohl als Personen- als auch als Güterverkehr.

Unterrichtsmethoden

Durch die vielfältigen Verflechtungen von Verkehr und Mobilität mit anderen Lebensbereichen ist sowohl eine fachspezifische als auch eine fächerübergreifende Integration der Mobilitätserziehung in alle Schulfächer möglich. Moderne pädagogische Ansätze wie Schülerorientierung, Handlungsorientierung, Lernen mit allen Sinnen, Fächerübergreifendes Lernen, Projekt- und Werkstattunterricht und „Öffnung von Schule" sind in der Mobilitätserziehung unverzichtbar (Siller, 2003; Spitta, 2005; Warwitz, 2009). Die Schule muss sich in diesem Lernbereich an den Bedürfnissen ihrer Schüler orientieren und sich auf die Verkehrsumwelt vor Ort einstellen. Außerdem sollte sie den Schülern nicht nur Wissen vermitteln, sondern bei ihnen auch mobilitätsbezogene Einstellungen (z. B. Freude am Radfahren) und Kompetenzen (z. B. Radfahrkompetenz) fördern.

Da Mobilitätserziehung zum größten Teil im realen Verkehrsraum durchgeführt werden muss (Schulwegtraining, Radfahrausbildung, Bus- und Bahn-Training, Wohnumfelderkundungen, usw.), ist eine Öffnung der Schule nach außen (Schulumfeld, Gemeinde) erforderlich. In diesem Sinne sind auch Kooperationen der Schule mit außerschulischen Partnern (Polizei, Deutsche Verkehrswacht, Verkehrsclubs, Umwelt- und Gesundheitsämter, Kinder- und Unfallkliniken, öffentliche Verkehrsbetriebe, Straßenverkehrs- und Tiefbauämter, Naturschutzorganisationen, Forstämter usw.) wünschenswert und notwendig. Von besonderer Bedeutung sind in diesem Zusammenhang die Medien (Presse, Radio, Fernsehen, Internet). Sie können beispielsweise auf gefährliche Stellen auf dem Schulweg hinweisen und zur Verbreitung von Projektergebnissen aus den Schulen beitragen um den Forderungen der Kinder und Jugendlichen an die Stadtverwaltung, an das Verkehrsamt oder an die Autofahrer Nachdruck zu verleihen.

Mobilitätserziehung in der Grundschule

Die Mobilitätserziehung in der Grundschule zeichnet sich durch drei zentrale Zielsetzungen aus (Siller, 2003; Limbourg, 2008; Spitta, 2005; Warwitz, 2009):

- Damit Grundschulkinder sich in ihrem Wohn- und Schulumfeld selbstständig fortbewegen können, müssen sie lernen, sich im Straßenverkehr zu Fuß, mit dem Fahrrad und mit Bussen und Bahnen kompetent und sicher zu bewegen. Dazu müssen sie lernen, Risiken und Gefahren im Verkehrsraum wahrzunehmen, einzuschätzen und zu bewältigen.
- Damit sich Kinder in unserer „bewegungsarmen" Auto-, Fernseh- und Computer-Gesellschaft mehr bewegen und dadurch ihre für die Teilnahme am Verkehr erforderlichen psychomotorischen Fertigkeiten altersgemäß ausbilden können, muss die Mobilitätserziehung die Nutzung von bewegungsintensiven Fortbewegungsarten fördern.
- Damit Kinder an der Verbesserung der Verkehrsraumgestaltung und der Verkehrsregelung vor Ort mitwirken können, müssen sie im Rahmen der Mobilitäts- und Verkehrserziehung frühzeitig dazu befähigt werden.

Aus diesen drei Zielsetzungen ergeben sich dementsprechend drei Schwerpunkte für die schulische Mobilitätserziehung.

Die Grundschulkinder sollen den Schulweg möglichst nicht im Auto sondern zu Fuß zurücklegen. Gehen ist umwelt- und bewegungsfreundlich und bietet den Kindern vielfältige psychomotorische, kognitive und soziale Lernmöglichkeiten (Flade, 2009; Limbourg, 2009). Da Grundschulkinder wegen ihres physischen und psychischen Entwicklungsstandes nur begrenzt in der Lage sind, sich verkehrssicher zu verhalten, muss das angemessene Verkehrsverhalten auf Schul- und Freizeitwegen frühzeitig, d.h. bereits am Ende der Kindergarten- und am Anfang der Grundschulzeit sowohl in der Familie als auch in der Grundschule kontinuierlich eingeübt werden. Das Schulwegtraining im „realen" Straßenverkehr zu Beginn der ersten Klasse ermöglicht den Erwerb erforderlicher Verkehrskompetenzen und fördert außerdem die Entwicklung von Orientierungssinn und räumlichem Vorstellungsvermögen.

Grundschulkinder verhalten sich aber auch nach einem Verkehrstraining nicht immer zuverlässig „verkehrssicher", denn die Ablenkungsgefahr ist in diesem Alter -entwicklungspsychologisch bedingt – noch sehr groß (Limbourg, 2008). Aus diesem Grund müssen Kinderwege im Verkehr durch technische und bauliche Maßnahmen gesichert werden (Verkehrsberuhigung, Tempo 30, Überquerungshilfen usw.). An der Konzeption und Planung von Schulwegsicherheitsmaßnahmen können Kinder im Rahmen von Unterrichtsprojekten beteiligt werden, z.B.

als „Schulweg-Detektive", die Gefahrenpunkte auf ihren Schul- und Freizeitwegen ermitteln und Vorschläge zur Beseitigung der Gefahren erarbeiten. Das Fahrrad ist bei Kindern und Jugendlichen sehr beliebt. Seine Nutzung erfordert psychomotorische Fähigkeiten und Fertigkeiten, die erst ab einem Alter von ca. acht Jahren für eine Teilnahme am Straßenverkehr ausreichend ausgebildet sind. Das für die Verkehrsteilnahme erforderliche Verkehrsverständnis entwickelt sich noch später – im Alter von ca. zehn Jahren (Limbourg, 2008).

Mit dem Ziel, fahrradbezogene psychomotorische Fähigkeiten und Fertigkeiten frühzeitig zu fördern und gleichzeitig die Kinder an bewegungsfreundliche und umweltverträgliche Mobilitätsformen heranzuführen, kann in der Grundschule ein Roller-Training im Schonraum (Schulhof, Turnhalle) in der ersten Klasse durchgeführt werden. Ein motorisches Radfahrtraining im Schonraum kann bereits in der ersten oder zweiten Klasse begonnen und in der dritten Klasse fortgesetzt werden. In der vierten Klasse ist die von der Polizei organisierte Radfahrprüfung mit einem vorausgehenden Training in der Jugendverkehrsschule und im realen Straßenverkehr vorgesehen. Nach bzw. während der Radfahrausbildung sollten die Kinder ihren Rad-Schulweg ausreichend trainieren. Zusätzlich zur Radfahrausbildung kann auch noch ein Inline-Skater-Training angeboten werden (Siller, 2003).

Kinder sollten beim Radfahren einen Helm tragen, denn ein Helm kann die Kinder zwar nicht vor dem Unfall, aber doch vor schweren Folgen (Kopf- und Hirnverletzungen) schützen. Bei Dunkelheit ist eine Ausstattung des Fahrrads mit Beleuchtung und mit reflektierenden Materialien vorgeschrieben.

Mit der Fahrradausbildung sollten Kurse angeboten werden, durch die Lernende befähigt werden, bei Unfällen erste Hilfe leisten zu können (Limbourg, 2008). Mit dem Ziel, die Freude am Radfahren zu fördern und radfahrerische Fertigkeiten zu verbessern, lassen sich Fahrrad-Turniere, Fahrrad-Rallyes und Radwanderungen durchführen.

Mit dem Ziel, die Nutzung des öffentlichen Verkehrs bereits bei Kindern zu fördern und die Sicherheit bei der Nutzung von Bussen und Bahnen für diese Zielgruppe zu verbessern, haben die meisten deutschen ÖV-Betriebe in den letzten Jahren Ansätze zur Mobilitätserziehung in der Grundschule entwickelt (Bleyer & Bleyer, 2001; Gerlach & Leven, 2005; Siller, 2003; 2009). Die meisten Programme enthalten ein Schülerheft, eine Anleitung für Lehrer und Kopiervorlagen für den Unterricht. Dazu gibt es häufig Videofilme, CD Roms und/oder Lernspiele. Durch die Programme lernen die Kinder den lokalen öffentlichen Verkehr kennen und benutzen (Streckennetz, Verkehrsmittel, Fahrpläne, Bahnhöfe, Haltestellen usw.). Außerdem lernen sie verkehrssichere Verhaltensweisen im Zusammenhang mit der Nutzung des ÖV. Einige Programme sehen am Ende der Unterrichtseinheiten eine Bus- und Bahn-Rallye vor, bei der die Kinder eine Fahrtroute quer durch die Stadt bewerkstelligen und an verschiedenen Stationen lustige und knifflige Aufgaben lösen.

Die Mobilitätserziehung bietet für die weiterführenden Schulen aller Schulformen eine große Vielfalt an thematischen Schwerpunkten aus den Bereichen „Mobilität und Sicherheit", „Mobilität und Gesundheit", „Mobilität und Sozialverhalten" und „Mobilität und Umwelt" für alle Schulfächer und für alle Klassenstufen der Sekundarstufen I und II (Siller, 2003; Limbourg, 2011a, b).

Der neue Schulweg

Der neue Schulweg zur weiterführenden Schule wird von den meisten Kindern der fünften Klasse mit dem Fahrrad, mit dem öffentlichen Verkehr oder zu Fuß zurückgelegt. Die neuen Schulwege sind den Schülern häufig unzureichend bekannt. Der Schulweg sollte deshalb zu Beginn der fünften Klasse eingeübt werden (Fußgängertraining, Fahrradtraining, Skater-Training, Bus- und Bahntraining). Die Unterrichtsfächer Sport und Erdkunde bieten gute Voraussetzungen zur Bearbeitung von Themen der Bewegungskoordination und räumlichen Orientierung, aber auch in anderen Unterrichtsfächern sind Planung und Durchführung von Schulumfeld-Begehungen, Fahrradtouren und von Bus- und Bahnfahrten möglich (Limbourg, 2011b).

Das Fahrrad ist für viele Kinder und Jugendliche das wichtigste Fortbewegungsmittel und die Freude an dieser Fortbewegungsart sollte in der Schule weiter gefördert werden. Schulumfelderkundungen mit dem Rad, Fahrradausflüge, Fahrradrallyes, Fahrradprojekte und Fahrradwerkstätten sind Möglichkeiten, eine positive emotionale Beziehung zum Radfahren aufzubauen und Radfahrkompetenzen zu vermitteln. Da Rad fahrende Kinder und Jugendliche vergleichsweise häufig verunglücken, darf hier die Sicherheitserziehung nicht vernachlässigt werden (Limbourg, 2011b). Schulwegsicherheit, Radfahrer-Schutzhelm, Sichtbarkeit im Dunkeln, Auswirkungen von Alkoholkonsum auf das Verhalten von Radfahrern, Erste-Hilfe-Kurse, fahrradfreundliche Verkehrsplanung, Besuch von Rehabilitationskliniken für Verkehrsunfall-Opfer usw. sind Beispiele für Unterrichtsthemen mit dem Schwerpunkt „Sicherheitserziehung und Unfallprävention". Fahrradbezogene Unterrichtsthemen lassen sich in verschiedene Schulfächer integrieren: Biologie (Kopfverletzungen beim Radfahren und schützende Wirkung von Radfahrerschutzhelmen), Physik (physikalische Gesetzmäßigkeiten des Radfahrens – Geschwindigkeit, Bremsweg, Trägheit, Bewegungswiderstand, Reibung), Informatik (Computer-Lernprogramme zum Thema Radfahren), Geographie (Radwanderungen), Technik (Fahrradwerkstatt).

Inline-Skating ist eine bewegungs- und umweltfreundliche Mobilitätsform, die ab dem 11. Lebensjahr verstärkt dazu genutzt wird, auch Wege im Straßenverkehr zurückzulegen. Die Fortbewegung mit Inline-Skates ist – wie das Radfahren – häufig mit Unfällen verbunden; dies ist Anlass genug, an weiterführenden Schulen Projekte zu dieser Mobilitätsform durchzuführen (Schützausrüstung, Fahrtechnik und Fahrpraxis, Gefahren, Wege im Verkehr, Regeln für Skater). Auch andere rollende Fortbewegungsarten (z. B. Kickboards, Skateboards, Rollschuhe und der wieder entdeckte Roller) sollten – je nach Bedarf und aktuellem Trend – einbezogen werden (Limbourg, 2011b).

In den weiterführenden Schulen werden neben Themen der Verkehrssicherheit auch ökologische und soziale Themen des ÖV behandelt. Hierzu wurden von vielen Verkehrsunternehmen Unterrichtsmaterialien mit dem Ziel entwickelt, den Schülern eine umweltgerechte Verkehrsmittelwahl näher zu bringen. Die Unterrichtsmaterialien enthalten Informationen über die Ökobilanz einzelner Verkehrsmittel, sie analysieren die Verkehrssituation vor Ort (Verkehrsbelastung, Schadstoffe, Sozialverhalten im Verkehr usw.), sie beschäftigen sich mit Fragen der Verkehrsplanung und der Verkehrspolitik, sie behandeln die Themen „Verkehr und Umweltschutz", „Mobilität und Gesellschaft" usw. Hinzu kommen noch Materialien zu sozialen Themen wie „Vandalismus", „Helfendes Verhalten" und „Gewalt" im öffentlichen Verkehr (Limbourg, 2011b).

Für viele Jugendliche – besonders in ländlichen Gebieten ohne gute Bus-/Bahn-Verbindungen – stellt das Mofa-, Moped-, Mokick- oder Rollerfahren die einzige Möglichkeit dar, sich in einem größeren Umkreis unabhängig fortbewegen zu können. Mit 15 Jahren nutzen sie ein Mofa, mit 16 Jahren beginnt für viele Jugendliche das Zeitalter der schnelleren Motorräder.

Das Risiko, Opfer eines schweren Verkehrsunfalls zu werden, liegt bei jungen motorisierten Zweiradfahrern deutlich höher als bei allen anderen Arten der Verkehrsteilnahme (Limbourg, 2011b). Aus diesem Grund ist es wichtig, alle Möglichkeiten zur Unfallprävention für diese Verkehrsteilnehmergruppe auch in den Schulen wahrzunehmen. Viele weiterführende Schulen – besonders in ländlichen Gebieten – bieten für die Schüler der 9. Klassen einen fakultativen Mofa-Kurs an (vgl. ADAC (2007). Mofa, Roller & Co. Reihe ADAC-Signale. München). Möglich ist der Erwerb der Mofa-Prüfungsbescheinigung in Schulen der Bundesländer Berlin, Bremen, Hamburg, Niedersachsen, Nordrhein-Westfalen, Rheinland-Pfalz und Schleswig-Holstein.

Themen im Unterricht

Die Folgen von verkehrsbedingten Schadstoffbelastungen und Kohlendioxid-Emissionen können sowohl auf lokaler Ebene (Stadtklima) als auch weltweit (Treibhauseffekt) im Rahmen des Geographie- und Chemie-Unterrichts beschrieben werden. Dazu kommen auch noch die Auswirkungen von Bodenversiegelung und Landschaftszerstörung durch den Straßenbau. Im Geographie-Unterricht können außerdem Städte mit einer ökologisch orientierten Stadt- und Verkehrsplanung (nachhaltige Städte, Agenda 21-Städte) bei der Besprechung der dazugehörigen Länder vorgestellt werden (z. B. Bologna, Curitiba, Zürich, Wien, Seattle, Vancouver). Das Thema „Stadt- und Verkehrsplanung" kann auch im Politik-Unterricht behandelt werden.

Riskante Mobilität ist ein wichtiges Unterrichtsthema. Tödliche Verkehrsunfälle im Jugendalter sind oft die Folge von riskanten „Mutproben" (Limbourg, 2010, 2011b): Die Jugendlichen laufen über stark befahrene Autobahnen, setzen sich auf Schienen vor herannahende Züge oder surfen auf Autos und Bahnen, um ihren Mut unter Beweis zu stellen. Oft werden die mit derartigen Aktivitäten verbundenen Risiken nicht realistisch eingeschätzt. So ist das Klettern auf Waggons im Bahnbereich für Jugendliche häufig eine Mutprobe zur Überwindung der Angst vor Entdeckung und Bestrafung durch die Polizei. Das viel größere Risiko, dabei durch einen Stromschlag getötet zu werden, ist den Jugendlichen häufig nicht bewusst. Sie wissen oft auch nicht, dass Strom „springen" kann (Lichtbogen). Auch Graffiti-Sprayer im Bahnbereich unterschätzen häufig die Gefahr, von schnell vorbeifahrenden Zügen erfasst zu werden (Sog-Wirkung). Die physikalischen Grundlagen vieler „Mutproben-Unfälle" lassen sich in den Physik- oder Technik-Unterricht integrieren und mit Experimenten anschaulich demonstrieren. Auch im Deutsch-Unterricht lässt sich die Mutproben-Problematik mit der Lektüre einschlägiger Bücher integrieren[25].

Unter den Verkehrsunfällen von 15- bis 20-Jährigen kommt den sog. „Disco-Unfällen" eine besondere Bedeutung zu (vgl. Exkurs: Junge Menschen verunglücken im Straßenverkehr in Kap. 8). Sie stellen die folgenschwersten nächtlichen Freizeitunfälle dar (Limbourg, 2011b). Aus diesem Grund ist die Disco-Mobilität mit den Themen Verkehrsmittelwahl auf dem Weg zur und von der Disco, Disco-Busse, Nachtexpresse, Sammeltaxen, Disco-Unfälle, Alkohol- und Drogenkonsum in der Disco, usw. eine wichtige mobilitätspädagogische Fragestellung für alle Sekundarstufen (Limbourg & Reiter, 2004).

In den Grundschulen werden mobilitätspädagogische Erziehungsaufgaben häufiger als in den weiterführenden Schulen wahrgenommen, weil sie in der Regel in die Lehrpläne der Schulfächer – besonders in den Sachunterricht und häufig auch in den Sportunterricht – eingebunden sind. Dieser Lehrplanbezug fehlt in den meisten Curricula für weiterführende Schulen. Nur in Niedersachsen wurde im Curriculum Mobilität eine Integration der Mobilitätserziehung in

---

25 Z. B.: Max von der Grün „Die Vorstadtkrokodile", Kisten Boie „Ich ganz cool", Inge Meyer-Dietrich „Und das nennt ihr Mut", Ulrike Ruwisch „Zwischen Himmel und Erde", Barbara Kieper „Sei doch keine Lusche".

die Lehrpläne einzelner Schulfächer der Sekundarstufen vorgenommen (Deutsch, Englisch, Biologie, Physik, Erdkunde, Kunst und Politik). In den anderen Bundesländern stellt die Mobilitätserziehung in weiterführenden Schulen einen fächerübergreifenden Erziehungsbereich dar, für den alle Schulfächer zuständig sind. Das führt (leider) häufig zur Verantwortungsdiffusion und als Folge zur Vernachlässigung dieses Erziehungsbereichs, wie die Ergebnisse der bundesweiten repräsentativen Befragung von Lehrenden der Sekundarstufe I von Weishaupt et al. (2004) zeigen: Nur 55% der männlichen und 52% der weiblichen Lehrpersonen gaben an, in dem der Befragung vorausgehenden Schuljahr mobilitätspädagogische Bildungs- bzw. Erziehungsaufgaben wahrgenommen zu haben.

Zur Intensivierung der pädagogischen Bemühungen in den Sekundarstufen wäre eine stärkere Beteiligung von Lehrern aller Schulstufen und Schulfächer an der Vermittlung von Kompetenzen in diesem fächerübergreifenden Erziehungsgebiet erforderlich. Die stärkere Beteiligung von Lehrern unterschiedlicher Schulfächer an der Mobilitätserziehung würde eine größere thematische Vielfalt in dieses fächerübergreifende Erziehungsgebiet bringen und dadurch die Chancen für eine angemessene Berücksichtigung der sozialen und der gesundheits- und umweltbezogenen Aspekte vergrößern. Dies könnte durch eine Integration der Mobilitätserziehung in die Lehrpläne einzelner Schulfächer erreicht werden. Auch die stärkere Berücksichtigung der Mobilitätserziehung in der Lehrerausbildung und Lehrerfortbildung trägt zur Intensivierung der pädagogischen Bemühungen in diesem Erziehungsbereich bei.

9.3 Verkehrspsychologische Interventionen (Klaus Peter Kalwitzki und Paul Brieler)

Verkehrspsychologen leisten vielfältige Beiträge zur Verbesserung der Verkehrssicherheit, die vor allem bei im Straßenverkehr durch Delikte mehrfach auffällig gewordenen Kraftfahrern ansetzen. Bei den Delikten handelt es sich vorrangig um Fahrten unter Alkohol- oder Drogeneinfluss sowie um zu schnelles Fahren, die mit schwerwiegenden Folgen (Unfälle, Getötete, Verletzte) verbunden sind.

Verkehrspsychologische Interventionen sind in Deutschland mehr oder weniger eng mit dem Begriff der Fahreignung verbunden. Geeignet zum Führen von Kraftfahrzeugen ist, wer

- keine erheblichen körperlichen Mängel aufweist, es sei denn, solche Mängel sind durch technische Vorrichtungen oder medizinische Behandlung kompensierbar (Beispiele: Bluthochdruck, Diabetes, fehlende Gliedmaßen, eingeschränktes Sehvermögen)

- über die erforderliche intellektuelle, psychisch-funktionale und/oder psychophysische Leistungsfähigkeit verfügt (Beispiele: Reaktionsschnelligkeit, Aufmerksamkeit, Konzentration)
- notwendige Einstellungen und Verhaltensweisen bzw. Persönlichkeitsmerkmale mitbringt (Beispiele: Selbstbeobachtung und -kontrolle, emotionale Stabilität, soziale Anpassung, vgl. Bode & Winkler, 2006).

Laut Straßenverkehrsgesetz (§ 2 Abs. 2 u. 4) ist für das Führen von Kraftfahrzeugen auf öffentlichen Straßen eine Fahrerlaubnis erforderlich, die nur Personen mit der dazu notwendigen körperlichen, geistigen und charakterlichen Eignung erteilt werden soll. Grundlage ist der grundgesetzlich zu gewährleistende Schutz des einzelnen. Der Verkehr kann nur reibungslos funktionieren, wenn die entsprechenden Grundregeln nicht nur aufgestellt, sondern auch von den Bürgern akzeptiert und eingehalten werden.

Der Gesetzgeber kann also nicht ohne Weiteres jeder Person die Verfügungsgewalt über potentiell gefährliche technische Geräte, wie dies Kraftfahrzeuge darstellen, geben. Wer nach Absolvierung der Fahrausbildung mit den vorgeschriebenen verpflichtenden Inhalten die theoretische und praktische Fahrbefähigungsprüfung besteht und die körperlichen Voraussetzungen wie z. B. ein ausreichendes Sehvermögen sicherstellt, wird eine Fahrerlaubnis erteilt bekommen und zwar zunächst in der Regel ohne vorherige weitergehende Eignungsüberprüfung. Im Falle von Pkws wird diese Fahrerlaubnis noch ohne zeitliche Beschränkung erteilt, d. h. auch sehr alten Menschen wird grundsätzlich zugestanden und zugetraut, ihre Mobilitätsbedürfnisse als aktive Kraftfahrzeugführer zu erfüllen.

Abbildung 9.5 Geschwindigkeitsüberwachung (Foto Klaus Peter Kalwitzki)

In der Folgezeit kommt es dann jedoch auf das konkrete Verhalten an. Gibt es diesbezüglich bei der zuständigen Fahrerlaubnisbehörde Anlass zu Zweifeln an der Eignung, steht die Fahrerlaubnis in Frage. Das ist unter anderem der Fall, wenn jemand

- Drogen konsumiert (einmaliger Konsum aller illegalen Betäubungsmittel außer Cannabis)
- unter Drogeneinfluss, auch Cannabis, am Straßenverkehr teilgenommen hat
- unter erheblichem Alkoholeinfluss, also mit 1,6 Promille Alkohol im Blut oder mehr ein Kraftfahrzeug geführt hat
- mehrfach mit geringeren Alkoholmengen im Blut der Polizei auffällig geworden ist (0,5 – Promillegrenze im Straßenverkehr als Ordnungswidrigkeit)
- alkohol- oder drogenabhängig ist
- durch einen nicht bestimmungsgemäßen Gebrauch von Medikamenten die Fahrfähigkeit eingeschränkt hat
- wiederholt gegen verkehrsregelnde Bestimmungen im Rahmen des Punktesystems oder der Fahrerlaubnis auf Probe verstoßen hat (hier nehmen Geschwindigkeitsdelikte eine herausragende Stellung ein)
- mehrfach mit aggressivem Verhalten gegenüber der Polizei bekannt geworden ist (z. B. Schlägereien)
- Straftaten im Zusammenhang mit einem Kraftfahrzeug begangen hat.

Für die Verkehrspsychologie haben sich daraus zwei aufeinander bezogene Tätigkeitsschwerpunkte ergeben:

- die Feststellung und Überprüfung der Kraftfahreignung im Rahmen einer medizinisch-psychologischen Untersuchung (MPU) sowie die Fahreignungsbegutachtung
- die Förderung oder Wiederherstellung der Kraftfahreignung; hier geht es um Interventionen zur Veränderung von Verhalten und Einstellungen (überwiegend in rechtlich definiertem Rahmen) in Form
  - eines vom Gutachter empfohlenen Kurses zur Wiederherstellung der Kraftfahreignung
  - von Aufbauseminaren, in denen sich Fahranfänger mit ihrer Alkohol- oder Drogenauffälligkeit oder andere Kraftfahrer mit ihren mehrfachen Verkehrsdelikten, darunter ein Alkohol- oder Drogendelikt, auseinandersetzen sollen
  - einer verkehrspsychologischen Beratung, die Fahranfänger oder mehrfach verkehrsauffällige Kraftfahrer freiwillig in Anspruch nehmen können,

um einen drohenden Fahrerlaubnisverlust durch Erlangung eines Punkterabatts abzuwenden
- einer Beratung und Intervention (häufig als Verkehrstherapie bezeichnet) im Vorfeld oder Nachgang einer MPU.

Die verkehrspsychologischen Interventionen zielen dabei darauf ab, die betroffenen Kraftfahrer zu einem künftig sicheren und nachhaltig regelgerechten Verhalten im Straßenverkehr zu bewegen und damit ihre Fahreignung zu fördern oder wiederherzustellen.

Nach einem historischen Abriss geben wir im Folgenden einen Überblick über die verschiedenen verkehrspsychologischen Tätigkeitsbereiche sowie die Regelungen, mit denen ihre Qualität sichergestellt werden soll, werfen dann einen Blick auf die Akteure, die Träger als Anbieter und die Kunden, und diskutieren abschließend aktuelle Probleme und Perspektiven der angewandten Verkehrspsychologie.

9.3.1 Historischer Abriss

Die ersten Medizinisch-Psychologischen Institute wurden in Deutschland 1951 gegründet, „die sich neben der allgemeinen Bemühung um Hebung der Verkehrssicherheit auch mit der Untersuchung und Begutachtung von Kraftfahrern beschäftigen wollen" (TÜV Hamburg, 1961). In den Jahren bis 1960 folgten entsprechende Neugründungen bei allen Technischen Überwachungs-Vereinen: bei diesen Sachverständigenorganisationen wurden bereits die Kraftfahrzeuge auf ihre Verkehrssicherheit hin überprüft sowie die Fahrbefähigung der Führerscheinbewerber, so dass hier die Durchführung medizinisch-psychologischer Begutachtungen als sinnvolle Ergänzung erschien. In den folgenden Jahren erfolgte die rechtsförmliche Einbindung mit entsprechenden Regelungen für die Anerkennung entsprechender Medizinisch-Psychologischer Untersuchungsstellen sowie der Qualifikationsanforderungen des psychologischen und ärztlichen Personals.

Erste Überlegungen, psychologische Kompetenz zur Beeinflussung von Kraftfahrern zu nutzen, sind für Deutschland Anfang der 1960er Jahre im Zuge der sich in der deutschen Psychologie durchsetzenden Orientierung an Entwicklungen in der amerikanischen Psychologie festzumachen (Spoerer & Ruby, 1996; Echterhoff, 1990). Ab Ende der 1960er Jahre gab es die ersten praktischen Erprobungen in Köln, dann in Leer. Aus diesen modellhaften Ansätzen resultierte ab Ende der 1970er Jahre der erste, anfangs wegen behördlicher Vorbehalte schwierig umzusetzende bundesweite Modellversuch der Nachschulung mehrfach alkoholauffälliger Kraftfahrer unter Federführung der Bundesanstalt für Straßenwesen (BASt). Zum Einsatz kamen drei auf theoretisch unterschiedlicher Basis konzipierte Programme: Individualpsychologie, Verhaltenstherapie und Gruppendynamik standen Pate, wobei ein Block „Wissensvermittlung" in jedem Programm berücksichtigt worden war. Zugewiesen wurden diesen Nachschulungskursen überwiegend alkoholauffällige Zweittäter, die im Rahmen der medizinisch-psychologischen Eignungsbegutachtung deutlich machen konnten, dass sie nach der Teilnahme ihren Trink-Fahr-Konflikt erfolgreich würden bewältigen können. Die Ergebnisse von Evaluationsstudien nach einer 3-jährigen Bewährungsfrist belegten den Erfolg dieser Ansätze: Während 18,2 % der positiv begutachteten Kraftfahrer erneut mit Alkohol im Straßenverkehr auffällig wurden, waren es bei den eigentlich mit einer negativen Prognose belegten Kraftfahrern nach einer Kursteilnahme nur 13,3 % (Winkler et al., 1988). Die positiven Erfahrungen mit diesen Kursen führten letztendlich dann bereits zehn Jahre später zu den heutigen Regelungen in den §§ 11 (10) und 70 der Fahrerlaubnis-Verordnung (FeV).

Ein anderer Ansatz bestand in Kursen, nach deren erfolgreicher Teilnahme das Gericht die im Urteil bzw. im Strafbefehl verhängte Sperrfrist vor Neuerteilung der Fahrerlaubnis abkürzen kann. Abhängig von der Gewogenheit der beteiligten Instanzen der Rechtsprechung erreichten die Schulungsmodelle Hamburg '79 in Hamburg und Umgebung sowie Mainz '77 in Baden-Württemberg, Rheinland-Pfalz und Berlin eine gewisse Bedeutung. Der Erfolg dieser Schulungen konnte in einer Evaluationsstudie grundsätzlich bestätigt werden, wobei bei Teilnehmern mit über zwei Promille Blutalkoholkonzentration ein Optimierungsbedarf der Zuweisungspraxis deutlich wurde (Stephan, 1986).

Im Rahmen der Einführung der Fahrerlaubnis auf Probe im Jahre 1986 wurden die Ergebnisse der verschiedenen Projektgruppen bei der BASt insofern berücksichtigt, dass Nachschulungsprogramme für sowohl verkehrsauffällige Fahranfänger durch die Fahrlehrer als auch speziell für alkoholauffällige Fahranfänger durch dafür anerkannte Diplom-Psychologen in der damaligen Straßenverkehrszulassungs-Ordnung (StVZO) verankert wurden. Als erste anerkannte Modelle wurden von den Technischen Überwachungs-Vereinen das sozialpsychologisch orientierte Modell „NAFA", von der Gesellschaft für Ausbildung, Fortbildung und Nachschulung e. V. (AFN) das individualpsychologisch ausgerichtete Modell „ALFA" angeboten.

Die anerkannten Maßnahmenträger unterhielten 1999 bundesweit ein dichtes Netz von örtlichen Rehabilitationszentren, so dass Interessenten, die in der Regel der Fahrerlaubnis entbehrten, wohnortnah ein bzw. mehrere kompetente Ansprechpartner vorfanden. Anfangs durchliefen ca. 33 000 Kraftfahrer (überwiegend Männer, nur zu einem geringen Teil Frauen) eine psychologische Rehabilitationsmaßnahme mit unmittelbaren Rechtsfolgen.

Die Zahl der im System der Begutachtung und Wiederherstellung der Kraftfahreignung tätigen Verkehrspsychologen dürfte sich mittlerweile durch Erweiterung des Tätigkeitsspektrums, wie die verkehrspsychologische Beratung oder die Verkehrstherapie, sowie die Liberalisierung, d. h. neu gegründete Träger von Begutachtungsstellen für Fahreignung bzw. Kursen zur Wiederherstellung der Kraftfahreignung, deutlich erhöht haben. Ebenso sind hier diejenigen Psychologen zu berücksichtigen, die im nicht geregelten Bereich der Beratung und Therapie auffälliger Kraftfahrer tätig sind.

Bei Spoerer und Ruby (1996, S. 15) heißt es: „Eine Bilanz der Erkenntnisse nach fast 25 Jahren […] anlässlich des 30. Deutschen Verkehrsgerichtstages in Goslar führte unter anderem zu folgenden Aussagen:

- Die Rehabilitation auffälliger Kraftfahrer findet eine große Resonanz sowohl bei den Teilnehmern als auch bei den Straßenverkehrsbehörden, dagegen eine geringe Resonanz bei Richtern und Staatsanwälten.
- Die Rehabilitationsmaßnahmen sind langfristig wirksam.
- Der Qualitätsstandard ist hoch.
- Es ist Kritik zu üben am Procedere bei den sogenannten ‚Besonderen Nachschulungskursen' im Rahmen der Fahrerlaubnis auf Probe im Hinblick auf die Behandlung Sprachunkundiger und (bereits) Alkoholgeschädigter; es mangelt an einer spezifischen Defizitdiagnostik und damit auch an differenzierten Zuweisungskriterien.
- Es fehlt für die meisten Kurse die rechtsförmliche Einbindung.
- Die Informationsarbeit für Juristen ist unzureichend."

Mit der Novellierung des Straßenverkehrsgesetzes (StVG) 1998 sowie der Einführung der Fahrerlaubnis-Verordnung (FeV) ab dem 1. Januar 1999 sind einige der vielfältig erprobten und bewährten Ansätze verkehrspsychologischer Rehabilitation auffälligen Verhaltens im Straßenverkehr als veränderungswirksam anerkannt und rechtsförmlich eingebunden worden. Für Betroffene und für alle Multiplikatoren ist damit Sicherheit bei der Teilnahme an den gesetzlich anerkannten Angeboten gegeben, wobei die durch die individuell unterschiedliche Ausgangslage bedingte Vielfalt der Möglichkeiten – und deren optimale Nutzung im Einzelfall – häufig noch der fachkundigen Orientierung und Begleitung bedarf.

9.3.2 Verkehrspsychologische Angebote und Beispiele verkehrspsychologischer Tätigkeit

Maßnahmen für Fahranfänger

Wer zum ersten Mal seinen Führerschein erhält, unterliegt einer zweijährigen Probezeit. Sie wurde 1986 eingeführt, um der überproportional häufigen Beteiligung junger Fahrer am Verkehrsunfallgeschehen entgegenzuwirken. Bei dieser Gruppe trifft das Anfängerrisiko mit einer geringen Fahrerfahrung und Gefahrenunterschätzung auf das „Jugendlichkeitsrisiko", nämlich Kompetenzüberschätzung, hohe Risikoakzeptanz und Peerorientierung (Follmann, 2000). Weltweit haben 18- bis 24-Jährige im Vergleich zu anderen Altersgruppen ein fünffach erhöhtes Risiko, im Straßenverkehr zu verunglücken (vgl. Abb. 8.5, S. 154) bzw. ein vierfach erhöhtes Risiko, durch einen Verkehrsunfall zu Tode zu kommen. In Deutschland verdoppelt sich bei den 18- bis unter 25-jährigen verkehrsauffälligen Fahrern mit einem Eintrag im Flensburger Verkehrszentralregister (VZR) bereits die Unfallwahrscheinlichkeit im Vergleich zu den gleichaltrigen unbelasteten Fahrern. Bei zwei bis drei Einträgen erhöht sich das Unfallrisiko auf das vierfache im Vergleich zu den Gleichaltrigen ohne Eintrag (Schade, 2005).

Ähnlich wie in der Arbeitswelt ist die Probezeit als eine Übergangsphase zu verstehen, in welcher der (Führerschein-)Neuling sich bewähren und zeigen kann, inwieweit er für die neue (Fahr-)Tätigkeit geeignet ist. Wer innerhalb der Probezeit mit einem schwerwiegenden oder zwei weniger schwerwiegenden Delikten auffällt, muss ein Aufbauseminar in der Fahrschule besuchen. Handelt es sich um ein Alkohol- (hier gilt seit 2007 ein absolutes Alkoholverbot!) oder Drogendelikt, wird von der Fahrerlaubnisbehörde zum Besuch eines besonderen Aufbauseminars aufgefordert. Die Fahranfänger forschen hier gemeinsam unter Anleitung eines Verkehrspsychologen nach den Ursachen und der Bedeutung der Delikte sowie nach Möglichkeiten, Fehler zu vermeiden. In jedem Fall verlängert sich die Probezeit nun um zwei Jahre.

Wer nach Teilnahme an einem Aufbauseminar erneut auffällt (eine schwere oder zwei leichtere Zuwiderhandlungen), wird von der Fahrerlaubnisbehörde schriftlich verwarnt und auf die Möglichkeit hingewiesen, an einer verkehrspsychologischen Beratung teilzunehmen. Leider machen nicht allzu viele Fahranfänger von dieser Möglichkeit Gebrauch; die Teilnahme wird zwar mit einem Abzug („Rabatt") von zwei Punkten im VZR „belohnt", erscheint jungen Leuten jedoch häufig nutzlos und kostspielig.

Kommt es nach all diesen Denkanstößen (dazu gehören natürlich auch die Geldbußen oder -strafen) und Vorschlägen dennoch zu einer weiteren Auffälligkeit, sind Zweifel an der Eignung angebracht; die Fahrerlaubnis wird entzogen.

Maßnahmen für mehrfach auffällige Kraftfahrer

Das besondere Aufbauseminar und die verkehrspsychologische Beratung sind Angebote für mehrfach verkehrsauffällige Kraftfahrer (außerhalb der Probezeit), um mit professioneller Hilfe Wege zur Vermeidung weiterer Auffälligkeiten (und letztlich des Führerscheinverlustes) zu finden, aber auch, um Punkte im VZR abzubauen.

Freiwillig ist die Teilnahme am besonderen Aufbauseminar bei einem Punktestand unter 14 möglich und bringt je nach Punktestand zwei oder vier Punkte Rabatt im VZR; ein Alkohol- oder Drogendelikt muss unter den Delikten gewesen sein. Sofern das nicht der Fall ist, kommt ein einfaches Aufbauseminar in der Fahrschule/ASP in Frage.

Ergeben sich 14, aber nicht mehr als 17 Punkte, ordnet die Fahrerlaubnisbehörde die Teilnahme am Aufbauseminar an. Zusätzlich weist sie den Betroffenen auf die Möglichkeit einer verkehrspsychologischen Beratung und den damit verbundenen Rabatt von zwei Punkten hin und unterrichtet ihn darüber, dass bei Erreichen von 18 Punkten die Fahrerlaubnis entzogen wird.

Die Zahl der im VZR eingetragenen Personen hat in den vergangenen 25 Jahren fast kontinuierlich zugenommen. Am 1.1.2012 waren es rund neun Millionen und zwar, wie Tab. 9.4 zeigt, weit überwiegend Männer sowie die meisten mit einem Punktestand zwischen 1 und 7.

Tabelle 9.4 Personen im Verkehrszentralregister (VZR) nach Anzahl der Punkte und Geschlecht am 01.01.2012 (Quelle: Kraftfahrtbundesamt)

	%	insgesamt	Männer %	Frauen %
Personen	100	9,027 Mill.	77,5	22,4
Ohne Punkte***	19,6	1,821 Mill.	21,8	14,7
1–7 Punkte	73,5	6,645 Mill.	60,9	82,6
→ 1 Punkt	26,7	2,414 Mill.	24,4	34,5
→ 2–3 Punkte	28,8	2,604 Mill.	27,5	33,5
→ 4–7 Punkte	18,0	1,627 Mill.	19,0	14,6
8–13 Punkte	4,8	437 Tsd.	5,6	2,4
14 und mehr Punkte	0,7	62 Tsd.	0,9	0,2
→ 14–17 Punkte	0,6	51 Tsd.	0,7	0,2
→ über 17 Punkte	0,1	11 Tsd.	0,2	0,0

Tabelle 9.5 Personen im Verkehrszentralregister nach ausgewählten Regelverstößen (kumulierter Wert) und Geschlecht am 01.01.2012 (Quelle: Kraftfahrtbundesamt)

Regelverstoß	%	Insgesamt	Männer %	Männer insgesamt	Frauen %	Frauen insgesamt
Alkoholfahrten	15,5	1,398 Mill.	17,5	1,227 Mill.	8,3	169 Tsd.
Geschwindigkeitsübertretungen	57,1	5,152 Mill.	57,6	4,032 Mill.	55,2	1,118 Mill.
Vorfahrtmissachtung	10,1	913 Tsd.	9,1	639 Tsd.	13,5	273 Tsd.

Häufigstes Verkehrsdelikt ist die Geschwindigkeitsübertretung (vgl. Tab. 9.5).

Die relativ geringe Zahl der Mehrfachpunktetäter von 14 Punkten und mehr führt zu der Annahme, dass nur Kraftfahrer, die durchgängig gegen Verkehrsvorschriften verstoßen, überhaupt auf mehrere Eintragungen kommen können. Dies ist umso bedeutsamer, da bereits Personen mit einer Eintragung im Verkehrszentralregister eine 70 % höhere Wahrscheinlichkeit haben, einen Unfall zu verursachen. Die Gruppe der mit 14 und mehr Punkten Belasteten ist viermal häufiger in Unfälle verwickelt als die Kraftfahrer ohne Eintrag (Schade, 2005).

Seit 2007 gab es bei den Alkoholdelikten kontinuierlich Zuwächse, während Geschwindigkeitsdelikte und Vorfahrtsmissachtungen zurück gingen. Erstmalig wurde auch das Alter der im VZR eingetragenen Personen statistisch erfasst. Hier fällt auf, dass 56,4 % aller im VZR erfassten Personen unter 44 Jahre alt sind; die verbleibenden 43,6 % verteilen sich auf die Altersgruppen ab 45 Jahre und höher. Ein ‚punkteträchtiges' Verkehrsverhalten ist offenbar eher bei den jüngeren Fahrern vorzufinden.

Anfang 2012 stellte das Bundesministerium für Verkehr, Bau und Stadtentwicklung die Eckpunkte für eine umfassende Reform des Punktesystems vor, das „einfacher, gerechter und transparenter" werden soll (Kalwitzki, 2012). Im Mittelpunkt stehen dabei eine veränderte „Bepunktung" der Delikte (Reduzierung der siebenstufigen Bewertung der Deliktschwere auf ein dreistufiges System) in Verbindung mit geänderten Eingriffsschwellen, die Beschränkung auf nur noch „verkehrssicherheitsrelevante Verstöße", der Verzicht auf Tilgungshemmung und Überliegefristen sowie Änderungen im Bereich der Rehabilitationsmaßnahmen durch Fahrlehrer und Verkehrspsychologen. Es bleibt abzuwarten, wie das Ergebnis der derzeit laufenden Diskussion über diese Reformvorstellungen ausfallen wird.

Begutachtung: Eignungszweifel und Eignungsprüfung

Anlass für eine MPU sind in der Regel durch Tatsachen begründete Bedenken gegen die Eignung oder Befähigung des Kraftfahrers – überwiegend betrifft dies Fälle mit einer Fahrt unter erheblicher Alkoholisierung bzw. wiederholte Trunkenheitsfahrten oder eine Teilnahme am Straßenverkehr unter der Einwirkung von Drogen (vgl. §§ 11 – 14 FeV).

Auch wer die 18-Punkte-Grenze im VZR erreicht oder überschritten hat („Mehrfach-Punktetäter" – vgl. § 4 StVG) oder z. B. als Fahranfänger wiederholt gegen Regeln verstoßen hat (vgl. § 2a StVG), begründet behördliche Zweifel an der Kraftfahreignung. In all diesen Fällen veranlasst die Fahrerlaubnisbehörde, dass der Antragsteller bzw. der Inhaber einer Fahrerlaubnis ein Gutachten einer amt-

Tabelle 9.6 Für die verkehrspsychologische Tätigkeit wichtige Paragraphen aus dem Straßenverkehrsgesetz und der Fahrerlaubnis-Verordnung

Straßenverkehrsgesetz (StVG)	
§ 2a	Fahrerlaubnis auf Probe
§ 3	Entziehung der Fahrerlaubnis
§ 4	Punktsystem
Fahrerlaubnis-Verordnung (FeV)	
§ 11	Eignung
§ 13	Klärung von Eignungszweifeln bei Alkoholproblematik
§ 14	Klärung von Eignungszweifeln im Hinblick auf Betäubungsmittel und Arzneimittel
§ 36	Besondere Aufbauseminare nach § 2b Abs. 2 Satz 2 des StVG
§ 43	Besondere Aufbauseminare nach § 4 Abs. 8 Satz 4 des StVG
§ 66	Begutachtungsstelle für Fahreignung
§ 70	Kurse zur Wiederherstellung der Kraftfahreignung
§ 71	Verkehrspsychologische Beratung
Anlage 4	Eignung und bedingte Eignung zum Führen von Kraftfahrzeugen (zu den §§ 11, 13 und 14)
Anlage 14	Voraussetzungen für die amtliche Anerkennung als Begutachtungsstelle für Fahreignung (zu § 66 Abs. 2)
Anlage 15	Grundsätze für die Durchführung der Untersuchungen und die Erstellung der Gutachten (zu § 11 Abs. 5)

lich anerkannten Begutachtungsstelle für Fahreignung (BfF, vgl. Anlage 14 FeV Voraussetzungen für die amtliche Anerkennung als Begutachtungsstelle für Fahreignung) beibringt, um die Eignungszweifel auszuräumen. Die MPU muss im Endergebnis eine Prognose zu der behördlich festgelegten Fragestellung liefern: Wird der Betroffene in Zukunft erneut mit Alkohol (Drogen, Verkehrsdelikten …) im Straßenverkehr auffallen?

Die Beantwortung der Fragestellung wird gemeinsam von Ärzten und Psychologen vorgenommen. Die körperlichen Aspekte dieser Fragestellung werden in einer ärztlichen, die psychophysischen in einer Test-Untersuchung geprüft. Im psychologischen Untersuchungsgespräch geht es dann vor allem um die Auseinandersetzung des Betroffenen mit seinen Delikten und deren persönlichen Hintergründen, sowie um die daraus abgeleiteten Konsequenzen (z. B. Veränderungen in Einstellungen und Verhalten) und seine weiteren Pläne und Strategien für die Zukunft, z. B. um Rückfälle zu vermeiden. Federführend in den überwiegenden Begutachtungsfällen sind die psychologischen Gutachter, wenn es um die Beurteilung der Qualität und Nachhaltigkeit von Einstellungs- und Verhaltensänderungen geht.

Grundlagen der Begutachtung finden sich in der Fahrerlaubnisverordnung, die fachlichen Anforderungen an die Fahreignung bei den verschiedenen Problemgruppen finden sich in den Begutachtungs-Leitlinien zur Kraftfahrereignung (BASt, 2010), weitergehend erläutert in dem einzigen diesbezüglichen Kommentar (Schubert et al. 2005).

Nachdem über viele Jahre die medizinisch-psychologische Fahreignungsbegutachtung wegen mangelnder Transparenz kritisiert werden konnte, sind seit der ersten Veröffentlichung der Beurteilungskriterien im Jahre 2005 für jeden Interessierten die der Urteilsbildung zugrunde liegenden einheitlich anzuwendenden Hypothesen, die zugeordneten Beurteilungskriterien und Indikatoren vollständig zugänglich (Schubert & Mattern, 2009). Damit ist eine kritische Diskussion möglich geworden (Born et al., 2010). Auch die gutachterliche Würdigung der Befunde zur Diagnosestellung und Prognose ist dadurch nachvollziehbar und nachprüfbar. Zur sachgerechten Einführung empfiehlt sich der „Grundriss Fahreignungsbegutachtung" (Wagner et al., 2011).

Die Gutachter kommen dann entweder zu einem positiven oder zu einem negativen Ergebnis. 2010 waren je nach Anlass zwischen 43 und 59 % der Gutachten positiv. Negative Gutachten können auch die Teilnahme an einem anerkannten Kurs zur Wiederherstellung der Kraftfahreignung empfehlen; 2010 war das bei 6 % bis 13 % der Gutachten der Fall, bei Verkehrsauffälligkeiten sogar bei über 17 % aller Gutachten.

In den vergangenen Jahren waren die medizinisch-psychologischen Begutachtungen rückläufig, insgesamt werden derzeit ca. 100 000 medizinisch-psychologische Gutachten pro Jahr in über 270 Begutachtungsstellen für Fahreignung erstellt. Trotz im Grunde unveränderter Beurteilungskriterien sind die Teilnehmerzahlen an anerkannten verkehrspsychologischen Kursen zur Wiederherstellung der Kraftfahreignung zurückgegangen. Die Gründe sind zum einen in einem geringeren Vertrauen in verkehrspsychologische Rehabilitationsangebote zu sehen, z. B. durch übergewichtete Rückfällergeschichten („[…] das haben wir damals nur abgesessen […]") oder durch wettbewerbsbedingt veränderte Rahmenbedingungen (verkürzte Kursdauer, verringerte Stundenzahl, abgeschaffte Nachbetreuung). Zum anderen hat sich die gutachterliche Kompetenz aufgrund fehlender Kenntnisse und Praxiserfahrungen in Folge der personellen Trennung der Arbeitsfelder verändert. Häufig wird von den Gutachtern darauf verwiesen, dass sich immer mehr Kunden gut vorbereitet zur Begutachtung einfinden, und sich insofern die Notwendigkeit einer Aufarbeitung noch bestehender Eignungsmängel nicht mehr stellt.

Kurse zur Wiederherstellung der Fahreignung

Die Teilnahme an einem nach § 70 Fahrerlaubnisverordnung (FeV) anerkannten und evaluierten Rehabilitationskurs zur Wiederherstellung der Fahreignung kommt in Betracht, wenn

- eine stabile Kontrolle über das Problemverhalten erreichbar erscheint
- die intellektuellen und kommunikativen Voraussetzungen gegeben sind
- eine erforderliche Verhaltensänderung bereits ganz oder teilweise erreicht wurde, aber noch systematisiert und stabilisiert werden sollte, oder aber die Änderung aufgrund der Befunde, besonders wegen der vorhandenen Einsicht in die Notwendigkeit einer Verhaltensänderung sowie der Fähigkeit und Bereitschaft zur Selbstkritik und Selbstkontrolle, erreichbar erscheint (Schubert & Mattern, 2009).

Für die unterschiedlichen Zielgruppen (Alkohol, Drogen) sind spezifische Kursprogramme entwickelt worden. Die Fahrerlaubnisbehörde muss der Kursteilnahme zustimmen; nach der (bescheinigten) Teilnahme gilt die Eignung zum Führen von Kraftfahrzeugen als wiederhergestellt: es ist keine neue MPU erforderlich.

Therapeutische Maßnahmen zur Förderung der Fahreignung

Auch in einer verkehrspsychologischen Therapie wird der Klient in seiner Selbsterforschung und der Veränderung von Verhaltensmustern professionell unterstützt; von den oben genannten Kursen nach § 70 FeV unterscheidet sich die „Verkehrstherapie" jedoch vor allem durch ihre Intensität (tiefer gehende Auseinandersetzung mit den Delikten und ihren Hintergründen), ihren Umfang (Begleitung der Umsetzung von Verhaltensänderungen), ihre Dauer (länger andauernd) und ihren Rechtsbezug (keine gesetzlichen Regelungen in StVG oder FeV), häufig auch in der Form (eher einzel- denn gruppentherapeutische Angebote). In der Regel geht ihr ein beratendes (Vor-)Gespräch voraus, in dem der Handlungsbedarf geprüft und ggf. der Umfang einer therapeutischen Maßnahme eingeschätzt wird.

Da rechtliche Anbindungen und Kontrolle der Träger bzw. Therapeuten fehlen, hat sich hier ein Markt entwickelt, dessen Angebote – häufig unter dem Titel „MPU-Vorbereitung" – der Klient im Hinblick auf Seriosität und Wirksamkeit nur schlecht einschätzen kann.

Was passiert nun eigentlich in den Seminaren, Kursen, Therapien oder Beratungen? In der Regel folgen sie einem bestimmten wissenschaftlich begründeten Interventionsansatz. Typisch für die Arbeit mit verkehrs-, alkohol- und drogenauffälligen Kraftfahrern sind der individualpsychologisch orientierte Ansatz nach Adler und der verhaltenstherapeutische Ansatz auf Basis der sozialen Lerntheorie (Spoerer & Ruby, 1996).

Der individualpsychologische Ansatz liegt unserem ersten Beispiel, dem besonderen Aufbauseminar ALFA der Gesellschaft für Ausbildung, Fortbildung und Nachschulung (AFN) e. V., zugrunde. Das Seminar ist für 6 bis 12 Kraftfahrer mit Alkohol- und/oder Drogenauffälligkeiten (Fahranfänger und Kraftfahrer mit weiteren Verkehrsdelikten) vorgesehen. Es umfasst 1 Vorgespräch und 3 Gruppensitzungen à 180 Minuten innerhalb 2 bis 4 Wochen und dauert insgesamt 10 Stunden.

Im zweiten Beispiel wird das verhaltenstherapeutisch begründete Kursmodell IFT des Instituts für Schulungsmaßnahmen GmbH dargestellt. An diesem Kurs nach § 70 FeV können 4 bis maximal 10 alkoholauffällige Kraftfahrer teilnehmen, die nach dem Fahrerlaubnisentzug eine MPU mit negativem Ergebnis und einer Kursempfehlung abgeschlossen haben. Der Kurs dauert, abhängig von der Teilnehmerzahl, insgesamt 12 bis 18 Stunden, verteilt auf 4 Sitzungen in einem Zeitraum von mindestens 21 Tagen.

Für beide Maßnahmen verpflichten sich die Kursteilnehmer gegenüber den Trägern zu einer alkohol- und drogenfreien Teilnahme (es gilt die 0,0-Promille-Grenze). Atemalkohol- und Drogenkontrollen erfolgen nach Verdacht, die Verweigerung einer Kontrolle führt ebenso wie eine festgestellte Teilnahme unter Alkohol- oder Drogeneinfluss zum Ausschluss, ebenso wie mangelnde aktive Teilnahme, unpünktliches Erscheinen oder nicht erledigte Hausaufgaben.

Als drittes Beispiel haben wir mit der verkehrspsychologischen Beratung kein Gruppenverfahren, sondern eine Einzelmaßnahme ausgewählt. Die Klienten sehen sich wegen ihres hohen Punktestandes im VZR in einer Notsituation, d. h. der Verlust ihrer Fahrerlaubnis ist in greifbare Nähe gerückt. Entweder handelt es sich (eher selten) um Fahranfänger oder aber (meistens) um mehrfach auffällige Kraftfahrer mit diversen Eintragungen im VZR, die dort dringend zwei Punkte abbauen wollen. Dazu absolvieren sie drei jeweils einstündige Sitzungen innerhalb eines Zeitraums von mindestens 15 und höchstens 28 Tagen, die durch eine Fahrprobe ergänzt werden können.

Besonderes Aufbauseminar ALFA

Ziel ist die Einsicht in die Psychodynamik des eigenen (Verkehrs- und Konsum-)Verhaltens und dessen Veränderung. Dabei soll jeder Teilnehmer die Hintergründe, Auswirkungen und (zumeist unbewussten) Ziele seines Verhaltens als Teil seines Gesamtverhaltens und Lebensstils erkennen und verstehen lernen.

In der ersten von drei Sitzungen schildern die Kursteilnehmer ihre Trunkenheits- oder Drogenauffälligkeit und ihre allgemeinen Konsumgewohnheiten; in der Gruppe werden dazu erste Eindrücke und Hypothesen (Auffälligkeiten, Hintergründe etc.) geäußert. Alles hält der Kursleiter stichwortartig auf einem Poster fest. Mit Hilfe des Begleitheftes zum ALFA-Seminar bearbeiten alle Teilnehmer Hausaufgaben rund um die Themen Alkohol und Drogen im Straßenverkehr.

In der zweiten Sitzung werden die Hausaufgaben besprochen. Die sogenannten Schwachstellen jedes Teilnehmers und das „Wozu?" seines Konsums werden herausgearbeitet und auf seinem Poster eingetragen. So ergeben sich erste Eindrücke, vor welchen Lebensaufgaben jeder Teilnehmer sich drückt, und worum er sich besser kümmern sollte. – Dies ist dann der Hauptgegenstand der dritten und letzten Sitzung: Für jeden Teilnehmer werden die notwendigen Verhaltensänderungen im „Nüchternleben" erarbeitet, die das alte Konsumverhalten ganz oder teilweise ablösen sollen. Auch die individuellen Ressourcen dafür werden berücksichtigt. Die restlichen Hausaufgaben werden besprochen, wobei den aktuell geltenden Regeln und Gesetzen besondere Aufmerksamkeit geschenkt wird. Mit der Ausgabe der Teilnahmebescheinigungen endet der Kurs.

Kurs zur Wiederherstellung der Kraftfahreignung IFT

Hauptziel dieses Kurses ist eine stabile Änderung von Einstellungen und Verhalten – nämlich des Erlernens eines kontrollierten Umgangs mit Alkohol bzw. der Stabilisierung eines bereits gewählten Alkoholverzichts, um letztlich Trinken und Fahren zuverlässig voneinander trennen zu können – durch Selbstkontrolle sowie Wissensvermittlung (Brieler et al., 2008). Dies wird angestrebt durch die Anleitung zur systematischen Beobachtung des eigenen Verhaltens, die Entwicklung alternativen Verhaltens sowie die Verstärkung des alternativen, unproblematischen Verhaltens durch systematische Erprobung.

Das Kursprogramm IFT basiert auf den erprobten und anerkannten Konzepten der Verhaltenstherapie bzw. Lerntheorie. Voraussetzungen zum Erreichen der Kursziele ist das Kennen der Gesetzmäßigkeiten des menschlichen Verhaltens und Lernens, die Identifizierung derjenigen persönlichen Bedingungen (in Form von Auslösern und Folgen) des eigenen problematischen Verhaltens, die dieses Verhalten kontrollieren bzw. aufrechterhalten, sowie die Entwicklung sowie Einübung von Verhaltensalternativen, um diese in problematischen Situationen verfügbar zu haben.

Das Erreichen dieser Teilziele sichert die künftig konsequente Einhaltung eines kontrollierten Alkoholkonsums auf einem geringen Niveau bzw. auf dem „Null-Niveau" (alkoholabstinente Lebensweise), mit der Konsequenz, künftig Alkoholtrinken und Autofahren konsequent und sicher zu trennen.

Die Entwicklung von Selbstkontroll-Fähigkeiten setzt Kompetenzen der Selbstwahrnehmung voraus mit dem Ziel, die auslösenden, verstärkenden und hemmenden Bedingungen für problematische und angemessene Verhaltensmuster zu nennen. Die Selbstbeobachtung ist eine grundlegende Bedingung für Einstellungs- und Verhaltensänderungen. Sie ist Voraussetzung für das Erreichen des übergeordneten Lernzieles, Verantwortung für das eigene Handeln übernehmen zu können.

Das Delikt ist (oder die Delikte sind) letztendlich der Anlass für die Teilnahme am Kurs. Der Analyse der Delikte kommt eine besondere Bedeutung zu, da sich in deren Zustandekommen alle unangemessenen Einstellungen und Verhaltensweisen ausdrücken, die es im Rahmen des Kurses zu bearbeiten gilt. Zusätzlich zu dem funktionalen Bedingungsmodell des Alkoholkonsums liefert eine sorgfältige Deliktanalyse die für das Vermeiden zukünftiger Trunkenheitsfahrten notwendigen Informationen. Als Kategorien bieten sich an: Anlass für den Alkoholkonsum und Konsummotive; Blutalkoholkonzentration, Menge der Trinkeinheiten, Zeitraum des Alkoholkonsums; das Motiv zu fahren, Bedenken, die Trunkenheitsfahrt anzutreten, subjektive Empfindung der Fahrtüchtigkeit; Art und Folgen des Auffälligwerdens; objektive und subjektive Möglichkeiten der Vermeidung der Trunkenheitsfahrt; Kernursache des Auffälligwerdens. Bei jeder Kategorie wird angestrebt, das für den Teilnehmer daran Typische an Einstellungen und Verhaltensweisen herauszuarbeiten.

Die Methode der progressiven Muskelentspannung hat sich gut als Mittel zur Reduzierung von Problemen, wie sie in unserem schnelllebigen Zeitalter häufig auftreten, bewährt. Das Erlernen dieser Form der Entspannung soll zum einen zur Verbesserung der Vorstellungsfähigkeit dienen, was besonders bei einigen verhaltenstherapeutischen Verfahren (z. B. Vorwegnahme unangenehmer Folgen und Gedankenstopp) wichtig ist; zum anderen als Alternativverhalten für Alkoholkonsum, besonders wenn Ärger, Wut, Angst, Stress oder Abgespanntheit Auslöser für Alkoholtrinken gewesen sind (Grunow & Brieler, 2008).

Einen wesentlichen Beitrag leisten die Teilnehmer mit den zwischen den Kurssitzungen zu erledigenden Aufgaben, wie z. B. Selbstbeobachtungsinventaren (Konsumbeobachtungsbögen), Alkohol-Biographie, Entspannungstraining (Progressive Relaxation). Weiter werden Argumenten-Listen erarbeitet und Verhaltensalternativen im Ablehnungstraining erprobt, um eine größere Sicherheit in früher als problematisch erfahrenen Trinksituationen zu erreichen. Zur Festigung der Trinkkontrolle bzw. der Abstinenz dienen die verhaltenstherapeutischen Techniken „Vorwegnahme unangenehmer Folgen" und „Gedankenstop".

Verkehrspsychologische Beratung

Wo Ermahnungen, Verwarnungen und Bußgelder nicht gewirkt haben, wo die freiwillige oder auch angeordnete Teilnahme an einem Aufbauseminar der Fahrlehrer nicht gewirkt hat, wird von Personen ausgegangen, deren Lern- und Anpassungsbereitschaft noch nicht entsprechend vorliegt und diese zunächst in einem hinreichenden Maß zu entwickeln ist. Dieses soll im Rahmen einer Einzelberatung mit einem psychologischen Ansatz geschehen. Der Klient soll in die Lage versetzt werden, Mängel in seiner Einstellung zum Straßenverkehr und im verkehrssicheren Verhalten zu erkennen und die Bereitschaft zu entwickeln, diese Mängel abzubauen. Aufgabe des Beraters ist, die Ursachen der Mängel aufzuklären und Wege zu ihrer Beseitigung aufzuzeigen.

Die Teilnahme ist freiwillig. Zur Motivation, sich einer verkehrspsychologischen Beratung zu stellen, was zumindest mit finanziellen und zeitlichen Belastungen verbunden ist, darüber hinaus die Überwindung bestehender Vorbehalte gegen die Inanspruchnahme eines Psychologen erfordert, wird ein Punkterabatt angeboten. Wie der Beratungsprozess zur Erreichung dieser Ziele inhaltlich gestaltet wird, hängt von der theoretischen Orientierung des Beraters ab und ist im Einzelfall in seine Verantwortung gestellt. Folgende Schritte sollten jedoch immer enthalten sein: Nach Herstellen einer Arbeitsgrundlage werden die einzelnen Verstöße (Auszug aus dem VZR) dargestellt und besprochen. Gemeinsam werden die Bedingungen und Gründe für die einzelnen Verstöße detailliert herausgearbeitet; in der Regel kommen individuelle psychische Eigenarten des Klienten sowie Lebensumstände oder situative Konstellationen dafür in Frage. Abschließend werden dann zusammen Lösungsmöglichkeiten entwickelt, ggf. ergänzt durch Empfehlungen des Beraters. Der Klient bekommt eine Bescheinigung über die Teilnahme zur Vorlage bei der Fahrerlaubnisbehörde.

Oft handelt es sich bei der Beratung um einen Prozess, in dem der Klient zunehmend erkennt, dass er hier mehr als nur den Punkterabatt und mehr als nur allgemeine Lösungswege (z. B. „besser aufpassen") für sich heraus holen und vielleicht auch in ganz anderen Lebensbereichen (Beruf, Familie etc.) davon profitieren kann.

9.3.3 Anerkennung, Kontrolle und Wirksamkeit verkehrspsychologischer Interventionen

Seit der Novellierung des StVG und der Einführung der FeV 1999 gelten gesetzliche Bestimmungen, welche die Anerkennung und Kontrolle vieler verkehrspsychologischer Tätigkeitsfelder regeln und damit für eine hohe Qualität dieser für die Verkehrssicherheit relevanten Tätigkeiten sorgen. So müssen sich die Träger von Begutachtungsstellen für Fahreignung regelmäßigen Begutachtungen durch die bei der BASt angesiedelte Begutachtungsstelle Fahrerlaubniswesen unterziehen. Die Ergebnisse dieser Begutachtungen sind dann ihrerseits zentrale Voraussetzung für Erhalt und Aufrechterhaltung der amtlichen Anerkennung (§ 66 FeV). Die Anerkennung der Träger von Kursen zur Wiederherstellung der Kraftfahreignung durch die zuständigen obersten Landesbehörden ist in § 70 FeV geregelt und setzt ein durch die BASt begutachtetes Qualitätssicherungssystem, auf wissenschaftlicher Grundlage entwickelte Kurskonzepte, ein unabhängiges wissenschaftliches Gutachten über die Eignung des Kurses und die Evaluation seiner Wirksamkeit voraus. Auch für die Kursleiter werden bestimmte Voraussetzungen definiert (Diplom oder ein vergleichbarer Masterabschluss in Psychologie, spezielle Ausbildungen in Verkehrspsychologie und Kursleitung, Kenntnisse und Erfahrungen in der Untersuchung auffälliger Kraftfahrer, regelmäßige Weiterbildung). Ähnliches gilt für die Kursleiter der besonderen Aufbauseminare und die Verkehrspsychologischen Berater zum Punkteabbau. Für sonstige Beratungs- und vor allem auch die verkehrstherapeutischen Angebote existieren solche Kontrollen bisher nicht.

Unfälle, bei denen Alkohol im Spiel ist, sind mit besonders schwerwiegenden Folgen verbunden. Dass die Zahl der alkoholauffälligen Kraftfahrer in den letzten Jahren deutlich zurückging, ist deshalb erfreulich. Neben anderen Einflüssen dürften auch verkehrspsychologische Maßnahmen zu dieser positiven Entwicklung beigetragen haben. So wurde in Evaluationsstudien z. B. gezeigt, dass Teilnehmer an Alkohol-Kursen nach § 70 FeV in den folgenden 3 Jahren seltener wieder auffällig wurden als positiv Begutachtete; auch nach 5 Jahren war die positive Wirkung der Kursteilnahme noch nachweisbar (Spoerer & Ruby, 1996).

Aus der Zusammenstellung von Kalwitzki et al. (2011) geht hervor, dass neuere Evaluationsergebnisse die Wirksamkeit dieser Kurse bestätigen. So wiesen die

Teilnehmer an sechs verschiedenen Kursmodellen für alkohol- sowie zwei Kursmodellen für drogenauffällige Kraftfahrer in einer dreijährigen Bewährungszeit deutlich niedrigere Rückfallquoten auf als entsprechende Kontrollgruppen bzw. im Vergleich mit Referenzwerten der BASt. Nur sechs bis zehn Prozent der ehemaligen Kursteilnehmer wurden wieder rückfällig. Die theoretische Basis der Kurse spielte dabei keine Rolle („viele Wege führen zum Ziel"). Begleituntersuchungen zeigen zudem, auf welch vielfältige Weise die Teilnehmer von Kursen profitieren. Dass die Kurse bei ihnen auf hohe Akzeptanz stoßen, verwundert deshalb nicht.

Kurse zur Wiederherstellung der Kraftfahreignung nach § 70 FeV für Mehrfach-Punktetäter scheinen da auf den ersten Blick deutlich weniger wirksam zu sein. So tauchten drei Jahre nach Teilnahme am Kurs „ABS" knapp 43 % der ehemaligen Kursteilnehmer wieder mit mindestens vier Punkten im VZR auf (Brieler et al., 2009). Andererseits gelang es fast 40 % dieser Personen, die vor ihrem Fahrerlaubnisentzug über Jahre kontinuierlich mit teilweise mehreren Verstößen pro Jahr aufgefallen waren, nach Kursteilnahme im Bewährungszeitraum nunmehr völlig punktefrei zu bleiben; für über 57 % waren in dieser Zeit nicht mehr als drei und über 76 % nicht mehr als sechs Punkte im VZR verzeichnet worden.

Die Fragen, wann eine verkehrspsychologische Maßnahme als wirksam bezeichnet werden kann bzw. welche Wirksamkeit die Ansprüche der Gesellschaft befriedigt, wird sich mit Einführung des neuen Punktesystems und der dort vorgesehenen Reha-Maßnahme „Fahreignungsseminar" erneut stellen. Auf die Ergebnisse einer – hoffentlich gründlichen – Diskussion dazu im Vorfeld von Evaluationen darf man gespannt sein.

9.3.4 Perspektiven der Verkehrspsychologie

Die angewandte Verkehrspsychologie leistet mit der Beratung, Begutachtung und Rehabilitation verkehrsauffälliger Kraftfahrer einen wichtigen Beitrag zur Verkehrssicherheit und zum Erhalt bzw. zur Wiedergewinnung der individuellen Mobilität mit dem Kraftfahrzeug. In vielen Fällen bietet sie darüber hinaus auch Lebenshilfe. Sie wird all das weiterhin leisten können, wenn es ihr gelingt, das erreichte Qualitätsniveau nicht einer bedingungslosen Vermarktung und Konkurrenz zu opfern, sondern weiter zu entwickeln und z. B. auch auf bisher noch wenig kontrollierte Tätigkeitsbereiche – wie z. B. die verkehrstherapeutischen Maßnahmen – auszudehnen.

Eine Ausweitung könnte künftig die Arbeit mit älteren Kraftfahrern erfahren. Die über 65-Jährigen sind zwar – anders als die Fahranfänger – nicht als „Risikogruppe" anzusehen, fallen jedoch in den Unfallstatistiken als Verursacher und Betroffene zunehmend auf – einfach weil immer mehr ältere Menschen Auto fahren.

Hier sollte der Gesetzgeber möglichst bald handeln und rechtliche Rahmenbedingungen dafür schaffen, dass Unterstützungsmaßnahmen für diese Zielgruppe entwickelt und durchgeführt sowie angeordnet oder empfohlen werden können. Mit ihren Erfahrungen in der Beratung, Information und Intervention – z. B. in der verkehrspsychologischen Beratung als Einzel- oder besonderen Aufbauseminaren als Gruppenverfahren – verfügt die angewandte Verkehrspsychologie über die Voraussetzungen, ältere Kraftfahrer in dieser schwierigen Phase ihrer Mobilitätsbiografie zu unterstützen. Es ist insofern eine schwierige Phase, als sich dabei auch die Fragen des Ausstiegs aus der Automobilität und der Umstieg auf andere Verkehrsmittel stellen.

Eine in den letzten Jahren vermehrt ins Blickfeld rückende Verkehrsteilnehmergruppe sind die Radfahrer. Die Fahrradnutzung nimmt gegenwärtig zu und wird dies auch in Zukunft weiter tun. Mit dieser Entwicklung werden Radfahrer, die durch Regelmissachtung, Rücksichtslosigkeit und andere die Verkehrssicherheit gefährdende Verhaltensweisen auffallen, zunehmend ein Thema der gesellschaftlichen Diskussion (Kalwitzki, 2011). Neben einer unzulänglichen Infrastruktur- und Regelgestaltung durch Politik und Planung können individuelle und soziale Faktoren – ähnlich wie bei Autofahrern – vor allem Defizite im Umgang mit Gefühlen (Affektkontrolle) und im Sozialverhalten, für diese Verhaltensmuster verantwortlich gemacht werden. Traditionelle Maßnahmen der Beeinflussung von Einstellungen und Verhalten wie die Vermittlung von Informationen erscheinen zwar sinnvoll, aber nicht auszureichend, um den Problemen wirksam zu begegnen. Mehr Erfolg versprechen hier Interventionen, die auf Selbstreflexion und soziales Lernen (z. B. Perspektivübernahme, Feedback, Umgang mit Konflikten, Kooperation) abzielen. Die Verkehrspsychologie könnte hier auf der Grundlage ihrer Erfahrungen aus der Arbeit mit verkehrsauffälligen Kraftfahrern einen nützlichen Beitrag leisten.

Auch bei der Gestaltung der Verkehrsumwelt, einem wichtigen Einflussfaktor des Verkehrsverhaltens, könnte die (Verkehrs-)Psychologie beratend tätig werden. Vor allem umwelt-, kommunikations- und wahrnehmungspsychologische Konzepte liefern hier die theoretischen Grundlagen, um das Verhalten der Nutzer besser zu verstehen und die Gestaltung von Anlagen und Regeln bedürfnisgerecht und im Sinne der Verkehrssicherheit zu gestalten (vgl. Chaloupka-Risser et al., 2011). Ein aktuelles Beispiel schildern Flade et al. (2010).

Ein neues Arbeitsfeld der Verkehrspsychologie könnte schließlich in der Unterstützung nachhaltiger Entwicklung (sustainable development) und nachhaltigem Mobilitätsverhalten liegen. Zum einen bietet bereits das geltende Recht Ansatzpunkte, „verkehrsauffälliges Verhalten" nicht mehr nur in Trunkenheitsfahrten oder Geschwindigkeitsübertretungen, sondern z. B. auch in wiederholten Verstößen gegen Umweltgesetze (z. B. widerrechtliches Befahren einer Umweltzone, Verstöße gegen Emissionsgrenzwerte) oder gar im übermäßigen Autogebrauch, der mit „unnötigem Lärm" und „vermeidbaren Abgasbelästigungen" etwa durch unnötiges Laufenlassen von Fahrzeugmotoren sowie der Belästigung anderer durch unnützes Hin- und Herfahren einhergeht (vgl. § 30 Abs. 1 StVO). Des weiteren stellt die Beeinflussung der Verkehrsmittelwahl im Sinne nachhaltigeren Verhaltens ein Betätigungsfeld dar, in das Psychologen ihre Kenntnisse aus Forschungsprojekten und ihre Erfahrungen mit Projekten oder Marketing- und Kommunikationskampagnen einbringen können (Chaloupka-Risser et al., 2011; Kalwitzki,1998).

Dazu müsste die Verkehrspsychologie allerdings ihren zurzeit noch eingeschränkten Blick auf den Verkehr und auf die Verkehrssicherheit erweitern. Anders als die verkehrspsychologische Forschung und Lehre an den Hochschulen ist sie immer noch stark auf das Verhalten des „Kraft-Fahrers", des motorisierten Individuums fixiert. Fußgänger, Radfahrer oder Bus- und Bahnnutzer spielen in dieser Perspektive praktisch kaum eine Rolle. Eine Weiterentwicklung wäre die Ausweitung in Richtung einer umweltpsychologisch ausgerichteten Mobilitätspsychologie.

9.4 Gestaltung der Umwelt

Während Verkehrs- und Mobilitätserziehung sowie verkehrspsychologische Interventionen schwerpunktmäßig auf Veränderungen des Individuums ausgerichtet sind, haben Verkehrs- und Stadtplanung das Ziel, die Umwelt so zu gestalten bzw. umzugestalten, dass die negativen Folgen des Verkehrs, darunter insbesondere dessen Gefährlichkeit, minimiert werden. Die Planer müssen dabei oftmals zwischen divergierenden Interessen abwägen. Welche Interessen in welchem Ausmaß berücksichtigt werden, hängt auch von den zugrunde liegenden impliziten Gestaltungsphilosophien ab. Wie viel Flächen dem motorisierten und dem nichtmotorisierten Verkehr zugemessen werden oder wie viel Spielfläche für Kinder vorhanden sein sollte, ließe sich empirisch durch Ermittlung der funktionalen Nützlichkeit (Affordanz) bestimmen, bei begrenzten Flächenressourcen ist die Entscheidung letztlich eine politische bzw. normative, wenn bereits Richtlinien und Regelwerke vorliegen, auf die man sich bezieht. Nachteilig ist in solchen Fällen, dass empirische Ergebnisse dann kaum noch für erforderlich gehalten werden.

Zentrale verkehrspolitische Ziele sind die Verringerung zu hoher Geschwindigkeiten des Autoverkehrs und eine Reduzierung der Automobilität. Dementsprechend geht es um eine Verringerung der Affordanz der Verkehrsumwelt für hohe Fahrgeschwindigkeiten, um eine attraktive Gestaltung alternativer Mobilitätsformen und um die Stärkung der Aufenthaltsqualität von Wohnumgebungen und Städten, so dass weniger automobiler Freizeitverkehr stattfindet.

9.4.1 Verringerung der Fahrgeschwindigkeit

Wie wichtig die Reduzierung der Geschwindigkeit mit Blick auf die Verkehrssicherheit ist, liegt, wie aus Abb. 9.6 zu entnehmen ist, an den kürzeren Bremswegen bei niedrigeren Geschwindigkeiten. Das Unfallrisiko wird dadurch spürbar verringert.

Die Ansätze, um die Fahrgeschwindigkeit zu verringern, sind:

- Die Straße wird mit Hindernissen z. B. Schwellen gespickt oder blockiert, so dass Autofahrer gezwungen sind, langsam oder Umwege zu fahren.
- Es werden Schilder aufgestellt, z. B. „Tempo 30-Zone".

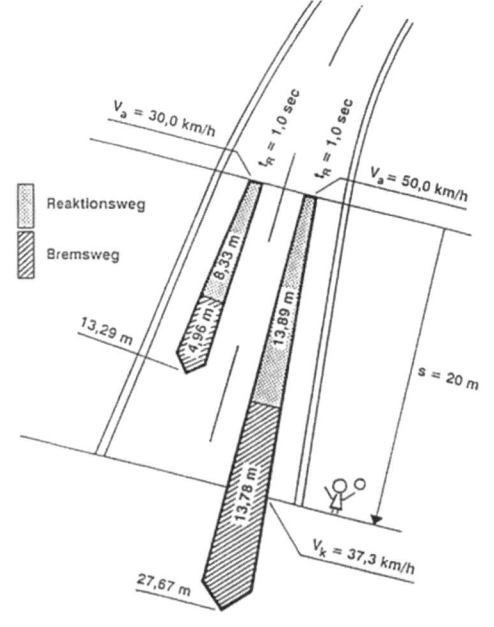

Abbildung 9.6 Reaktions- und Bremswege (Pfafferott, 1994, S. 300)

s = Abstand bei Konfliktbeginn
b = Bremsverzögerung
(gew. 7,0 m/sec^2)
v_a = Ausgangsgeschwindigkeit
v_k = Kollisionsgeschwindigkeit
t_R = Reaktionszeit

- Die Verkehrsumwelt wird nach dem Affordanzprinzip gestaltet, so dass der Fahrer unwillkürlich seine Geschwindigkeit danach ausrichtet.
- Die Verkehrsumwelt wird komplexer und anregender gestaltet, so dass der „Zug nach vorn" verringert wird.

Beim Typ „Hindernisse" verfügt der Fahrer über keine Verhaltenskontrolle. Eine Blockade kann er nicht aus dem Weg räumen, eine Schwelle zwingt ihn zum Langsam fahren. Tempo 30-Zonen sind insbesondere in Wohngebieten weit verbreitet. Sofern sich die Fahrer daran halten, ist der Bremsweg bei 30 km/h deutlich kürzer als bei 50 km/h. An solche Vorgaben halten sich Autofahrer umso eher, je besser die Umweltbedingungen zu dieser Geschwindigkeit passen.

Mit welcher Geschwindigkeit sich ein Mensch fortbewegt, hängt – abgesehen von seinen persönlichen Eigenschaften und Absichten – davon ab, für wie geeignet er die Umwelt für bestimmte Fortbewegungsgeschwindigkeiten einschätzt. Auf schmalen Straßen, wie man sie in Altstadt-Gebieten vorfindet, wird automatisch langsamer gefahren als auf breiten mehrspurigen Hauptverkehrsstraßen. Die optimale Strategie, um die Geschwindigkeit zu verringern, ist demzufolge die Gestaltung der Verkehrsumwelt in der Weise, dass Autofahrer diese als ungeeignet zum Schnell fahren wahrnehmen.

Verengungen und Verschwenkungen von Fahrbahnen erfordern nicht nur ein geschicktes Fahren, sondern sie verringern zugleich auch den „Zug nach vorn" und eine Verengung des Blickwinkels (Bollnow, 1963). Die Aufmerksamkeit kann sich bei einer langsameren Fahrweise auch auf Vorgänge jenseits der Fahrbahn richten. Unvorhersehbares kann viel früher erkannt werden, wenn z. B. ein Ball auf die Straße rollt, dem ein Kind hinterherläuft.

Die Art der Gestaltung „verkehrsberuhigender" Elemente ist nicht unwichtig. Die Maßnahmen, mit denen man in den 1980er Jahren versucht hat, den Autoverkehr in Wohngebieten und Städten zu verlangsamen, sind häufig vom Typ „Hindernisse" gewesen. Geschwindigkeitsreduzierende Maßnahmen sollten jedoch nicht als bloße Hindernisse erscheinen, was Frustration und aggressives Verhalten hervorrufen könnte, sondern als funktional sinnvoll. Des Weiteren sollten sie sich als kohärente Elemente in die Umgebung einfügen. Ein Poller in Form eines Schafes in einer Region, in der es Schafe gibt, ist ein kohärentes Element. Es ist kein störender Fremdkörper, sondern passt in die Gegend. Poller wie in Abb. 9.7 teilen dem Fremden etwas über die Region mit. Hinzu kommt noch die Symbolkraft. Ein kauerndes Schaf drückt z. B. Ruhe und Gelassenheit aus.

Im Unterschied zu den Maßnahmen der Verkehrsberuhigung in den 1980er Jahren setzt das neue Konzept des Shared Space nicht auf restriktive Regeln für den motorisierten Verkehr. Mithilfe einer andersartigen Verkehrsraumgestaltung soll eine freiwillige Verhaltensänderung erzielt werden (Gerlach, 2010). Die Idee

Abbildung 9.7 Poller in Form von Schafen (eigenes Foto)

ist, dass anstelle des „Sollens" das „Wollen" tritt, was dann der Fall ist, wenn Autofahrer gar nicht schnell fahren möchten. Damit wird implizit auf das Affordanz-Prinzip Bezug genommen: Erreicht werden soll im Shared Space eine Affordanz der Befahrbarkeit des Verkehrsraums mit geringer Geschwindigkeit.

Shared Spaces sind ein Konzept vor allem für innerstädtische Geschäfts- und Verkehrsstraßen. Es sind von Autofahrern, Fußgängern und Radfahrern gemeinsam genutzte Straßen und Plätze ohne Lichtsignalanlagen und Verkehrsschilder. Regeln entfallen, es entsteht eine offene Situation, die – so die Annahme – bewirkt, dass sich alle Beteiligten rücksichtsvoll einander gegenüber verhalten. Die externe Kontrolle durch Regeln wird aufgegeben, an deren Stelle tritt die individuelle Verhaltenskontrolle. Die Idealvorstellung ist:

- Autofahrer fahren sehr langsam, sie bleiben stehen, bis die Fußgänger vorbei gegangen sind.
- Radfahrer klingeln nicht Sturm, um sich freie Bahn zu verschaffen, sie nehmen Rücksicht auf die anderen Anwesenden.
- Fußgänger suchen den Blickkontakt mit den anderen Verkehrsteilnehmern und gehen nicht einfach stur ihrer Wege.

Die am weitesten reichenden Verhaltensänderungen werden den Autofahrern als den Schnellsten abverlangt. Sie sollen auf das Privileg einer eigenen geräumigen Fahrbahn verzichten, sich nur noch sehr langsam fortbewegen und darüber hinaus auch noch auf alles Mögliche achten, was ihnen in den Weg kommen könnte.

Verkehrsräume mit zumeist dichtem Verkehr sind als Shared Spaces ungeeignet, weil sie pro-soziales Verhalten nicht fördern. Das durch eine hohe Verkehrsdichte ausgelöste unangenehme Gefühl der Beengtheit löst automatisch Abwendungsverhalten aus. Man kann der beengenden Situation jedoch nicht entkommen. Hinzu kommt die Beschränkung der individuellen Bewegungsfreiheit, die dem Bestreben, rasch zum Ziel zu kommen, entgegen steht.

Eine empirische Studie zur Wahrnehmung von Shared Spaces wurde von Hartmann (2011) in Form einer Online-Befragung durchgeführt. Die daran Teilnehmenden beurteilten insgesamt sechs Videosequenzen mit Hilfe eines aus 10 Adjektivpaaren bestehenden Semantischen Differentials. Drei Videos zeigten Shared Spaces (aus Duisburg und Ulm), die drei anderen, die als Kontrollstraßen fungierten, führten Szenen von Hauptverkehrsstraßen vor. Insgesamt 166 Angaben lagen der Auswertung zugrunde. In Abb. 9.8 sind die mittleren Skalenwerte aus jeweils drei Verkehrsräumen pro Typ in Form von Profilen dargestellt.

Die Shared Spaces wurden von den Befragten durchgehend positiver bewertet als die üblichen Stadtstraßen. Auf den Skalen „langsam-schnell", „friedlich-aggressiv" und „leise-laut" ist der Unterschied zwischen den beiden Straßentypen am größten. Shared Spaces rufen offensichtlich den intendierten Eindruck hervor: Es wird langsam gefahren, die Atmosphäre ist friedlich, und es geht leise zu. Die Ästhetik lässt jedoch zu wünschen übrig. Auf dieser Skala fällt das Urteil insgesamt am schlechtesten aus. Wie aus Abb. 9.8 zu entnehmen ist, werden beide Straßentypen als ästhetisch nicht befriedigend wahrgenommen. Da bei den Shared Spaces der Anspruch höher ist, weil diese zugleich auch Aufenthaltsqualität besitzen sollen, schlägt ein wenig schönes Erscheinungsbild hier stärker zu Buche.

Abbildung 9.8 Polaritätsprofile von Shared Spaces und konventionellen Straßen (Hartmann, 2011, S. 11)

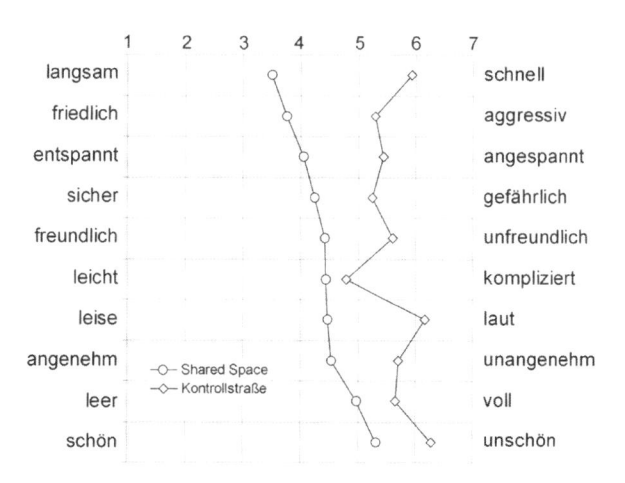

9.4.2 Erhöhung der Attraktivität alternativer Bewegungsformen

Gestaltungsvorschläge zur Förderung des Radfahrens und der ÖV-Nutzung gibt es in großer Zahl. Anknüpfend an das in Abb. 9.2, S. 184, dargestellte Einflussschema umweltbewussten Verhaltens beziehen sich die Vorschläge auf die Komponenten „Verhaltensangebote" und „Verhaltensanreize". Im Folgenden sollen beispielhaft einige Gestaltungsvorschläge aus dem Fahrrad- und dem SuSi-PLUS-Projekt vorgestellt werden (vgl. Flade et al., 2002; Hochbahn et al., 2005).

Förderung des Radfahrens

In dem Fahrradprojekt wurden Bewohner befragt, unter welchen Bedingungen sie Rad bzw. noch mehr Rad fahren würden. Am häufigsten wurden genannt (Flade et al., 2002, S. 95):

- eine bessere Qualität der Radwege
- mehr Radwege
- mehr Radwege entlang an verkehrsarmen Straßen
- diebstahlsichere Abstellplätze
- ein sehr gutes Fahrrad
- das Problem, einen Pkw-Parkplatz zu finden
- geringere Geschwindigkeit des Autoverkehrs.

Diejenigen, die überwiegend Auto fahren, wären bereit, mehr Rad zu fahren, wenn es mehr Radwege an Strecken mit wenig Verkehr gäbe und die Geschwindigkeit des Autoverkehrs geringer wäre. Sie verweisen damit auf Probleme, zu denen sie als Autofahrer beitragen.

Aussagen im Zusammenhang mit der Schilderung problematischer Situationen beim Rad fahren ergänzen diese Rangreihe. Genannt wurden zu schmale und voll geparkte Radwege sowie Unterbrechungen des Radwegenetzes (vgl. Flade et al., 2002, S. 115).

Wie breit Radwege sein sollten, lässt sich aus der Affordanz der Befahrbarkeit ableiten, d. h. der wahrgenommenen Nützlichkeit einer Umwelt zum Radfahren (vgl. Kap. 3.2). Heine und Guski (1994) haben die Vorgehensweise am Beispiel der Ermittlung der erforderlichen Breite von Radwegen beschrieben: „Man bestimmt zunächst biomechanisch die für das Rad fahren auf markierten Strecken relevanten Körperteile (sicherlich u. a. die Schulterbreite und Abwinkelung der Ellenbogen), ermittelt dann empirisch die seitlichen Abweichungen beim Starten und Stoppen des Rades und die beim Fahren auftretenden Oszillationen" (Heine

Gestaltung der Umwelt 229

Abbildung 9.9 Affordanz der Befahrbarkeit mit dem Fahrrad (in Anlehnung an Heine & Guski, 1994, S. 77)

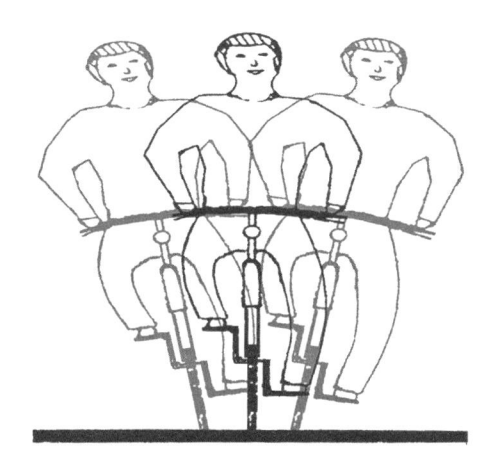

& Guski, 1994, S. 76). Auf diese Weise lässt sich die Breite eines Radwegs bestimmen, der ohne Stress befahrbar ist.

Die aus den Niederlanden stammende Daumenregel, dass die Minimalbreite pro Radfahrer 1 m betragen sollte (vgl. Guski & Heine, 1994, S. 76), kann eine Baseline sein, von der ausgehend der pessimale Wert empirisch ermittelt wird.

Radwege, die plötzlich enden, rufen negative emotionale Reaktionen wie Gefühle der Unsicherheit und Gefährdung hervor, die man zu meiden trachtet. Das bedeutet, dass man sich vom Rad fahren ab- und anderen Fortbewegungsarten zuwendet. Zugleich sind plötzlich endende Radwege ein Zeichen, dass der Radverkehr in der Verkehrsraumplanung ein nachrangiger Belang ist.

Abbildung 9.10 Radweg Ende (eigenes Foto)

Die Aufgaben sind dementsprechend, lückenlose Radwegenetze zu schaffen und Radwege dem Affordanz-Prinzip entsprechend zu gestalten. Nur wo es an Platz mangelt, dürfen sie ausnahmsweise schmaler angelegt werden.

Die Aussage, dass man mehr Rad fahren würde, wenn es schwierig ist, einen Parkplatz für den Pkw zu finden, legt die Reduzierung von Parkplätzen als einer zu bedenkenden Maßnahme nahe, über die das Rad fahren indirekt gefördert werden könnte.

Bemerkenswert ist die Aussage einiger der Befragten, dass für sie ein sehr gutes Fahrrad bewirken würde, dass sie mehr Rad fahren. Ein gutes Fahrrad zeichnet sich durch Funktionalität aus, d. h. man kann sich damit effektiv fortbewegen, und es ist ein Objekt, mit dem man sich identifizieren und soziale Anerkennung gewinnen kann. Ein solches Fahrrad erfüllt also mehrere Motive zugleich.

Erhöhung des Sicherheitsgefühls im ÖV

Im Projekt SuSi-PLUS wurden die Ursachen der Unsicherheitsgefühle im ÖV dreier Städte analysiert (Hochbahn et al., 2005). Die daraus abgeleiteten Vorschläge umfassen gestalterische und organisatorische Maßnahmen. Als wirkungsvollste Maßnahme gegen die erlebte Unsicherheit sehen die ÖV-Nutzer den Einsatz von (Sicherheits-)Personal an. Die Personalpräsenz vor allem an Haltestellen wird von Frauen wie Männern für wirkungsvoller gehalten als technische Maßnahmen wie Notruf- oder Überwachungseinrichtungen. Weitere effektive Maßnahmen sind aus der Sicht der ÖV-Nutzer eine gute Beleuchtung und eine transparente Gestaltung von Haltestellen sowie übersichtliche Fahrzeuge (Hochbahn et al., 2005).

Dass alle diese Maßnahmen dazu beitragen, das Sicherheitsgefühl zu stärken, sagt die Prospect-Refuge-Theorie voraus (vgl. Kap. 8.1): Menschen fühlen sich an Orten sicher, die gut überschaubar sind (prospect) und die Schutz bieten (refuge). Die Anwesenheit von Personen, deren Aufgabe die soziale Kontrolle und Gewährleistung öffentlicher Sicherheit ist, wird als Schutz erlebt. Videokameras sind kein vollwertiger Ersatz für Sicherheitspersonal, denn erforderliche Eingriffe erfolgen mit Verzögerung, sie ermöglichen es jedoch, mit Hilfe von Videoaufzeichnungen Täter zu verfolgen und identifizieren. Das Sicherheitsgefühl wird gestärkt, wenn den ÖV-Nutzern bekannt ist, dass eine Videoüberwachung stattfindet. Das Refugium ist nicht notwendigerweise ein physischer Ort, es kann auch die soziale Umwelt sein, die schützt und soziale Kontrolle bietet. Helligkeit durch gute Beleuchtung und transparente Gestaltungen von Orten, an denen gewartet wird, und von Fahrzeugen, in denen man unterwegs ist, garantieren Überschaubarkeit bzw. visuelle Kontrolle und damit auch Verhaltenskontrolle.

Die Verkehrsunternehmen als professionelle Problembewältiger sehen den Einsatz von Personal und von Videokameras als wirkungsvolle Maßnahme an, um öffentliche Sicherheit im Bereich des ÖV zu gewährleisten. Drei Viertel der im Rahmen des Projekts SuSi-PLUS befragten Verkehrsunternehmen sind der Ansicht, dass der Personaleinsatz das Sicherheitsgefühl der Nutzer stärkt, zwei Drittel halten die Videoüberwachung für sehr wirkungsvoll (Rölle et al., 2004). Wichtig sind in jedem Fall Maßnahmen, welche die soziale Kontrolle gewährleisten, so dass Gefühle des Ausgeliefertseins und der Hilflosigkeit gar nicht erst auftreten.

Helligkeit und Beleuchtung, die Offenheit des Raums und der Zugang zu geschützten Bereichen fördern das Sicherheitsgefühl. Damit in Übereinstimmung ist das Ergebnis des Experiments von Loewen et al. (1993), in dem Versuchspersonen Bildszenen von Außenräumen auf einer 5-stufigen Skala von 1 = überhaupt nicht sicher bis 5 = sehr sicher beurteilten. Die Helligkeit erwies sich als wichtigster Einflussfaktor. Eine dunkle Umgebung wurde durchschnittlich mit 1,68, dieselbe, aber beleuchtete Umgebung mit 3,28 eingestuft. Übersichtlichkeit ist gleichbedeutend mit visueller Kontrolle.

In Hamburg wurden die alten U-Bahn-Fahrzeuge aus den 1960er Jahren sukzessive durch modernere ersetzt. Der Gewinn an Sicherheit wird in der transparenteren Gestaltung, die eine Durchsicht zwischen den Wagen gestattet, und dem allgemein gepflegten Zustand der Fahrzeuge gesehen. Auch die U-Bahn-Haltestellen wurden heller und übersichtlicher gestaltet (Hochbahn et al., 2005).

Eine Voraussetzung, um die Effektivität der Videoüberwachung zu steigern, ist, dass alle Beteiligten wissen, dass überwacht wird. Neben einer solchen „camera awareness" ist die Begründung wichtig, dass nämlich die Kameras zum Zwecke der Gewährleistung der öffentlichen Sicherheit installiert wurden (van Rompay et al., 2009). Eine entsprechend erläuterte Videoüberwachung kann noch etwas anderes bewirken als Unsicherheitsgefühle verringern; sie kann soziales Verhalten fördern, wie van Rompay et al. (2009) in einem Experiment nachgewiesen haben. Die Forscher gingen dabei von der Annahme aus, dass die Anwesenheit anderer Menschen eine soziale Kraft darstellt, die Wahrnehmungen, Gefühle und Verhalten beeinflusst. Wie sich zeigte, ist die Bereitschaft, anderen zu helfen, größer, wenn man meint, dass man überwacht wird. Das Hilfeverhalten ist umso ausgeprägter, je stärker das Bedürfnis ist, von den anderen anerkannt zu werden.

Mit technischen Mitteln lassen sich also nicht nur Unsicherheitsgefühle beseitigen, weil man sich von einer höheren Instanz beschützt fühlt, sondern auch soziale Verhaltensweisen fördern.

Ein Überangebot an Sicherheitsvorkehrungen kann jedoch auch kontraproduktiv sein, wie Feltes (2003) bemerkt hat: Mit der Ausweitung der Präsenz von Sicherheitspersonal steigt die subjektive Sicherheit zunächst an, sie nimmt jedoch bei einer weiteren Verstärkung ab, weil ein übertrieben erscheinendes Aufgebot an Sicherheitskräften eher Irritation und Furcht auslöst, wenn diese nämlich als Zeichen vermehrter Gefahr gedeutet werden. Feltes vermutet, dass es einen Schwellenwert gibt, bei dessen Überschreitung das Sicherheitsgefühl ab- statt zunimmt.

Mit Blick auf durchzuführende Maßnahmen ist es wichtig zu unterscheiden, inwieweit das Problem der mangelnden subjektiven Sicherheit von den Verkehrsunternehmen selbst gelöst werden kann, oder inwieweit noch andere Akteure, Institutionen und Behörden an der Problemlösung zu beteiligen sind. Dies gilt vor allem für das Umfeld des ÖV, in dem die Unsicherheit erzeugenden physischen und sozialen Incivilities und eine nicht ausreichende Helligkeit und mangelnder Schutz gemeinsame Aktivitäten von Verkehrsunternehmen und Stadt erfordern.

Ein Versuch, die Atmosphäre eines Verkehrsraums positiv zu verändern, ist die Beschallung von Bereichen im Umfeld von Bahnhöfen mit klassischer Musik wie z. B. an einem Eingang des Hamburger Hauptbahnhofs. Dadurch sollen bestimmte unerwünschte Gruppen zum Verlassen dieser Verkehrsräume bewegt werden. Die Annahme ist, dass die Menschen am Rande der Gesellschaft klassische Musik als dissonant und emotional negativ erleben, so dass sie solche Situationen zu meiden trachten. Es fehlt dazu bislang eine wissenschaftliche Begleituntersuchung, so dass es nicht möglich ist, eine verlässliche Aussage über den Erfolg einer solchen akustischen Intervention zu machen[26]. Es könnte auch sein, dass die Dauerbeschallung mit dieser Musik zu einer Gewöhnung führt.

9.4.3 Umweltästhetik und Erholung

Funktionalität ist nicht alles, auch ästhetische Aspekte sollten bei der Umweltgestaltung berücksichtigt werden. Berlyne (1971) hat in seinen Experimenten nachgewiesen, dass der ästhetische Eindruck von bestimmten Reizqualitäten abhängt. Die meisten Menschen finden eine Umwelt schön, wenn sie – gemessen an ihren individuellen Maßstäben – in moderaten Ausmaßen neuartig, inkongruent, komplex und überraschend ist. Ein Fußweg, auf dem Birken wachsen, besitzt alle diese Reizqualitäten (vgl. Abb. 9.11). Abgesehen davon ist grüne Natur vergleichsweise reich an Reizqualitäten.

Der Anblick grüner Natur fördert die mentale Erholung. Die Wirkungszusammenhänge werden in der Aufmerksamkeitserholungstheorie dargestellt (Kaplan, 1995; Bell et al., 2001). Da längere Fahrten oder Fahrten im dichten Verkehr sehr ermüdend sein können, ist dieses Ergebnis von erheblicher Bedeutung. Gerichtete bzw. willkürliche Aufmerksamkeit erfordert ein willentliches Mitmachen. Sie

---

26 Briefliche Auskunft der DB Station & Service AG in Hamburg am 20.12.2011.

Gestaltung der Umwelt 233

Abbildung 9.11 Überraschender Fußweg (eigenes Archiv)

ist vonnöten, um etwas länger Dauerndes zu vollbringen und mit den Anforderungen des Lebens, die Ausdauer erfordern, fertig zu werden. Im Gegensatz dazu macht unwillkürliche Aufmerksamkeit keine Mühe, denn hier bedarf es keines willentlichen Einsatzes. Der Betrachter muss sich nicht zwingen, bei der Sache zu bleiben, denn die Umwelt zieht ihn automatisch in Bann. In Situationen, in denen die unwillkürliche Aufmerksamkeit geweckt wird, also keine willentliche kognitive Anstrengung erforderlich ist, kann sich der Mensch mental regenerieren. Grüne Natur spielt dabei eine bedeutende Rolle, weil sie so reizvoll ist, dass sie die unwillkürliche Aufmerksamkeit auf sich zieht, so dass kognitives Ausruhen möglich wird. Laumann et al. (2003) bestätigten die Erholungswirkung natürlicher Umwelt im Zusammenhang mit der Untersuchung der selektiven Aufmerksamkeit und der physiologischen Erregung. Beim Anblick von Natur verringert sich das physiologische Erregungsniveau; die Fähigkeit, die Aufmerksamkeit auf bestimmte Sachverhalte zu konzentrieren, wird erhöht.

Die Bedeutung der Erholung durch Natur für die Mobilität wurde in dem Experiment von Parsons et al. (1998) nachgewiesen. Sie zeigten, dass ein Weg mit Naturelementen erholsamer ist als einer ohne Natur. Zu Beginn wurde bei den Versuchspersonen Stress erzeugt, dann folgte ein Videofilm mit einer Fahrt durch verschiedene Umwelten, daran schloss sich eine erneute Stressphase an. Ein Stressor war die Addition von Zahlen, die vorgelesen wurden. Stressindikatoren waren

Messungen des Blutdrucks, des Hautwiderstands und der Herzfrequenz. Es zeigte sich, dass Fahrten durch Umwelten mit grüner Natur im Unterschied zu Fahrten durch gebaute Umwelten einen raschen Stressabbau begünstigen und gegen erneuten Stress immunisieren. Eine ansprechende Straßenraumgestaltung ist also nicht nur eine Frage der Ästhetik, sondern auch ein wichtiger Punkt hinsichtlich der Befindlichkeit und Leistungsfähigkeit des Fahrers. Der Anblick grüner Natur entspannt. Erholte Autofahrer fahren umsichtiger, sie machen weniger Fehler, sie sehen mehr und reagieren schneller, was sich positiv auf die Verkehrssicherheit auswirkt. Der Anblick grüner Natur bietet dem Autofahrer vor allem auf längeren Strecken Abwechslung, er kann zwischendurch auf etwas Schönes blicken, der Zug nach vorn lässt nach.

Die Wahrnehmung grüner Natur fördert die Wachheit. Dies lässt sich aus dem Experiment von Cackowski und Nasar (2003) entnehmen. Den Versuchspersonen wurden Videostreifen von Straßen mit und ohne Vegetation an den Rändern vorgeführt. Anschließend bekamen sie unlösbare Anagramme vorgelegt. Die Zeit, die sie dieser Aufgabe widmeten, diente als Maß für ihre Ausdauer. Diejenigen Versuchspersonen, die Straßen mit Bäumen gesehen hatten, waren ausdauernder und unermüdlicher damit beschäftigt, Lösungen zu finden, als diejenigen, die auf Straßen ohne Grün geblickt hatten. Etliche weitere Forschungsergebnisse belegen die positiven Effekte ästhetisch ansprechender Umwelten für das Wohlbefinden und die Leistungsfähigkeit.

Bei Maßnahmen der Verkehrsberuhigung wie Fahrbahnverengungen, Verschwenkungen der Fahrbahn, Bodenschwellen und Aufpflasterungen sollten deshalb immer auch ästhetische Aspekte beachtet werden. Ein Beispiel ist eine ansprechende Gestaltung von Pollern, die Durchfahren oder Parken verhindern (vgl. Abb. 9.7, S. 226).

Der Zug nach vorn lässt sich durch Maßnahmen der „roadside aesthetics" verringern. Parsons et al. (1998) verweisen auf die Überlegungen von Alberti, einem Baumeister, der bereits im 15. Jahrhundert empfohlen hatte, Wege und Straßen mit einer angenehmen Szenerie zu versehen. Dass eine solche Straßenrand-Ästhetik geschätzt wird, zeigt sich, wenn eine längere, aber landschaftlich schönere Strecke gegenüber einem kürzeren, aber unschönen Weg bevorzugt wird. Damit man diese schönen Wege auch findet und sich die Möglichkeit bietet, sich dafür zu entscheiden, werden auf Landkarten landschaftlich reizvolle Strecken markiert (vgl. Schönhammer, 1994).

Grüne Natur kann zu einem schöneren Aussehen von Straßen und öffentlichen Plätzen beitragen. Bäume, Sträucher, Stauden, Hecken, Blumen und Grünflächen sind nicht nur aus ökologischen Gründen wichtig, sondern können auch das Erscheinungsbild verbessern. Programme in dieser Richtung sind Aktionen wie die „villes et villages fleuris" (Blumen geschmückte Städte und Dörfer) in

Frankreich. Dass sich solche Aktionen auch auf das Mobilitätsverhalten positiv auswirken, belegen empirische Untersuchungen. So haben Sheets & Manzer (1991) nachgewiesen, dass auf Straßen und Wegen, die von grüner Natur umsäumt sind, emotional positiv reagiert wird. Die Versuchspersonen, denen Bilder von Straßen mit Gebäuden zu beiden Seiten und zwar mit und ohne Begrünung der Fassaden und mit und ohne Bäume am Rand gezeigt wurden, beurteilten die Straßenszenen mit Grün signifikant besser als solche ohne begrünte Hausfassaden und Bäume vor den Häusern.

9.4.4 Stärkung der Ortsverbundenheit

Menschen können sich mit Orten unterschiedlicher Art und Größenordnung verbunden fühlen (vgl. Flade, 2006). Es kann ein Haus, ein bestimmter Stadtteil oder die gesamte Stadt oder ein Land sein. Wenn also von einer Stärkung der Ortsverbundenheit die Rede ist, kann sich dieses Vorhaben auf Unterschiedliches beziehen. Es kann sich um eine Verbundenheit mit der Wohnumwelt, d. h. der Wohnung und der Wohnumgebung, oder um eine Verbundenheit mit der Stadt, in der man lebt, handeln. Ein Mensch, der in seinem Wohngebiet bzw. in seiner Stadt verwurzelt und sozial eingebunden ist, wird dort eher bleiben und seine freie Zeit verbringen wollen als jemand ohne solche sozialräumlichen Bindungen. Weil die Ortsverbundenheit von der wahrgenommenen Qualität der Umgebung abhängt (Fuhrer et al., 1993), ist eine attraktive Gestaltung der Wohnumwelt eine Erfolg versprechende Strategie, um die Mobilität in der Freizeit zu verringern.

Die Qualität städtischer Umgebungen lässt sich durch „third places" steigern. Third places sind soziale Orte, die den Zusatz „third" haben, weil sie anders als

Abbildung 9.12 Beispiel eines „third place" (eigenes Foto)

„first places" (= Wohnumwelten) und „second places" (= Arbeitsumwelten, Schulen, Einrichtungen, Institutionen usw.) öffentliche Plätze sind (Oldenburg, 1991; 2001). Kennzeichnend für solche Plätze, die sich als „third places" hervor heben, sind Sitzgelegenheiten, Überdachungen, Ausblicke und Unverwechselbarkeit. Man sieht, während man bequem sitzend vor Wind und zu viel Sonne geschützt ist, andere Menschen vorbei gehen, was eine ständige Abwechslung bedeutet. Die Unverwechselbarkeit eines Ortes beruht auf dessen einzigartiger Gestaltung. Metha und Bosson (2010) verwendeten in diesem Zusammenhang den Begriff „Personalisierung", den sie folgendermaßen definierten: „Personalization is the act of modifying the physical environment and an expression of claiming territory, of caring for and nurturing the claimed territory" (S. 781). Ein third place ist somit öffentlicher Raum, der angeeignet und dadurch zu einem Treffpunkt wurde.

Metha und Bosson (2010) haben in den Hauptgeschäftsstraßen in drei Städten in Massachusetts zunächst third places identifiziert und sodann untersucht, wie diese erlebt werden. Die interviewten Personen rekrutierten sich aus einer Stichprobe von Leuten, die in der Nähe dieser Orte wohnen, arbeiten oder einkaufen. Voraussetzungen, dass ein Ort im öffentlichen Raum zu einem third place wird, sind, dass der Aufenthalt nicht mit hohen Kosten verbunden ist, dass man dort etwas trinken und essen kann, dass der Ort fußläufig erreichbar ist, dass man auf Bekannte trifft, aber auch neue Bekanntschaften machen kann, und dass er einladend und komfortabel ist. Es kann eine Eisdiele oder ein Straßencafe sein. Third places werden, nachdem man sie erst einmal entdeckt hat, gezielt aufgesucht.

9.5 Erhöhung der Effizienz des Verkehrs

Eine pragmatische Strategie, um negative Folgen des Verkehrs zu verringern, ist die technische Optimierung, die im Unterschied zu den Strategien der Verkehrsvermeidung und Verkehrsverlagerung nicht explizit auf eine Verringerung der Automobilität abzielt. Von großer Bedeutung sind die Möglichkeiten der Informations- und Kommunikationstechnik, um die vorhandene sowie die geplante Verkehrsinfrastruktur mit den beiden Bereichen Straßenverkehr und ÖV effektiver zu nutzen (Groke & Zackor, 2004). In der Verkehrstelematik werden Komponenten aus Elektronik, Informatik und Telekommunikation kombiniert, um Verkehrsflüsse zu steuern. Der international gebräuchliche Begriff ist ITS = Intelligent Transport Systems (Mietsch, 2007). Bemerkenswert ist hier die Verwendung des Wortes „intelligent": Einem *intelligenten* System kann man vertrauen, denn wer intelligent ist, wird die Komplexität am ehesten durchschauen und demzufolge auch die beste Entscheidung treffen.

Technik lässt sich aus psychologischer Sicht als Umweltaneignung verstehen. Die frühesten Formen menschlicher Auseinandersetzung mit der Natur bis hin zu den jüngsten Versuchen, drohende Umweltkatastrophen abzuwehren, sind Formen der Umweltaneignung des Menschen (vgl. Graumann, 1996). Ein vergleichbarer Lösungsansatz ist das Verkehrssystemmanagement, mit dem versucht wird, durch Kombination von technischen – vor allem telematischen –, organisatorischen sowie preispolitischen Maßnahmen die Effizienz des Verkehrssystems zu erhöhen und die Kapazitäten der Straßen und Verkehrsanlagen auszunutzen (Heine, 1997).

Der Mensch verwandelt mit Hilfe der von ihm erfundenen und geschaffenen Technik die Umwelt, er baut Brücken und Tunnel, er stellt schnelle Verkehrsmittel her und schafft die Verkehrsinfrastruktur dafür. Und er setzt in seiner Rolle als Bewältiger der Probleme, die er sich ja selbst geschaffen hat, Technik ein. Diese kann jedoch zu neuen Zwängen führen.

Durch Steuerungen von außen entstehen systemische Zwänge, was sich auf der individuellen Ebene als Verringerung der Verhaltenskontrolle auswirkt. Die Bereitschaft, sich systemkonform zu verhalten, dürfte so wesentlich von der Einschätzung abhängen, ob der individuelle Handlungsfreiraum nicht ohne derartige Systeme noch geringer wäre. Eine entsprechende Berichterstattung in den Medien trägt dazu bei, dass solche Einschränkungen akzeptiert und für erforderlich gehalten werden[27].

Verkehrssystemmanagement bezieht sich nicht allein auf das Management des Autoverkehrs, sondern ist auch im ÖV eine zentrale Strategie. Hier reicht das Spektrum von Haltestelleninformationstafeln, welche die aktuellen Wartezeiten anzeigen, über Fahrplaninformationen im Internet bis hin zu elektronischen ÖV-Tickets und Mobilitätskarten[28]. Bezogen auf das in Abb. 9.2, S. 184, dargestellte „Einflussschema umweltrelevanten Verhaltens ist Informierung darauf gerichtet, das „Umweltwissen" zu vermehren.

Inwieweit elektronische Tickets nachgefragt werden und wie rasch sie zum gängigen Zugangsmittel werden, hängt wesentlich von der Handhabbarkeit ab.

---

27 Ein Beispiel für eine solche Erfolgsmeldung ist der Bericht „So wenig Stau wie noch nie" in der Rhein-Main-Zeitung vom 4. Januar 2012. Danach gingen die Staustunden auf den Straßen in Hessen von rund 88 000 Anfang 2003 in den vergangenen Jahren um 80 % zurück. Entscheidend zum Erfolg trug die Freigabe von Autobahnseitenstreifen bei hohem Verkehrsaufkommen bei.

28 Die Mobilitätskarte ist eine Chipkarte, mit der die Fahrgäste beliebig zwischen verschiedenen Verkehrsmitteln (U-Bahn, Bus, Fähre, Taxi usw.) wechseln können. Darüber hinaus können damit Einkäufe getätigt und in Restaurants bezahlt werden, vgl. den Bericht in der FAZ vom 21.12.11 „Mit einer einzigen Karte überallhin", in dem die 1998 in Hongkong eingeführte Mobilitätskarte „Octopus" vorgestellt wird, die als Vorbild für Rotterdam und Amsterdam fungiert und deren Einführung in Hannover und Stuttgart geplant ist.

Die Leichtigkeit des Umgangs mit dem System ist nicht gegeben, wenn der Zugang als schwierig erlebt wird. Eine mangelnde Handhabbarkeit wird als Verlust der Verhaltenskontrolle empfunden.

Neue Entwicklungen sind im Bereich der Elektromobilität, der Fahrassistenz-Systeme und der Telematik zu verzeichnen. Fahrerassistenzsysteme sollen den Fahrer vor allem in kritischen Situationen unterstützen, so dass Fehler korrigiert werden und das Unfallrisiko verringert wird. Sie können aber auch als Einschränkung der individuellen Verhaltenskontrolle empfunden werden.

Maßnahmen des Verkehrssystemmanagement beziehen sich in erster Linie auf das reibungslose und sichere Funktionieren des Verkehrssystems, wohingegen sich das Mobilitätsmanagement auf das Individuum bezieht. Dem Menschen soll ein breitgefächertes Angebotsspektrum alternativer Möglichkeiten mitsamt den notwendigen Informationen darüber geboten werden, das es ihm erleichtert, sich je nach Situation für das subjektiv optimale Verkehrsmittel zu entscheiden (FGSV, 1995). Eine Mobilitätszentrale gibt Auskünfte (Heine, 1997). Es kann eine Einrichtung in Bahnhöfen oder auch eine Internet-Zentrale sein wie beispielsweise „hvv.de" oder „reiseauskunft.bahn.de", über die der Kunde seinen persönlichen Fahrplan erhält.

Das Handy wird zunehmend zum unentbehrlichen Mittel einer effizienten multimodalen Mobilität. Man kann sich damit über die Verfügbarkeit von Leihrädern und Leihautos sowie über Fahrpläne, Fahrpreise und ideale Fahrtrouten informieren.

Günstige Zeitpunkte für eine Neuorientierung des Mobilitätsverhaltens sind biografische Umbrüche wie ein Wechsel des Arbeitsplatzes oder ein Umzug (Harms et al., 2007). So sind wichtige Kooperationspartner im Rahmen des Mobilitätsmanagement Firmen, Institutionen und Wohnungsunternehmen. Für das Mobilitätsmanagement sind sie günstig, weil in solchen Situationen besonderes Interesse an aktualisiertem Umweltwissen besteht und auch noch keine eingefahrenen Verhaltensroutinen bestehen. Der neue Mitarbeiter in der Firma bekommt z. B. Informationen über ÖV-Verbindungen, Neubürger werden im Einwohnermeldeamt mit Informationen über das Verkehrsnetz in ihrer Stadt bedacht.

Bäumer & Freudenau (2004) haben die Möglichkeiten des Mobilitätsmanagement in Kooperation mit Wohnungsunternehmen beleuchtet. Ausgehend davon, dass die Wohnung für rund 90 % aller Aktivitäten außer Haus der Ausgangspunkt ist, sind wohnortbezogene Mobilitätsdienstleistungen der naheliegende Ansatz für die individuelle Mobilitätsplanung. Beispiele sind Car-Sharing für Mieter zu günstigen Konditionen, Fahrradhäuser, um Fahrräder diebstahlsicher parken zu können, sowie preiswerte Mietertickets, bei denen sich der Preisvorteil dadurch ergibt, dass das Wohnungsunternehmen ein größeres Kontingent an vergünstigten Fahrscheinen erwirbt und den dabei gewonnenen Preisvorteil an die Mieter weiter gibt. Da die Mobilitätskosten eine zentrale Zielkategorie der Verkehrsmittelwahl sind (vgl. Kap. 5.4), ist dieser Ansatz erfolgversprechend.

Diese Zielkategorie wird auch beim „road pricing" thematisiert. Schade und Schlag (2004) stellten fest, dass die Akzeptanz von Straßenbenutzungsgebühren eher gering ist. Dies ist auch zu erwarten. In ihrer in Athen, Como, Oslo und Dresden durchgeführten Befragung von insgesamt 954 Autofahrern fanden sie heraus, dass die Akzeptanz nicht vom Einkommen abhängt, sondern von der sozialen Norm, den persönlichen Ergebniserwartungen und der wahrgenommenen Effektivität. „Je höher der wahrgenommene soziale Druck ist, eine Maßnahme zu akzeptieren, je stärker persönliche Vorteile aus der Implementation der Maßnahme erwartet werden und je höher des Weiteren die Effektivität der Maßnahme eingeschätzt wird, desto höher ist die Akzeptanz der jeweiligen Preismaßnahme" (Schade & Schlag, 2004, S. 221).

Ein psychologischer Beitrag zu den Strategien der Effizienzsteigerung durch Ausnutzung der vorhandenen Möglichkeiten mit den Mitteln der Technik ist die systematische Evaluation der eingesetzten Maßnahmen im Hinblick auf die gesetzten Ziele sowie die prospektive Folgenabschätzung (impact assessment). Dabei geht es, wie Fleischer (1996) betont hat, nicht allein um die Beurteilung der beabsichtigten Folgen, sondern vor allem auch um die Einschätzung der unbeabsichtigten negativen Begleiterscheinungen dieser Eingriffe. Ein Beispiel ist die Planung einer neuen Bahntrasse für Hochgeschwindigkeitszüge. Die Folgenabschätzung würde sich nicht allein auf die Zeiteinsparung für Reisende beziehen, sondern auch die ökologischen und sozialen Auswirkungen umfassen.

9.6 Veränderungen räumlicher Strukturen?

Als zentraler Ansatz bei der Umsetzung des verkehrspolitischen Leitbilds, die individuelle Mobilität zu erhalten, jedoch die negativen Folgen des Verkehrs spürbar zu verringern, gilt die Förderung verkehrsreduzierender Strukturen (Hautzinger et al. 1997). Die Förderung der „Nahmobilität auf Quartiersebene" bzw. die Verwirklichung der „Stadt der kurzen Wege" scheint auf den ersten Blick eine optimale Lösung zu sein. Die negativen Folgen des Verkehrs würden automatisch vermindert werden, weil man für die kurzen Wege kein motorisiertes Verkehrsmittel benötigt. Statt einer Trennung der Funktionen Wohnen, Arbeiten, Konsum und Freizeit, wie sie in den 1930er Jahren propagiert wurde, wird in der Stadt der kurzen Wege das Gegenteil, nämlich eine kleinräumige Mischung, angestrebt, in der die im Alltagsleben wichtigen Orte zu Fuß oder mit dem Rad erreichbar sind. Eine derartige Mischung von Wohn- und alltäglich wichtigen Zielorten wie Kindertagesstätten, Schulen und Läden für den alltäglichen Bedarf ist das Grundmuster einer „walkable community" (Napier et al., 2011). Dieser auf den ersten Blick plausibel erscheinende Lösungsansatz wirft jedoch etliche Fragen auf. Besonders zu Buche schlägt, dass die meisten Städte längst gebaut und die räumlichen Strukturen fixiert sind. Die Freiheitsgrade der Planung sind dementsprechend gering. Auch wegen der Besitzverhältnisse von Grund und Boden lassen sich Raumstrukturen nur begrenzt planen. Nur hier und da gibt es größere Stadterweiterungsprojekte, bei denen versucht werden könnte, die Stadt der kurzen Wege zu realisieren. Eine kleinräumige Nutzungsmischung setzt voraus, dass keine reinen Wohngebiete ausgewiesen werden, in denen laut Baunutzungsverordnung andere Nutzungen als das Wohnen nur ausnahmsweise zulässig sind (vgl. z. B. die Baunutzungsverordnung Hamburg, §3). Nur in Mischgebieten sind Geschäfts- und Bürogebäude, Einzelhandelsbetriebe, Cafés, Gaststätten und Restaurants ausdrücklich erlaubt. Eine ideale Nutzungsmischung ist: In den unteren Stockwerken gibt es Läden und „third places", darüber wird gewohnt. Schulen und Kindertagesstätten sind zentral gelegen und von überall gut zu erreichen. Nicht auszuschließen sind dabei vermehrte Nutzungskonflikte wie z. B. die Störung der „Wohnruhe" durch Kinderlärm, der von dem nahe gelegenen Kindergarten und der Schule mit Außengelände und Schulhof herüber schallt.

Neben der Nutzungsmischung ist es die Verdichtung, die Entfernungen verkürzen soll. Es ist jedoch offensichtlich, dass durch extremes Verdichten Freiräume verloren gehen. Auf diese Freiräume, die vor allem auch als Spiel- und Bewegungsräume für Kinder dienen, legen aber manche Bewohnergruppen großen Wert. Anderen ist an einem „standesgemäßen" räumlich großzügigen Wohnen mit viel Wohnfläche und einem großen Grundstück ringsum gelegen, für das sie weite Entfernungen in Kauf nehmen (Schimek, 1996).

Nutzungsmischung auf der städtebaulichen Ebene ist nicht identisch mit einer Nutzungsmischung auf der individuellen Ebene, denn die Zielorte sind, auch wenn sie zur gleichen Kategorie gehören, individuell unterschiedlich. Auch wenn z. B. Arbeitsmöglichkeiten in der Nähe der Wohnung vorhanden sind, so sind es doch angesichts der hoch differenzierten Arbeitswelt in den seltensten Fällen die individuell passenden oder gewünschten Arbeitsplätze.

Neben dem hohen Differenzierungsgrad im Arbeitsbereich sind auch die Gewöhnung an eine mobile Lebensform und die individuellen Vorlieben für bestimmte Wohnlagen und Regionen wichtige Faktoren, so dass raumstrukturelle Maßnahmen im Sinne der Stadt der kurzen Wege schon deshalb nur begrenzt wirksam sein können. Siedlungsstrukturen stellen für einen Menschen keine invarianten Bedingungen mehr dar, da sie durch individuelle Entscheidungen wie einen Wohnortswechsel oder einen Wechsel der (mit dem Auto erreichbaren) Zielorte mehr oder weniger frei wählbar sind (Scheiner, 2007). Insbesondere örtlich ungebundene Menschen werden diese Wählbarkeit zu nutzen wissen. Zu erwähnen ist noch, dass Menschen das „being away" als Kontrast zum Alltag schätzen und als erholsam empfinden.

Und schließlich hat auch die Entwicklung der Informations- und Kommunikationstechnik dazu beigetragen, dass physische Distanzen an Bedeutung verloren haben (Scheiner, 2007). Der mobile Mensch verfügt über Möglichkeiten, weite Entfernungen in vergleichsweise kurzer Zeit zu überwinden. Ohne jeden Zeitaufwand lassen sich Distanzen auch virtuell überbrücken. An dieser Stelle wird jedoch die auf die physische Umwelt fokussierte Mobilitätspsychologie verlassen und der Bereich der Psychologie des Internet betreten (vgl. Stokols & Montero, 2002). Beide Möglichkeiten befreien den Menschen von einer Ortsabhängigkeit (place dependence) und bescheren ihm einen Zuwachs an Verhaltenskontrolle.

Crane (2000) hat in seiner Zusammenschau vorliegender Ergebnisse zur Frage des Zusammenhangs zwischen räumlichen Strukturen und Mobilitätsverhalten ein ernüchterndes Fazit gezogen: „Little verifiable evidence supports the contention that changes in urban form will affect travel as intended at the scale proposed" (S. 3). Er führt drei Aspekte an:

- Kürzere Wege können dazu führen, dass mehr Wege zurück gelegt werden. Sinnvoller ist, die Fortbewegungsgeschwindigkeiten zu verringern.
- Die geografische Skala ist wichtig: Für Fußgänger sind andere Entfernungen maßgeblich als für Autofahrer. Kurze Wege bedeuten je nach Verkehrsmittel etwas anderes.
- Die individuelle Entscheidung für einen Wohnstandort beeinflusst im Nachhinein das Mobilitätsverhalten.

Das Fazit lautet, dass die Bemühungen, verkehrsreduzierende räumliche Strukturen zu realisieren, zweifellos sinnvoll sind, dass aber schon allein wegen der Komplexität der Wirkungszusammenhänge nicht erwartet werden kann, dass sich damit viel erreichen lässt. Hinzu kommt noch, dass sich die Menschen längst auf die „Stadt der langen Wege" eingestellt haben.

9.7 Schutz der Umwelt und Erhalt der Gesundheit

Der Schutz der natürlichen Umwelt ist seit vielen Jahren ein aktuelles Thema, was sich in wissenschaftlichen und populären Publikationen sowie nationalen und internationalen Forschungsprogrammen widerspiegelt. In Deutschland wird derzeit intensiv über die Frage der Energiewende, d. h. der Umstellung von fossilen und nuklearen auf erneuerbare Energien, diskutiert. Wie Andreas Knie im Vorwort konstatiert, ist dabei das mit Abstand größte zu lösende Problem der enorme Mengen an Energie verbrauchende Verkehr. Schon lange ist bekannt, dass der Verkehr auf verschiedene Weise die Umwelt belastet. Die negativen Folgen sind vielfältig, auch die Auswirkungen des Verkehrs auf die Tierwelt gehören dazu, deren Biotope durch den Bau von Straßen zerstört werden. Umweltschutz gehört seit langem zu den gesellschaftlichen Werten, wobei unter Werten Vorstellungen von Wünschenswertem verstanden werden, die als Orientierungsmuster die Auswahl von Zielen und Mitteln beeinflussen (Hellbrück & Kals, 2012).

Eine intakte Umwelt ist Voraussetzung für die Möglichkeit, gesund leben zu können. Ansatzpunkte für den Schutz der Umwelt und den Erhalt der Gesundheit sind zum einen Verhaltensänderungen, zum anderen Veränderungen der Umwelt. Beide Ansatzpunkte werden im Folgenden näher betrachtet. Es geht zum einen um die Stärkung des Umweltbewusstseins und der Mobilitätskompetenz, zum anderen um die Veränderung ungünstiger Umweltbedingungen und die Erweiterung von Verhaltensangeboten bzw. Verhaltenskontrolle.

9.7.1 Förderung von Umweltbewusstsein und Mobilitätskompetenz

Umweltbewusstsein setzt sich aus verschiedenen Komponenten zusammen. Es umfasst das Umwelterleben, eine gefühlsmäßige Betroffenheit, Umweltwissen sowie umweltbezogene Wertorientierungen und Verhaltensabsichten. In weiter gefassten Definitionen wird auch das auf die Umwelt bezogene Verhalten zum Umweltbewusstsein gerechnet. Meistens wird jedoch, wie Hellbrück und Kals (2012) konstatiert haben, von einem engeren Begriff ausgegangen, bei dem Verhaltensabsichten und Verhalten nicht dazu gerechnet werden. Dies ist angesichts der immer wieder festgestellten „Kluft" zwischen Einstellung und Verhalten sinnvoll, denn es bereitet dann weniger Probleme die Frage, wie diese Kluft bedingt ist, zu beantworten. Matthies und Homburg (1998) haben auf die Skepsis der im Umweltschutz tätigen Praktiker hingewiesen, die psychologischen Konstrukten wie individuellen Werthaltungen, Kognitionen und emotionalen Bewertungen keinen nennenswerten Einfluss auf das Umweltverhalten beimessen, sondern stattdessen die Situation als entscheidend ansehen, in der sich der Mensch befindet. Es ist sicherlich einfacher, die weniger greifbaren und schwer zu messenden psychologischen Konstrukte außen vor zu lassen, doch wie die in Abb. 9.1, S. 182, und Abb. 9.2, S. 184, dargestellten Modelle klar vor Augen führen, sind zufriedenstellende und für Voraussagen brauchbare Erklärungen Umwelt bezogenen Verhaltens ohne Bezugnahme auf innerpsychische Prozesse kaum möglich.

Um Umweltbewusstsein zu stärken, sind folgende Ansätze naheliegend:

- Es werden Gelegenheiten zum Erleben der Umwelt ge...
- Es werden in anschaulicher und ansprechender Form ... ionen über die Umwelt und über die Wechselwirkungen zwischen Me... und Umwelt vermittelt.
- Es werden Beziehungen zwischen dem eigenen Verhalten und den Auswirkungen auf die Umwelt hergestellt mit dem Ziel, eine gefühlsmäßige Betroffenheit zu erzeugen.

Einstellungen speisen sich nicht nur aus medialen Informationen über die Umwelt, sondern vor allem aus direkten Erfahrungen. Positive Einstellungen zum Umweltschutz bilden sich schwerlich heraus, wenn die Umwelt nie erfahren wird. So haben Kals et al. (1998) empirisch bestätigen können, dass die Häufigkeit von Naturaufenthalten sowohl mit der Absicht, die Natur zu schützen, als auch mit dem tatsächlichen Umwelt bezogenen Verhalten korreliert.

Inwieweit umweltbewusst gehandelt wird, ist dennoch immer auch eine Frage des Wissens über Handlungsmöglichkeiten. Wer z. B. nicht weiß, dass es vom Bahnhof zum Nationalpark eine Buslinie gibt, auf der alle zwanzig Minuten ein komfortabler Bus verkehrt, der nicht mehr Zeit benötigt als das Auto, zieht diese Möglichkeit nicht in Betracht, sie kommt ihm nicht in den Sinn.

Damit sich ein gestärktes Umweltbewusstsein im Handeln niederschlagen kann und Verhaltensabsichten verwirklicht werden können, ist Verhaltenskontrolle bzw. Handlungsspielraum erforderlich, wobei möglich viele der objektiv bestehenden Handlungsmöglichkeiten „in den Sinn kommen" sollten (Tanner, 1998). Mobilitätskompetenz lässt sich definieren als Überblick über die objektiv bestehenden Möglichkeiten. Inwieweit ein Mensch Mobilitätskompetenz besitzt, lässt sich daran ablesen, dass er nicht auf ein einzelnes Verkehrsmittel fixiert ist, sondern je nach Situation dieses oder jenes nutzt und in dieser oder jener Weise kombiniert. Ein solches Mobilitätsverhalten lässt auf einen Überblick über das Verkehrsangebot schließen und auf die Fähigkeit, kompetent und routiniert zwischen Verkehrsmitteln wechseln zu können. Franke (2004) sprach von den „neuen Multimodalen", für die das Auto weiter nichts ist als ein Verkehrsmittel unter anderen. Sie benötigen es nicht, um Extramotive zu befriedigen. Sie kennen das Verkehrsangebot und sind in der Lage, die erforderlichen und die gewünschten räumlichen Fortbewegungen zu optimieren, so dass Zeit und Kosten gespart werden, ohne dass auf Komfort verzichtet werden muss.

Beispielsweise wird der Arbeitsweg mitunter mit dem Fahrrad und manchmal mit dem ÖV zurückgelegt. Voraussetzung ist nicht nur die Verfügbarkeit über Verkehrsmittel, sondern auch Wegewissen. Mobilitätskompetenz schließt ein, dass ein Mensch über eine kognitive Karte verfügt, in der die Routen für verschiedene Verkehrsmittel repräsentiert sind.

Mobilitätskompetenz lässt sich durch konkrete Erfahrungen und durch Vermittlung von Wissen über Optionen fördern. Ein Beispiel ist die für Schüler der 5. bis 7. Klassen entwickelte Lernsoftware „Mit dem Fahrrad durchs Netz" („Beiki") (Hacke & Flade, 2004; Flade & Hacke, 2004). Die Lösung der darin enthaltenen „Forscheraufgaben" erfordert eine Begegnung mit der alltäglichen Verkehrswelt. Die Schüler sollen nicht nur lernen, sich umsichtig und den Regeln entsprechend im Straßenverkehr zu verhalten. Sie sollen vielmehr ein Mobilitätsverständnis entwickeln, das sie lange, bevor sie Erwachsene sind, befähigt, Mobilität und Verkehr im Zusammenhang mit gesellschaftlichen Entwicklungen und Umweltbelastungen zu sehen. Ein solches vertieftes Verständnis ist ebenfalls ein Bestandteil von Mobilitätskompetenz.

Exkurs: die Lernsoftware „Beiki"

Die in erster Linie auf Anpassung ausgerichtete Verkehrserziehung als Eingliederung der heranwachsenden Generation in die bestehenden Verkehrsverhältnisse reichte nicht mehr aus. Um diese Neuorientierung sichtbar zu machen, hat Bongard (1997) den Begriff „Mobilitätserziehung" propagiert, deren Aufgabe sei, zur Ermöglichung umweltbewusster und sozialverträglicher Mobilität beizutragen. Zu dieser erweiterten Zielvorstellung trug die Erkenntnis bei, dass der Straßenverkehr im Unterschied zum ÖV kein technisches System ist, in dem professionelles Dienstpersonal für die Mobilitätsbelange zuständig ist, sondern jeder einzelne ist zuständig. Lediglich die Auto- und Motorradfahrer benötigen eine Lizenz.

Die Internet-basierte Lernsoftware „Mit dem Fahrrad durchs Netz", abgekürzt „Beiki"[29], wurde in interdisziplinärerer Zusammenarbeit für diejenige Gruppe von Schülern entwickelt, die nach abgeschlossener Grundschulzeit weiterführende, meist auch weiter entfernte Schulen besuchen, die auf ihren Schulwegen nicht mehr wie in der Grundschulzeit von Erwachsenen begleitet werden und die ihre Schulwege oft mit dem Fahrrad zurücklegen. An der Konzeption und Erstellung waren Fachleute aus den Bereichen Psychologie, Design, Informatik, Pädagogik und Soziologie beteiligt (vgl. Hacke & Flade, 2004).

Beiki besteht aus sechs Lerntouren (Themenblöcken). Jede beginnt mit einem Quiz, dem sogenannten Testspiel. Auf diese Weise wird das Interesse an der The-

---

29 Die Lernsoftware ist im Internet unter www.beiki.de verfügbar und als CD Rom im Institut Wohnen und Umwelt in Darmstadt erhältlich. Namensgeber der Internetplattform und Identifikationsfigur ist das sprechende Fahrrad „Beiki", das durch die Lerntouren führt und die Wissensvermittlung unterhaltsam auflockert.

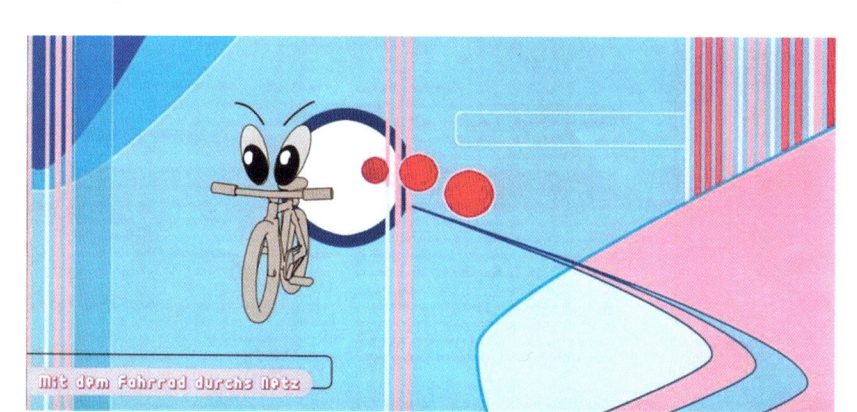

Schutz der Umwelt und Erhalt der Gesundheit 245

Abbildung 9.13 Startseite von Beiki (Flade & Hacke, 2004, S. 323)

matik geweckt. „Forscheraufgaben" am Schluss jeder Lerntour bieten die Möglichkeit, gezielt ganz bestimmte konkrete Erfahrungen zu machen. Die Themen, die aufgrund der modularen Struktur von Beiki einzeln herausgegriffen werden können, werden nicht abstrakt abgehandelt, sondern knüpfen an für Kinder und Jugendliche typischen Erfahrungen aus der Verkehrswirklichkeit an. Ergänzt werden die Lerntouren mit Infoseiten, d. h. weiterführenden Informationen zu den jeweiligen Themen. Der Einstieg erfolgt mit „Beiki", einem besonders designten Fahrrad (vgl. Abb. 9.13).

Die sechs Lerntouren von Beiki sind:

1. die Fahrradverkehrsinfrastruktur
2. die Ausstattung rund ums Rad
3. Miteinander im Straßenverkehr
4. Umweltschutz
5. Motive der Verkehrsmittelwahl
6. Entwicklungsgeschichte des Fahrrads.

Unschwer zu erkennen ist, dass die ersten drei Lerntouren auf Verkehrserziehung ausgerichtet sind. Behandelt werden Aspekte der Fahrradverkehrsinfrastruktur, z. B. Art und Qualität der verschiedenen Wegetypen, Fragen der Fahrrad- und der eigenen Ausstattung als Radfahrer sowie wichtige Verkehrsregeln, um ein konfliktfreies und verkehrssicheres Miteinander im Straßenverkehr zu ermöglichen. Die dann folgenden drei Lerntouren gehen über die herkömmliche Verkehrserziehung hinaus. Themen wie Umweltschutz und Verkehrsmittelnutzung rücken ins Blickfeld. So befasst sich die vierte Lerntour mit den negativen Folgen des Verkehrs wie vor allem Lärmbelastung, Luftverschmutzung, Platzbedarf und Energieverbrauch. In der fünften Lerntour werden die Motive der Verkehrsmittelwahl untersucht und in Bezug zu sozialen und gesellschaftlichen Einflussfaktoren gesetzt. Die letzte Lerntour ist der Geschichte des Fahrrads gewidmet. Es wird dargestellt, wie sich das Fahrrad aus elementaren Entwicklungsschritten und technischen Errungenschaften zu einem wichtigen und geschätzten Verkehrsmittel hat entwickeln können (vgl. Kap. 4.2).

9.7.2 Weniger Lärm – Maßnahmen zum Schutz gegen Verkehrslärm (Rainer Guski)

Im Bereich des Lärmschutzes werden üblicherweise drei Ebenen unterschieden: Maßnahmen an der Quelle, zwischen Quelle und Empfänger und am Empfänger.

Maßnahmen an der Quelle

Die Hersteller von Kraftfahrzeugen und Flugzeugen werden nicht müde, darauf hinzuweisen, dass diese Lärmquellen durch technische Entwicklungen im Verlauf der Jahre immer leiser geworden sind, und auch die Eisenbahn-Betreiber rühmen sich deshalb. Die Hersteller geben dann gern Pegelminderungen um 10 dBA im Verlauf von 20 Jahren an, aber unabhängige Messungen unter normalen Betriebsbedingungen kommen zu kleineren, wenngleich immer noch beachtenswerten Erfolgen. Beispielsweise zeigte eine Untersuchung des TÜV-Nord (RWTUEV, 2005), dass der durchschnittliche Vorbeifahrtpegel von Pkw mit Benzinmotor bei Stadtgeschwindigkeit von etwa 75 dBA im Jahr 1978 um zwei dB auf etwa 73 dBA im Jahr 2001 sank; der eines Diesel-Pkw sank im selben Zeitraum um 2,5 dB von 76 auf 73,5 dBA. Auch wenn der Geräuschpegel eines einzelnen Autos, Flugzeugs oder eines Eisenbahnzuges im Verlauf der letzten 20 Jahre hörbar gesunken ist, so ist diese Hörbarkeit doch nur theoretisch, denn die Menge der vorhandenen Fahr- bzw. Flugzeuge und die Anzahl sowie die Geschwindigkeit und Reichweite der Bewegungen dieser Quellen sind im selben Zeitraum so stark gestiegen, dass der Minderungseffekt der einzelnen Quelle in der Regel vollständig durch die Verkehrsmenge „aufgefressen", teilweise sogar überkompensiert wird: Für etwa denselben Zeitraum hat die Bundesanstalt für Straßenwesen (Ullrich, 1997) geschätzt, dass der durchschnittliche energieäquivalente Dauerschallpegel an Kreisstraßen um etwa 1,5 dBA zunahm, der an Autobahnen sogar um 2,5 dBA.

Die Überkompensation des technischen Fortschritts an den Pkw durch die Zunahme der Menge und Art ihrer Nutzung kann durch verschiedene organisatorische Maßnahmen an der Quelle begrenzt werden, beispielsweise durch Betriebsbeschränkungen hinsichtlich der Fahrzeugklasse (Pkw/Lkw), der Nutzungszeit (z. B. tags/nachts) und der Fahrtgeschwindigkeit. Schon lange fordern die Umweltverbände „Tempo 30 in Wohngebieten", und schon lange ist bekannt, dass diese Maßnahme hilft, die Lärmbelastung in entsprechend baulich gestalteten Wohngebieten zu verringern. Beispielsweise schreibt Rey (2006) nach einer kurzen Darstellung von Untersuchungen an real existierenden Tempo-30-Zonen in Deutschland, Österreich und der Schweiz: „Eine Minderung des Mittelungspegels (Leq) von −1 dBA bis −1.5 dBA ist häufig ... Die besten Ergebnisse geben eine mögliche Reduktion des Dauerschallpegels Leq um −3 dBA an" (Rey, 2006, S. 14). Auch diese Zahlen klingen weitaus weniger beeindruckend als die 3,5 dB Dauerschallpegelreduktion, die Modellrechnungen zu Tempo 30-Zonen in den 1980er Jahren versprachen (Kemper & Steven, 1984), aber dennoch ist festzuhalten, dass umfassende Baumaßnahmen, die eine Wohnstraße von einer Rennstrecke in einen Aufenthaltsraum für alle Verkehrsteilnehmer verwandeln, bisher unter allen quellenbezogenen Maßnahmen im Straßenverkehr relativ kurzfristig bessere Pegelminderungen erreichten als die rein technischen Maßnahmen an der Quelle. Zudem hat sich herausgestellt, dass die durchschnittliche Lärmbelästigung der Wohnbevölkerung in Tempo 30-Zonen deutlich geringer ausfällt, als die reine Pegelminderung gegenüber dem früheren Tempo 50-Zustand erwarten ließ (Steffen & Mazur, 2003) – ein Ergebnis, das wir auch bei anderen Maßnahmen an der Quelle finden, teils auch bei Maßnahmen zwischen Quelle und Empfänger.

Maßnahmen zwischen Quelle und Empfänger

Unter diesem Stichwort werden Schallschutzmaßnahmen zusammengefasst, die eine Ausbreitung des Schalls in Richtung auf Empfänger verringern sollen. In der Regel sind das Abschirmungen durch Bauten, wie z. B. Schallschutzwände oder Schallschutzwälle, die auf dem Weg des Schalls zwischen der Quelle und Wohngebäuden oder anderen empfindlichen Einrichtungen errichtet werden. Je nach Höhe und Bauart können diese Abschirmungen Pegelminderungen bis zu 70 dBA im Nahbereich der Abschirmung erzielen, jedoch nimmt die Pegelminderung stark mit der Entfernung ab. In einer schwedischen Untersuchung (Nilsson & Berglund, 2006) war die Pegelminderung einer 2,25 m hohen Betonwand ab 100 m Entfernung kaum messbar, und die Anwohner bezeichneten sie dann auch als ziemlich nutzlos, aber im Nahbereich war die Minderung der Belästigung und Störung meist höher als nach den EU-Standardkurven (Miedema & Oudshoorn, 2001) auf Grund der Pegelminderung zu erwarten. Eine deutsche Untersuchung an vier Lärmschutzwänden in der Nähe von Autobahnen (Kastka, et al., 1995) kam zu ähnlichen Ergebnissen und stellte darüber hinaus fest, dass die Minderung von Störungen und Belästigungen noch bis zu zehn Jahren nach Errichtung der Schallschutzwand deutlich messbar war.

Maßnahmen am Empfänger

Unter diesem Stichwort werden Maßnahmen zusammengefasst, die eigentlich nur dann ergriffen werden sollten, wenn Maßnahmen an der Quelle oder am Ausbreitungsweg aus technischen oder finanziellen Gründen nicht durchgeführt werden können. Zu nennen sind vor allem der Einbau von Schallschutzfenstern oder das Tragen von persönlichem Gehörschutz (Ohrstöpsel, Antischall-Kopfhörer etc.). Diese Maßnahmen gelten zwar unter professionellen Lärmbekämpfern als „letztes Mittel", wenn alle anderen nicht mehr ergriffen werden können, erfreuen sich aber teilweise regen Zuspruchs bei Lärmquellenbetreibern und Betroffenen.

Beispielsweise gilt der Einbau von Schallschutzfenstern bei Flughafenbetreibern als relativ preiswerte und effektive Methode, um den Fluglärm innerhalb des Hauses von Lärmbetroffenen auf ein erträgliches Maß zu senken – hier werden je nach Qualität des Fensters zwischen 30 und 60 dB Schalldämmung erreicht, was vor allem in der Nacht einen wirksamen Schutz des Schlafes verspricht. Und auch Lärmbetroffene stehen Schallschutzfenstern zumindest so lange positiv gegenüber, wie sie selbst noch keines besitzen bzw. beim Einbau finanziell und organisatorisch durch den Flughafen unterstützt werden. Im Gebrauch werden allerdings die Nachteile solcher Fenster schnell deutlich: Sie müssen geschlossen bleiben, wenn sie akustisch wirken sollen, und sie schützen auch nur den Innenbereich von Häusern. Geschlossene Fenster bedeuten aber oft eine Verschlechterung des Raumklimas (Anstieg der Innentemperatur, begrenzter Luftaustausch usw.), eventuell störende Geräusche durch eine künstliche Belüftungseinrichtung und die Behinderung des oft gewünschten akustischen Kontakts zur Nachbarschaft (z. B. zu den eigenen Kindern im Garten). Solche Erfahrungen bzw. Erwartungen mögen mit ein Grund dafür sein, dass im Durchschnitt nur etwa drei Viertel der Menschen, die einen Rechtsanspruch auf die Finanzierung von Schallschutzfenstern haben, diesen auch realisieren. In einem Bericht über die Befragung von 765 Fluglärm-Betroffenen mit Schallschutzfenstern heißt es: „[…] so effektiv passive Schallschutzeinrichtungen – im akustischen Sinne richtig angewandt – in Innenräumen die Außengeräusche dämmen können, so wenig effizient scheinen sie in Bezug auf die Minimierung dessen zu sein, was mit der Geräuschdämmung eigentlich erreicht werden soll, nämlich die Minderung der Beeinträchtigung durch den Außenlärm. Dies gilt vor allem für den Nachtzeitraum" (Schreckenberg, 2011, S. 5).

9.7.3 Neue Verkehrsangebote und umweltverträgliche Mobilität

Die programmatische Aussage „weniger Umweltbelastungen" umfasst ein weites Spektrum an Zielen und Aktivitäten. Wichtig sind vor allem die Verringerung des Flächenverbrauchs und der Schadstoffe in der Luft. Diese beiden Punkte sollen im Folgenden näher betrachtet werden.

Weniger Flächenverbrauch

„Die automobile Ausstattung der Haushalte in den Boomregionen Chinas, Indiens und Brasiliens hat noch gar nicht begonnen, da zeigt sich schon ein gravierender Platzengpass" (Canzler & Knie, 2012, S. 7 f.). Solche Platzengpässe gibt es in den Städten der westlichen Welt schon seit langem. Der naheliegende Lösungsansatz ist die Reduzierung des Flächenverbrauchs durch Bündelung der individuellen Fortbewegungen und der Einsatz weniger raumgreifender Fahrzeuge. Die Bündelung der individuellen Fortbewegungen ist der Übergang vom individuellen zum gemeinsam genutzten Verkehrsmittel. Eine private Variante sind Fahrgemeinschaften (= car pools) bzw. das Carpooling, bei denen der im Auto verfügbare Platz ausgenutzt wird. Carpooling lässt sich auch institutionalisieren, was sich insbesondere bei Arbeitswegen anbietet, indem Betriebe, Institutionen und Behörden Fahrgemeinschaftsinteressen ermitteln und koordinieren. Wipfler (1994) hat dazu bemerkt, dass in vielen großen Betrieben in den USA Treffen veranstaltet werden, um sich kennenzulernen und auszutauschen und auf diese Weise die psychologischen Barrieren bei der Bildung von Fahrgemeinschaften zu verringern. Nachteilig sind der Verlust an Verhaltenskontrolle und Privatheit. Man ist weniger frei in den Abfahrtszeiten und man kann sich weniger von den anderen distanzieren und abgrenzen.

Eine erhebliche Flächeneinsparung bringt die Nutzung öffentlicher Verkehrsmittel, was der in Abb. 9.14 angestellte Vergleich sichtbar macht. Eine Person im Bus benötigt erheblich weniger Fläche als eine Person im Pkw.

Ein platzsparendes individuelles Verkehrsmittel ist das Fahrrad. In der aktuellen Verkehrspolitik spiegelt sich eine positive Haltung dazu wider. Im Nationalen Radverkehrsplan, der am 5. September 2012 vom Bundeskabinett beschlossen wurde, wird ein Anteil des Radverkehrs von 15 % (derzeit 10 %) an den insgesamt zurück gelegten Wegen für möglich und erstrebenswert gehalten (BMV, 2012).

Man muss kein Fahrrad besitzen, das womöglich gestohlen werden könnte, man kann es mieten. Stadtfahrräder, die es bereits in vielen Städten wie z. B. Dijon und Hamburg gibt (vgl. Abb. 9.15), können mit einer elektronischen Kundenkarte, die sowohl zur Abrechnung als auch Identifizierung der Nutzer dient, gemietet werden.

Abbildung 9.14 Vergleich des Flächenverbrauchs für den Autoverkehr und den ÖV (mit freundlicher Genehmigung der Hochbahn Hamburg)

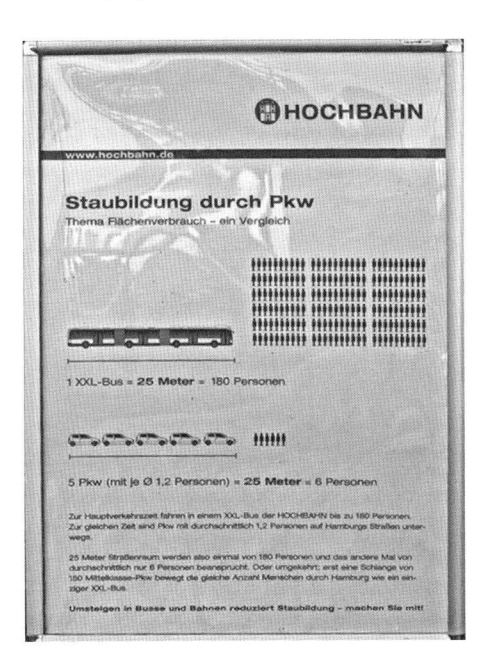

Als konkretes Beispiel sei hier das Fahrradleihsystem in Hamburg, als „StadtRad" bezeichnet, vorgestellt. Die Stadträder sind leicht an ihrer einheitlichen Form und ihrer roten Farbe zu erkennen. An rund 80 Orten im Stadtgebiet können die Fahrräder entliehen werden. Der Kunde benötigt zur Registrierung eine EC- oder Kreditkarte. Er muss seinen Namen, Adresse und Handynummer in das System eingeben, und es erscheint der Öffnungscode für das Fahrradschloss, den er an dem ausgesuchten Fahrrad auf einem kleinen Display eingeben muss. Nach der Rückgabe des Fahrrads an einem dieser Verleihstationen wird die Leihgebühr von seiner EC- oder Kreditkarte abgebucht.

Eine neue Variante des Fahrrads ist das Elektrofahrrad, auch als E-Bike oder Pedelec (= Pedal Electric Cycle) bezeichnet, bei dem das Treten des Pedals mit Hilfe eines Elektromotors unterstützt wird. Die Energie liefert ein Akkumulator. In den Niederlanden sind Pedelecs bereits weit verbreitet (Thiemann-Linden, 2012). Eine deutliche Zunahme ist inzwischen auch in Deutschland zu verzeichnen. Diese Entwicklung ist nicht nur auf den technischen Fortschritt wie z. B. eine

Abbildung 9.15   Stadtfahrräder in Dijon und Hamburg (eigene Fotos)

größere Reichweite der Akkus oder eine Senkung der Preise zurückzuführen, sondern auch darauf, dass zunehmend mehr ältere Menschen, denen das konventionelle Rad fahren zu mühsam geworden ist, das Pedelec zu schätzen wissen. Weitere Gruppen sind die Umweltbewussten, die ein umweltverträgliches Fahrzeug suchen, das jedoch schneller als das herkömmliche Fahrrad ist, darüber hinaus die Bewohner hügeliger und bergiger Regionen und schließlich Berufstätige, die mit dem Fahrrad zur Arbeit fahren wollen, dort aber nicht abgekämpft und verschwitzt ankommen möchten.

Das Pedelec ist in Deutschland führerscheinfrei und wird als Fahrrad eingestuft, wenn die Höchstgeschwindigkeit 25 km/h nicht übersteigt. Um die verkehrlichen Auswirkungen des E-Bikes fundierter einschätzen zu können, werden zur Zeit in einem Forschungsprojekt die folgenden Fragestellungen untersucht: Auswirkungen der höheren Geschwindigkeiten gegenüber dem konventionellen Fahrrad, Überholen der konventionellen Räder durch die schnelleren Pedelecs auf Radwegen, die dafür nicht die nötige Breite haben, eine vermehrte Verkehrsbeteiligung älterer Menschen, die verlängerten Bremswege wegen des höheren Fahrzeuggewichts und die falsche Einschätzung der Geschwindigkeit, weil von den Erfahrungen mit konventionellen Fahrrädern ausgegangen wird[30].

Anzunehmen ist, dass sich das Verkehrsgefüge mit zunehmender Verbreitung der E-Bikes verändern wird, denn die schnelleren motorisierten Fahrräder brauchen breitere Radwege als die langsameren konventionellen Räder. Weil sie schneller sind und ihre Nutzung mit weniger Anstrengungen verbunden ist, wer-

---

30 Das Forschungsprojekt wird von der BASt gefördert. Auftragnehmer sind die Planungsgemeinschaft Verkehr in Hannover und das Institut Wohnen und Umwelt in Darmstadt.

den sie sehr wahrscheinlich auch nachgefragt werden, wobei die Frage ist, ob das E-Bike eine Alternative zum Auto ist oder ob es lediglich das konventionelle Fahrrad ersetzt.

Verringerung der durch den motorisierten Verkehr erzeugten Schadstoffe

Ein wichtiger Schritt, um die im Straßenverkehr produzierten Schadstoffmengen zu reduzieren, ist der Einbau des Abgaskatalysators in Fahrzeugen mit Verbrennungsmotor gewesen. Durch den Katalysator konnten die Schadstoffemissionen im Abgas drastisch reduziert werden. Ein weiterer wichtiger Ansatz ist das Elektroauto. Das Elektroauto hat keinen Verbrennungsmotor, es benötigt keine fossilen Brennstoffe, und es ist emissionsfrei. Es ist ein vierrädriges Fahrzeug, das durch die von einer Batterie zur Verfügung gestellte elektrische Leistung über einen Elektromotor angetrieben wird (Rammler, 2011). Weil die vom Verkehr verursachten Emissionen sowie die Abhängigkeit vom nicht unerschöpflichen Erdöl eine Umorientierung in Richtung einer neuen Energiepolitik erfordern, wird derzeit in der Automobilindustrie über den Einsatz von Strom als Antriebsenergie intensiv diskutiert (Weider & Rammler, 2011; Canzler & Knie, 2012).

Die Stromerzeugung durch Windenergie ist nicht unproblematisch: Die weithin sichtbaren Windenergieanlagen und Windparks in windreichen Regionen schmälern den ästhetischen Eindruck der Landschaft, die ihre „Natürlichkeit" verliert und sich in eine unschöne Industrielandschaft verwandelt.

Batteriehersteller, Autoindustrie und Energieversorger brauchen außerdem auch noch einige Jahre, bis ein ausgereiftes und bezahlbares Produkt auf dem Markt ist. Dazu ist auch die Lösung des Problems zu rechnen, Energieüberschüsse speichern und in Überlastzeiten flexibel regulieren zu können.

Doch auch wenn eine weite Verbreitung der Elektromobilität momentan noch nicht in Sicht ist, so haben, wie Rammler (2011) meint, Elektroautos bereits ein „Öko-Prestige". Derzeit sind Fahrer von Elektroautos überwiegend Männer im Alter von 35 bis 55 Jahren mit überdurchschnittlich hohem Bildungsstand. Hauptmotive für die Anschaffung eines Elektroautos sind das Bestreben, zum Umweltschutz beizutragen, das Interesse an der neuen Technik, dann aber auch das Selbstwert steigernde Gefühl, zur technischen Avantgarde zu gehören, erlebbar in der Aufmerksamkeit, die das neuartige Fahrzeug hervorruft.

Dass die Geräuscharmut der Elektrofahrzeuge auch ein Problem sein kann, zeigt das Ergebnis wahrnehmungspsychologischer Untersuchungen, dass nämlich audiovisuelle Information für Orientierungsreaktionen weitaus wirksamer ist als rein visuelle oder rein akustische. Eine Katze zeigt z. B. keine besonderen Zuwendungsreaktionen, wenn sie einen Vogel nur hört oder nur sieht, sie wendet sich dem Vogel jedoch sofort zu, sobald sie ihn sieht *und* hört (Guski, 1996, S. 336 f.).

Ebenso richten Menschen ihre Aufmerksamkeit eher auf herannahende Autos, wenn sie diese auch hören. Forschungsergebnisse belegen die Bedeutung auditiver Information, was bei der Einführung geräuschfreier Fahrzeuge in Rechnung gestellt werden muss.

Canzler und Knie (2012) sehen das Elektroauto als einen Baustein innerhalb eines intermodalen Verkehrsangebots an, denn ihrer Ansicht nach wird bei allen Fortschritten in Batterietechnik und Steuerungselektronik die Leistung der Verbrennungsmotoren schwerlich zu erreichen sein. „Ein kleines und leichtes Elektro-Auto [...] könnte zum integralen Element eines umfassenden öffentlichen Verkehrsangebotes werden. Die Verknüpfung der verschiedenen Verkehrsträger mit ihren jeweiligen Stärken unter Einschluss des Elektroautos führt zu intermodalen Dienstleistungen[...]. Die Perspektive heißt also Integration der Verkehrsmittel, ihre Schlüsseltechnik dürfte die personalisierte Informations- und Kommunikationstechnik sein" (Canzler & Knie, 2012, S. 8).

Parallel zur Weiterentwicklung des Elektroantriebs beim Kfz wird zur Zeit intensiv darüber geforscht, wie verschiedene Antriebstechniken kombiniert werden können, um gegebenenfalls situationsabhängig eine jeweils angemessenere Antriebsart einzusetzen. Diese als Hybridtechnik bezeichnete Variante läuft auf das Vorhandensein von mehreren Motoren (i. a. Verbrennungs- und Elektromotor) in einem Fahrzeug hinaus, die gleichzeitig oder auch getrennt wirken können. Inzwischen bieten zwar nahezu alle Hersteller derartige Fahrzeuge an; ihr Anteil am Pkw-Bestand betrug jedoch Anfang 2012 nach der Pressemitteilung 3/2012 des KBA lediglich 0,11 %; der Anteil der reinen Elektrofahrzeuge sogar lediglich 0,01 %. Hieraus ist unschwer auf die noch zögerliche Akzeptanz der Autofahrer zu schließen.

Durch den Ausbau zu einem gewerbliche Flottenbetrieb (vgl. Canzler & Knie, 2012) in der Weise, dass an mehreren Standorten Fahrzeuge zur Verfügung stehen, verwischen sich die Grenzen zum privat betriebenen Car Sharing. Die Idee des Nutzens statt Besitzens ist, wie Franke (2001) es eingeschätzt hat, inzwischen über den engeren Kreis der ökologisch Motivierten hinausgelangt. Das Car Sharing hat sich zu einem flächendeckenden gewerblich betriebenen Angebot entwickelt, das die Verfügbarkeit und Verlässlichkeit verbessert, so dass die mit dem Auto Teilen verbundene Ungewissheit, ob zum gewünschten Zeitpunkt auch ein Auto verfügbar ist, verringert wird. Dementsprechend wird damit geworben, dass immer, wenn ein Auto benötigt wird, es auch zur Verfügung steht. Und es ist einfach handhabbar: Man muss nur einsteigen, es nutzen, so lange man möchte, und es danach auf einem beliebigen Parkplatz im Geschäftsgebiet abstellen. Dadurch ist individuelle Verhaltenskontrolle gewährleistet.

Die Philosophie des Nutzens statt Besitzens dürfte zu einem insgesamt pragmatischeren Umgang mit dem Auto beitragen, denn der Besitz eines bestimm-

Abbildung 9.16 Car2go
(eigenes Foto)

ten Autotyps würde als Mittel der Befriedigung von Motiven wie Selbstdarstellung und Prestige entfallen. Das wird dadurch unterstützt, dass die Fahrzeuge alle gleich aussehen. Ein weiterer Effekt ist, dass das neue Angebot weithin sichtbar wird, wenn man überall in der Stadt auf diese Fahrzeuge trifft (vgl. Abb. 9.16). Eine neue soziale Norm kann sich herausbilden.

„Car2go bietet Ihnen höchste Flexibilität im Alltag – 24 Stunden rund um die Uhr, an 7 Tagen die Woche, 365 Tage im Jahr. Egal ob Sie vorher reservieren oder sich ganz spontan dazu entscheiden. Machen Sie Zwischenstopps oder fahren Sie direkt zu Ihrem Ziel und stellen Sie das car2go dort ab, wo Sie wollen.

Auf diese Weise steht Ihnen die Stadt immer offen und Sie erreichen jedes Ziel in kürzester Zeit.

Damit Ihnen wirklich nichts im Wege steht, kümmern wir uns um das Betanken und um die Reinigung des Fahrzeugs. Beides ist im günstigen Minutenpreis bereits enthalten.

Mit car2go bleiben Sie jederzeit flexibel und genießen eine neue, wegweisende Form der innerstädtischen Mobilität – ohne Fixkosten oder Kaution.

Wir wünschen Ihnen einen guten Start in die Zukunft und – gute Fahrt!"
(http://www.car2go.com/duesseldorf/de/konzept/idee (18. 9. 2012)).

Bezogen auf das „Einflussschema umweltrelevanten Verhaltens" (vgl. Abb. 9.2, S. 184) bedeuten diese Entwicklungen eine Vermehrung der Verkehrsangebote und eine Erweiterung der individuellen Verhaltenskontrolle, wobei das Mobiltelefon zum Verknüpfungsinstrument wird.

Ausblick   10

Eine der zahlreichen Fragen, die Andreas Knie im Vorwort aufwirft, ob wir wirklich einen Paradigmenwechsel im Verkehr erleben und das eigene Auto tatsächlich an Bedeutung verliert, lässt sich auch am Ende des Buches nicht mit einem klaren „Ja" oder „Nein" beantworten. Betrachtet man die Entwicklung des Pkw-Bestands in Deutschland in Abb. 8.1, S. 174 und die Ergebnisse des Vergleichs der Jahre 2002 und 2008 in der repräsentativen Erhebung „Mobilität in Deutschland in Tab. 2.2, S. 26, würde man „nein" sagen. Andererseits spricht einiges für ein „Ja". In den großen Metropolen wie Paris, London und New York fallen die vielen Rad fahrenden Menschen ins Auge, in Berlin und Hamburg bilden Radfahrer zu bestimmten Zeitpunkten eine „critical mass", die in Pulks auf den Fahrbahnen unterwegs ist und mit solchen Massenauftritten allen sichtbar macht, dass man sich auch anders fortbewegen kann als mit dem Auto[31]. Abb. 10.1 vermittelt davon einen Eindruck.

Solche Beobachtungen würden indessen – vor allem angesichts der steigenden Pkw-Zahlen – noch nicht ausreichen, um daraus auf eine „Verkehrswende" zu schließen. Unverzichtbar sind hier objektive Quellen und valide Statistiken. Sivak und Schoettle (2012b) haben sich in ihrer Analyse darauf bezogen. Die Forscher stellten durch Vergleich verschiedener Zeitpunkte fest, dass zunehmend weniger junge Menschen in den USA einen Führerschein machen. „The results indicate that the general trend continues. For example, the percentages of persons 19 years of age with a driver's license in 1983, 2008, and 2010 were 87.3, 75.5, and 69.5, re-

---

31 In der Straßenverkehrsordnung sind solche Fahrten in § 27 geregelt: Mehr als 15 Radfahrer bilden einen Verband und dürfen nebeneinander auf der Fahrbahn fahren. Genau wie jeder andere Fahrzeug-Verband gilt diese kritische Masse von 15 Radfahrern als ein Fahrzeug, was dadurch noch unterstrichen wird, dass die Radelnden eng zusammen bleiben. Das ist nur bei einer moderaten Fahrgeschwindigkeit möglich, was einem aggressiven Fahrstil von vorneherein „den Wind aus den Segeln nimmt".

Abbildung 10.1 Critical mass
(eigenes Archiv)

spectively" (Sivak & Schoettle, 2012b, S. 341). Dieser Trend ist insofern besonders bemerkenswert, als die USA ein Auto affines Land sind, in dem bereits die 16-Jährigen den Führerschein machen können.

In ihrer Länder vergleichenden Studie, in die neben den USA 14 Länder einbezogen waren, stellten Sivak und Schoettle (2012a) fest, dass dieser Trend auch in anderen Ländern zu finden ist und zwar in Schweden, Norwegen und Großbritannien sowie in Deutschland, Kanada, Japan und Südkorea. Dass ein solcher Rückgang aber nicht in allen Ländern der westlichen Welt zu verzeichnen ist, zeigten die Vergleiche von zwei Zeitpunkten in Finnland, Polen, Lettland, Israel, den Niederlanden, der Schweiz und Spanien. In diesen Ländern war ein Anstieg des Prozentanteils der jungen Fahrer bezogen auf die Bevölkerung dieser Altersgruppe erkennbar. Die Abkehr von der Automobilität ist bei jungen Menschen also nicht durchgängig zu finden. In Abb. 10.2 ist dies für einige Länder veranschaulicht.

Sivak und Schoettle (2012a) nehmen an, dass der Anteil an Führerscheininhabern unter den jungen Erwachsenen in Ländern mit einem höheren Anteil an Internet Nutzern geringer ist, was sie damit begründen, „ that access to virtual contact through electronic means reduces the need for actual contact among young people." (S. 131).

Die Entwicklung der Kommunikationstechnik ist zweifellos ein wichtiger Aspekt, doch nur einer unter vielen. Entscheidend ist auch die Sichtbarkeit des Wandels, wie z. B. das Phänomen der „critical mass". Deshalb beginnen Entwicklungen dieser Art immer in den großen Städten und Metropolen, in denen es viele

Ausblick

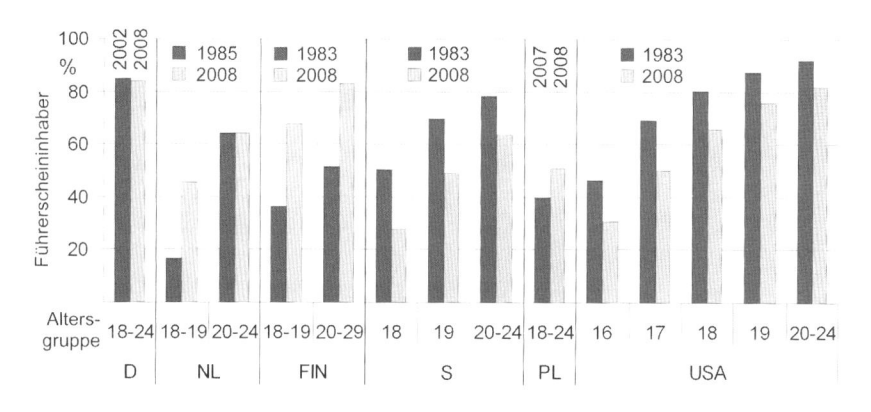

Abbildung 10.2 Führerscheininhaber in Prozent der Bevölkerung der Altersgruppe nach ausgewählten Ländern und Zeitpunkten (Ausschnitte aus den Grafiken von Sivak & Schoettle, 2012a, S. 128 ff.)

Menschen gibt, die gemeinsam ein weithin sichtbares Ereignis in Szene setzen können.

Städte sind der Ort, an dem Veränderungen beginnen und sichtbar werden. Zugleich sind es die vom Menschen am stärksten geprägten Umwelten. „No environment more clearly shows the hand of humanity than cities […]. Nowhere is there such diversity, novelty, intensity, and choice as in cities" (Bell et al., 1996, S. 371). Neue städtebauliche Leitbilder werden dort proklamiert und verwirklicht. Ein Beispiel ist die autogerechte Stadt in der Nachkriegszeit[32]. Deren wichtigstes Ziel war ein ungehinderter Autoverkehr, so dass diesem viel Fläche zugewiesen wurde, was nach dem Krieg kaum auf Nutzungskonflikte stieß, da viele Gebäude ohnehin zerstört waren und abgerissen wurden. Die autogerechte Stadt wurde vor allem in den Zeiten des Wiederaufbaus realisiert, so auch in Hamburg (vgl. Abb. 10.3).

Das Auto war Symbol des Wiederaufbaus, es erschloss den Menschen nach Zeiten der Entbehrung neue Perspektiven und Lebensmöglichkeiten. Angesichts dieser Perspektiven wurde dem Auto viel Raum gewährt. Parallel zum Anstieg der Autos auf den Straßen wuchs der Bedarf an Verkehrsinfrastruktur. Neue Straßen wurden angelegt und ausgebaut, das Straßennetz erweitert, Tunnel und Brücken gebaut. Eine solche umfassende Umweltaneignung ist prägend (Graumann, 1996),

---

32 So benannt nach dem Titel des 1959 erschienenen Buches „Die autogerechte Stadt" von Hans Bernhard Reichow.

Abbildung 10.3 Die Stadt und das Auto (mit freundlicher Genehmigung des Staatsarchivs Hamburg, Signatur 720-1 344-29=25516)

sie hinterlässt schwer zu beseitigende Spuren und bestimmt das Erscheinungsbild der Stadt weit in die Zukunft hinein.

Um solche Prägungen und Entwicklungen besser verstehen und erklären zu können, bietet sich das umweltpsychologische Paradigma des Transaktionalismus an (Altman & Rogoff, 1987). Es knüpft an das Konzept der Mensch-Umwelt-Wechselbeziehung an, das besagt, dass Mensch und Umwelt sich wechselseitig beeinflussende Teile eines Systems sind. Das transaktionalistische Paradigma ist jedoch komplexer. Es besagt, dass Mensch und Umwelt keine voneinander getrennten Komponenten sind, sondern zusammen ein Beziehungsgeflecht bilden, in dem beide Teile in einem dynamischen Geschehen zu einer untrennbaren Ganzheit verbunden sind (Hellbrück & Kals, 2012). In dynamischen Systemen gibt es keinen Stillstand und damit auch keinen Endzustand. Durch Aneignung der Umwelt hat der Mensch jedoch die Möglichkeit, diesen nie endenden Prozess so zu beeinflussen, dass ein individuell und gesellschaftlich wünschenswertes Beziehungsgeflecht erreicht wird.

Betrachtet man den mobilen Menschen aus transaktionalistischer Perspektive, dann stellt man ihn mitsamt der Umwelt in ein enges ganzheitliches Wirkungsgefüge, das sich infolge der ständigen wechselseitigen Einflussnahme fortwährend wandelt. Die Vorstellung, dass sich die gegenwärtigen Verkehrsprobleme mit diesen oder jenen Maßnahmen einfach lösen lassen, beruht auf einem wirklichkeitsfremden zu stark vereinfachenden deterministischen Modell.

Durch sein Mobilitätsverhalten verändert der Mensch die Umwelt. Diese wirkt auf den Menschen zurück und veranlasst ihn zu Handlungen und Anpassungen, die wiederum die Umwelt verändern. Neue Verkehrsangebote wie Elektroauto, Elektrofahrrad, gewerblich betriebenes Car Sharing und das kommunale Leihfahrrad repräsentieren die sich verändernde Verkehrsumwelt. Parallel dazu beginnen sich die Menschen intermodal zu verhalten, sie sind weniger autoorientiert, sie fahren mehr Fahrrad, wobei dieser Trend auch von dem Bedürfnis getragen wird, trotz Bewegungsarmut gesund und fit zu bleiben (Canzler & Knie, 2012). Und sie sorgen dafür, dass die künftige Generation nahtlos in die mobile Gesellschaft hineinwächst (vgl. Abb. 10.4). Schon Kleinkinder verfügen heute über ein individuelles Verkehrsmittel.

Abbildung 10.4 Hineinwachsen in die mobile Gesellschaft (eigenes Foto)

Nur auf den ersten Blick scheint diese intensivierte Verkehrssozialisation ein Widerspruch zur „verhäuslichten Kindheit" zu sein. Der Außenraum ist für Kinder heute nicht mehr ein Spiel- und Streifraum, wie ihn Martha Muchow vor vielen Jahrzehnten erforscht hat, und auch viel weniger ein „free range", sondern überwiegend ein „range with related adults", in dem Kinder auf ihren Wegen begleitet werden; der Außenraum ist immer mehr zum Verkehrsraum geworden.

Für die Menschen in mobilen Gesellschaften ist es längst Normalität, weite Strecken und relativ viele Wege zurückzulegen. Sie haben die Mittel dazu und haben sich längst diesen Anforderungen angepasst. Aus welchen Gründen auch immer sich Menschen fortbewegen, sei es zum Zwecke eines reibungslosen Ablaufs des alltäglichen Lebens, der Erkundung einer noch unbekannten Umgebung, der Erlangung von Wohlbefinden und einem positiven Körpergefühl, der Stärkung des Selbstwertgefühls und der Ich-Identität, der Selbstdarstellung anderen gegenüber sowie des Strebens nach Verhaltens- und Umweltkontrolle, alle diese Motive haben den Erfindungsgeist des Menschen angeregt, zu Innovationen geführt, die Entwicklung der Technik vorangetrieben und gesellschaftlich wichtige Wirtschaftssektoren begründet. Durch Aneignung der Umwelt hat sich der Mensch eine eigene, von Technik durchdrungene Umwelt geschaffen, die ihm neue Erlebens- und Verhaltensmöglichkeiten eröffnet hat, wenn diese auch nicht immer sozial erwünscht waren. Thrill beim Erleben hoher Geschwindigkeiten, der bis zum „Geschwindigkeitsrausch" führen kann, gehört ebenfalls zu den technischen „Errungenschaften".

Die Dynamik, die in der wechselseitigen Beeinflussung liegt, wird sowohl durch die menschliche Anpassungsfähigkeit als auch durch die Veränderungen und Aneignungen der Umwelt durch den Menschen ermöglicht und voran getrieben. Der Mensch kann sich den unterschiedlichsten Umweltbedingungen anpassen. Durch die Art und Weise, wie er seinen Alltag organisiert und lebt, passt er sich fortwährend veränderten Bedingungen und Anforderungen an. Wenn er das Auto braucht, um seinen Arbeitsplatz zu erreichen, wird er sein Bedürfnis nach körperlicher Bewegung in der Freizeit befriedigen. Der Ausgleich mangelnder körperlicher Bewegung im Alltag durch vermehrte Bewegung und Sport in der Freizeit bis hin zum „Aktivurlaub" sind Anpassungsleistungen. Ebenso können mobile Lebensformen, die heute noch als Rastlosigkeit erscheinen, zum Normalzustand werden. Ein beschleunigter „pace of life" und ständiges Unterwegssein und als Ausgleich Ruhe und Erholung im Wellness-Center sind neue dialektische Lebensformen.

Was sind angesichts der Dynamik transaktionaler Prozesse, in denen sowohl die Anpassungsfähigkeit als auch die Aneignungsbestrebungen des Menschen zum Ausdruck kommen, und angesichts der Tatsache, dass es keinen Stillstand gibt, die Zielvorstellungen? Immer noch aktuell sind die Förderung des Umweltbewusstseins und der Mobilitätskompetenz. Mietangebote wie Car2go und das kommunale Stadtfahrrad, die Umsetzung des Nationalen Radverkehrsplans 2020 (BMV, 2012), eine verstärkte Nutzung des ÖV anstelle des Autos und die selbstverständliche Mobilitätskarte für jedermann sowie schließlich die Begrünung und Verschönerung von Wohnumgebungen und Städten, um den Drang in die Ferne zu verringern, können in ihrer Gesamtheit die Entwicklung in eine wünschenswerte Richtung lenken. Inwieweit die diversen Lösungsvorschläge, Programme und Maßnahmen die gewünschte Wirkung entfalten, z. B. ein rücksichtsvolleres Verhalten durch Umgestaltung von Verkehrsräumen zu Shared Spaces, hängt davon ab, inwieweit sich Planung und Gestaltung nicht nur auf räumliche Einheiten wie Straßen, Plätze, Wegenetze, Parkplätze, Autobahnen und Haltestellen usw. beziehen, sondern auf Mensch-Umwelt-Beziehungen.

Literaturverzeichnis

Abramson, L. Y., Seligman, M. E. P. & Teasdale, J. D. (1978). Learned helplessness in humans: Critique and reformulation. Journal of Abnormal Psychology, 87, 49–74.
Ajzen, I. (1991). The theory of planned behavior. Organizational Behavior and Human Decision Processes, 50, 179–211.
Altman, I. & Rogoff, B. (1987). World views in psychology: Trait, interactional, organismic and transactional perspectives. In D. Stokols & I. Altman (Eds.). Handbook of environmental psychology (Vol. 1, S. 7–40). New York: Wiley.
Appleyard, D. (1970). Styles and methods of structuring a city. Environment and Behavior, 2, 100–117.
Appleyard, D. & Lintell, M. (1972). The environmental quality of city streets: The residents viewpoint. Journal of the American Institute of Planners, 38, 84–101.
Bamberg, S. (1996). Zeit und Geld: Empirische Verhaltenserklärung mittels Restrisiko am Beispiel der Verkehrsmittelwahl. ZUMA-Nachrichten, 20. Jg., Heft 38, 7–32.
Banks, S., & Dinges, D. F. (2007). Behavioral and physiological consequences of sleep restriction. Journal of Clinical Sleep Medicine, 3, 519–528.
Barkley, R., Guevremont, D., Anastopoulus, A., Paul, G. & Shelton, T. (1993). Driving related risks and outcomes of attention deficit hyperactivity disorder in adolescents and young adults: A three- to five-year follow-up survey. Pediatrics, 92, 212–218.
BASt (2010). Begutachtungs-Leitlinien zur Kraftfahrereignung. Bearb. von N. Gräcmann & M. Albrecht. Berichte der Bundesanstalt für Straßenwesen, Mensch & Sicherheit, M 115. Bremerhaven: Wirtschaftsverlag NW.
Bauhardt, C. (2007). Feministische Verkehrs- und Raumplanung. In O. Schöller, W. Canzler & A. Knie (Hrsg.). Handbuch Verkehrspolitik (S. 301–319). Wiesbaden: VS Verlag.
Bäumer, D. & Freudenau, H. (2004). Mobilitätsmanagement in Kooperation mit der Wohnungswirtschaft. Verkehrszeichen, 20. Jg., Heft 1, 5–10.
Bell, P. A., Greene, T. C, Fisher, J. D. & Baum, A. (1996). Environmental psychology. 4. Aufl., Fort Worth: Harcourt College Publishers (5. überarbeitete Aufl. 2001).

Benfield, J. A., Bell, P. A., Troup, L. J. & Soderstrom, N. C. (2010). Aesthetic and affective effects of vocal and traffic noise on natural landscape assessment. Journal of Environmental Psychology, 30, 103–111.
Berg, B., Gorges, R., Pfafferott, I., Scheulen, A., Schibalski, F., Schlag, B., Wieynk, C. & Willmes-Lenz, G. (2000). Auf dem Prüfstand: Das Programm „Kind und Verkehr". Bonn: Deutscher Verkehrssicherheitsrat.
Bergmeier, A. (2000). Verkehrssicherheitsprogramme für Senioren in Deutschland. In Bundesanstalt für Straßenwesen (Hrsg.). Mehr Verkehrssicherheit für Senioren (S. 95–97). Bergisch Gladbach: Wirtschaftsverlag NW.
Berlyne, D. E. (1971). Aesthetics and psychobiology. New York: Appleton.
Bierhoff, H. W. (1996). Spielumwelt. In L. Kruse, C. F. Graumann & E.-D. Lantermann (Hrsg.). Ökologische Psychologie. Ein Handbuch in Schlüsselbegriffen (S. 365–370). Weinheim: Psychologie Verlags Union.
Bierhoff, H. W. (2002). Einführung in die Sozialpsychologie. Weinheim: Beltz.
Bleyer, R. & Bleyer, G. (2001). Mobil mit Bus und Bahn – Umsteigen bitte! Sache – Wort – Zahl, 29. Jg., 22–27.
Blumen, O. (1994). Gender differences in the journey to work. Urban Geography, 15, 223–245.
BMBau (1972). Leitsätze für die Rationalisierung im Wohnungsbau. Informationen, Nr. 39. Bonn: Bundesminister für Städtebau und Wohnungswesen.
BMU (Hrsg.). (2010). Umweltbewusstsein in Deutschland 2010. Ergebnisse einer repräsentativen Bevölkerungsbefragung. Berlin: BMU.
BMV (Bundesminister für Verkehr, Bau und Stadtentwicklung) (Hrsg). Nationaler Radverkehrsplan 2020. Berlin.
Bode, H. J. & Winkler, W. (2006). Fahrerlaubnis – Eignung, Entzug, Wiedererteilung, 5. Auflage. Bonn: Deutscher Anwalt Verlag.
Boers, K. & Kurz, P. (1997). Kriminalitätseinstellungen, soziale Milieus und sozialer Umbruch. In K. Boers, G. Gutsche & K. Sessar (Hrsg.). Sozialer Umbruch und Kriminalität in Deutschland (S. 187–252). Opladen: Westdeutscher Verlag.
Bollnow, O. F. (1963). Mensch und Raum. Stuttgart: Kohlhammer.
Bongard, A.-E. (1997). Erziehung und Bildung zu umweltbewusster Mobilität. Zeitschrift für Verkehrssicherheit, 43, 62–67.
Born, R. S., Brieler, P. & Sohn, J. (Hrsg.) (2010). Beurteilungskriterien in der Fahreignungsdiagnostik – Fortschritte und Optimierungsbedarf. Lengerich: Pabst Science Publishers.
Bornstein, M. H. (1979). The pace of life revisited. International Journal of Psychology, 14, 83–90.
Brieler, P., Grunow, H.-P. & Zentgraf, M. (2008). Alkoholtrinken und Fahren – Verfahren zur Verhaltensänderung. IFT – Kursleitermanual (5. Aufl.) (unveröffentl.). Hamburg: Institut für Schulungsmaßnahmen.
Brieler, P., Zentgraf, M., Krohn, B., Seidl, J. & Kalwitzki, K.-P. (2009). Kurse zur Wiederherstellung der Kraftfahreignung gem. § 70 FeV. Evaluation des Kursprogramms für verkehrsauffällige Kraftfahrer ABS. Zeitschrift für Verkehrssicherheit, 55, 139–144.
Brink, M., Wirth, K., Rometsch, R. & Schierz, C. (2005). Lärmstudie 2000. Zusammenfassung. Teil 1: Die Belästigung durch Fluglärm im Umfeld des Flughafens

Zürich (Bevölkerungsbefragungen der Jahre 2001 und 2003). Teil 2: Der Einfluss von abendlichem und morgendlichem Fluglärm auf Belästigung, Befindlichkeit und Schlafqualität von Flughafenanwohnern (Feldstudie). Zürich: ETH Zürich, Zentrum für Organisations- und Arbeitswissenschaften.

Bronzaft, A. L. & McCarthy, D. P. (1975). The effect of elevated train noise on reading ability. Environment and Behavior, 7, 517–527.

Brower, S. (1980). Territory in urban settings. In I. Altman, A. Rapoport & J. F. Wohlwill (Eds.). Human behavior and environment (S. 179–207). New York: Plenum Press.

Brown, B. B. & Werner, C. M. (1985). Social cohesiveness, territoriality, and holiday decorations. Environment and Behavior, 17, 539–565.

Brüderl, J. & Preisendörfer P. (1995). Der Weg zum Arbeitsplatz: Eine empirische Untersuchung zur Verkehrsmittelwahl. In A. Diekmann & A. Franzen (Hrsg.). Kooperatives Umwelthandeln. Chur/Zürich: Rueger.

Bryan-Brown, K. & Harland, G. (1999). An evaluation of the Children's Traffic Club in Scotland (Research Findings No. 69). Glasgow: Transport Research Laboratory, University of Glasgow, Development Department Research Programme.

Bucheker, M., Hunziker, M. & Kienast, F. (2003). Participatory landscape development: overcoming social barriers to public involvement. Landscape and Urban Planning, 64, 29–46.

Buhr, R. (1999). Das Auto: ein Mittel zur Erleichterung der Haushaltsführung? In A. Flade & M. Limbourg (Hrsg.). Frauen und Männer in der mobilen Gesellschaft (S. 155–173). Opladen: Leske+Budrich.

Bundesamt für Bauwesen und Raumordnung (2003). Lebensbedingungen aus Bürgersicht. Bonn: Berichte Band 15.

Buschmann, V. (1995). Sicherheit ist gefragt. Der Nahverkehr, 13, Heft 6, 36–42.

Buschmann, V. & Wessels, G. (2000). Technische Sicherheit, Flexibilität, Zuverlässigkeit – die wichtigsten Vorteile des automatischen Betriebes der U-Bahn aus Sicht der Berliner Fahrgäste. Verkehr und Technik, 53. Jg., Heft 10, 475–478 (Teil 1) und Heft 11, 519–521 (Teil 2).

Cackowski, J. M. & Nasar, J. L. (2003). The restorative effect of roadside vegetation: Implications for automobile driver anger and frustration. Environment and Behavior, 35, 736–751.

Chaloupka-Risser, C., Risser, R. & Zuzan, W.-D. (2011). Verkehrspsychologie – Grundlagen und Anwendungen. Wien: Facultas.

Canzler, W. & Knie, A. (2012). Elektromobilität: Der Primat des Systemischen. Verkehrszeichen, 28. Jg., Heft 2, 7–11.

Clark, C., Martin, R., van Kempen, E., Alfred, T., Head, J., Davies, H. W., … Stansfeld, S. A. (2006). Exposure-effect relations between aircraft and road traffic noise exposure at school and reading comprehension: the RANCH project. American Journal of Epidemiology, 163(1), 27–37.

Cohen, A. (2001). Leistungsanforderungen und -möglichkeiten der Senioren als Fahrzeuglenker. In A. Flade, M. Limbourg & B. Schlag (Hrsg.). Mobilität älterer Menschen (S. 241–258). Opladen: Leske+Budrich.

Cohen, A. (2008). Wahrnehmung als Grundlage der Verkehrsorientierung bei nachlassender Sensorik während der Alterung. In B. Schlag (Hrsg.). Leistungsfähigkeit und Mobilität im Alter (S. 65–80). Köln: TÜV-Media.
Cohen, S., Glass, D. & Singer, J. (1973). Apartment noise, auditory discrimination and reading ability in children. Journal of Experimental Social Psychology, 9, 422–437.
Cooper Marcus, C. (1995). House as a mirror of self. Exploring the deeper meaning of home. Berkeley: Conari Press.
Crane, R. (2000). The influence of urban form on travel: An interpretative review. Journal of Planning Literature, 15(1), 3–23.
De la Motte-Haber, H. & Rötter, G. (Hrsg.). (1990). Musikhören beim Autofahren. Frankfurt am Main: Peter Lang.
Deutsches Polizeiblatt (2000). Junge Fahrer und Drogen – eine permanente Gefahr, 18, 3, 25–28.
Dogu, U. & Erkip, E. (2000). Spatial factors affecting wayfinding and orientation: A case study in a shopping mall. Environment and Behavior, 32, 731–755.
Draeger, W. & Klöckner, D. (2001). Ältere Menschen zu Fuß und mit dem Fahrrad unterwegs. In A. Flade, M. Limbourg & B. Schlag (Hrsg.). Mobilität älterer Menschen (S. 41–68). Opladen: Leske+Budrich.
Duperrex, O., Bunn, F. & Roberts, I. (2002). Safety education of pedestrians for injury prevention: a systematic review of randomised controlled trials. British Medical Journal, 321, 1–5.
Duvall, J. (2011). Enhancing the benefits of outdoor walking with cognitive engagement strategies. Journal of Environmental Psychology, 31, 27–35.
Echterhoff, W. (1990). Geschichte der Verkehrspsychologie. Zeitschrift für Verkehrssicherheit, 36, 50–70 (Teil 1); 98–112 (Teil 2).
Emsbach, M. (2001) Aktivierende Verkehrssicherheitsarbeit mit älteren Menschen. In A. Flade, M. Limbourg & B. Schlag (Hrsg.). Mobilität älterer Menschen (S. 273–284). Opladen: Leske+Budrich.
Engeln, A. (2001). Ältere Menschen im öffentlichen Verkehr. In A. Flade, M. Limbourg & B. Schlag (Hrsg.). Mobilität älterer Menschen (S. 69–84). Opladen: Leske+ Budrich.
Engeln, A. & Schlag, B. (2001). Abschlussbericht zum Forschungsprojekt Anbindung. Stuttgart: Kohlhammer.
Engeln, A. & Schlag, B. (2008). Kompensationsstrategien im Alter. In B. Schlag (Hrsg.) Leistungsfähigkeit und Mobilität im Alter (S. 255–273). Köln: TÜV-Media.
Eurelings-Bontekoe, E. H. M., Brouwers, E. P. M. & Verschuur, M. J. (2000). Homesickness among foreign employees of a multinational high-tech company in the Netherlands. Environment and Behavior, 32, 443–456.
Everett, P. B. & Watson, B. G. (1987). Psychological contributions to transportation. In D. Stokols & I. Altman (Eds.). Handbook of environmental psychology (Vol. 2, S. 987–1008). New York: Wiley.
Fack, D. (1999). Die Veränderung des Mobilitätsverhaltens von Frauen im Übergang zur Moderne. In A. Flade & M. Limbourg (Hrsg.). Frauen und Männer in der mobilen Gesellschaft (S. 33–47). Opladen: Leske+Budrich.
Fack, D. (2000). Automobil, Verkehr und Erziehung. Opladen: Leske+Budrich.

Falkenstein, M. & Sommer, M. (2008). Altersbegleitende Veränderungen kognitiver und neuronaler Prozesse mit Bedeutung für das Autofahren. In B. Schlag (Hrsg.). Leistungsfähigkeit und Mobilität im Alter (S. 113–133). Köln: TÜV-Media.

Feltes, T. (2003). Vandalismus und Sicherheit im öffentlichen Personennahverkehr – Zusammenhänge und Lösungsansätze. Kriminalistik, 5, 277–284.

Fields, J. M., De Jong, R. G., Gjestland, T. F., I. H., Job, R. F. S., Kurra, S., Lercher, P. V., M., ... Schuemer, R. (2001). Standardized noise reaction questions for community noise surveys: research and a recommendation. Journal of Sound & Vibration, 242(4), 641–679.

Fietkau, H.-J. & Kessel, H. (1981). Umweltlernen. Königstein/Taunus: Hain.

Finke, H.-O., Guski, R. & Rohrmann, B. (1980). Betroffenheit einer Stadt durch Lärm: Bericht über eine interdisziplinäre Untersuchung. Texte/Umweltbundesamt (Vol. 1). Berlin: Umweltbundesamt.

Fischer, M. & Stephan, E. (1996). Kontrolle und Kontrollverlust. In L. Kruse, C. F. Graumann & E.-D. Lantermann (Hrsg.). Ökologische Psychologie. Ein Handbuch in Schlüsselbegriffen (S. 166–175). Weinheim: Psychologie Verlags Union.

Fisher, B. S. & Nasar, J. L. (1992). Fear of crime in relation to three exterior site features. Prospect, refuge and escape. Environment and Behavior, 24, 35–65.

Flade, A. (1994). Effekte des Straßenverkehrs auf das Wohnen. In A. Flade (Hrsg.). Mobilitätsverhalten. Bedingungen und Veränderungsmöglichkeiten aus umweltpsychologischer Sicht (S. 155–169). Weinheim: Psychologie Verlags Union.

Flade, A. (2000). Emotionale Aspekte räumlicher Mobilität. Umweltpsychologie, 4, Heft 1, 50–63.

Flade, A. (2006). Wohnen psychologisch betrachtet. Bern: Hans Huber Verlag.

Flade, A. (2007). Die sozialen Kosten des Verkehrs. In O. Schöller, W. Canzler & A. Knie (Hrsg.). Handbuch Verkehrspolitik (S. 490–509). Wiesbaden: VS Verlag.

Flade, A. (2008). Architekturpsychologie. Bern: Hans Huber Verlag.

Flade, A. (2009). Unterwegs zur Schule. Grundschulzeitschrift, 224, 36–39.

Flade, A. & Guder, R. (1992). Mobilität und Stadtverkehr aus der Perspektive von Frauen. Darmstadt: Institut Wohnen und Umwelt.

Flade, A. & Hacke, U. (2001). Radfahren in der Stadt der kurzen Wege? Mobilität der Älteren in Städten unterschiedlicher Größenordnung. In A. Flade, M. Limbourg & B. Schlag (Hrsg.). Mobilität älterer Menschen (S. 127–140). Opladen: Leske+Budrich.

Flade, A. & Hacke, U. (2004). Von der „klassischen" Verkehrs- zur zeitgemäßen Mobilitätserziehung. Internationales Verkehrswesen, 56, Heft 7/8, 322–326.

Flade, A. & Limbourg, M. (1997). Das Hineinwachsen in die motorisierte Gesellschaft. Zeitschrift für Verkehrserziehung, Heft 3, 7-8 und 25.

Flade, A., Kalwitzki, K.-P. & Brieler, P. (2010). Verkehrspsychologische Beratung in der Verkehrsplanung – am Beispiel des IBA-Projektes „Tor zur Welt" in Hamburg. Verkehrszeichen, 26. Jg., Heft 3, 31–35.

Flade, A., Lohmann, G., Hacke, U., Borcherding, K. & Bohle, W. (2002). Einflussgrößen und Motive der Fahrradnutzung im Alltagsverkehr. Darmstadt: Institut Wohnen und Umwelt.

Fleischer, F. (1996). Folgenabschätzung und -bewertung (Impact assessment). In L. Kruse, C. F. Graumann & E.-D. Lantermann (Hrsg.). Ökologische Psychologie. Ein Handbuch in Schlüsselbegriffen (S. 245–252). Weinheim: Psychologie Verlags Union.

Follmann, W. (2000). Prädiktoren nicht-alkoholbedingter Verkehrsauffälligkeiten bei Fahranfängern. Aachen: Shaker.

FGSV (Forschungsgesellschaft für Straßen- und Verkehrswesen) (1995). Öffentlicher Personennahverkehr – Mobilitätsmanagement – ein neuer Ansatz zur umweltschonenden Bewältigung für Verkehrsprobleme. Köln: FGSV-Verlag.

Fox, K. R. (1999). The influence of physical activity on mental well-being. Public Health Nutrition, 2, 411–418.

Francescato, D. & Mebane, W. (1973). How citizens view two great cities: Milan and Rome. In R. M. Downs & D. Stea (Eds.). Image and environment. Cognitive mapping and spatial behavior (S. 131–147). Chicago: Aldine.

Franck, K. A. & Paxson, L. (1989). Women and urban public space. In I. Altman & E. H. Zube (Eds.). Human behavior and environment (Vol. 10, S. 121–146). New York: Plenum Press.

Franke, S. (2001). Car Sharing: Vom Ökoprojekt zur Dienstleistung. Hrsg. vom Wissenschaftszentrum Berlin für Sozialforschung. Berlin: edition sigma.

Franke, S. (2004). Die „neuen Multimodalen". Bedingungen eines multimodalen Verkehrsverhaltens. Internationales Verkehrswesen, 56 (3), 105–106.

Fuhrer, U. (2008). Ortsidentität, Selbst und Umwelt. In E.-D. Lantermann & V. Linneweber (Hrsg.). Grundlagen, Paradigmen und Methoden der Umweltpsychologie (S. 415–442). Göttingen: Hogrefe.

Fuhrer, U. & Kaiser, F. (1993). Ortsbindung: Ursachen und deren Implikationen für die Wohnungs- und Siedlungsgestaltung. In H.-J. Harloff (Hrsg.). Psychologie des Wohnungs- und Siedlungsbaus (S. 57–73). Göttingen: Verlag für Angewandte Psychologie.

Fuhrer, U., Kaiser, F. & Hartig, T. (1993). Place attachment and mobility during leisure time. Journal of Environmental Psychology, 13, 309–321.

Funk, W. & Faßmann, H. (2002). Beteiligung, Verhalten und Sicherheit von Kindern und Jugendlichen im Straßenverkehr. Bergisch Gladbach: Bundesanstalt für Straßenverkehr, Heft M 138.

Galster, G. (1987). Identifying the correlates of dwelling satisfaction. Environment and Behavior, 19, 539–568.

Gärling, T., Böök, A. & Lindberg, E. (1984). Cognitive mapping of large-scale environments. The interrelationship of action plans, acquisition, and orientation. Environment and Behavior, 16, 3–34.

Gärling, T., Svensson-Gärling, A. & Valsiner, J. (1984). Parental concern about children's traffic safety in residential neighbourhoods. Journal of Environmental Psychology, 4, 235–252.

Gaster, S. (1991). Urban children's access to their neighborhood. Changes over three generations. Environment and Behavior, 23, 70–85.

Gehlert, T. & Genz, K. (2011). Verkehrsklima in Deutschland 2010. Reihe Unfallforschung kompakt. Berlin: Gesamtverband der deutschen Versicherungswirtschaft e. V./Unfallforschung der Versicherer.

Gehlert, T. & Dziekan, K. (2011). Mobilitätspsychologie auf der 9th Biennal Conference on Environmental Psychology in Eindhoven. Verkehrszeichen, 27. Jg., Heft 4, 14–19.

Gerlach, J. (2010). Shared Space. Gemeinschaftsstraßen und Co. In Behörde für Stadtentwicklung und Umwelt (Hrsg.) Gemeinschaftsstraßen in Hamburg. Dokumentation der Fachtagung. Hamburg: Behörde für Stadtentwicklung.

Gerlach, J. & Leven, J. (2005). Busschule und Busbegleiter – Evaluation am Beispiel der Rheinbahn. Verkehrszeichen, 21. Jg., Heft 3, 16–20.

Gerlach, J., Neumann, P., Boenke, D., Bröckling, F., Lippert, W. & Rönsch-Hasselhorn, B. (2007). Mobilitätssicherung älterer Menschen im Straßenverkehr – Forschungsdokumentation. Köln: TÜV Media.

Gibson, J. J. (1979). The ecological approach to visual perception. Boston: Houghton Mifflin.

Giese, E. (1997). Verkehr und Verkehrswende als Thema der Psychologie. In E. Giese (Hrsg.). Verkehr ohne (W)Ende? Psychologische und sozialwissenschaftliche Beiträge (S. 11–48). Tübingen: dgvt Verlag.

Gifford, R. (2007). Environmental psychology: Principles and practice. 4. Aufl. Colville: Optimal Books.

Giles-Corti, B. & Donovan, R. J. (2003). Relative influences of individual, social environmental, and physical environmental correlates of walking. American Journal of Public Health, 93, 1583–1589.

Goldberg, T. (1969). The automobile. A social institution for adolescents. Environment and Behavior, 1, 157–185.

Gorr, H. (1997). Die Logik der individuellen Verkehrsmittelwahl. Theorie und Realität des Entscheidungsverhaltens im Personenverkehr. Giessen: Focus.

Graumann, C. F. (1990). Ansätze zu einer Psychologie der Großstadt. In G. Lensch (Hrsg.). Möglichkeiten der Analyse von natürlichen und kültürlichen Regelsystemen und ihren Verknüpfungen im städtischen Lebensraum (S. 64–75). St. Ingbert: Röhrig.

Graumann, C. F. (1996). Aneignung. In L. Kruse, C. F. Graumann & E. D. Lantermann (Hrsg.). Ökologische Psychologie. Ein Handbuch in Schlüsselbegriffen (S. 124–130). Weinheim: Psychologie Verlags Union.

Gregersen, N. P. & Berg, H. Y. (1994). Lifestyle and accidents among young drivers. Accident Analysis & Prevention, 26 (3), 297–303.

Gregersen, N. P. & Nolén, S. (1994). Children's road safety and the strategy of voluntary traffic safety clubs. Accident Analysis & Prevention, 26 (4), 463–470.

Gregory, R. L. (2001). Auge und Gehirn. Psychologie des Sehens. Reinbek: Rowohlt.

Groke, R. & Zackor, H. (2004). Stand der Verkehrstelematik in Deutschland im Europavergleich. Internationales Verkehrswesen, 56, Heft 7/8, 307–308.

Grunow, P., Brieler, P. (2008). Entspannung – Trainingsprogramm für Autofahrer. Bargteheide: Verlagskontor.

Guski, R. (1978). Defensive activation toward noise. Journal of Sound and Vibration, 59(1), 107–110.

Guski, R. (1987). Lärm: Wirkungen unerwünschter Geräusche. Bern: Hans Huber Verlag.

Guski, R. (1996). Wahrnehmen. Ein Lehrbuch. Stuttgart: Kohlhammer.

Guski, R. (1999). Personal and social variables as co-determinants of noise annoyance. Noise & Health, 1(3), 45–56.

Guski, R. (2004). How to forecast community annoyance in planning noisy facilities? Noise & Health, 6, 59–64.

Guski, R., Schuemer, R., & Felscher-Suhr, U. (1999). The concept of noise annoyance: how international experts see it. Journal of Sound and Vibration, 223(4), 513–527.

Gustafson, P. (2009). Mobility and territorial belonging. Environment and Behavior, 41, 490–508.

Hacke, U. & Flade, A. (Hrsg.) (2004). Mit dem Fahrrad durchs Netz. Konzepte und Grundlagen einer zeitgemäßen Mobilitätserziehung. Darmstadt: Institut Wohnen und Umwelt.

Häcker, H. (2003). Verkehrs- und Mobilitätspsychologie. In A. Schorr (Hrsg.). Psychologie als Profession (S. 598–611). Bern: Hans Huber Verlag.

Hacker, W. (1999). Handlung. In R. Asanger & G. Wenninger (Hrsg.). Handwörterbuch Psychologie (S. 275–282). Weinheim: Psychologie Verlags Union.

Hagemeister, C. & Tegen-Klebingat, A. (2011). Fahrgewohnheiten älterer Radfahrerinnen und Radfahrer. Köln: TÜV-Media.

Hall, E. T. (1979). Die Sprache des Raumes. Düsseldorf: Schwann.

Hammer, U. (1995). Kind und Verkehr – Ein Programm des Deutschen Verkehrssicherheitsrates und seiner Mitglieder. In Institut Sicher Leben (Hrsg.), Kindersicherheit: Was wirkt? Fachbuchreihe (Bd. 6, S. 326–334). Wien: Institut Sicher Leben.

Hardill, I. & Wheatley, D. (2010). Dual career couples, gender and migration. In D. Reuschke (Hrsg.). Wohnen und Gender (S. 239–259). Wiesbaden: VS Verlag.

Harms, S., Lanzendorf, M. & Prillwitz, J. (2007). Mobilitätsforschung in nachfrageorientierter Perspektive. In O. Schöller, W. Canzler & A. Knie (Hrsg.). Handbuch Verkehrspolitik (S. 735–758). Wiesbaden: VS Verlag.

Harris, P. B. & Houston, J. M. (2010). Recklessness in context. Individual and situational correlates to aggressive driving. Environment and Behavior, 42, 44–60.

Hart, R. A. (1979). Children's experience of place. New York: Irvington.

Hartmann, C. (2011). Shared Space aus psychologischer Sicht. Verkehrszeichen, 27. Jg., Heft 4, 8–14.

Hatfield, J. & Fernandes, R. (2009). The role of risk-propensity in the risky driving of younger drivers. Accident Analysis and Prevention, 41, 25–35.

Hautzinger, H., Knie, A. & Wermuth, M. (Hrsg.) (1997). Mobilität und Verkehr besser verstehen. Dokumentation. Berlin: Wissenschaftszentrum Berlin.

Heckhausen, H. (1964). Entwurf einer Psychologie des Spielens. Psychologische Forschung, 27, 225–243.

Heine W.-D. (1997). Mobilitätsmanagement. In E. Giese (Hrsg.). Verkehr ohne (W)Ende? Psychologische und sozialwissenschaftliche Beiträge (S. 95–112). Tübingen: dgvt-Verlag.

Heine, W. D. & Guski, R. (1994). Aspekte des Verkehrsverhaltens aus der Sicht des ökologischen Ansatzes von J. J. Gibson. In A. Flade (Hrsg.). Mobilitätsverhalten. Bedingungen und Veränderungsmöglichkeiten aus umweltpsychologischer Sicht (S. 65–80). Weinheim: Psychologie Verlags Union.

Held, M. (1980). Verkehrsmittelwahl der Verbraucher. Beitrag einer kognitiven Motivationstheorie zur Erklärung der Nutzung alternativer Verkehrsmittel. Selbstverlag. Augsburg.

Held, R. & Hein, A. (1963). Movement-produced stimulation in the development of visually guided behavior. Journal of Comparative and Physiological Psychology, 56, 872–876.

Hellbrück, J. & Kals, E. (2012). Umweltpsychologie. Wiesbaden: VS Verlag/Springer.

Henning, J. (2008). Verkehrssicherheitsberatung älterer Verkehrsteilnehmer – Handbuch für Ärzte. Bremerhaven: Wirtschaftsverlag NW.

Herberg, K.-W. (1994). Auswirkungen des Straßenbildes und anderer Faktoren auf die Geschwindigkeit. In A. Flade (Hrsg.). Mobilitätsverhalten. Bedingungen und Veränderungsmöglichkeiten aus umweltpsychologischer Sicht (S. 51–64). Weinheim: Psychologie Verlags Union.

Herzberg, P. & Schlag, B. (2003). Sensation Seeking und Verhalten im Straßenverkehr. In M. Roth & P. Hammelstein (Hrsg.). Sensation Seeking – Konzeption, Diagnostik und Anwendung (S. 162–182). Göttingen: Hogrefe.

Hewstone, M. & Martin, R. (2007). Sozialer Einfluss. In K. Jonas, W. Stroebe & M. Hewstone (Hrsg.). Sozialpsychologie. Eine Einführung. 5. Auflage (S. 359–408). Heidelberg: Springer.

Hieber, A., Mollenkopf, H., Kloé, U. & Wahl H. (2006). Kontinuität und Veränderung in der alltäglichen Mobilität älterer Menschen. Köln: TÜV-Media.

Hillman, M., Adams, J. & Whitelegg, J. (1990). One false move – A study of children's independent mobility. London: Policy Studies Institute (PSI).

Hochbahn, Institut Wohnen und Umwelt, RNV & HSB (2005). SuSi PLUS. Subjektives Sicherheitsempfinden im Personennahverkehr mit Linienbussen, U-Bahnen und Stadtbahnen. Darmstadt: Institut Wohnen und Umwelt.

Hoeger, R. (2000). Cognitive aspects of noise sensitivity. Paper presented at the 8th Oldenburg Symposium on Psychological Acoustics. Oldenburg.

Holte, H. (2005). Sind Alter und Krankheit ein Sicherheitsproblem? In H. Frank, K.-P. Kalwitzki, R. Risser & F. Spoerer (Hrsg.). 65 plus – Mit Auto mobil? (S. 35–44). Köln: AFN; Salzburg: INFAR. (In Motion – Humanwissenschaftliche Beiträge zur Sicherheit und Ökologie des Verkehrs, Band II).

Holte, H. (2007). Der automobile Mensch. Schlaglichter auf das Verhalten im Straßenverkehr. Köln: TÜV Media.

Holz-Rau, C. & Scheiner, J. (2009). Verkehrssicherheit in Stadt und (Um-)Land – Unfallrisiko im Stadt-Land-Vergleich. Zeitschrift für Verkehrssicherheit, 55, 4, 171–177.

Houston, J. M., Harris, P. B. & Norman, M. (2003). The aggressive driving behavior scale: Developing a self-report measure of unsafe driving practives. North American Journal of Psychology, 5, 269–278.

Hüttenmoser, M. (1994). Auswirkungen des Straßenverkehrs auf die Entwicklung der Kinder und den Alltag junger Familien. In A. Flade (Hrsg.). Mobilitätsverhalten. Bedingungen und Veränderungsmöglichkeiten aus umweltpsychologischer Sicht (S. 171–181). Weinheim: Psychologie Verlags Union.

Hunecke, M. (2010). Leben und Wohnen in städtischen Regionen. In V. Linneweber, E.-D. Lantermann & E. Kals (Hrsg.). Spezifische Umwelten und umweltbezogenes Handeln (S. 339–364). Göttingen: Hogrefe.

Hurrelmann, K. (2002). Autofahren als Abenteuer und Risikoverhalten? Die soziale und psychische Lebenssituation junger Fahrer. In Zweite Internationale Konferenz „Junge Fahrer und Fahrerinnen". Bericht der Bundesanstalt für Straßenwesen, Heft M 143 (S. 12–20). Bremerhaven: Wirtschaftsverlag NW.

Huss, A., Spoerri, A., Egger, M., Röösli, M. & Group, f. t. S. N. C. S. (2010). Aircraft noise, air pollution, and mortality from myocardial infarction. Epidemiology, 21(6), 829–836.

Imhof, M. & Klatte, M. (Eds.). (2011). Hören und Zuhören als Voraussetzung und Ergebnis von Unterricht und Erziehung (Vol. Fachgebiet Pädagogische Psychologie, Konstruktion und Evaluation von Lernumwelten). Weinheim: Juventa Verlag.

Infas & DIW Berlin (2004). Mobilität in Deutschland 2002. Ergebnisbericht (Verfügbar unter: www.mobilitaet-in-deutschland.de).

Infas & DLR (2010). Mobilität in Deutschland 2008. Im Auftrag des BMVBS (Verfügbar unter: www.mobilitaet-in-deutschland.de).

Ittelson, W. H. (1976). Environmental perception and temporary perceptual theory. In H. M. Proshansky, W. H. Ittelson & L.-G. Rivlin (Eds.). Environmental psychology. Zweite Auflage (S. 141–154). New York: Holt, Rinehart & Winston.

Ittelson, W. H. (1978). Environmental perception and urban experience. Environment and Behavior, 10, 193–213.

Janssen, S. A. & Vos, H. (2009). A comparison of recent surveys to aircraft noise exposure-response relationships. TNO Report (Vol. TNO-034-DTM-2009-01799, pp. 14).

Jarup, L., Babisch, W., Houthuijs, D., Pershagen, G., Katsouyanni, K., Cadum, E., ... team, H. (2008). Hypertension and exposure to noise near airports – the HYENA study. Environmental Health Perspectives, 116, 329–333.

Jeschke, C. (1994). Persönliche Sicherheit – eine verhaltensrelevante Mobilitätsbedingung. In A. Flade (Hrsg.). Mobilitätsverhalten. Bedingungen und Veränderungsmöglichkeiten aus umweltpsychologischer Sicht (S. 139–152). Weinheim: Psychologie-Verlags-Union.

Kaiser, F. G., Schreiber, E. & Fuhrer, U. (1994). Mobilität und emotionale Bedeutung des Autos. In A. Flade (Hrsg.). Mobilitätsverhalten. Bedingungen und Veränderungsmöglichkeiten aus umweltpsychologischer Sicht (S. 113–130). Weinheim: Psychologie Verlags Union.

Kals, E., Schumacher, D. & Montada, L. (1998). Naturerfahrungen, Verbundenheit mit der Natur und ökologische Verantwortung als Determinanten Natur schützenden Verhaltens. Zeitschrift für Sozialpsychologie, 29, 5–19.

Kalwitzki, K. (1997). Die „Auto-Diät" – Umweltverträgliches Mobilitätsverhalten durch verbesserte Selbstregulation? In E. Giese (Hrsg.). Verkehr ohne (W)Ende? Psychologische und sozialwissenschaftliche Beiträge (S. 297–304). Tübingen: dgvt-Verlag.

Kalwitzki, K.-P. (1998). Umsteigen Umdenken – Neue Mobilität in NRW. Verkehrszeichen, 14. Jg., Heft 2, 4–6.

Kalwitzki, K.-P. (2011). ‚Sie werden immer dreister' – Sind Radfahrer besonders rücksichtslose Verkehrsteilnehmer? Verkehrszeichen, 27. Jg., Heft 3, 24–29.

Kalwitzki, K.-P. (2012). Reform des Mehrfachtäter-Punktsystems. Verkehrszeichen, 28. Jg., Heft 1, 28–32.

Kalwitzki, K.-P., Höcher, G., Kollbach, B., Schroerschwarz, S., Stengl-Herrmann, D., Veltgens, U. & Brieler, P. (2011). Der Beitrag der Kurse nach § 70 FeV zur Verkehrssicherheit. Zeitschrift für Verkehrssicherheit, 57, 142–148.

Kaminski, G. (1988). Hoffnung und Skepsis in den Beziehungen zwischen Psychologen und Umweltgestaltern, Bericht Nr. 26. Tübingen: Berichte aus dem Psychologischen Institut.

Kaminski, G. (1989). The relevance of ecological oriented conceptualizations for theory building in environment and behavior research. In E. H. Zube & G. T. Moore (Eds.). Advances in environment, behavior and design (Vol. 2, pp. 3–36). New York: Plenum.

Kaplan, S. (1995). The restorative benefits of nature: Towards an integrative framework. Journal of Environmental Psychology, 15, 169–182.

Kastka, J., Buchta, E., Ritterstaedt, U., Paulsen, R. & Mau, U. (1995). The long term effect of noise protection barriers on the annoyance response of residents. Journal of Sound and Vibration, 184, 823–852.

Kemper, G. & Steven, H. (1984). Geräuschemission von Personenwagen bei Tempo 30. Zeitschrift für Lärmbekämpfung, 31, 36–44.

Kearney, A. R. & De Young, R. (1995). A knowledge-based intervention for promoting carpooling. Environment and Behavior, 27, 650–678.

Keskinen, E. (1996). Warum ist die Unfallrate junger Fahrerinnen und Fahrer höher? In Bundesanstalt für Straßenwesen (Hrsg.). Junge Fahrer und Fahrerinnen (S. 42–55). Bremerhaven: Wirtschaftsverlag NW.

Kesselring, S. (2007). Globaler Verkehr – Flugverkehr. In O. Schöller, W. Canzler & A. Knie (Hrsg.). Handbuch Verkehrspolitik (S. 826–850). Wiesbaden: VS Verlag.

Kitchin, R. M. (1994). Cognitive maps. What are they and why study them? Journal of Environmental Psychology, 14, 1–19.

Kleisen, L. (2011). The relationship between thinking and driving style and their contribution to young driver road safety. Dissertation. University of Canberra, Australia.

Klocke, U., Gawronski, B. & Scholl, W. (2001). Einstellungen zu Umwelt und Mobilität bei Jugendlichen – Gesellschaftliche Trends, Generationenunterschiede und Alterseffekte. Umweltpsychologie, 5 (2), 10 33.

Knie, A. (2007). Ergebnisse und Probleme sozialwissenschaftlicher Mobilitäts- und Verkehrsforschung. In O. Schöller, W. Canzler & A. Knie (Hrsg.). Handbuch Verkehrspolitik (S. 43–60). Wiesbaden: VS Verlag.

Kocherscheid, K. & Rudinger, G. (2005). Ressourcen älterer Verkehrsteilnehmerinnen und Verkehrsteilnehmer. In W. Echterhoff (Hrsg.). Strategien zur Sicherung der Mobilität älterer Menschen (S. 19–42). Köln: TÜV-Verlag.

Kopiez, R. (2008). Wirkungen von Musik. In H. Bruhn, R. Kopiez & A. C. Lehmann (Hrsg.). Musikpsychologie. Das neue Handbuch (S. 525–547). Reinbek: Rowohlt.

Kraftfahrtbundesamt (Hrsg.) (2012). Jahresbericht 2011. Flensburg.

Krauskopf, A. & Poschmann, B. (1998). Mobilitätserziehung in Kindergarten und Grundschule. Augsburg: Weka-Verlag.

Kruse, L. (1995). Globale Umweltveränderungen. Eine Herausforderung für die Psychologie. Psychologische Rundschau, 46, 81–92.

Kruse, L. (1996). Raum und Bewegung. In L. Kruse, C. F. Graumann & E.-D. Lantermann (Hrsg.). Ökologische Psychologie. Ein Handbuch in Schlüsselbegriffen (S. 313–324). Weinheim: Psychologie Verlags Union.

Kruse, L. & Graumann, C. F. (1978). Sozialpsychologie des Raumes und der Bewegung. Kölner Zeitschrift für Psychologie und Sozialpsychologie, Sonderheft Nr. 20. Opladen: Westdeutscher Verlag.

Kubitzki, J. (2001). Ecstasy im Straßenverkehr. Zeitschrift für Verkehrssicherheit, 47(4), 178–183.

Kultusministerkonferenz (1995). Empfehlungen zur Verkehrserziehung in der Schule vom 17. Juni 1994. Zeitschrift für Verkehrserziehung, 45, 1, 4–8.

KMK (Kultusministerkonferenz) (2012). Empfehlung zur Mobilitäts- und Verkehrserziehung in der Schule (Beschluss der KMK vom 7.7.1972 in der Fassung vom 10.5.2012). Berlin: Sekretariat der Ständigen Konferenz der Kultusminister der Länder der Bundesrepublik Deutschland.

Kuratorium für Verkehrssicherheit (2005). ROSE 25: Inventory and compiling of a european good practice guide on road safety education targeted at young people. Final Report. Wien: KfV.

Kutter, E. (2001). Alltäglicher Verkehrsaufwand zwischen Individualität und sachstruktureller Determination. In A. Flade & S. Bamberg (Hrsg.). Ansätze zur Erklärung und Beeinflussung des Mobilitätsverhaltens (S. 205–237). Darmstadt: Institut Wohnen und Umwelt.

Kyttä, M. (2004). The extent of children's independent mobility and the number of actualized affordances as criteria for child-friendly environments. Journal of Environmental Psychology, 24, 179–198.

LaGrange, R. & Ferraro, K. & Supancic, M. (1992). Perceived risk and fear of crime. Role of social and physical incivilities. Journal of Research in Crime & Delinquency, 29(3), 311–334.

Lange H., Hanfstein W. & Lörx S. (1995). Gas geben? Umsteuern? Bremsen? Die Zukunft von Auto und Verkehr aus der Sicht der Automobilarbeiter. Frankfurt am Main: Peter Lang.

Langford, J., Methorst, R. & Hakamies-Blomqvist, L. (2006). Older drivers do not have a high crash risk – A replication of low mileage bias. Accident Analysis and Prevention, 38, 574–578.

Larco, N., Steiner, B., Stockard, J. & West, A. (2012). Pedestrian-friendly environments and active travel for residents of multifamily housing: The role of preferences and perceptions. Environment and Behavior, 44, 303–333.

Laumann, K., Gärling, T. & Stormark, K. M. (2003). Selective attention and heart rate responses to natural and urban environments. Journal of Environmental Psychology, 23, 125–134.

Lawton, C. A. & Morrin, K. A. (1999). Gender differences in pointing accuracy in computer-simulated 3D mazes. Sex Roles, 40, 73–92.

Lawton, C. A., Charleston, S. I. & Zieles, A. S. (1996). Individual and gender-related differences in indoor wayfinding. Environment and Behavior, 28, 204–219.

Lazarus-Mainka, G. (1993). Faktoren der Belästigung bei der sprachlichen Kommunikation unter Geräuscheinwirkung. Zeitschrift für Lärmbekämpfung, 40, 129–139.

Leonard, S. & Borsky, P. N. (1973). A causal model for relating noise exposure, psychosocial variables and aircraft noise annoyance. Paper presented at the Proceedings of the International Congress on Noise as a Public Health Problem, Dubrovnik, YU.

Limbourg, M. (2005). Ansätze zur Verbesserung der Mobilitätsbedingungen für ältere Menschen im Straßenverkehr – Beiträge einzelner Fachdisziplinen. In H. Frank, K. Kalwitzki, R. Risser & E. Spoerer (Hrsg.). 65 plus – Mit Auto mobil? (S. 69–80). Köln: AFN.

Limbourg, M. (2008). Kinder unterwegs im Straßenverkehr. Reihe Prävention in NRW, Heft 12. Düsseldorf: Unfallkasse NRW.

Limbourg, M. (2009). Lernort Schulweg. Grundschulzeitschrift, 224, 26–31.

Limbourg, M. (2010). Mutproben im Kindes- und Jugendalter. Sache-Wort-Zahl, 38 (107), 35–42.

Limbourg, M. (2011a). Mobilitätserziehung als Beitrag zur Sozialerziehung. In M. Limbourg, M. & G. Steins (Hrsg.). Sozialerziehung in der Schule (S. 399–424). Wiesbaden: VS Verlag.

Limbourg, M. (2011b). Jugendliche unterwegs. Reihe Prävention in NRW, Heft 46. Düsseldorf: Unfallkasse NRW.

Limbourg, M., Flade, A. & Schönharting, J. (2000). Mobilität im Kindes- und Jugendalter. Opladen: Leske+Budrich.

Limbourg, M. & Matern, S. (2009). Erleben, Verhalten und Sicherheit älterer Menschen im Straßenverkehr. Köln: TÜV-Media.

Limbourg, M. & Reiter, K. (2004). „Saturday night fever" – Disco-Unfälle – Ursachen und Präventionsmöglichkeiten. Unterricht Biologie, 28, 294, 41–44.

Loewen, L. J., Steel, G. D. & Suedfeld, P. (1993). Perceived safety from crime in the urban environment. Journal of Environmental Psychology, 13, 323–331.

Long, L. (1992). Changing residence: Comparative perspectives on its relationship to age, sex, and marital status. Population Studies, 46, 141–158.

Lynch, K. (1960). The image of the city. Cambridge, MA: M. I. T. Press.

Mace, B. L., Bell, P. A. & Loomis, R. J. (2004). Visibility and natural quiet in national parks and wilderness areas. Psychological considerations. Environment and Behavior, 36, 5–31.

Manzey, D. & Gorges, R. (1977). Handbuch zur Vorschulverkehrserziehung. Braunschweig: Rot-Gelb-Grün Verlag.

Marks, A., Griefahn, B. & Basner, M. (2008). Event-related awakenings caused by nocturnal transportation noise. Noise Control Engineering Journal, 56(1), 52–62.

Martin, M. & Kliegel, M. (2005). Psychologische Grundlagen der Gerontologie. Stuttgart: Kohlhammer.

Maschke, C., Hecht, K., Wolf, U. & Feldmann, J. (2001). 19 X 99 Dezibel (A) – Ein gesicherter Befund der Lärmwirkungsforschung? Bundesgesundheitsblatt, 44, 137–148.

Maslow, A. H. (1954). Motivation and personality. New York: Harper & Row.
Matthies, E. & Homburg, A. (1998). Umweltbewusstsein oder Situation – Was ist entscheidend für umweltrelevantes Verhalten? Umweltpsychologie, 2. Jg., Heft 1, 4–5.
McKechnie, G. E. (1977). The environment response inventory in application. Environment and Behavior, 9, 235–276.
Mehrabian, A. & Russell, J. A. (1974). An approach to environmental psychology. Cambridge, Mass.: The MIT Press.
Metha, V. & Bosson, J. K. (2010). Third places and the social life of streets. Environment and Behavior, 42, 779–805.
Miedema, H. M. E. & Oudshoorn, C. G. (2001). Annoyance from transportation noise: Relationships with exposure Metrics DNL and DENL and their confidence intervals. Environmental Health Perspectives, 109, 409–416.
Miedema, H. M. E. & Vos, H. (1998). Exposure-response relationships for transportation noise. Journal of the Acoustical Society of America, 104(6), 3432–3445.
Mietsch, F. (2007). Verkehrstelematik. In O. Schöller, W. Canzler & A. Knie (Hrsg.) Handbuch Verkehrspolitik (S. 641–662). Wiesbaden: VS Verlag.
Miller, G. A., Galanter, E. & Pribram, K. H. (1960). Plans and structure of behavior. New York: Holt, Rinehart & Winston.
Molt, W. (1992). Das Prinzip der Beschleunigung. Bausteine einer kinetischen Theorie des Verkehrs. Politische Ökologie, 10, Heft 29/30, 77–82.
Molt W. (1996). Verkehrsmittelnutzung. In L. Kruse, C. F. Graumann & E.-D. Lantermann (Hrsg.). Ökologische Psychologie. Ein Handbuch in Schlüsselbegriffen (S. 555–559). Weinheim: Psychologie Verlags Union.
Moshammer, H., Petersen, E. & Silberschmidt, G. (2002). Ökologische und gesundheitliche Folgen der Mobilität. Verkehrszeichen, 18. Jg., Heft 4, 4–9.
Muchow, M. & Muchow, H. (1935). Der Lebensraum des Großstadtkindes. Hamburg. (Reprint: Bensheim: päd.extra 1978).
Mühlberger, A. & Herrman, M. J. (2011). Strategien für entspanntes Fliegen. Ein Selbsthilfeprogramm zur Bewältigung von Flugangst. Göttingen: Hogrefe.
Näätänen, R. & Summala, H. (1976). Road user behavior and traffic accidents. New York: American Elsevier Publishing Company.
Napier, M. A., Brown, B. B. , Werner, C. M. & Gallimore, J. (2011). Walking to school: Community design and child and parent barriers. Journal of Environmental Psychology, 31, 45–51.
Nasar, J. L. (1997). New developments in aesthetics for urban design. In G. T. Moore & R. W. Marans (Eds.). Advances in environment, behavior, and design (S. 151–193). New York: Plenum Press.
Nasar, J. L. & Fisher, B. (1993). „Hot spots" of fear and crime: a multi-method investigation. Journal of Experimental Psychology, 13, 187–206.
Nielson-Pincus, M., Hall, T., Force, J. E. & Wulfhorst, J. D. (2010). Sociodemographic effects on place bonding. Journal of Environmental Psychology, 30, 443–454.
Nilsson, M. E. & Berglund, B. (2006). Noise annoyance and activity disturbance before and after the erection of a roadside noise barrier. Journal of the Acoustical Society of America, 119(4), 2178–2188.

North, A. C. & Hargreaves, D. J. (1997). Music and consumer behaviour. In D. J. Hargreaves & A. C. North (Eds.). The social psychology of music (S. 268–289). Oxford, UK: Oxford University Press.

North, A. C. & Hargreaves, D. J. (1999). Music and driving game performance. Scandinavian Journal of Psychology, 40 (4), 285–292.

O'Neill, M. J. (1992). Effects of familiarity and plan complexity on wayfinding in simulated buildings. Journal of Environmental Psychology, 12, 319–327.

OECD (Organisation for Economic Co-operation and Development) (1986). Effectiveness of road safety education programmes. Paris: OECD Publishing.

OECD (2001). Aging and transport: Mobility needs and safety issues. Paris: OECD Publishing.

Oldenburg, R. (1991). The great good place: Cafes, coffee shops, bookstores, bars, hair salons, and other hangouts at the heart of a community. New York: Marlowe.

Oldenburg, R. (2002). Celebrating the third place: Inspiring stories about the „Great Good Places" at the heart of our communities. New York: Marlowe.

Park, D. & Gutschess, A. (2000). Cognitive aging and everyday life. In D. Park & N. Schwarz (Hrsg.). Cognitive aging: A primer (S. 217–232). Philadelphia: Psychology Press.

Parsons, R., Tassinary, L. G., Ulrich, R. S., Hebl, M. R. & Grossman-Alexander, M. (1998). The view from the road: implications for stress recovery and immunization. Journal of Environmental Psychology, 18, 113–140.

Pedersen, T., Kristensson, P. & Friman, M. (2012). Counteracting the focusing illusion: Effects of defocusing on car users' predicted satisfaction with public transport. Journal of Environmental Psychology, 32, 30–36.

Perkins, D. & Wandersman, A., Rich, R. & Taylor, R. (1993). The physical environment of street crime: Defensible space, territoriality and incivilities. Journal of Environmental Psychology, 13, 29–49.

Pez, P. (1998). Verkehrsmittelwahl im Stadtbereich und ihre Beeinflussbarkeit. Kiel: Universität Kiel, Selbstverlag.

Pfafferott, I. (1994). Straßengestaltung im Interesse von Kindern. In A. Flade (Hrsg.). Mobilitätsverhalten. Bedingungen und Veränderungsmöglichkeiten aus umweltpsychologischer Sicht (S. 291–304). Weinheim: Psychologie Verlags Union.

Pfister, G. (1996). Zwischen neuen Freiheiten und alten Zwängen. Körper- und Bewegungskultur von Mädchen und Frauen. In A. Flade & B. Kustor (Hrsg.). Raus aus dem Haus. Mädchen erobern die Stadt (S. 45–65). Frankfurt am Main: Campus Verlag.

Pitrone, A. (2004). Verkehrsplanung für ältere Autofahrer in USA und Deutschland. Hamburg: Berufsgenossenschaft für Gesundheit und Wohlstandspflege.

Porteous, J. D. (1977). Environment and behavior: Planning and everyday urban life. Reading, Mass.: Addison-Wesley Publishing Company.

Poschadel, S. & Sommer, S. (2007). Anforderungen an die Gestaltung von Fahrtrainings für ältere Kraftfahrer – Machbarkeitsstudie. Köln: TÜV-Media.

Praschl, M. & Risser, R. (1994). Gute Vorsätze und Realität: Die Diskrepanz zwischen Wissen und Handeln am Beispiel der Verkehrsmittelwahl. In A. Flade (Hrsg.). Mobilitätsverhalten. Bedingungen und Veränderungsmöglichkeiten aus umweltpsychologischer Sicht (S. 209–224). Weinheim: Psychologie Verlags Union.

Preisendörfer, P. & Diekmann, A. (2000). Der öffentliche Personennahverkehr aus der Sicht der Bevölkerung: Mangelnde Informiertheit, Vorurteile und Fehleinschätzungen der Fahrzeiten? Umweltpsychologie, 3. Jg., Heft 1, 76–92.

Probst, H. (2004). Die Lerntour „Historad" zur Geschichte des Fahrrads. In U. Hacke & A, Flade (Hrsg.). Mit dem Fahrrad durchs Netz. Konzepte und Grundlagen einer zeitgemäßen Mobilitätserziehung (S. 97–117). Darmstadt: Institut Wohnen und Umwelt.

Raithel, J. (2004). Jugendliches Risikoverhalten. Wiesbaden: VS-Verlag.

Rammler, S. (2011). Elektromobilität als Systeminnovation: neue Perspektiven für Klima, Wirtschaft und Gesellschaft. In S. Rammler & M. Weider (Hrsg.). Das Elektroauto. Bilder für eine zukünftige Mobilität (S. 13–24). Berlin: LIT Verlag.

Reser, J. P. (1980). Automobile addiction: real or imagined? Man-Environment-System, 10, 279–287.

Rey, L. (2006). Lärmtechnische Beurteilung von Verkehrsberuhigungsmaßnahmen: Schwerpunkt Aufpflasterungen. Zürich: Kanton Zürich, Tiefbauamt, Fachstelle Lärmschutz.

Riger, S. & Lavrakas, P. M. (1981). Community ties: Patterns of attachment and social interaction in urban neighborhoods. American Journal of Community Psychology, 55–56.

Rinkenauer, G. (2008). Motorische Leistungsfähigkeit im Alter. In B. Schlag (Hrsg.). Leistungsfähigkeit und Mobilität im Alter (S. 143–170). Köln: TÜV-Media.

Risser, R. (1997). Psychologie für die Verkehrswende. In E. Giese (Hrsg.). Verkehr ohne (W)Ende? Psychologische und sozialwissenschaftliche Beiträge (S. 183–201). Tübingen: dgvt Verlag.

Rölle, D., Lohmann, G. & Flade, A. (2004). Subjektive Sicherheit im öffentlichen Verkehr aus der Sicht der Verkehrsunternehmen. Darmstadt: Institut Wohnen und Umwelt.

Rölle, D., Lohmann, G. & Flade, A. (2005). Der Umstieg vom Pkw auf den ÖPNV im Alter. Verkehrszeichen, 21. Jg., Heft 3, 25–28.

Rötter, G. & Gembris, H. (1990). Der Einfluss von Musik bei langen monotonen Fahrstrecken. In H. de la Motte-Haber & G. Rötter: Musikhören beim Autofahren (S. 43–58). Frankfurt am Main: Peter Lang.

Rossano, M. J. & Reardon, W. P. (1999). Goal specificity and the acquisition of survey knowledge. Environment and Behavior, 31, 395–412.

Rüger, H. (2010). Berufsbedingte räumliche Mobilität in Deutschland und die Folgen für Familie und Gesundheit. Bevölkerungsforschung aktuell, 31, Heft 2, 8–12.

Ruppenthal, S. (2010). Vielfalt und Verbreitung berufsbedingter räumlicher Mobilität im europäischen Vergleich. Bevölkerungsforschung aktuell, 31, Heft 2, 2–7.

Russell, J. & Snodgrass, J. (1987). Emotion and the environment. In D. Stokols & I. Altman (Eds.). Handbook of environmental psychology (Vol. 1, S. 245–280). New York: Wiley.

Rutherford, B. M. & Wekerle, G. R. (1988). Captive rider, captive labor: Spatial constraints and womens's employment. Urban Geography, 9 (2), 116–137.

RWTUEV (2005). Ermittlung der Geräuschemission von Kfz im Straßenverkehr. Forschungsauftrag 200 54 135, Endbericht. Würselen: RWTÜV Fahrzeug GmbH, Institut für Fahrzeugtechnik.

Sadalla, E. K., Sheets, V. L. & McMcreath, H. (1990). The cognition of urban tempo. Environment and Behavior, 22, 230–254.
Saegert, S. (1985). The role of housing in the experience of dwelling. In I. Altman & C. M. Werner (Eds.). Home environments (S. 287–309). New York: Plenum Press.
Samel, A., Basner, M., Maass, H., Müller, U., Quehl, J. & Wenzel, J. (2005). Effects of nocturnal aircraft noise on sleep: results from the „Quiet Air Traffic" project. Umweltmedizin in Forschung und Praxis, 10(2), 89–104.
Scannell, L. & Gifford, R. (2010). Defining place attachment: A tripartite organization framework. Journal of Environmental Psychology, 30, 1–10.
Schade, F.-D. (2005). Lebt gefährlich, wer im Verkehrszentralregister steht? Das Verkehrszentralregister als Prädiktor des habituellen Verkehrsrisikos. Zeitschrift für Verkehrssicherheit, 51, 7–13.
Schade, J. & Schlag, B. (2004). Kognitive Bedingungen der öffentlichen Akzeptanz von Straßenbenutzungsgebühren. Umweltpsychologie, 8. Jg., Heft 1, 210–224.
Scheiner, J. (2007). Verkehrsgeneseforschung. In O. Schöller, W. Canzler & A. Knie (Hrsg.). Handbuch Verkehrspolitik (S. 687–709). Wiesbaden: VS Verlag.
Schimek, P. (1996). Household motor vehicle ownership and use: How much does residential density matter? Transportation Research Record, 1552, 120–125.
Schlag, B. & Engeln, A. (2001). Kompensationsmöglichkeiten und Bewältigungsstrategien im Alter. In A. Flade, M. Limbourg & B. Schlag (Hrsg.). Mobilität älterer Menschen (S. 259–272). Opladen: Leske+Budrich.
Schlag, B. & Richter, S. (2005). Internationale Ansätze zur Prävention von Kinderverkehrsunfällen. Zeitschrift für Verkehrssicherheit, 55, 182–188.
Schmidt G. (1979). Bedingungen der Verkehrsmittelwahl und Möglichkeiten ihrer Beeinflussung. Zeitschrift für Verkehrssicherheit, 25, 86–87.
Schmitz, B. B. (1994). Mobilitätsmotive. Warum ist der Mensch mobil? In A. Flade (Hrsg.). Mobilitätsverhalten. Bedingungen und Veränderungsmöglichkeiten aus umweltpsychologischer Sicht (S. 103–112). Weinheim: Psychologie Verlags Union.
Schneider, N. F., Limmer, R. & Ruckdeschel, K. (2002). Mobil, flexibel, gebunden. Familie und Beruf in der mobilen Gesellschaft. Frankfurt am Main: Campus Verlag.
Schöller, O. (2007). Verkehrspolitik: Ein problemorientierter Überblick. In O. Schöller, W. Canzler & A. Knie, A. (Hrsg.). Handbuch Verkehrspolitik (S. 17–42). Wiesbaden: VS Verlag.
Schöller, O., Canzler, W. & Knie, A. (2007). Handbuch Verkehrspolitik. Wiesbaden: VS Verlag.
Schönhammer, R. (1991). In Bewegung. Zur Psychologie der Fortbewegung. München: Quintessenz.
Schönhammer, R. (1993). Zur Psychologie der Beifahrersituation. Zeitschrift für Verkehrssicherheit, 39, 166–169.
Schönhammer, R. (1994). Dialektik von Straße und Landschaft. In A. Flade (Hrsg.). Mobilitätsverhalten. Bedingungen und Veränderungsmöglichkeiten aus umweltpsychologischer Sicht (S. 81–100). Weinheim: Psychologie Verlags Union.

Schönpflug, W. (1981). Acht Gründe für die Lästigkeit von Schallen und die Lautheitsregel. In A. Schick (Hrsg.). Akustik zwischen Physik und Psychologie. Ergebnisse des 2. Oldenburger Symposions zur Psychologischen Akustik (S. 87–93). Stuttgart: Klett-Cotta.

Schreckenberg, D. (2011). Befragung der Bewohner ausgewählter Wohneinheiten in der Stadt Raunheim zur Akzeptanz und Nutzung passiver Schallschutzmaßnahmen. Ergebnisse einer Telefonbefragung in Wohngebieten der Stadt Raunheim. Hagen: ZEUS GmbH.

Schreckenberg, D., Eikmann, T., Guski, R., Klatte, M., Müller, U., Peschel, C., ... Möhler, U. (2012). NORAH (Noise Realted Annoyance, Cognition and Health) – Konzept einer Studie zur Wirkung von Verkehrslärm bei Anwohnern von Flughäfen. Lärmbekämpfung, 6(3), 107–114.

Schreckenberg, D. & Meis, M. (2006). Gutachten: Belästigung durch Fluglärm im Umfeld des Frankfurter Flughafens – Endbericht: ZEUS/Hörzentrum Oldenburg.

Schreckenberg, D., Schuemer, R., & Möhler, U. (2001). Railway-noise annoyance and ‚misfeasance' under conditions of change. Paper presented at the Proceedings of Inter-Noise 2001, Den Haag, NL. D:\Papiere\Schreckenberg_etal_2001_InterNoise.pdf

Schreckenberg, D., Schuemer, R., Schuemer-Kohrs, A., Griefahn, B., & Moehler, U. (1998). Attitudes toward noise source as determinants of annoyance. Paper presented at the Proceedings of Euronoise 98. D:\Papiere\Schreckenberg_etal_1998_attitudes.pdf

Schubert, W. & Mattern, R. (Hrsg.). (2009). Urteilsbildung in der medizinisch-psychologischen Fahreignungsdiagnostik – Beurteilungskriterien. Zweite Auflage. Bonn: Kirschbaum Verlag.

Schubert, W., Schneider, W., Eisenmenger, W. & Stephan, E. (Hrsg.) (2005). Begutachtungs-Leitlinien zur Kraftfahrereignung – Kommentar. Zweite Auflage. Bonn: Kirschbaum Verlag.

Schultz-Gambard, J. (1996). Persönlicher Raum. In L. Kruse, C. F. Graumann & E.-D. Lantermann (Hrsg.). Ökologische Psychologie. Ein Handbuch in Schlüsselbegriffen (S. 325–332). Weinheim: Psychologie Verlags Union.

Schulze, H. (1996). Lebensstil und Verkehrsverhalten junger Fahrer und Fahrerinnen. Bremerhaven: Wirtschaftsverlag NW.

Schulze, H. (1998). Nächtliche Freizeitunfälle junger Fahrerinnen und Fahrer. Bremerhaven: Wirtschaftsverlag NW.

Schulze, H. (1999). Lebensstil, Freizeitstil und Verkehrsverhalten 18- bis 34-jähriger Verkehrsteilnehmer. Bremerhaven: Wirtschaftsverlag NW.

Scialfa, C. T., Guzy, L. T., Leibowitz, H. W., Garvey, P. M. & Tyrell, R. A. (1991). Age differences in estimating vehicle velocity. Psychology & Aging, 6, 60–66.

Sebba, R. (1991). The landscapes of childhood. The reflections of childhood's environment in adult memories and in children's attitudes. Environment and Behavior, 23, 395–422.

Sheets, V. L. & Manzer, C. D. (1991). Affects, cognition, and urban vegetation: some effects of adding trees along city streets. Environment and Behavior, 23, 285–304.

Siller, R. (Hrsg.). (2003). Kinder unterwegs – Schule macht mobil – Verkehrs- und Mobilitätserziehung in der Schule. Donauwörth: Auer Verlag.

Siller, R. (2009). Mit dem Bus zur Schule – (k)ein Kinderspiel? Grundschulzeitschrift, 224, 54–57.

Simon, S. L., Walsh, D. A., Regnier, V. A. & Krauss, I. K. (1992). Spatial cognition and neighbourhood use. The relationship in older adults. Psychology and Aging, 7, 389–394.

Singer, J., Lundberg, U. & Frankenhaeuser, M. (1978). Stress on the train: A study of urban commuting. In A. Baum, J. Singer & S. Valins (Hrsg.). Advances in environmental psychology (Vol. 1, S. 41–56). Hillsdale, N. J.: Lawrence Erlbaum.

Sivak, M. & Schoettle, B. (2012a). Recent changes in the age composition of drivers in 15 countries. Traffic Injury Prevention, 13(2), 126–132.

Sivak, M. & Schoettle, B. (2012b). Update: Percentage of young persons with a driver's license continues to drop. Traffic Injury Prevention, 13(4), 341–341.

Skjaeveland, O. & Gärling, T. (1997). Effects of interactional space on neighboring. Journal of Environmental Psychology, 17, 181–198.

Skjaeveland, O. & Gärling, T. (2002). Spatial-physical neighborhood attributes affecting social interactions among neighbors. In J. I. Aragones, G. Francescato & T. Gärling (Eds.). Residential environments (S. 183–203). London: Bergin & Garvey.

Skogan, W. G. (1990). Disorder and decline. New York: Free Press.

Spitta, P. (2005). Praxisbuch Mobilitätserziehung. Hohengehren: Schneider Verlag.

Spoerer, E. & Ruby, M. M. (1996). Zurück ans Steuer – Theorie und Praxis der Rehabilitation auffälliger Kraftfahrer. Braunschweig: Rot Gelb Grün Verlag.

Stallen, P. J. (1999). A theoretical framework for environmental noise annoyance. Noise & Health, 3, 69–79.

Stansfeld, S. A., Berglund, B., Clark, C., Lopez-Barrio, I., Fischer, P., Öhrström, E., … Berry, B. F. (2005). Aircraft and road traffic noise and children's cognition and health: a cross-national study. Lancet, 365, 1942–1949.

Statistisches Bundesamt (2011). Verkehrsunfälle 2010. Wiesbaden.

Statistisches Bundesamt (2011a). Kinderunfälle im Straßenverkehr 2010. Wiesbaden.

Statistisches Bundesamt (Destatis), Bundeszentrale für politische Bildung & Wissenschaftszentrum Berlin für Sozialforschung (WZB) (Hrsg.). (2011). Datenreport 2011. Ein Sozialbericht für die Bundesrepublik Deutschland. Bonn: Bundeszentrale für politische Bildung.

Steffen, N. & Mazur, H. (2003). Lärmreduzierung auf innerstädtischen Hauptverkehrsstraßen – Auswertung eines Modellversuches im Rahmen der Rostocker Lärmminderungsplanung. Straßenverkehrstechnik, 7, 357–363.

Stephan, E. (1986). Die Legalbewährung von nachgeschulten Alkoholersttätern in den ersten zwei Jahren unter Berücksichtigung der BAK-Werte. Zeitschrift für Verkehrssicherheit, 32, 2–9.

Stokols, D. & Montero, M. (2002). Toward an environmental psychology of the Internet. In R. B. Bechtel & A. Churchman (Eds.). Handbook of environmental psychology (S. 661–675). New York: Wiley.

Stokols, D. & Novaco, R. W. (1981). Transportation and well-being. In I. Altman & J. F. Wohlwill (Hrsg.). Transportation and behavior (S. 85–130). New York: Plenum Press.

Stokols, D., Shumaker S. A. & Martinez, J. (1983). Residential mobility and personal well-being. Journal of Environmental Psychology, 3, 5–19.

Tanner, C. (1998). Die ipsative Handlungstheorie. Eine alternative Sichtweise ökologischen Handelns. Umweltpsychologie, 2, 34–44.

Tanner, C. (1999). Constraints on environmental behavior. Journal of Environmental Psychology, 19, 145–157.

Taubman-Ben-Ari, O., Mikulincer, M. & Gillath, O. (2004). The multidimensional driving style inventory—scale construct and validation. Accident Analysis and Prevention, 36, 323–332.

Taylor, P. J. & Pocock, S. J. (1972). Commuter travel and sickness absence of London office workers. British Journal of Preventive and Social Medicine, 26, 165–172.

Taylor, R. B. & Brower, S. (1985). Home and near-home territories. In I. Altman & C. M. Werner (Eds.). Home environments (S. 183–212). New York: Plenum Press.

Thiemann-Linden, J. (2012). Mehr Fahrräder auf den Straßen. Verkehrszeichen, 28. Jg., Heft 1, 7–12.

Tlauka, M., Brolese, A., Pomeroy, D. & Hobbs, W. (2005). Gender differences in spatial knowlege acquired through simulated exploration of a virtual shopping centre. Journal of Environmental Psychology, 25, 111–118.

Trautner, H. M. (1994). Geschlechtsspezifische Erziehung und Sozialisation. In K. A. Schneewind (Hrsg.). Psychologie der Erziehung und Sozialisation. Enzyklopädie der Psychologie, Pädagogische Psychologie (Band 1, S. 167–195). Göttingen: Hogrefe.

Tully, C. J. (1996). Soziale Diffusion von Technik. Unsere Jugend, 48 (6), 229–240.

Tully, C. J. & Schulz, U. (1999). Sozialisation zur Mobilität – Unterwegssein als Baustein jugendkulturellen Alltags. In C. J. Tully (Hrsg.). Erziehung zur Mobilität. Jugendliche in der automobilen Gesellschaft (S. 13–37). Frankfurt am Main: Campus Verlag.

TÜV Hamburg (1961). Die amtlich anerkannten Medizinisch-Psychologischen Untersuchungsstellen bei den Technischen Überwachungs-Vereinen in der Bundesrepublik. Unveröffentl. Manuskript.

Ullrich, S. (1997). Die Lärmbelastung durch den Straßenverkehr – Folgerungen aus der Bundesverkehrszählung 1995. Zeitschrift für Lärmbekämpfung, 45, 22–26.

Van Rompay, T. J. L., Vonk, D. J. & Fransen, M. L. (2009). The eye of the camera. Effects of security cameras on prosocial behavior. Environment and Behavior, 41, 60–74.

Van Vliet, W. (1983). Exploring the fourth environment. An examination of the home range of city and suburban teenagers. Environment and Behavior, 15, 567–588.

Vester, F. (2000). Die Kunst vernetzt zu denken. Ideen und Werkzeuge für einen neuen Umgang mit Komplexität, 3. Auflage. Stuttgart: Deutsche Verlags-Anstalt.

Virilio, P. (1978). Fahren, fahren, fahren ... Berlin: Merve Verlag.

Virilio, P. (1980). Geschwindigkeit und Politik. Ein Essay zur Dromologie. Berlin: Merve Verlag.

Von Hebenstreit, B. (1999). Fahrstiltypen beim Autofahren. In A. Flade & M. Limbourg (Hrsg.). Frauen und Männer in der mobilen Gesellschaft (S. 109–113). Opladen: Leske+Budrich.

Wagner, H. (1995). Arzneimittel- und Drogenuntersuchungen bei auffällig gewordenen älteren Kraftfahrern. In ADAC (Hrsg.). Ältere Menschen im Straßenverkehr (S. 102–107). München.

Wagner, T., Mußhoff, F., Hoffmann-Born, H., Löhr-Schwaab, S., Müller, A. (2011). Grundriß Fahreignungsbegutachtung. Einführung in die Beurteilungskriterien der medizinisch-psychologischen und ärztlichen Begutachtung. Bonn: Kirschbaum Verlag.

Wahl, H., Diehl, M., Kruse, A., Lang, F. & Martin M (2008). Psychologische Alternsforschung: Beiträge und Perspektiven. Psychologische Rundschau 59 (1), 2–23.

Walk, R. D. & Gibson, E., J. (1961). A comparative and analytical study of visual depth perception. Psychological Monographs, 75, 2–34.

Wallin R. J., Wright P. H. (1974). Factors which influence modal choice. Traffic Quarterly, 28, 271–289.

Warwitz, S. (2009). Verkehrserziehung vom Kinde aus. Hohengehren: Schneider Verlag.

Webley, P. (1981). Sex differences in home range and cognitive maps in 8-year old children. Journal of Environmental Psychology, 1, 293–302.

Weider, M. & Rammler, S. (2011). Das Elektroauto – „Zeit für neue Träume". Zur Einführung in den Sammelband. In S. Rammler & M. Weider (Hrsg.). Das Elektroauto. Bilder für eine zukünftige Mobilität (S. 3–11). Berlin: LIT Verlag.

Weishaupt, H., Berger, M., Saul, B., Schimunek, F. P., Grimm, K., Pleßmann, S. & Zügenrücker, I. (2004). Verkehrserziehung in der Sekundarstufe. Bergisch Gladbach: Berichte der Bundesanstalt für Straßenwesen, Reihe Mensch und Sicherheit, Heft M 157.

Werner, C. M. (1999). Changing environmental behaviors. In W. Hacker & M. Rinck (Hrsg.). Zukunft gestalten. Bericht über den 41. Kongress der Deutschen Gesellschaft für Psychologie (S. 144–153). Lengerich: Pabst Science Publishers.

West, R., Sammons, P. & West, A. (1993). Effects of a traffic club on road safety knowledge and self-reported behaviour of young children and their parents. Accident Analysis and Prevention, 25, 609–618.

Winkler, W., Jacobshagen, W. & Nickel, W. R. (1988) Wirksamkeit von Kursen für wiederholt alkoholauffällige Kraftfahrer. Bergisch-Gladbach: Bundesanstalt für Straßenwesen, Unfall- und Sicherheitsforschung Straßenverkehr, Heft 64.

Wipfler, R. (1994). Die Mobilitätszentrale. Baustein für einen stadtverträglichen Verkehr. In A. Flade (Hrsg.). Mobilitätsverhalten. Bedingungen und Veränderungsmöglichkeiten aus umweltpsychologischer Sicht (S. 305–315). Weinheim: Psychologie Verlags Union.

World Health Organization (WHO). (2004). World report on road traffic injury prevention. Geneva: World Health Organization.

Zimber, A. (1995). Radverkehrsanlagen im Urteil ihrer Nutzer. Ein umweltpsychologischer Ansatz zur Erfassung der Radfahrerperspektive. Zeitschrift für Verkehrssicherheit, 41, 18–23.

Zimmer, K. & Ellermeier, W. (1997). Construction and evaluation of a noise sensitivity questionnaire. In A. Schick & M. Klatte (Eds.). Contributions to psychological acoustics. Results of the 7th Oldenburg Symposium on Psychological Acoustics (pp. 163–170). Oldenburg: BIS.

Zinnecker, J. (2001). Stadtkids. Kinderleben zwischen Straße und Schule. Weinheim/ München: Juventa Verlag.
Zuckerman, M. (1994). Behavioral expressions and biosocial bases of sensation seeking. Cambridge, England: Cambridge University Press.

Sachwortregister

A

Affordanz 38, 108, 223, 225 f., 228, 230
Aggressive Driving Behavior Scale 105
Angebot und Nachfrage 181
Anreize 190
Aufbauseminar 211, 216 f.
Aufmerksamkeit 232
Autofahren, Bewertung 63
autogerechte Stadt 257
Autoorientierung 129 f.

B

Bahn fahren 66
Bebauungsdichte 102
Bedürfnisse 69
Beengtheit 87
Begleitmobilität 76, 172
being away 68
Bewegungsparallaxe 37
Bewegungsraum 120
Bewegungswahrnehmung 39
Brücken 55

C

Captive 128
captive rider 65
Carpooling 64, 190, 249

Car Sharing 253
critical mass 60, 255
crowding 108
Cruising 86

D

Disco-Unfälle 203
Disorder-Theorie 160
Distanzverhalten 109
Domophobie 77

E

Einflussschema Umwelt relevanten Verhaltens 183
Einstellungen 182, 184
Elektroauto 252
Elektrofahrrad 250
emotionale Bewertungen 44
Extramotive 71

F

Fahreignung 141
Fahrerlaubnis 210
Fahrerlaubnis-Verordnung 209, 213
Fahrstil 99, 103
Fahrstil, aggressiver 97
Fernpendler 73

Flächenverbrauch 249
Fliegen 67
Fluglärm 169 f.
free range 121

G
Gehen 41, 58, 86, 109
Gehhilfe 139
gelernte Hilflosigkeit 178
geräuschfreie Fahrzeuge 253
Geschlechtsrollenstereotype 101
Geschlechtsunterschiede 54, 66, 76, 98 f., 101, 122, 127, 152, 156, 162
Geschwindigkeit 39, 53, 57, 84, 105, 151, 157, 224 f.
Geschwindigkeitskontrollen 187
Gesundheit 59, 86, 131, 135, 147, 170 f.

H
Handlung 22
Heimweh 132

I
Incivilities 160 f.
Informationsselektion 50
instrumentelles Lernen 186
intermodale Mobilität 243

K
Kätzchen-Experiment 33
Kinder-Verkehrs-Club 194
Kinderzimmer 120
Kind und Verkehr 193
KMK-Empfehlungen 197
Kognition 42
kognitive Dissonanz 66
kognitive Karte 47, 52, 72
Kraftfahreignung 206, 214

L
Landmarks 48 f., 52
Lärm 163, 165
Lärmempfindlichkeit 166
Lärmschutz 246
Lebensphase 117
Leitbild, Nachhaltigkeit 177, 222
Leitbild, verkehrspolitisches 13, 15, 179

M
Mitfahren im Auto 82
mobile Menschen 79
Mobilität, Definition 18
Mobilität, residenzielle 19, 131
Mobilitätsanforderungen 75
Mobilitätseinschränkungen 132
Mobilitätserziehung 244
Mobilitätskennwerte 118
Mobilitätskompetenz 243
Mobilitätskosten 93
Mobilitätspsychologie 29
Mobilitätsquote 24
Mobilitätsrate 17
Mobilitätsverhalten 28
Mobilität, zirkuläre 19
Modal Split 22, 26
MPU 213
Musik 232
Musik beim Autofahren 111
Mutproben 85, 156

N
Nachschulung 207
Nachschulung, Modelle 208
Nah- und Fernverkehr 21
Natur 234
Nutzen statt Besitzen 253

O

öffentlicher Verkehr 21
öffentliche Sicherheit 150, 230
öffentliche Verkehrsmittel 64
öffentliche Verkehrsmittel, Bewertung 65
optische Täuschungen 44
Orientierung 52, 100 f.
Ortsverbundenheit 77 f., 115, 235

P

pace of life 109
pedestrian friendliness 110
Perspektive, atmosphärische 35
Perspektive, lineare 35
Pilgern 59, 90
Pkw-Bestand 63, 146
Poller 225
Probezeit 210
Probezeit, Führerschein 210
Prospect-Refuge-Theorie 159, 230
Pull- und Push-Faktoren 19

R

Radfahren 60, 124, 128, 185, 189, 200, 222, 228, 230
Radorientierung 129
Raumstruktur 110
Reizüberflutung 109
road pricing 239
roadside aesthetics 234
rough and tumble play 87, 122

S

Sackgasse 115
Schallschutzwände 247
Schiffe 53
Schulweg 77, 172, 199, 201
Selbstkontrolle 218
Semantisches Differential 63, 185, 227

Sensation Seeking 84, 158
sensumotorische Intelligenz 32
Shared Space 225, 227
Sicherheit 70, 149 f.
soziale Dichte 108
soziale Einflüsse 188
soziale Identität 90
soziale Kosten 147
soziale Normen 128, 188
Sozialkontrolle 150, 158 f., 231
Sozialverträglichkeit 14
Stadtfahrräder 250
städtische Umwelten 257
Stadtmarathon 90
Stau 19, 147
Straßentyp 173 f.
Straßenverkehr, Definition 21
Straßenverkehrsgesetz 213
Symbole 52

T

Tanzen 86
Theorie des geplanten Verhaltens 182
Theorien 181
third places 235
Thrill 84
Tiefenkriterien 35
Transaktionalismus 258
Transportmotiv 70

U

Umweltaneignung 72, 236 f.
Umweltästhetik 72, 172, 232
Umweltbewusstsein 242
Umwelterkundung 70 f.
Umweltkognition 42
Umweltpsychologie 16, 28, 106
Umweltschutz 242
Umweltverträglichkeit 14
Umweltvertrauen 149

Umweltwahrnehmung 38
Unfallrisiko 149 f., 153, 210, 224

V

Verhaltensabsichten 182
Verhaltenskontrolle 64, 81 f., 111 f., 128, 132, 166, 182, 188, 190, 237, 241
Verhäuslichung 123, 172, 175
Verkehr, Definition 19 ff.
Verkehrsbelastung 114
Verkehrsdichte 226
Verkehrserziehung 191
Verkehrslärm 116, 147, 162
Verkehrslärm, Entwicklungsstörungen 148, 167, 171
Verkehrsmittelwahl 91, 127
Verkehrspolitik 146, 223, 257
Verkehrspsychologie 206, 221
verkehrspsychologische Beratung 219, 222
Verkehrssicherheit 151, 204
Verkehrssozialisation 124, 259
Verkehrssystemmanagement 237

Verkehrstelematik 236
Verkehrstherapie 216
Verkehrsunfälle 192
Verkehrsunfallstatistik 151
Verkehrsunsicherheit, Reaktionen 149, 153, 175
Verkehrswende 145, 255
Verkehrszentralregister 211
Verzerr-Brillen-Versuche 32
visuelle Klippe 32

W

Wahrnehmung 31
Wahrnehmungstheorie, ökologische 38
walkable communities 172
Wochenendpendler 74
Wohnen 77, 80
Wohnen und Verkehr 115

Z

Zeitaufwand 46, 93
Zug nach vorn 41, 225

Mitwirkende

Dr. Antje Flade war nach dem Psychologie-Studium in Hamburg als wissenschaftliche Assistentin in der psychologischen Grundlagenforschung und Ausbildung an der TU Darmstadt und der Universität Frankfurt tätig. Es folgte eine langjährige Tätigkeit als Umweltpsychologin und empirische Sozialforscherin im Institut Wohnen und Umwelt in Darmstadt mit den Schwerpunkten Wohn-, Architektur-, Stadt- und Mobilitätspsychologie sowie als Lehrbeauftragte an verschiedenen Universitäten. Seit 2006 verfasst sie – inzwischen wieder nach Hamburg zurück gekehrt und dort freiberuflich tätig – umweltpsychologische Sachbücher und Beiträge. Kontakt: awmf-hh@web.de

Dr. Paul Brieler hat Psychologie und Soziologie in Landau, Osnabrück und an der FU Berlin studiert und an der Universität Duisburg-Essen promoviert. Weiterbildung zum Verhaltenstherapeut, Arbeits-, Betriebs- und Organisationspsychologen sowie Qualitätsmanager (DGQ). Seit 1988 verkehrspsychologisch tätig in Diagnostik und Rehabilitation der Fahreignung. Seit 1996 Geschäftsführung im Institut für Schulungsmaßnahmen, Hamburg. Seit 1999 Mitglied BASt-Fachausschuss „Kurse zur Wiederherstellung der Kraftfahreignung", seit 2012 Mitglied in der BASt-Projektgruppe „MPU-Reform". Kontakt: brieler@ifs-seminare.de

Prof. Dr. Rainer Guski hat Psychologie an der FU Berlin und der Universität Hamburg studiert, zunächst als wissenschaftlicher Mitarbeiter an mehreren Forschungsprojekten zu Umweltlärmwirkungen gearbeitet, 1974 promoviert und ab 1979 an der TU Berlin Sozialpsychologie gelehrt. 1982 wurde er an die Universität Bochum berufen und lehrte dort bis zur Pensionierung (2007) Kognitions- und Umweltpsychologie. In dieser Zeit hat er weiter Feldforschungsprojekte zu Umweltthemen und Verkehrslärmwirkungen durchgeführt und ist auch derzeit wissenschaftlicher Leiter des interdisziplinären Forschungsprojekts NORAH (Noise

Related Annoyance, Cognition, and Health, s. www.norah-studie.de). Kontakt: rainer.guski@rub.de

Dr. Klaus Peter Kalwitzki hat Psychologie an der Universität Bochum studiert und an der FernUniversität Hagen promoviert. Er ist beratender Verkehrs- und Umwelt-Psychologe im eigenen Büro in Mülheim/Ruhr, seit 2006 Vorstandsmitglied der AFN – Gesellschaft für Ausbildung, Fortbildung und Nachschulung e. V. in Köln. Mitglied im BASt-Fachausschuss „Kurse zur Wiederherstellung der Kraftfahreignung". Herausgeber der Fachzeitschrift VERKEHRSZEICHEN. Kontakt: kpkalwitzki@das-verkehrsbuero.de

Prof. Dr. Andreas Knie ist Politikwissenschaftler am Wissenschaftszentrum Berlin für Sozialforschung und Hochschullehrer an der TU Berlin. Seit 2001 ist Andreas Knie Bereichsleiter für Intermodale Angebote und Geschäftsentwicklung der Deutschen Bahn AG und seit 2006 in der Geschäftsführung des Innovationszentrums für Mobilität und gesellschaftlichen Wandel GmbH (InnoZ). Gesellschafter sind die Deutsche Bahn AG, T-Systems, das Deutsche Zentrum für Luft und Raumfahrt und das WZB.

Prof. Dr. Maria Limbourg ist Universitätsprofessorin (seit 2011 im Ruhestand) für Erziehungswissenschaft mit dem Schwerpunkt „Mobilitätspädagogik" an der Universität Duisburg-Essen. In ihren Forschungsarbeiten befasst sie sich unter anderem mit den Erlebens- und Verhaltensweisen und mit der Risikowahrnehmung von Kindern, Jugendlichen und älteren Menschen im Straßenverkehr und mit der Entwicklung von mobilitätspädagogischen und unfallpräventiven Ansätzen für diese Altersgruppen. Kontakt: maria.limbourg@uni-due.de.

Basiswissen Psychologie

Ulrich Ansorge / Helmut Leder
Wahrnehmung und Aufmerksamkeit
2011. 152 S. Br. EUR 14,95
ISBN 978-3-531-16704-6

Christian Bellebaum / Patrizia Thoma / Irene Daum
Neuropsychologie
2011. ca. 120 S. Br. ca. EUR 12,95
ISBN 978-3-531-16827-2

Reinhard Beyer / Rebekka Gerlach
Sprache und Denken
2011. ca. 181 S. Br. EUR 16,95
ISBN 978-3-531-17135-7

Hede Helfrich
Kulturvergleichende Psychologie
2011. ca. 120 S. Br. ca. EUR 14,95
ISBN 978-3-531-17162-3

Walter Herzog
Wissenschaftstheoretische Grundlagen der Psychologie
2011. ca. 120 S. Br. ca. EUR 14,95
ISBN 978-3-531-17213-2

Thomas Gruber
Gedächtnis
2011. 144 S. Br. EUR 14,95
ISBN 978-3-531-17110-4

Andrea Kiesel / Iring Koch
Lernen
Grundlagen der Lernpsychologie
2011. ca. 120 S. Br. ca. EUR 12,95
ISBN 978-3-531-17607-9

Bernd Marcus
Personalpsychologie
2011. 156 S. Br. EUR 12,95
ISBN 978-3-531-16723-7

Malte Mienert / Sabine Pitcher
Pädagogische Psychologie
Theorie und Praxis des Lebenslangen Lernens
2011. 150 S. Br. EUR 14,95
ISBN 978-3-531-16945-3

Klaus Rothermund / Andreas Eder
Motivation und Emotion
2011. ca. 216 S. Br. EUR 19,95
ISBN 978-3-531-16698-8

Erich Schröger
Biologische Psychologie
2011. 142 S. Br. EUR 12,95
ISBN 978-3-531-16706-0

Alexandra Sturm / Ilga Opterbeck / Jochen Gurt
Organisationspsychologie
2011. ca. 158 S. Br. EUR 14,95
ISBN 978-3-531-16725-1

Erhältlich im Buchhandel oder beim Verlag.
Änderungen vorbehalten. Stand: Juli 2011.

Einfach bestellen:
SpringerDE-service@springer.com
tel +49 (0)6221 / 3 45 – 4301
springer-vs.de

Springer VS

Psychologie im VS Verlag

Michael Pohl / Heinrich Fallner
Coaching mit System
Die Kunst nachhaltiger Beratung
4. Aufl. 2010. 247 S. Br. EUR 34,95
ISBN 978-3-531-17522-5

Günter Mey / Katja Mruck (Hrsg.)
Handbuch Qualitative Forschung in der Psychologie
2010. 858 S. Geb. EUR 59,95
ISBN 978-3-531-16726-8

Margarete Imhof
Psychologie für Lehramtsstudierende
2010. 152 S. (Basiswissen Psychologie) Br. EUR 12,95
ISBN 978-3-531-16705-3

Maria Limbourg / Gisela Steins (Hrsg.)
Sozialerziehung in der Schule
2011. ca. 450 S. Br. ca. EUR 39,95
ISBN 978-3-531-17467-9

Bernd Nitzschke (Hrsg.)
Die Psychoanalyse Sigmund Freuds
Konzepte und Begriffe
2010. 298 S. (Schlüsseltexte der Psychologie) Br. EUR 29,95
ISBN 978-3-531-17000-8

Sabine Trepte / Markus Verbeet (Hrsg.)
Allgemeinbildung in Deutschland
Erkenntnisse aus dem SPIEGEL-Studentenpisa-Test
2010. 367 S. Geb. EUR 39,95
ISBN 978-3-531-17218-7

Sibylle Volkmann-Raue / Helmut E. Lück (Hrsg.)
Bedeutende Psychologinnen des 20. Jahrhunderts
2., überarb. Aufl. 2011. 280 S. Br. EUR 29,95
ISBN 978-3-531-17815-8

Erhältlich im Buchhandel oder beim Verlag.
Änderungen vorbehalten. Stand: Juli 2011.

Einfach bestellen:
SpringerDE-service@springer.com
tel +49 (0)6221 / 345–4301
springer-vs.de

Springer VS

Printed by Printforce, the Netherlands